GUIDE TO CHINA-EUROPE
CROSS-BORDER INVESTMENT

中欧跨境投资导读

中国投资有限责任公司研究院　编写

人民出版社

丛书编委会

主　　编：彭　纯
副 主 编：居伟民　胡　浩　杨国中　屠光绍　刘　珺
　　　　　沈如军　郭向军　祁　斌　赵海英　潘岳汉

执行主编：祁　斌

写作小组组长：陈　超　盛伟华
写作小组成员（按姓氏拼音排序）：
　　　　　贾　非　刘　烜　李　佳　刘少伟　聂　汝
　　　　　全文磊　邵亚楼　盛伟华　田勤政　唐昇儒
　　　　　王尔康　王　锦　王中阳　危结根　吴撼地
　　　　　许　真　张　栩　赵墨盈　邹　琳
校　　审（按姓氏拼音排序）：
　　　　　鲍建敏　陈　佳　田　园　王　艳　张　硕

本书执笔：贾　非　李　佳（导论、第一章）
　　　　　刘　烜（第二章）
　　　　　聂　汝（第三章）
　　　　　赵墨盈（第四章）
　　　　　王中阳（第五章）
　　　　　盛伟华　张　栩　贾　非（附录）

总　序

改革开放以来,我国经济发展取得了举世瞩目的成就,经济总量跃居全球第二,7亿多农村人口摆脱贫困,创造了史无前例的奇迹。但新时代我国仍然面临新的挑战。从经济发展阶段来看,尚未脱离所谓的"中等收入陷阱"。从金融发展水平来看,间接融资仍占绝对主导地位,不利于创新经济的发展,也孕育着潜在的系统性风险。从国际环境来看,经济全球化遭遇暗流,发达国家保护主义上升,文明冲突与地缘政治因素错综交织,而中美贸易摩擦更是提醒我们在中华民族的伟大复兴的道路上不会一帆风顺。

面对百年未有之变局,党的十九大提出以推进供给侧结构性改革为主线应对我国经济社会发展的内部挑战;积极促进"一带一路"国际合作,坚持"引进来"和"走出去"并重,推动形成全面开放新格局来应对国际挑战。

作为中国对外投资的旗舰平台,中投公司成立12年来搭建了专业化的投资团队,树立了专业、负责的良好国际形象,成长为全球第二大主权财富基金,境外投资年化收益率达 6% 以上,并在帮助中国企业"走出去"方面积累了较多宝贵经验。在对外投资环境日趋严峻的新形势下,中投公司要在更高的水平上再出发,服务国家全方位、多层次、多领域的对外开放格局,围绕创新对外投资方式、加强国际产能合作,开展"中国视角"投资,积极参与"一带一路"建设。"中国视角"是中投公司的独特优势,中投公司通过在跨境投资中结合"中国视角",对内助力我国产业升级、推动供给侧结构性改革,对外帮助国外企业扩大中国市场,实现互利共赢,为中国企业"走出去"和海外资本"引进来"提供平台支持和服务,以促进"走出去"和"引进来"良性互动。

为深入了解中国需求以落实中国价值创造,同时寻找多方互利共赢的跨境投资机会,中投公司研究院编写"跨境投资导读"系列丛书。丛书聚焦"四大行业"(TMT、医疗、制造、消费)和"四大区域"(美国、欧洲、日本、"一带一路"沿线)。"四大行业"是当前跨境投资最活跃的领域,也是我国加快结构调整和产业升级的重要着力点。"四大区域"是按照主要国家和地区产业发展水平的阶梯差别选取的,是当前全球经济最活跃的地区。行业丛书从"中国视角"出发,系统地梳理和研究了不同行业的跨境投资情况和需求。

中投研究院在丛书编写过程中,对境内外产业界和投资界进行了广泛的资料搜集和调研访谈,力求客观全面,希望能够为企业海外投资实践有所启发和帮助。欢迎各界读者联系我们交流讨论。

目　录

1

前　言

　　改革开放 40 年后的今天,中国社会正在发生深刻的变化。一方面,大量的财富积累带来了消费或需求端的升级;另一方面,人民群众追求美好生活的脚步不会停止。今天的北京、上海、深圳乃至西安的消费者需求与纽约、伦敦、东京的消费者需求并没有太大的差别,而一个突出的矛盾是,供给端的水平仍然非常落后,高质量的产品和服务的供给远远跟不上消费者需求的变化。因此,供给侧结构性改革迫在眉睫。供给侧结构性改革有两条实现的路径:一是自我创新,这要求我们进一步完善经济金融体制;二是实行"拿来主义",这要求制定有效的海外投资和跨国并购战略。

　　随着中国经济的崛起和居民财富的激增,中国资本走向世界已经成为一个必然趋势,应该说是恰逢其时。近年来,我国海外投资日趋活跃,已成为对外直接投资的净输出国。中国资本"走出去"和国际资本"请进来"助推了全球经济的增长,也成为连接中国与世界的重要纽带。2015 年以来,中国海外并购的热点领域从资源能源转向高科技、制造业和消费类,折射了中国经济从出口导向到内需为主的深刻转变。

在西方发达国家,中国资本可投资于一些先进的技术、产品、服务和商业模式,并将投资成果带回来与 13 亿多的中国消费者市场结合。这不仅能够帮助我们产业升级,促进供给侧结构性改革,还能够延续发达国家的繁荣,为其提供新的就业机会,实现双赢。在具体的投资战略和方向上,我们可以聚焦三条主线和四个产业:第一条主线,日韩两国,其部分产业水平大致领先中国 5—7 年;第二条主线,以色列、德国和其他欧洲国家,其部分产业大致领先中国 7—10 年;第三条主线,以美国硅谷为代表,其部分产业大致领先中国 10—15 年。中国海外投资的目标应该是将这些产业分梯次地源源不断地与中国市场结合,带动中国产业升级,也惠及这些国家和经济体。

以上述现实基础作为基本出发点,本书对欧洲主要经济体英国、德国、法国、意大利、北欧地区以及亚洲以色列的投资环境、优势产业、典型并购案例等进行了系统研究,并有针对性地提出了对这些国家和地区优势产业的投资并购建议。

第　一　章

中欧产业结合发展趋势

从中国改革开放 40 年的历程来看,对外开放作为基本国策在中国发展过程中起到了非常重要的作用。过去中国逐步融入全球化进程主要是通过吸引外资和商品出口,商品出口长期以来在中国经济增长中非常重要,但是一直存在国际贸易摩擦问题,特别是 2008 年全球金融危机后,贸易保护主义倾向加剧,中国的出口遇到了很多阻力,面临很多挑战和问题。

改革开放后,对外开放有一个更为重要的变化,就是对外投资发展很快。2014 年以来,对外投资的规模开始大于引进外资的规模。从 2017 年的统计数据来看,中国现在已经是全球第二大对外投资国、第三大引进外资国。① 中国通过对外投资为全球经济增长带来新资源,

① 国家统计局:《2017 年中国统计年鉴》,2018 年。

不仅带来新的投资,也带来资本、资金,同时也创造了就业,对投资国的实体经济有好处。这意味着中国和世界的连接方式、融合方式发生了更多变化,同时也意味着中国对世界的支持有了新的资源,对世界经济发展能够做出更多的贡献。

一、中国企业海外收购的三大趋势

一是行业的变化:从资源到技术。近几年间,"走出去"企业所在行业已经从传统能源、矿业一家独大的格局逐步转向制造业、消费品行业、TMT 等多个领域,呈现出百花齐放的局面。根据德勤的统计,2016年,信息技术、制造业、消费品及医疗等行业并购交易已经占到了海外收购总交易额的 61%,2011 年这个比例只有 10%。①

二是目的地的变化:从亚非拉地区到欧美地区。相比于发展中国家的自然资源,中国企业越发青睐发达经济体中的成熟资产。在整体收购规模持续增长的背景下,对非洲、中东地区、拉丁美洲的企业收购占比有所下降,而对发达国家(特别是美国及欧洲)的企业收购的占比提升。根据德勤的统计,2016 年,中国企业对美国及欧洲企业的并购交易占总交易额的比例达到 66%,而 2010 年该比例仅为 32%。②

三是收购主体的变化:从国有企业主导到民营企业主导。新兴产业中的民营企业快速崛起,对外投资热情高涨,逐步成为对外收购的主力军。根据德勤的统计,从 2003 年开始,在全部上市公司中,国有企业

---

① 德勤:《2017 年中国企业海外投资并购趋分析》,2018 年。
② 德勤:《2017 年中国企业海外投资并购趋分析》,2018 年。

海外收购交易额占比持续在 70% 以上。国有企业海外投资收购交易额占比从 2012 年开始下降，2016 年已经降至 50% 以下。[①]

二、欧洲成为最受中国企业关注的并购目标地区

根据德勤的统计，欧洲地区的交易量在 2012—2016 年占据了中国并购者总交易量的 28.6%—41.8%，其年均复合增长率高达 32%。2016 年中国内地企业在欧洲并购交易数量达到 155 笔，几乎是 2015 年全年交易数量的两倍，其中单笔金额超过 10 亿美元的大额交易逾 30 笔。从国别来看，德国和英国是中国企业在欧洲进行并购交易的最主要国家。

中国企业在欧洲投资涉及的领域是全方位的，几乎所有欧洲久负盛名的领域和品牌都出现了中国并购者的身影。比如美的集团收购全球四大机器人公司之一的德国库卡，吉利收购瑞典沃尔沃汽车业务，中国化工收购倍耐力轮胎、先正达等。

三、中欧企业结合是双方产业结构互补的历史必然

虽然近年来欧洲公司的整体估值普遍偏低、融资成本相对低廉，成为其受到海外投资并购青睐的重要原因。而欧洲企业成为中国企业在海外进行并购的首选目标，也是双方产业结构互补的历史必然。

---

① 德勤：《2017 年中国企业海外投资并购趋分析》，2018 年。

随着第三次工业革命的红利逐渐出现瓶颈,中国和欧洲的企业都需要进行升级转型。比如德国提出了"工业 4.0"的概念,号召企业进行下一代的工业转型;英国提出了"数字化经济"的概念,号召英国全社会功能的大数据化和创新;中国提出了"中国制造 2025"的概念,号召中国工业企业提升生产过程的价值创造能力等。中国企业走到了产业升级阶段,需要在市场、技术和品牌方面迅速提升,海外并购成为产业转型升级的捷径。而欧洲的产业发展也到了瓶颈期,欧洲企业需要资金,需要中国市场。

一方面,欧洲有大量"隐形冠军"企业在第二次、第三次工业革命中积累了大量的制造经验和管理经验,这些都是 1949 年才开始工业化的中国所需要的,因为涉及精密制造和配方比例的知识产权是很多欧洲企业在数百年的传承中积累下来的看家本领,如果中国企业能通过并购获取这些企业的"独门技术",将会节省大量研发时间并能少走不少弯路。

另一方面,欧洲也有不少产业专家表示,单凭欧盟自身的市场规模和产业结构无法提供足够的利润去支撑起产业复杂程度比上一次工业革命要上几个数量级的工业规模,没有中国支持的"工业 4.0"只能是一个残缺的"工业 4.0"。同时,欧债危机后,欧洲国家也一直在外部寻找新的增长点和驱动力,以帮助自身摆脱困境。中国企业在欧洲的并购,一方面促进了欧洲的就业,另一方面为欧洲企业的持续经营提供了资金保障。

近年由中国并购者参与的不少并购交易完成后,中外双方企业都获得了良好发展。比如 2010 年,中国民营企业吉利从福特收购沃尔沃轿车业务,并没有太多人看好这桩跨国收购。如今,中国资本与欧洲技术的融合,不但沃尔沃早就实现了扭亏为盈,吉利也成为中国自主品牌战略转型中的一匹黑马。

四、中国企业出海并购仍需防范并购风险

根据波士顿咨询公司的研究报告,中国企业海外并购的完成率仅为67%,远低于欧美、日本等发达国家,可谓风险较大。现阶段中国企业海外并购的风险主要有以下三点:

第一,外国政府机构的审查风险。最近几年,随着中国企业海外并购猛增,美国、欧盟和澳大利亚等国家和地区加强了对中资企业并购本国标的公司的跟踪与审查。如中国化工对先正达的收购计划、美的集团对库卡的收购计划,都曾因受到欧盟监管机构的严格审查,险些告吹或几度延期交割。

第二,高溢价风险。虽然中国企业通过收购海外企业可以获得技术、品牌等无形资产,以及提升产业层次等,但支付的价格普遍偏高,高溢价现象严重。如均胜电子收购百利得(KSS)的溢价率达到94%,昆仑万维收购欧朋(Opera)的溢价率达到53%,即便是中国化工收购先正达,溢价率也超过20%。并购高溢价会给中国企业带来很大的经营风险和财务风险。现阶段我国企业海外并购与20世纪80年代的日本企业较为相似,当初日本企业携巨资在全球疯狂并购,甚至买下了纽约洛克菲勒中心,但由于收购溢价过高,同时没能做好并购后的整合,最终95%的并购以亏损割肉而告终。

第三,高杠杆风险。中国企业海外并购的一个显著特点是高杠杆。一方面,中国企业去海外并购的财务风险较大,负债率较高;另一方面,中国并购企业的融资渠道单一,基本上依赖自有资金和银行贷款,其中银行贷款占整个融资的比例较大。根据标准普尔全球市场情报的数据,54 家公布财务报告并在 2016 年进行过海外交易的中资企业的 Total Liabilities/EBITDA(总债务与税息折旧及摊销前利润的比值)中位数达到了 5.4 倍,而该指标在中国化工并购先正达中升到了 9.5 倍,在中粮集团收购来宝农业中达到 52 倍,中联重科收购特雷克斯更是高达 83 倍。但从全球范围来看,4—5 倍就可以被视为"高杠杆"。高杠杆必然会带来高风险,如果并购失败或并购无法整合,造成亏损,并购公司将面临极大的财务风险。

因此,防范并购风险是企业并购过程中的重中之重。中国企业海外并购至少可以从以下三方面来防范并购风险。

一要量力而行,避免贪大求洋,防止盲目并购风险。海外并购没有常胜将军,中资企业应处理好资产合理配置问题,尤其要根据自身经营管理能力配置资产,防止失误导致经营陷入困局的现象发生。

二要遵守相关监管规定,不打政策"擦边球"。具体来说,中国政府监管部门应尽快完善海外投资相关监管规定,尤其在总资产方面有准确界定,消除模糊地带;中资企业也要准确把握海外投资总额,避免因海外投资比例过高而导致"外重内轻"及资金周转失灵的现象发生。

三要注意并购之后生产经营的可持续性,防止因并购使企业停滞不前。中资企业急于走出去,应立足自身能力,不要把全部希望都寄托在政府身上,使海外并购成为"纯商业"行为;提高并购信息透明度,消除国外政府对中资企业并购的怀疑甚至阻挠,赢得双方信任,使并购顺利进行。同时,要消除采用单一引进海外高新技术和优秀品牌去拓宽海外市场的行为,消除并购阻力,建立长期平等互利合作关系。

第 二 章
英　国

2016 年 6 月 24 日,英国全民公投结果揭晓,51.89% 的投票者支持英国退出欧盟,在世界范围内引起震荡。脱欧后,英国投资环境的变化引起了中国企业家广泛关注,一方面,投资者担心英国脱欧后的前景,另一方面又难舍英国"淘金"机会。本章旨在分析英国脱欧后的投资环境及优势产业,并对中英跨境并购案例进行分析,给中国企业跨境投资以启示。

第一节　英国投资环境①

2017 年英国对华投资额为 15 亿美元,中国对英国非金融类直接

---

① 汇丰银行(HSBC)英国经济学家利兹·马丁斯撰写了本节内容。

投资额为 15.3 亿美元,是中国在欧盟内的第二大引资来源地和第二大投资目的地。① 中英互为重要贸易伙伴,对中国投资者来说,英国脱欧机遇与挑战并存。随着英国脱欧进程的推进,其与欧盟的未来贸易关系仍不确定,英国正在寻求与世界其他经济体的紧密联系,其中一大目标便是中国。

一、英国脱欧后的长期宏观经济环境

总体来看,脱欧后的英国经济环境仍有较大优势,但仍在多方面孕育着风险。基于英国的不同选择,长期来看,英国的宏观经济环境伴有不确定性。

(一)2018 年的英国

英国经济环境表现强劲,自 2008 年全球金融危机以来表现相对较好。2010 年至 2017 年间,实际 GDP 平均增长率略低于 2%,在七国集团经济体中排在第四位。然而,考虑到英国经济自 2013 年才开始复苏,就 2013 年至 2017 年间平均增长率而言,英国经济为七国集团经济体中第二强,仅次于美国(见图 2-1)。

英国经济增长受服务业输出和个人消费支出的驱动。相比之下,2008 年金融危机之后的制造业和净出口表现疲弱。

失业率从 2011 年 11 月的 8.5%下降到 2017 年的 4.4%,接近英格

---

① 国家统计局:《2017 中国统计年鉴》,2018 年。

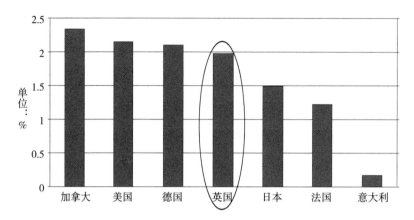

图 2-1　2010—2017 年七国集团经济体 GDP 年平均增长率

资料来源：汤森路透 Datastream

兰银行的均衡估计或充分就业状况。就商业上的便利程度而言,英国在全球排名第七,并且在 2016 年获得了 2200 亿英镑的外国直接投资,创历史新高。①

　　但是,英国也并不是在各个方面都表现优异。根据英国的历史标准以及七国集团经济体标准,英国的生产率始终令人失望,2010 年至 2017 年间,每小时产出的增长率不到 4%(2007 年至 2017 年间合计为 1%),如图 2-2 所示。从就业人口的人均产出来看,情况略好,但英国仍是七国集团经济体中表现第二差的国家。2017 年英国政府推出了一项产业发展战略措施来解决该问题(见本章第二节),但大多数预测机构对英国生产率回升的前景持相对悲观的态度。

_____

　　①　根据英国统计局 CEIC 数据库的数据整理。

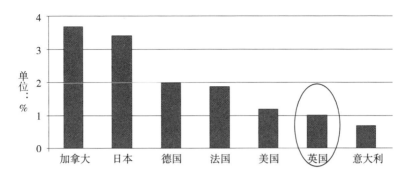

图 2-2　2010—2017 年七国集团经济体人均产出增速

资料来源：美国谘商会

（二）英国脱欧后的宏观经济前景

英国依然是一个获得高评级（AA2 穆迪、AA 标准普尔/惠誉）和备受推崇的发达市场。它在全球标准规范、法治和营商等方面排名靠前，而且多年来在吸引外国投资方面相当成功。根据 Z/Yen 集团全球金融中心指数，其首都伦敦是全球排名第一的金融中心（见图 2-3）。前 20 名中仅有的其他欧洲金融中心为：苏黎世（排名第 9）、法兰克福（排名第 11）、卢森堡（排名第 14）和日内瓦（排名第 15）。

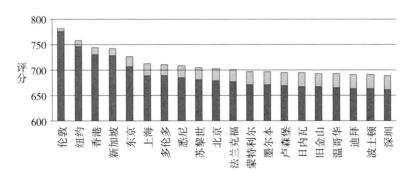

图 2-3　全球金融中心指数排名

资料来源：CDI 和 Z/Yen 集团

尽管有这些坚实的基础,英国的长期潜在增长在结构上仍然低于历史水平,甚至低于它离开欧盟之前的水平。基于约1%的潜在生产率增长和约0.5%的潜在劳动力增长,英格兰银行(英国中央银行)预计生产率增长将为1.5%的"限速"水平。这低于历史平均水平:1970—2007年期间其生产率平均每年增长2.3%,而劳动力平均每年增长0.5%[①]。

与英格兰银行一样,财政监督独立机构英国预算责任办公室也预计生产率会出现结构性下降:该机构在2017年11月下调了其对生产率增长的预测。该机构预测2018—2021年期间平均生产率增长为每年1.1%(低于其2017年3月份预测的1.7%)。值得注意的是,即使是这些较低的预测数字,也依然高于近几年英国的生产率增长水平:2016年每小时产出增长0.3%,预计2017年仅增长0.6%。其中存在的风险在一定程度上与英国脱欧的类型有关,如2018年2月英格兰银行表示:"英国脱欧造成的贸易安排变化可能会影响生产率增长前景。例如,贸易和供应链的任何减少或重新定位都可能会影响一段时期的生产率增长。"[②]

(三)什么样的英国脱欧?

英国的长期经济前景如何,以及离开欧盟对英国的长期宏观经济环境有何影响,将取决于英国脱欧后与欧盟签订的条款。首先要回答两个问题:英国在2019年3月预期开始维持现状的过渡之后会是什么

[①] 英国中央银行,见 www.bank of england.co.uk。
[②] 英格兰银行:《通货膨胀报告》,2018年2月。

样子？在与欧盟和其他国家建立新的平衡关系后，长期来看会是什么样子？

▶　过渡和"创意脱欧"

英国或与欧盟达成协议，允许英国以过渡期的方式退出欧盟：目前欧盟建议 21 个月的过渡期，截至 2020 年 12 月。如果双方最终没能就这一关系条款达成协议，过渡期可能会被延长。

当英国最终完全退出欧盟时，英国政府的政策是，英国也将退出单一市场和关税同盟，但通过一项广泛的自由贸易协定维持与欧盟的免关税贸易。这有时被称为"加拿大+"——该协定模仿加拿大与欧盟之间达成的《全面经济贸易协定》（CETA），但对英国更加有利：全面经济贸易协定涵盖 98% 的商品贸易，但不包括大多数服务业。而英国希望达成一项包括金融服务在内的与欧盟的自由贸易协定。

▶　风险情景 1

对于长期的自由贸易协定，英国政府可能无法事事如意。即使得偿所愿，贸易仍有可能出现中断并且增加成本，因为任何自由贸易协定都不如单一市场成员国身份那样有利。即使没有新增的关税壁垒，非关税壁垒也可能会增加成本。

▶　风险情景 2

另外，英国仍可以改变主意，决定通过欧洲经济区（EEA）或加入关税同盟来寻求完全的单一市场成员国身份。

无法达成过渡协议的风险依然存在，导致英国被排斥在单一市场和关税同盟之外，并且最早将从 2019 年 4 月开始与欧盟按照世界贸易组织（WTO）条款进行贸易。这将严重扰乱英国与欧盟的贸易（2017

年欧盟占英国出口总额的 49%,占进口总额的 55%)。关税和非关税
壁垒将会出现。

▶ 大多数预测机构都预计保持稳定,但仍存在很大的风险

由于所有这些不同的选择,很难肯定预测英国脱欧后的宏观经济
环境。大多数预测机构的预测都限于提议的过渡期结束之前(2020 年
12 月),如图 2-4、图 2-5、图 2-6 所示。

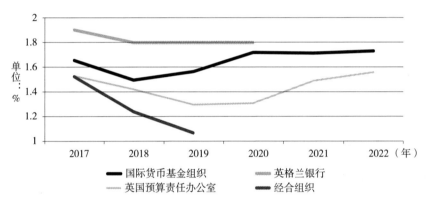

图 2-4   主要预测机构对英国脱欧后的 GDP 增长率预测

资料来源:国际货币基金组织、英格兰银行、英国预算责任办公室、经合组织

那些对过渡期结束之后做出预测的预测机构则认为英国脱欧并没
有明显的重大影响,这大概意味着它们预测英国经济将在 2019 年平稳
过渡,然后在过渡期结束时相对顺畅地开展贸易。

▶ 英格兰银行对 GDP 增长率预测延伸到 2020 年,因此只包括
提议的过渡期,却是图 2-6 中最乐观的预测机构。国际货币基金组织
认为,英国在 2018 年的经济增长将触底,从 2019 年开始回升,但经济
增长率仍低于 1.8%。英国预算责任办公室更为悲观,预计 2019 年和
2020 年经济增长率将降至 1.3%,随后小幅回升。

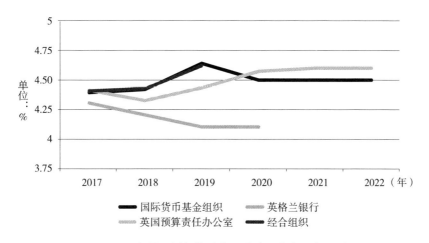

图 2-5　主要预测机构对英国脱欧后的失业率预测

资料来源：国际货币基金组织、英格兰银行、英国预算责任办公室、经合组织

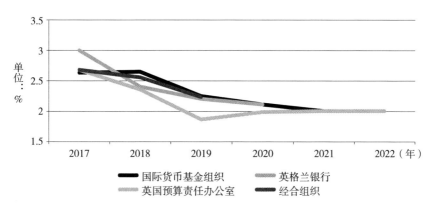

图 2-6　主要预测机构对英国脱欧后的通货膨胀率预测

资料来源：国际货币基金组织、英格兰银行、英国预算责任办公室、经合组织

▶　失业率预测有所不同（见图 2-5），但预测机构都认为不会超过 4.7%（2017 年的失业率为 4.3%）。按历史标准衡量，这一水平仍然很低。

▶　预测机构认为通货膨胀率到 2019 年（英国预算责任办公室）

和 2021 年(国际货币基金组织)将回落至英格兰银行 2% 的目标值(2018 年 1 月通货膨胀率为 3%)。英格兰银行认为,通胀水平到 2020年仍将高于目标值,但只是略有上升。

- 但英国脱欧的确产生了风险

然而,这组相对乐观的预测还是存在风险。在脱欧公投之前,英国财政部发布了一份报告,称英国脱欧将使英国的 GDP 水平在 15年内下降——相对于英国投票决定留在欧盟的水平。表 2-1 给出了英国财政部对不同情景的预测:折中的情景(达成双边协议)与当前英国政府的政策是最接近的。因此,按照英国财政部的估算,由于经济开放程度和相互关联性的降低,英国 GDP 在 15 年里可能会下降5%—8%。

最近,英国政府对英国脱欧对不同行业和地区的影响进行了更深入、更详细的研究。虽然研究结果还没有正式发布,但一些细节已经泄露,包括图 2-7 描述的信息。这些预测与脱欧公投前的预测相比略显温和。

表 2-1 英国脱欧形式产生的重大影响①

	欧洲经济区	达成双边协议	世界贸易组织
GDP 水平—中值(%)	-3.8	-6.2	-7.5
GDP 水平(%)	-3.4—-4.3	-4.6—-7.8	-5.4—-9.5
人均 GDP—中值(英镑)	-1100	-1800	-2100
人均 GDP(英镑)	-1000—-1200	-1300—-2200	-1500—-2700

———————

① 影响是指英国脱欧前预测和英国脱欧后预测之间的差异,例如在欧洲经济区情景中,英国的 GDP 水平将比英国留在欧盟的水平低 1.5%。

续表

	欧洲经济区	达成双边协议	世界贸易组织
每户 GDP—中值（英镑）	−2600	−4300	−5200
每户 GDP（英镑）	−2400—−2900	−3200—−5400	−3700—−6600
对收入的净影响（英镑）	−200 亿	−360 亿	−450 亿

资料来源：英国财政部

这些预测并不意味着英国 GDP 一定会在某一时点下降，但的确表明平均年增长率会放缓。

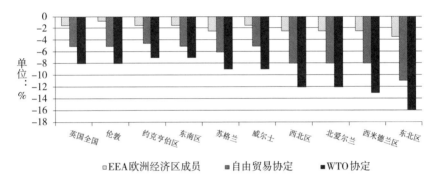

图 2-7　三种脱欧情景对英国国内各区域 GDP 的不同影响①

资料来源：《离开欧盟分析——白厅简报》、Buzzfeed、天空新闻频道、《英国卫报》

长期来看，无论是由于生产率下降还是由于离开欧盟产生的负面影响，都可能被改革、投资、与新伙伴的贸易协定和放松管制等政策决定抵消。然而，目前还没有任何实质性因素可以纳入预测中。

---

①　影响是指英国脱欧前预测和英国脱欧后预测之间的差异，例如在欧洲经济区情景中，英国的 GDP 水平将比英国留在欧盟的水平低 1.5%。

二、英国产业政策:从传统工业转型,推动国家产业发展战略

英国是工业革命的发源地,历史上曾是世界创新中心,但近年来这一优势逐渐丧失。英国历任政府曾多次尝试改善生产率,但效果均不够理想。2017 年 11 月,为了抓住新的技术变革机遇,英国政府推出了雄心勃勃的产业发展战略白皮书——《产业战略:建设适应未来的英国》(*Industrial Strategy:Building a Britain Fit for the Future*),总结如下:

(一)战略框架

- 构想
▶ 到 2027 年,将研发投入占 GDP 的比例提高至 2.4%。
▶ 将研发经费抵税率提高至 12%。
▶ 对新产业战略挑战基金项目投资 7.25 亿英镑,以实现创新价值。
- 人员
▶ 建立能与全球最佳对手匹敌的技术教育体系,以完善英国的世界级高等教育体系。
▶ 对数学、数字技术教育额外投资 4.06 亿英镑,助力解决科学、技术、工程和数学(STEM)人员短缺问题。
▶ 制订新的国家再培训计划,最初为数字技术和建筑业培训投资 6400 万英镑,以支持有关人员进行再培训。

- 基础设施

▶ 将国家生产率投资基金增加至 310 亿英镑,以支持运输、住房和数字基础设施投资。

▶ 支持电动车产业发展,对充电基础设施投资 4 亿英镑,并额外投资 1 亿英镑以加大插电式混合动力汽车补贴。

▶ 使用逾 10 亿英镑公共投资改进数字基础设施,包括 1.76 亿英镑发展 5G 和 2 亿英镑鼓励局部地区的全光纤网络发展。

- 商业环境

▶ 产业合作项目——政府与行业之间的合作旨在提高行业生产率。首批产业合作项目包括生命科学、建筑、人工智能和汽车行业。

▶ 推动逾 200 亿英镑的创新和高潜力领域投资,包括设立新的 25 亿英镑投资基金,并在英国商业银行进行孵化。

▶ 审查可能最有效改善生产率和中小企业发展的各项行动,包括如何解决生产率低下公司的“长尾效应”。

- 地点

▶ 推出本地产业战略,利用当地优势促进经济发展。

▶ 设立改变城市基金,为城市间交通运输基础设施提供 17 亿英镑资金。该基金旨在为通过改善城市地区内交通提高生产率的项目融资。

▶ 提供 4200 万英镑资金,进行教师发展津贴试点。这将检验在落后地区工作教师高质量职业发展预算计划的影响。

（二）国家产业改进空间

以全球标准衡量,英国在体制、企业家精神、营商便利程度等方面名列前茅,但依旧存在改进空间。图 2-8 显示了英国的研发支出排名。2015 年,英国研发总支出占 GDP 的 1.7%,其中 GDP 的 0.5% 由政府提供资金。这低于 2.4% 的经合组织平均水平(0.6% 由政府提供资金)。因此,如果英国政府想要实现其目标,这一比例必须提高至经合组织平均水平。

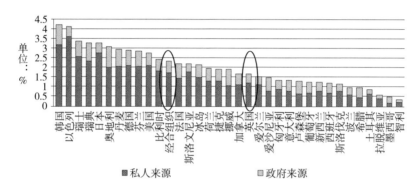

图 2-8　2015 年各国家和组织研发支出占 GDP 的比例

资料来源:经合组织

另一个方面是技能人员,英国企业一再指出技能人员短缺是其业务面临的主要障碍。例如,游说团体 Engineering UK 预测到 2025 年,英国将需要 180 万名工程师和技术人员。英国皇家特许测量师协会的一项调查显示,其 62% 的会员认为技能短缺阻碍了行业发展。

如果政府将净移民人数成功降低至每年 10 万人以下,这一问题可能会更加严重。因此,关键在于政府制定政策以增加国内技能劳动力并加强培训。

2017 年英国国家产业发展战略倡议备受欢迎,但该倡议的宣布并没有被视为游戏规则颠覆者。尽管已经制订相关计划,但英国预算责任办公室仍下调了其生产率增长预测,而英格兰银行并未因为该倡议的宣布而调整其较低的生产率增长预测。

三、外国企业对英国企业的投资并购

英国国际贸易部称,"脱欧"公投后,英国对外国投资者仍然极具吸引力。总体而言,英国仍是欧洲外资流入的首选目的地,在科技、可再生能源、生命科学和创意产业方面投资项目都有所增长。

(一)外国直接投资(FDI)

近年来,英国已经成功吸引外国直接投资。在截至 2016 年的 20 年里,投资流入总额达 1.4 万亿英镑。英国最近几年的经济表现一直比其他七国集团经济体好,仅次于美国(见图 2-9)。

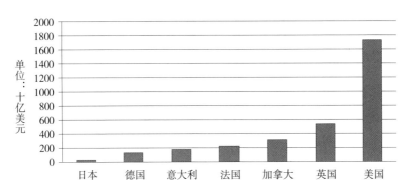

图 2-9　2010—2016 年七国集团经济体的外国直接投资流入

资料来源:2017 年联合国贸易和发展会议

尽管面临政治不确定性因素,但仅 2016 年英国投资流入额就创下 2200 亿英镑的历史新高(占 2016 年 GDP 的 11%)。这一数字异常高是由两笔主要交易所致：800 亿英镑的南非米勒（SABMiller）收购为英国史上最大收购，而根据英国《金融时报》的报道，这也是全球史上第三大收购；以及 240 亿英镑的安谋控股收购。

按地区划分，欧洲投资者在英国投资最多，2016 年在英国持有6750 亿英镑的资产（占所有外国直接投资的 56%）。美洲排第二，持有4120 亿英镑的资产（34%）；亚洲排第三，资产持有比例从 2012 年的6.9% 稳定上升至 2016 年的 8.1%（见图 2-10）。

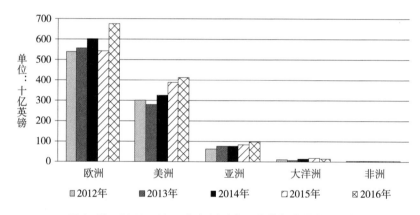

图 2-10　2012—2016 年各洲对英国直接投资的资金总额

资料来源：英国国家统计局

（二）英国近年的并购活动

英国的并购数据可追溯至 20 世纪 90 年代。从那时开始，外国公司对英国公司的收购交易达 5285 笔，总金额达 6300 亿英镑。2016 年对英国而言是一个丰收年，如图 2-11 所示。外资对英国公司的收购交易超过 262 笔，总金额 1900 亿英镑——在某种程度上为史上最佳（由南非米勒（SABMiller）交易所致）。

按地区划分,欧洲投资者在近期英国公司收购中发挥的作用最大。2016 年,67%的英国公司收购由欧洲并购者完成(由南非米勒(SABMiller)交易所致,该公司被比利时百威英博(AB InBev)公司收购)。在历史上,美洲一直是第二大并购者,亚洲几近赶上,约 300 亿英镑(16%)的收购来自每个地区(见图 2-11、图 2-12)。

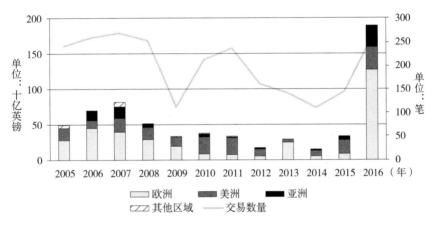

图 2-11　2005—2016 年在英国完成并购交易的公司来源

资料来源:英国国家统计局

四、英国对外国企业对英国投资的监管政策

中国投资者在英国的投资将面临以下政策监管制约。

(一)收购流程

英国国内主管企业投资业务的部门是国际贸易部(Department for International Trade),前身是英国贸易投资署,其主要工作目标是协助

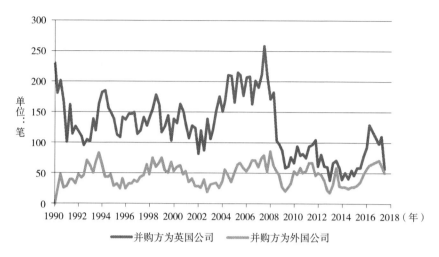

图 2-12　1990—2018 年英国国内并购交易数量

资料来源：英国国家统计局

英国企业在全球经济中获得成功，同时也协助海外企业对英国经济进行高质量投资。

外资收购由并购监管委员会根据《城市法》①（也称为《并购法》）进行监管。其他政府部门可能也会参与其中，包括金融监管机构英国审慎监管局（PRA）和英国金融行为监管局（FCA），以及竞争与市场监管局。《城市法》基本准则如下：

1. 被发价公司的同一级别证券持有者必须获得同等待遇；此外，如果某人收购了某家公司的控制权，那么该公司证券的其他持有者必须受到保护。

---

① The Panel on Takeovers and Mergers, *The Takeover Code*, 2018 年 1 月 8 日，见 http://www. thetakeoverpanel. org. uk/wp - content/uploads/2008/11/code. pdf? v = 8Jan2018。

2. 被发价公司的证券持有者必须拥有充分的时间和信息对出价做出知情的决定;在通告证券持有者时,被发价公司董事会必须对接受发价所造成的对雇用、雇用条件及公司经营地点的影响表达观点。

3. 被发价公司的董事会必须维护全公司的利益,不得剥夺证券持有者决定发价优劣的机会。

4. 不得虚造被发价公司、发价公司或任何其他发价相关公司的证券市场,导致证券价格的涨跌由人为操纵,市场的正常功能受到扭曲。

5. 发价人必须在确保他/她有能力全额履行现金对价(如有),确保采取所有合理措施保证履行其他类型的对价后,才能宣布发价。

6. 证券发价影响被发价公司正常经营的时间不得超过合理时间。

另外,英国1975年《工业法》第13条规定,倘若控制权变更违背英国或英国重要组成部分的利益,则政府有权阻止外国实体收购"重要的制造企业"。至今此项条款尚无使用记录。

（二）商业环境

根据全球标准,英国的商业环境排名靠前。在世界银行的"营商便利程度"调查中,英国排名第七,在经合组织监管限制指数的分值低至0.04(0代表完全开放,1代表完全封闭),见图2-13和图2-14。英国的企业税率为19%,属于世界最低阵营,根据政府计划,预计到2020年降至17%。目前,英国仍受欧洲法院司法管辖,预计在脱欧过渡期也将如此,但在脱欧完成后会脱离管辖。

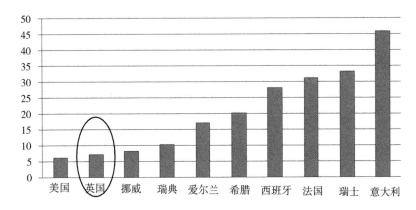

图 2-13　2017 年世界银行营商环境指数

资料来源：世界银行

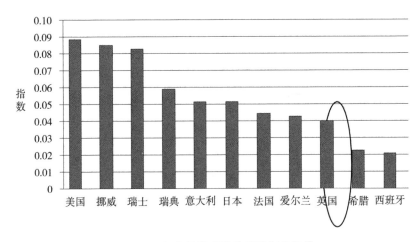

图 2-14　经合组织 FDI 监管限制指数①

资料来源：经合组织、汇丰银行

————————

①　指数范围为 0—1,0 代表完全开放,1 代表完全封闭。

（三）政治风险

2016—2017 年,围绕外资收购的政治噪声有所上扬。英国首相特蕾莎·梅在 2017 年 6 月重申,她希望政府有权审查重大外资投资,在涉及核能源等关键资产时有权干预。据《金融时报》报道,英国政府正在考虑借鉴美国外国投资委员会(CFIUS)的模式。

2016 年,英国政府推迟批准投资额达 180 亿英镑的欣克利角核电站项目,反映了这一谨慎态度,该项目由法国和中国投资者联合投资,最终在 2016 年 9 月获批。

2017 年 9 月,英国并购监管委员会提出新的外资投资提议,根据该提议,任何外国并购者必须在完成交易一年后进行汇报,内容包括战略方向、固定资产、人员配置、研发和总部等收购方案各个方面的履行情况。此外,外国并购者在报价过程中必须要对收购计划做出更早、更全面的披露。

2017 年 2 月,针对外资投资审查,德国、法国和意大利向欧盟委员会提出了统一立场提议。根据英国《金融时报》的报道,这是"朝着类似强大的美国外国投资委员会的欧盟统一机制迈出了第一步"。在脱欧过渡期内,这些方向的任何动态都将包括英国。

（四）政府换届风险

英国政府换届也蕴含政治风险。截至 2022 年,没有既定选举,但是有可能提前选举。如果英国工党当选,可能会对外资投资和整个商业采取不同于现任政府的立场(也就是过去 30 年中的主流)。2017 年的英国工党竞选宣言中包含了广泛的国有化计划,涉及英国的铁路、邮政、水及能源公司。虽然这份宣言并未特意提及外资投资,但相比执政的英国保守党,英国工党被视为对私人投资的好感较低。

第二节　英国重点行业梳理

英国各区域具有各不相同的产业优势,如伦敦的金融服务业,曼彻斯特、伯明翰的高端制造业,考文垂的汽车制造业,剑桥工业园的医药业,林肯郡的农业,这些各具特色的产业优势造就了不同的投资机会。本节按照行业和区域来梳理英国的产业优势,以供读者了解英国当地的经济特点和投资机会。

一、传统产业(汽车、航空航天、通信、生命科学)

英国是世界上第一个爆发工业革命的国家,有"现代工业革命的摇篮"和"世界工厂"之称。近年来,与发达国家相比,尽管英国制造业在经济中份额有所下降,但以汽车工业、航空航天产业、信息通信产业、生命科学工业为代表的先进制造业在国际上依然具有较强的竞争优势。

(一)汽车行业

英国是世界上最早生产汽车的国家之一,汽车工业非常发达。国内的媒体在报道欧洲汽车工业时,多侧重于报道以德国汽车工业为代表的精细化、自动化生产和德国汽车品牌对其他欧洲汽车品牌的兼并与收购,对英国汽车工业的认知还只停留在"手工制造""奢华品牌"的传统表象上。其实,自汽车诞生之日起,英国在汽车技术领域就具备完善、系统的专业知识,同时拥有世界顶级的制造能力,能将先进的设计理念转化为创新型的汽车产品。

　　根据英国汽车制造商与交易商协会数据,2016 年英国汽车行业收入 775 亿英镑,雇用 814000 人,新注册车辆 2692237 辆,新生产车辆 1722698 辆,其中 1354216 辆(80%以上)出口到世界 160 多个国家和地区,生产发动机 2545608 个。虽然受到英国脱欧不确定因素的影响,英国汽车制造业仍然表现良好,行业产值、就业人数、汽车产量和注册数量等数据都创下历史新高。截至 2016 年年底,英国主要汽车生产商包括 9 家高端轿车或跑车生产商、6 家主流轿车生产商、6 家商用车生产商和 9 家客车生产商。此外还有 9 家发动机生产商、6 家设计中心、13 家研发中心和其他 2500 多家汽车零部件供应商。

　　英国本土汽车品牌方面,其悠久的现代工业历史造就了英国众多历史悠久、享誉世界的汽车品牌,尽管很多品牌几经易手被外资收购,但其生产研发中心仍然在英国,生产基地仍在英国的著名汽车品牌包括:宾利、劳斯莱斯、阿斯顿·马丁、MINI、迈凯伦、MG、路特斯、李斯特、路虎、拉贡达、捷豹、卡特汉姆、摩根等,如表 2-2 所示。

表2-2 英国本土部分著名汽车品牌

品　牌	介　　绍	标　志
宾利	世界著名的豪华汽车品牌,总部位于英国克鲁。W.O.宾利先生于1919年创办了宾利汽车公司,2016年宾利在华销量为1595辆,仅次于美国和英国本土	
劳斯莱斯	世界顶级豪华轿车厂商,1906年成立于英国,公司创始人为Frederick Henry Royce和Charles Stewart Rolls,以其豪华而享誉全球	
路虎	英国著名的越野车品牌,总部设在英国考文垂,属于印度塔塔汽车旗下,1904年开始生产汽车,销往140多个国家,已经从1948年的实用性车型发展成为今天的多功能四驱车	
捷豹	英国一家豪华汽车生产商,1989年被福特收购,2008年福特把捷豹连同路虎售予印度塔塔汽车公司,捷豹汽车出口到全球101个国家和地区,包括中国、美国和欧洲等主要市场	

资料来源:公开资料整理

在汽车发动机制造领域,福特公司贡献超过一半的产量,宝马、尼桑和丰田分别贡献10%左右的产量(见图2-15)。表2-3是英国汽车行业重要生产商介绍(包括外资厂商),包括生产基地位置、2016年主要产品类型及型号。

表2-3 英国重点汽车生产商

排序	生产商	位　置	产品类型	型　号
1	亚历山大丹尼士	Falkirk and Guildford	大型客车	Enviro bus range
2	阿斯顿·马丁	Gaydon	轿车	Comet, DB9, DB11, Rapide, Vantage, Vanquish
3	宾利	Crewe	轿车和发动机	Bentayga, Continental and Mulsanne

排序	生产商	位　置	产品类型	型　号
4	宝马	Hams Hall	发动机	Engine range
5	卡特汉姆	Dartford	轿车	Seven
6	康明斯（Cummins）	Darlington	发动机	Engine range
7	Dennis Eagle	Warwick	商用车辆	N and W truck range
8	Euromotive	Hythe	大型客车	Minibus range
9	福特	Bridgend and Dagenham	发动机	Engine range
10	本田	Swindon	轿车和发动机	Civic, CR-V and Jazz
11	英菲尼迪	Sunderland	轿车	Infiniti Q30
12	捷豹路虎	Castle Bromwich & Wolverhampton, Solihull and Halewood	轿车和发动机	Engine range Jaguar：F-Pace F-Type, XE, XJ and XF; Land Rover：Discovery, Discovery Sport, Range Rover, Range Rover Sport, and Evoque
13	John Dennis Coachbuilders	Guildford	大型客车	Fire vehicles
14	Leyland Trucks	Leyland	商用车辆	DAF CF,LF and XF truck range
15	路特斯	Norwich	轿车	Elise,Evora and Exige
16	伦敦出租车公司	Coventry	商用车辆	TX Taxi
17	迈凯伦	Woking	轿车	540, 570, 650, 675 and P1
18	Mellor	Rochdale	大型客车	Accessible coach range
19	MG Motors	Longbridge	轿车	MG3 and MG GS

排序	生产商	位　置	产品类型	型　号
20	MINI	Oxford	轿车	MINI 3-Door Hatch, MINI 5-Door Hatch, MINI Convertible, MINI Clubman, MINI Coupé, and MINI Roadster
21	MinibusOptions	WhaleyBridge	大型客车	Minibus range
22	摩根	Malvern	轿车	Aero, Aero Super-sport, Aero Coupe, 4/4, 4, Plus 8, Roadster, Seater and 3 Wheeler
23	尼桑	Sunderland	轿车和发动机	Juke, LEAF, Note Qashqai, Infiniti Q30
24	Optare	Leeds	大型客车	Solo, Tempo and bus range
25	柏斯敦	Scarborough	大型客车	Cheetah, Elite, Panther, Paragon coach bodies and Enviro bus range
26	劳斯莱斯	Goodwood	轿车	Ghost, Phantom Wraith
27	丰田	Burnaston	轿车和发动机	Auris and Avensis
28	沃克斯豪尔	Ellesmere Port, Luton	轿车、商用车、大型客车	Astra 5-Door Hatch, Astra Sports Tourer, Vivaro van
29	Warnerbus	Dunstable	大型客车	Minibus range
30	莱特巴士	Ballymena(NI)	大型客车	Bus range

资料来源:SMMT

　　表2-4是英国国内比较知名的一级汽车零部件供应商。

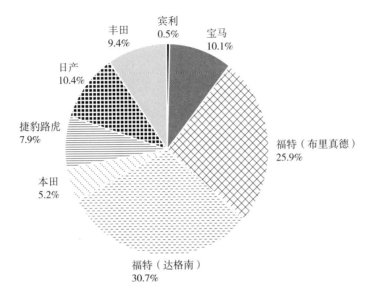

图 2-15　2016 年英国汽车发动机制造市场格局

资料来源：SMMT

表 2-4　英国国内知名的一级汽车零部件供应商

供应商	介　绍	标　志
吉凯恩	总部位于英国的知名传动系统供应商,核心技术包括传动系统半轴、传动轴和 AWD、粉末金属发动机和传动组件。它提供的产品包括全新福特福克斯 RS 上精密的全轮驱动系统,以及保时捷 918 上的智能传动轴	
Grainger & Worrall	总部位于英国的总铸造解决方案供应商,在 Bridgnorth 和 Shopshire 设有工厂。Grainger&Worrall 生产世界上最好的发动机缸体,它为赛车企业和保时捷等制造商服务	
Magal	总部位于英国伯克郡首府雷丁,与福特、捷豹路虎、戴姆勒等公司合作生产热管理系统和液压转向机构等部件	

续表

供应商	介　绍	标　志
Arlington Automotive	总部位于英国考文垂的一体化供应商,在米德兰和东北英格兰设有四家工厂,提供从汽车设计、冲压、焊接、涂层到整装和物流的整合解决方案	Arlington Automotive
Cab Automotive	位于英国蒂普顿,是汽车内饰方面的专家,为雷诺等制造商生产座椅材料	Cabauto The quality within

资料来源:公开资料整理

　　尽管英资的乘用车制造商已经寥寥无几,很多英国大众消费汽车品牌也几经易手被外国公司收购,但英国仍是多家大型汽车制造商青睐的投资地。根据英国汽车制造商与交易商协会的数据,世界最大的20家汽车供应商中18家都在英国有生产基地,表2-5是近年部分跨国汽车企业在英国的投资案例。

表2-5　外资汽车企业在英国投资案例

外资车企	投资案例
丰田	日本汽车制造商丰田在英国的工厂设在位于东米德兰的伯纳斯硕(Burnaston)。2017年,丰田在英国政府的部分援助下决定投资2.4亿英镑升级该工厂,用于生产Auris和Avensis系列汽车。但是公司的高管也表示,在英国脱欧的决定下,英国和欧洲大陆之间的零关税将会是公司未来成功的关键
中国吉利	中国汽车制造商吉利于2017年3月22日在西米德兰的考文垂投资3亿英镑建造新的制造工厂,为其子公司伦敦出租车公司研发和生产新能源汽车
印度塔塔	印度塔塔汽车旗下的捷豹路虎,总部位于英国考文垂怀特利(Whitley),在英国脱欧前夕宣布扩充其在英国的雇员5000名
宝马	德系宝马选择在英国的牛津(Oxford)生产MINI E车型电动车,显示了对英国的信心

外资车企	投资案例
尼桑	日本汽车制造商尼桑对英国脱欧影响进行评估后,决定提升其在东北英格兰的森德兰(Sunderland)工厂的产量20%,约为每年60万辆汽车

资料来源:公开资料整理

英国国家统计局年度商业调查数据显示,从2008年至2014年,英国活跃的汽车供应商数量在逐渐减少。但近几年,得益于英国政府对汽车供应产业链的扶持,以及各大供应商对英国政策环境、劳工素质和行业发展的肯定,汽车供应商数量有一定回升,汽车零部件的交易额也频繁创下新高。

鉴于英国汽车制造零部件和车身严重依赖进口,大力发展本土汽车供应产业链得到政府的支持,对行业发展起到了重要的助推作用。表2-6为部分汽车零部件供应商本土化案例。

表2-6 部分英国零部件供应商本土化案例

公 司	案 例
利尔	座椅供应商利尔已将英国森德兰(Sunderland)工厂的规模扩大了一倍,面积扩大了3500平方米,以应对客户日产和捷豹路虎对汽车座椅的需求。此举使汽车座椅泡沫塑料的年生产能力从30万吨增加到60.8万吨。2017年,利尔还投入150万英镑新建森德兰研发中心作为其欧洲的研发分支
康奈可欧洲	汽车零部件的全球供应商,如汽车内饰件、空调和排气系统。该公司在英国的四个制造地点雇用了1700多名员工,这包括威尔士的研发中心。该公司已经生产60万辆日产Juke汽车和200万辆日产Qashqai汽车零部件。该公司新投资570万英镑将增加产能,并向西班牙、法国、俄罗斯、日本和南非供应零部件

公 司	案 例
保利达	保利达集团是奥地利的高品质塑料零件的领先开发商和制造商,是注塑领域的全面服务供应商,也是纤维增强塑料供应专家。保利达于 2017 年 1 月宣布将建造一个额外的制造基地。保利达英国公司目前位于赫里福郡的布罗姆亚德(Bromyard),由于公司与英国一些主要的汽车制造商签订了一些新的合同,因此需要扩大生产
麦格纳	总部位于加拿大麦格纳(Magna)的全资子公司 Magna Cosma International 专门为 OEM(定牌生产)客户提供全面的车身、底盘和工程解决方案。2016 年 5 月,麦格纳宣布,将在英国特尔福德(Telford)建造一座新的世界级铝铸件厂,服务捷豹路虎汽车生产。该厂采用麦格纳创新的高压真空压铸工艺,生产先进的轻质铝铸件,这将是下一代全铝和多材料车辆结构的关键组成部分。新工厂于 2018 年初开始投产,最多可创造 295 个工作岗位。由于铸造行业资本密集度高,20 年来,英国的铸造铝生产能力没有大的投资。麦格纳的投资表明,英国的铸造生产是值得长期投资的
采埃孚一天合	采埃孚一天合在英国东北英格兰森德兰(Sunderland)的 Rainton Bridge 扩建工厂,投资额外的生产和装配线以支持新的电动汽车业务。2017 年初生产的第一批电机用于履行和北美地区主要汽车制造商签订的新合同。现有的森德兰工厂为其他汽车制造商生产两种新的皮带传动转向产品

资料来源:公开资料整理

在政策支持方面,英国政府一直以来将汽车行业作为其重要的战略产业。近 20 年来,随着英国从汽车生产中心转向汽车研发中心,英国政府的汽车产业政策也根据实际情况适时进行调整,汽车行业走向复兴之路。英国政府设立英国贸易投资总署汽车产业投资机构(AIO),直接对英国商务、创新与技术部负责,专门引导海外投资者参与对英国汽车行业的投资,包括投资建厂、投资研发基地、为英国汽车行业供应商创造出口机会等方面。英国政府已经承诺,将通过地区发展基金(RGF)对汽车行业相关项目投入 3.16 亿英镑,通过英国先进制造业供应链计划(AMSCI)对汽车公共事业和私营企业投入

8000 万英镑,通过英国技术战略委员会对汽车行业的合作研发投入1.8 亿英镑。

中英汽车行业合作机会。尽管拥有比较完整的产业链,但是英国汽车制造业当前汽车零部件尚依赖进口,在脱欧的背景下,英国汽车生产原有的欧盟单一市场、多产地的现代供应链模式可能会被打破。英国急需提升本土汽车零部件生产配套水平,提出了多项政策鼓励外来投资完善本地零部件供应链发展,中国企业可以抓住该机遇。

(二)航空航天业

英国的航空航天业是仅次于美国的世界第二大航空航天业,也是美国航天出口商的主要市场。2016 年英国民用航空航天营业额总计约为 410 亿美元。2016 年,英国航空航天工业部门拥有 17% 的全球市场份额,直接雇用了 12.83 万人。除了 2009 年和 2010 年,英国航天产品的贸易余额自 1998 年以来一直处于盈余状态①。

英国航空航天制造主要聚集在东西米德兰地区、英格兰西北和西南地区以及威尔士,形成了四个产业集群。英国国内航空航天核心企业有:劳斯莱斯、BAE、科巴姆、Hybrid Air Vehicles、美捷特、奎奈蒂克、和 Ultra Electronics 等。另外,波音、空客、庞巴迪、通用、洛克希德马丁等众多世界知名航空公司均在英国投资建厂。

---

① 英国防空安全集团,见 www.adsgroup.org.uk。

表 2-7　英国著名航空航天公司介绍(包括外资公司分部)

公　司	介　　绍	标　志
劳斯莱斯	劳斯莱斯公司自 1914 年以来一直为飞机制造发动机,该公司在英国拥有 22000 多名员工,并占据了英国商品出口总额的 2%。其最大的工厂位于德比,为空客制造遄达喷气发动机(Trent jet engines)	Rolls-Royce
BAE	英国宇航系统公司在英国拥有近 35000 名员工,是英国最大的航空航天公司。其前身英国航空航天公司(British Aerospace)由英国政府拥有,直到 1980 年依照英国《航空航天法》改为公共有限公司	BAE SYSTEMS INSPIRED WORK
空客分部	空客的运营遍布全欧洲,在英国布里斯托(Bristol)附近的菲尔顿(Filton)工厂和北威尔士的布劳顿(Broughton)工厂雇用超过 10000 名员工,每年在英国供应商上的总花费超过 40 亿英镑	AIRBUS
波音分部	波音在英国各地拥有 2200 多名员工,250 多家供应商,在 2016 年向英国供应商采购额达 21 亿英镑。公司与英国工业、军队和航空运输业的长期关系可追溯到 75 年以前	BOEING

资料来源:米德兰地区航空航天联盟,见 www.midlandsaerospace.org.uk

　　米德兰航空航天集群不生产飞机,但几个重要的全球航空航天业者在该地区有业务(见表 2-7)。就像北美的五大湖地区和法国巴黎地区一样,米德兰地区也是世界主要航空航天集群之一。米德兰地区拥有超过四分之一的英国航空航天业,占欧洲的 7%和全球的 3%,拥有超过 45000 个全职工作的职位。

　　米德兰供应链集群共有两个中心:第一个中心在德比附近;第二个中心在伯明翰,伍尔弗汉普顿和考文垂附近。第一个中心的核心企业为飞机发动机制造商劳斯莱斯民航业务,周边产业链负责生产制造航空发动机部件,并设计和制造控制发动机运转方式的电子和机械系统。

第二个中心的核心企业为劳斯莱斯控制系统公司,包括美捷特、穆格公司和 UTC 航空航天系统公司。它们为空客、波音和 BAE 等客户提供控制飞机运动部件的机电系统,如机翼襟翼和板条、起落架、轮毂和刹车系统,以及提供与劳斯莱斯和全球发动机制造商相似的控制系统。此外,该地区还拥有英国专业的航空航天材料生产商,包括伯明翰的美铝(生产铝)和 Timet(生产钛)公司、赫里福德(Hereford)的 Special Metals Wiggin(生产专用合金)以及德比郡(Derbyshire)的 Cytec(生产碳纤维材料)公司(见表 2-8)。

表 2-8　在米德兰地区设厂的全球主要航空航天企业

企　业	专注领域
罗罗控制系统公司	民用发动机研发和生产,为空客和波音提供发动机服务
古德里奇(Goodrich)	发动机控制和电子系统,为劳斯莱斯提供配件
通用电气航空	驱动系统研发和生产,为波音提供配件
美捷特	引擎密封、除冰结构、液体管理、热交换、轮胎和刹车
HS Marston	热交换和液体管理
泰勒斯	无人机研发和生产
Timet	航空钛合金材料
美铝	航空铝合金

资料来源:米德兰地区航空航天联盟,见 www.midlandsaerospace.org.uk

　　米德兰地区有 300 多家航空航天供应商,得益于其世界著名的机电、液压、气动、电子和电气部件先进工程经济,拥有一批专业的技术供应商,它们能够处理先进的航空航天金属和复合材料部件。米德兰斯航空航天集群由许多在以下航空航天技术专业中工作的公司和/或研究机构组成:燃气涡轮发动机、发动机高压系统(压缩、涡轮)、发动机燃烧系统、系统工程、无人机发动机、机械液压控制系统、电子控制系统、热管理(换热器)、流体输送(软管、管道、夹子、密封)、电动(Electrical)、弹簧、机身密封件、橡胶和塑料、陶瓷、航天材料和成形、制造业、维护修理和大修。研究机构主要包括:阿斯顿大学、伯明翰城市大学、考文垂大学、德蒙福特大学、德比大学、拉夫堡大学、英国林肯大学、诺丁汉大学、胡弗汉顿大学。另外,米德兰地区发挥自己在汽车和赛车领域的技术优势,将其逐渐转化和应用到航空航天领域,表2-9是部分案例。

表2-9 米德兰地区汽车/赛车技术迁移应用到航空航天领域案例

公 司	迁移应用案例
Advanced Composites Group	F1赛车行业高科技复合材料供应商,持续向先进的航空航天应用领域进行多样化发展,包括Space Ship One和Global Flyer计划的材料以及新的空客项目
空客	将飞行系统设计中心布置在米德兰中心地区,借鉴汽车和赛车运动的专业知识
Burcas	一家小型汽车机械厂,开展成功的多元化发展,现在为日本和欧洲的航空航天客户提供一系列服务
考斯沃斯	赛车发动机专家,为无人机(UAV)研发发动机,并向航空航天客户提供多样化的先进加工技术
Design Q	捷豹和阿斯顿·马丁的汽车内饰设计厂商,为维珍航空公司设计"高级套件",并为商业喷气式客机设计内饰
PDS Consultants	根植于汽车供应链的策略实施顾问,通过多元化发展使航空航天成为其业务的第二支柱
Penso Consulting	Niche汽车计算机辅助设计专家,瞄准并赢得航空客户(包括飞机结构的主要供应商)的新合同
Premier Group	植根汽车行业的钣金公司,赢得了GKN的新业务,为空客军用飞机制造零部件
Visioneering	汽车模具制造商,开始设计和制造航空复合材料零件的工具和夹具

资料来源:米德兰地区航空航天联盟,见 www.midland saeropace.org.uk

威尔士供应链集群分为两个中心,东南威尔士和东北威尔士。空客在威尔士的布洛顿(Broughton)的工厂制造和组装主要机翼组件和所有机翼。以此为核心,威尔十东南部的航空航天制造,维护、维修和大修(MRO)业务大量涌现,其中大部分受到该地区廉价供应低成本劳动力和政府鼓励措施的吸引(见表2-10)。

表 2-10　威尔士地区部分供应商介绍

公　司	介　　绍
Qioptiq	专攻军事、航空、民用和商业市场的模块和组件的设计、开发和制造
General Dynamics UK	公司技术领先,在制造专业知识和主要合同管理技能方面拥有50年的经验,可提供C4I通信解决方案、装甲战车(AFV)能力、航空电子系统和可部署的基础设施
英国航空电子工程	提供高质量和安全的各种电气、电子和机械部件
英国航空内饰	提供先进的客舱内部和安全设备维护设施,致力于改善、最大限度地减少浪费并消除变数
Zodiac Seating UK Ltd.	收购了Contour Seating,制造一系列的商务舱和头等舱座位
Doncasters	精密发动机部件制造商在南威尔士阿伯加文尼附近的布莱纳文(Blaenavon)工厂锻造发动机叶片和外壳
NORDAM Europe Ltd.	在布莱克伍德的威尔士工厂修理和检修喷气发动机短舱系统和发动机部件,包括鼻罩、反向推力器和涡轮套筒。公司为引擎周围的一切提供完整的服务

资料来源:ADS Group,"Our Sectors-Aerospace",2016

英格兰西南部拥有丰富的航空航天资源,许多世界上最大和最知名的航空航天公司位于西南地区,为800多家公司充满活力的供应链打下坚实的基础,如表2-11所示。

表 2-11 西南英格兰产业集群部分供应商介绍

公 司	介 绍
金属与金属测量类	
Arconic	生产和制造铝板。产品包括:航天和工业燃气轮机部件、航空航天部件、铸件和锻件
Fine Tubes	使用包括最新的合金和最高强度钛进行精密金属管制造。产品包括液压管飞机发动机、机身、起落架和制动器
雷尼绍	专门从事精密测量和运动控制,尤其擅长原型制作和增材制造。公司现在也服务于一系列市场,包括医疗和医疗保健、汽车和电子产品
电子与电器控制系统类	
Aero Stanrew	设计并制造坚固耐用的机电组件和电子安全关键系统。该公司为 UTC 航空航天系统公司、劳斯莱斯公司、意大利 Leonardo 集团、泰雷兹(Thales)、伊顿和通用电气航空的供应商
柯蒂斯—莱特公司	提供系统解决方案,获得、整合、分析和记录所有传感器和航空器上的航空电子数据
霍尼韦尔航空航天	领先的供应商,提供综合航空电子设备、发动机、系统和服务航空航天和国防的解决方案
派克汉尼汾	运动和控制的全球领导者,提供高质量的精密工程、英国制造商的解决方案、航天和国防
泰科电子	生产连接器的世界领先者,制造用于恶劣环境的传感器。其位于斯温登(Swindon)的工厂为空客提供电线和电缆线束。其位于巴斯的工厂为诸多客户提供航空后座
Ultra Electronics	飞机电子控制系统的领跑者,制造位置感应和控制、防冰和探测、振动控制和情景感知相关产品
赛峰集团	世界领先的设计、开发、制造和支持起落架和制动系统的公司
科巴姆	提供顶尖技术,关键的控制解决方案供应商,包括空对空加油和无人系统

资料来源:ADS Group,"Our Sectors-Aerospace",2016

兰开夏郡(Lancashire)位于英格兰西北航空航天产业集群的中心地带。西北部五个郡分别为兰开夏郡(Lancashire)、柴郡(Cheshire)、坎布里亚郡（Cumbria）、大曼彻斯特（Greater Manchester）和利物浦（Liverpool）。英国近五分之一的航空业工作人员在这里工作。目前西北英格兰航空航天联盟（NWAA）成员有 183 个，其中 53 个公司在兰开夏郡地区有分支机构。

（三）通信

英国通信业：欧盟最大的信息通信产业基地，拥有良好的市场环境。

英国通信业拥有 8000 多家企业，雇员超过 100 万人，2016 年通信业收入达 549 亿英镑。[①] 英国是电子工程、半导体设计和光电学的创新基地，对发展电子产品有良好的商业环境和基础设施。索尼、日立、飞利浦等国际知名公司都在英国建立了研发中心。很多英国公司有独特的专利。英国的芯片设计举世瞩目，囊括了欧洲地区 40% 的芯片设计和全球 10% 的芯片生产。[②] 英国是最早采用无线局域网的国家，互联网普及和电子商务占据世界领先地位。

2016 年英国 94% 的家庭拥有数字电视，每人（4 岁以上）每天看电视节目时间达到 3 小时 32 分；英国 57% 的广播听众使用数字广播，每周收听时间达到 183 分钟，各类广播电台数量达 621 个；88% 的家庭接入了互联网（与美国、日本等相当，中国仅为 50%），固定宽带连接的数量达到 2530 万户，超高速宽带连接的数量达到 1080 万户，平均实际固定宽带速度 36.2Mbit/s（中国平均为 9Mbit/s）；94% 的成年人拥有手

---

① 根据英国统计局 CEIC 数据库的数据整理。
② 根据英国统计局 CEIC 数据库的数据整理。

机,76%的成年人拥有智能手机。

英国拥有欧洲最大的软件和 IT 服务市场,政府大力支持软件研发。英国是最吸引软件企业的欧洲国家之一,有超过 100 万人在计算机相关行业就业,其中超过一半在软件和相关服务行业。包括微软、IBM、惠普在内的 10 万多家软件企业在英国运营。在英国研发的软件比在欧洲其他任何国家都要多。英国政府也投入大量资金支持软件行业研发。2014 年,英国 IT、软件和计算机服务业增加值为 540 亿欧元,如图 2-16 所示。

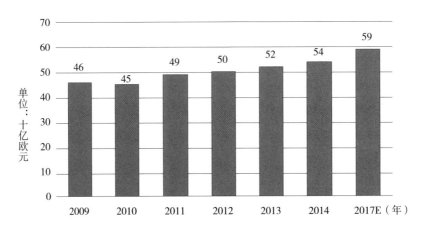

图 2-16 2009—2017 年英国软件和 IT 服务市场规模

资料来源:Statista

英国拥有欧洲电子设计行业 40% 的市场份额。英国在多个领域拥有专业知识,包括:集成电路(IC);光电子和射频(RF)器件,如单片微波集成电路(MMIC);电子元器件等。世界上大多数大型半导体公司在英国都有设计、支持或制造业务,如表 2-12 所示。

表 2-12 英国领先的半导体公司介绍

公 司	介 绍	标 志
Imagination	总部位于英国赫特福德郡(Herfordshire)的技术公司,专注于半导体和相关知识产权许可。它销售 PowerVR 移动图形处理器、MIPS 嵌入式微处理器和消费电子产品。它还提供无线基带处理、网络、数字信号处理器、视频和音频硬件、IP 语音软件、云计算以及芯片和系统设计服务。2017 年 11 月 2 日,中资背景的私募基金凯桥资本(Canyon Bridge)对 Imagination 的收购获得英国法院批准	Imagination
安谋控股	总部位于英国剑桥,主要产品为 ARM 架构处理器(CPU)和相关外围组件的电路设计方案。其生产的手机(智能手机或其他)和平板电脑的处理器在市场占有主导地位。2016 年 9 月,日本软银集团(Softbank Group)完成对该公司的收购	arm
Telit	全球无线机器到机器(M2M)技术和增值服务的提供商,包括互联云和 PaaS 应用支持服务,总部位于英国伦敦	Telit
Frontier	总部位于伦敦的半导体公司 Frontier 开发了数字无线电和连接音频设备的专业化平台,从 DAB 无线电到互联家庭。其客户包括 Bose、松下、飞利浦、索尼和哈曼卡顿(Harman Kardon)在内的大多数领先消费者音频品牌,并提供其专有硅芯片设计的音频模块	FRONTIER SMART TECHNOLOGIES
IQE	总部位于英国威尔士的卡迪夫,是先进半导体晶圆公司。其产品被全球主要芯片公司用于生产高性能组件,从而实现广泛的高科技应用	IQE
欧胜微电子	欧胜微电子(Wolfson)是一家总部位于苏格兰爱丁堡的跨国微电子和无晶圆厂半导体公司。它专门为消费电子市场提供信号处理和混合信号芯片,并在亚太地区、欧洲和美国设有工程和销售办事处。2014 年被 Cirrus Logic 以 2.91 亿英镑收购	wolfson microelectronics

资料来源:IQE,"Enabling Advanced Technology",December 2,2017

西南英格兰地区和东南威尔士地区在微电子、光子和半导体方面有着悠久的历史,该地区是美国以外最大的硅设计集群的所在地,如表2-13所示。世界顶尖的化合物半导体技术研究中心 Compound Semiconductor Applications Catapult 就位于南威尔士。

表 2-13 西南英格兰地区著名的微电子公司

地 区	公 司
布里斯托地区	STMicroelectronics:为大部分英国 Freeview 机顶盒提供处理技术。Icera:总部位于英国布里斯托,是一家跨国无晶圆半导体公司,英伟达(Nivida)的全资子公司。它为移动设备市场开发软调制解调器芯片组,包括移动宽带数据卡、USB 棒、智能手机、笔记本电脑、上网本、平板电脑、电子书和其他移动宽带设备的嵌入式调制解调器
斯温顿地区	Ubiquisys:思科(Cisco)完成了对总部位于英国斯温顿的 Ubiquisys 的收购。在收购之前,Ubiquisys 在智能 3G 和 LTE 小型电话领域帮助服务提供商实现移动网络和多网络的无缝连接
巴斯地区	PicoChip:为小型蜂窝基站(femtocells)、家庭和办公室开发信号接收解决方案,如掉话、音质差、延迟和下载缓慢等问题。2013 年被英特尔收购

资料来源:Center for Cities,UK,"Future Story-Bristol and the South West",2018

东南威尔士有着丰富的半导体资源:

1. Compound Semiconductor Applications Catapult 是英国政府投资的位于威尔士卡迪夫的顶尖半导体研究中心。该中心致力于电力电子、射频和微波、光子学和传感方面的复合半导体研究。

2. 化合物半导体研究所(Institute for Compound Semiconductors):该研究所是该地区建立化合物半导体集群的关键一步。它与 IQE 和卡迪夫大学的合资企业化合物半导体中心(Compound Semiconductor Centre)密切合作。

3. 化合物半导体中心(Compound Semiconductor Centre):该中心是

IQE与卡迪夫大学(Cardiff University)之间的一次创新合作,旨在为21世纪新兴技术创造独特的全球能力。

4. EPSRC化合物半导体中心(Compound Semiconductor Hub):该中心研究大规模化合物半导体制造。通过把硅的制造方法应用于化合物半导体,从根本上提高化合物半导体技术的吸收和应用。它还利用化合物半导体有利的电子、磁性、光学和功率处理性能,以及硅技术在成本和缩放方面的优势,开发诸如感测、数据处理和通信的新型集成功能。

(四)生命科学

英国是世界上最发达和增长最快的生命科学市场之一,仅次于美国。英国生命科学市场极为活跃,吸引了大量的外国投资,据英国《金融时报》报道,2016年英国生命科学市场外商直接投资项目数量为全球第二,仅次于美国。根据标普Capital IQ数据,2016年英国生命科学市场首次公开募股(IPO)融资15.57亿英镑,位列全球第三,同比增长14倍。在健康领域政府研发支出方面,仅次于美国位列全球第二。

据Biotech Gate统计数据,截至2017年一季度,英国有生物科技企业1118家、医疗科技企业292家、医药企业123家,其他生命科学相关企业1386家,各类生命科学相关企业合计超过3600家(见表2-14)。从企业类型来看,上市公司仅占5.2%,77.9%为私有企业,如图2-17所示。

表 2-14　英国生命科学行业概况（2017 年）

生物科技企业（家）	1118
医疗科技企业（家）	292
医药企业（家）	123
投资公司（家）	73
公共或非营利性机构（家）	437
其他生命科学相关企业（家）	1386
国有公司占比（%）	5.26
生命科技创业融资 2015/2016（百万美元）	2132/1206
技术专利（个）	418
医疗批文（个）	207

资料来源:fDi Markets、《金融时报》

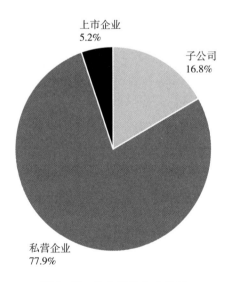

图 2-17　生命科学企业分类

资料来源:fDi Markets、《金融时报》

从公司的地区分布来看,生命科学公司主要集中在英国东南部即英格兰地区,雇用人数超过 18 万人,年收入达 550 亿英镑,其中,医疗企业雇用 8.8 万多人,年收入 181 亿英镑,97% 的医疗企业是中小型企业。表 2-15 为英国著名生命科技企业和研究结构。

表 2-15 英国著名生命科技企业和研究结构

公 司	介 绍	标 志
葛兰素史克	世界最大的制药公司之一,总部位于伦敦,2000 年 Glaxo Wellcome 和 SmithKline Beecham 合并成立,在伦敦证券交易所上市。世界 500 强企业,在 2017 年 15 家 500 强制药公司排名第 10	gsk GlaxoSmithKline
阿斯利康	世界最大制药公司之一,成立于 1999 年,由瑞典 Astra AB 和英国 Zeneca Group 合并而成。在伦敦证券交易所、纽约证券交易所和 OMX 交易所上市,世界 500 强企业,在 2017 年 15 家 500 强制药公司排名第 13	AstraZeneca
希雷制药	希雷制药是一家全球性专业生物制药公司,英国第三大制药企业,成立于 1986 年,在伦敦证券交易所上市,为富时 100 成分股。产品遍布 100 多个国家,涵盖血液、免疫、神经、内科等核心治疗领域	Shire
剑桥桑格研究院	英国剑桥桑格研究院是世界上最重要的生物技术研发中心之一,同时也是将基因研究转化为商业用途的重要基地。大约三分之一的人类基因研究项目在此进行。位于剑桥、牛津、伦敦的大学形成了世界顶级的高生物科技研发集群	wellcome trust sanger institute
默沙东	默沙东生命科学业务在英国营业收入超过 640 亿英镑,雇用了 23.3 万名员工。2018 年将在伦敦新设生命科学创新研发中心,并提供 950 个高技术相关职位	MSD INVENTING FOR LIFE
凯杰	凯杰曼彻斯特基因与诊断中心,专攻基因学(genomics)研究。计划 2018 年扩大相关基础研究,新增 800 个相关职位	QIAGEN®

资料来源:BioPharmguy、公开资料整理

1. 行业概况

生命科学一直是英国经济的重要组成部分。自 2011 年以来,英国该行业已经获得超过 75 亿英镑的外来投资,创造了 18000 个新的就业岗位。而今天,英国已拥有世界上最强大和最具生产力的健康和生命科学行业之一。根据英国政府发布的《2016 实力与机遇:英国医疗技术和生物制药行业大观》,基于英国国家统计局 2017 年 2 月的统计数据,生命科学行业年营业额达 635 亿英镑,行业所属企业 5142 家,从业人员达 233400 人。在未来几十年,经预测经合组织国家医疗支出将以 3.3% 的年均复合增长率超过 2% 的 GDP 年均复合增长率①,这不仅给医疗体系建设带来持续性挑战,也为生命科学行业发展创造了新机遇。

随着英国人口老龄化问题和慢性病问题的加剧,未来英国生命科学市场将有着巨大的增长空间。生命科学领域的巨大成就与利益将来自新设备和新药物的研发,同时还有改善健康的一系列科学平台的建立。与此同时,生命科学与创新科技越来越密不可分,包括与数字工具、机器人技术、基于机器学习的人工智能的结合;全新的疾病治疗方法也有赖于科技的发展,如基因治疗、基于核酸的疗法或细胞疗法等。很明显,医疗行业中最重要的变化将随着各种信息数字化的不断增加而出现。从病历、X 光、病理学、图像、基因组学、医疗保健管理工具到各种数字监控设备的输入在未来被数字化地提供给医疗服务提供商,并将从根本上改变我们对人类疾病的治疗管理方法。

---

① 经合组织国家国内生产总值 2009—2060 年长期预测;经合组织在卫生和长期护理方面的公共支出:一套新使用的预测—成本控制方案。

2. 市场细分

我们将从事生命科学行业的企业分为三类:医疗科技企业、生物制药企业、支持服务与供应链企业。对应地,这些企业服务于英国国家医疗服务体系、私人医疗市场、社会护理市场以及健康消费市场。

医疗科技企业,包括开发、制造和销售医疗设备及为此提供支持服务的公司。医疗器械领域就业人数排名前五的子行业分别从事一次性使用技术设备、数字医疗、矫形装置、体外诊断和医院硬件的研发生产。医疗技术领域就业增长最快的核心业务是药物输送,包括输液系统、移动通路(包括楼梯升降机和数字健康)。支持服务领域中,设备耗材公司占据最大比例。该行业大部分公司属于中小型公司,82%的公司年营业额小于 500 万英镑,规模较大的是经营一次性使用技术设备和体外诊断业务的公司。英国医疗科技公司主要集中在英格兰东部、整个中部地区、英格兰西北部、约克郡和亨伯河。

生物制药企业中,使用小分子技术制造治疗药品的企业占绝大多数(按就业人数占 81%),生产治疗性蛋白质及抗体的企业就业人数占比位居第二。英国生物制药企业主要集中在英格兰和伦敦的东南部、东部和西北部地区。

服务与供应链企业中,按就业人数排名前三的是提供合同制造与研究服务企业、试剂与设备供应企业以及临床研究机构。提供合同制造与研究服务的企业雇用人数占比最大,而试剂与设备供应企业创造收入最高。2011 年以来,随着生物制药行业整体受雇人数出现小幅下降,服务与供应链企业受雇人数却在逐渐增加。英格兰东南部和东部地区的服务与供应企业和员工人数最多,其次是苏格兰、英格兰西北部和中部地区。

市场细分中,英国国家医疗服务体系(NHS)自1948年建立以来,一直承担着保障英国全民公费医疗保健的重任。每天接待全国约100万名患者,拥有170万名员工,是全球最大的统一医疗系统。私人医疗市场得益于政府的服务外包的增加而快速发展,私人医疗保险的蓬勃发展就是象征之一。社会护理市场以辅助性技术与家庭护理为主导,发展动力主要来自人们对更为便利的家庭护理服务的需求。健康消费市场的发展伴随着人们越来越注重自己的健康,需要更多元的医疗健康护理产品,例如手机应用、维他命补给、部分检测设备等,这些都为医疗科技公司孕育着巨大的机会。

3. 主要参与者

在生命科学行业"基础研究—转化医学—临床实验—商业化/工业化生产"的产业链条下,由英国政府、NHS、英国领先大学、慈善类基金、生物技术公司、制药公司、医疗科技公司以及支持服务与供应链公司共同组成了生命科学行业的生态体系,该体系与支持性政策框架和金融市场深度结合在一起。

英国政府是基础生物医学和转化科学研究资金的主要来源,英国医学研究理事会及英国国家健康研究所是最为典型的代表。英国医学研究理事会是由英国公共资金建立的国家级政府机构,支持着从基础实验室科学到临床试验以及所有主要疾病领域的生物医学领域的研究,其每年超过5亿英镑开支的一半是提供给下属的40家研究所、研究室和各个研究中心,而另一半则是用于对大学和医学院校研究团队的资助和个人的培训奖学金。由英国卫生部设立的英国国家健康研究所为健康与研究及其转化研究提供资金与研究支持,不仅会对申请研究项目的人员提供研究设计服务及资金支持,为健康研究人员提供支持和培训,帮助实施研究的功效与机制评估及转化研究等,同时其创建的临床研究网络也大大提高了招募试验人员及进行大规模试验的效率。

英国在生命科学领域取得成功的关键因素是大学研究的强大实力。根据《泰晤士报高等教育联盟 2016—2017 年报告》,世界排名前10 的大学中有三所位于英国,临床及临床前科目排名前 20 的院校有六所也位于英国,英国的高等学府可谓是生命科学研究的基石。更重要的是,这些大学也为 NHS 提供重要合作伙伴并共同创建了强大的健康科学学术中心与网络,使得 NHS 能时刻参与到尖端的临床研究中。许多支持学术基础科学的课程也开始参与到一些初创公司的业务中。例如,剑桥大学的分子生物学实验室近年来已经推出了该领域的一些重要技术、公司和产品(例如人源化单克隆抗体)。部分著名大学已经成为生命科学高科技聚集地与产业网络,剑桥地区以剑桥大学为中心,为数众多的生物技术产业公司、大型制药公司与大学的研究所、医院等集结在一起,形成了欧洲最大的生物技术产业园区。有 350 多家公司参加了剑桥生物技术网络组织(ERBI),譬如以肿瘤治疗为核心的 Astex Therapeutics、专注纳米技术的 Solexa(其技术后为 Illumina 收购),以及全球第一个获批的抗肿瘤坏死因子 TNF-α 药物Humira。[①]

---

① 姚恒美:《英国伦敦健康产业发展现状概述》,2016 年 3 月 4 日,见 ht-tp://www.istis.sh.cn/list/list.aspx? id=9914。

　　庞大的慈善基金组织体系也为生命科学行业发展提供了支持。最著名的惠康信托基金会是全球性的慈善基金会,致力于改善人类和动物的健康,资助各类活动以及研发中心。惠康信托基金会设有多个资金支持计划并在英国投资建设了多个研究所,例如布鲁姆斯伯里(Bloomsbury)临床医学研究中心,促进伦敦五所高等教育研究机构之间的合作;设立桑格研究所(Sanger Institute)进行开创性研究并发明临床基因数据分析平台 Sapienta,可为用户提供基因诊断报告,提高罕见遗传疾病的诊断效率。特定疾病的慈善组织也是科学基础的重要组成部分,其中,CRUK 作为世界上最大的癌症慈善机构,支持大多数英国癌症研究,以及英国心脏基金会、英国糖尿病协会、英国关节炎研究协会和英国风湿病学协会。慈善部门也得到了政府慈善研究支持基金(CRSF)的部分支持,该基金帮助学术机构支付慈善机构资助研究所需的间接费用。然而,按人均计算,英国的慈善基金仍然比美国的慈善基金少,而美国的慈善基金人均支出是英国的两倍。①

　　除了上述途径,研究机构或初创公司获得资助的其他来源则为社会资本,包括私人投资、风险投资、私募基金等。英国政府更出台了英国风险投资计划(VCS),为符合条件的风险投资者提供税收优惠,鼓励其对小企业进行股权投资。该计划又包括若干子计划,主要有:企业投资计划(enterprise investment scheme,EIS)、种子企业投资计划(seed enterprise investment scheme,SEIS)和风险投资信托计划(venture capital trust scheme,VCTS)。

---

　　① 美国慈善基金人均 59 美元,英国慈善基金人均 28 美元。美国慈善基金花费统计基于美国支出,英国慈善基金统计来自 AMRC 年度报告。

4. 支持性政策

英国政府在支持生命科学行业发展上可谓不遗余力,包括从 2015 年 4 月起公司税率降低至 20%。英国政府建议到 2020 年将公司税率减至 17%,这将使其成为欧盟最低公司税率国家之一。此外,由于税收减免,如专利盒制度和研发信贷,生命科学行业的许多公司可能最终以 11%—13% 的税率缴纳税款。此外,对中小型公司的研发支出投入将给予每英镑 27 便士的税收抵免,对大型公司的抵免为每英镑 7 便士。① 低税率、鼓励创新激励措施使英国成为生命科学公司投资的有吸引力的地方。

5. 投资机会

英国生命科学行业在科学基础上显示出明显的优势,这些优势包括林立的高等学府、遍布全国的医学研究所以及科学人才,其他优势包括生命科学集群的规模和声誉围绕世界著名的机构。通常药物研发在获批上市前需要经过三期的临床研究。通过与其他国家对比我们发现,英国在 I、II 期临床研究的频次较 III 期较高,而 I、II 期主要针对药物对目标适应症患者的治疗作用和耐受性、安全性的初步评价,这体现出了英国科学基础方面的优势;而 III 期研究试验的样本量要远大于前两期试验且主要目的是支撑药物的批量生产及上市,这说明尽管 2007—2017 年在英国国家健康研究所创建的临床试验网络的支持下大规模试验的能力有了长足的进步,但缺陷依然存在,据《英国生命科学产业战略》的分析,障碍主要存在于行政效率(包括道德审批、标准

① UKTI, *Medical Technology Brochure*, 2017.

化的试验协议)以及基础设施的不足(数字化收集数据)。英国在临床研究方面具有进步空间,体现在:提供医疗护理的标准(目前临床研究护理标准较全球水平较低)、更数字化和智能化的基础设施以提高试验效率、更快更精确找到受试人群的技术。①

围绕英国知名大学,如剑桥大学、牛津大学、邓迪大学以及英国皇家学院等,都是著名的生物科技研究中心,是世界上除美国以外最大的生物技术集群。在这些区域内不乏优秀的创业公司,同样可能是优质的标的。譬如在剑桥附近区域内,就聚集着专注于癌症免疫疗法的 F-star、专注研究与泛素细胞信号通路相关的疾病治疗的 Mission Thera-peutics 等多家优秀的医疗科技公司。

英国有一系列有潜力转向大型生物制药公司的公司,需要长期有耐心的资本支持而非风险投资,这是因为一款新药从药物发现到临床试验完成往往需要数十年的时间。剑桥抗体技术公司出售给阿斯利康公司时,拥有大量潜在的产品。类似的公司还包括 Celltech、Aztec、Kudos 和 Solexa。目前在英国的成熟公司都受益于长期耐心的资本支持而非风险投资。

英国生命科学领域的另一大优势是快速成长的医疗设备市场。英国每年制造出的医疗设备有 88% 销往海外,超过 80% 的医疗科技公司都是中小型公司,这意味着更低的管理费用和人力费用。另一方面,

① Pfizer,"Driving Global Competitiveness of the UK's Life Sciences Ecosystem:for the Benif of UK Patients,the Economy and the NHS",2017 年 4 月,见 https://www.pfizer. co. uk/sites/g/files/g10036861/f/201707/Driving - Global - Competitiveness - of - the-UKs-Life-Sciences-Ecosystem.pdf。

NHS采购机制时常受到医疗设备制造商的诟病,原因在于NHS的预算安排在每个部门间是独立的,因此一些较为昂贵的设备将不会被采用,或者必须转卖给第三方慈善机构后再由慈善机构捐赠给NHS;有时这些设备还会被要求在贷款期限前借用给NHS,这对于一些规模较小的公司无疑是十分困难的,为其打开其他的市场或许能帮助它们获得更好的发展。在英国,社区护理、远程诊断(机器人)和自我诊断正变得越来越重要,这使得该领域具有吸引力。这得益于NHS投入大量资金推动医疗信息学的发展①,包括为患者在远程医疗、个人电子病历以及在线咨询方面提供服务。其他具有特殊发展机会的包括基因组学,尤其是针对个人医学的DNA诊断技术。

另外,还需要关注与生命科学相关的制造业的机会。进入21世纪后,英国一直无法获得重要的新制造业投资,具体而言,尽管在英国发现了单克隆抗体,但未能通过确保商业化生产力来实现这些高价值产品的大规模生产。目前英国主要药品生产是通过已经建立的平台,而这些已建立的平台通常不灵活,迫切需要新的流程和方法以提高灵活性,将增加自动化和数字化作用,适应新的治疗和产品模式。合约制造业的发展将为药品的大规模生产带来转机,英国目前在这方面还十分欠缺。因此,需要关注的是该行业下一波制造业的机会,比如通过流程创新实现既定药物的方式进行阶段性变革的公司(如连续加工、数字化制造)。

---

① 中国医学装备协会:《中国企业进入英国医疗器械市场前景分析》,2009年2月20日,见 http://www.yxzb.org.cn:8080/cameneirong.php? catid=462&cg=11。

二、新兴产业(金融科技、人工智能、创意服务)

除了传统产业,得益于人才优势及政府支持,英国在金融科技、人工智能、创意服务等行业也享有优势地位。

(一)金融科技

金融服务业是英国传统支柱产业之一,伦敦更是世界三大金融中心之一,多次位列全球金融中心评选第一。在金融科技发展方面,英国同样处于世界领先地位。

根据安永对金融科技行业发展的研究[①],四个核心特质对于形成良好运转的金融科技生态圈必不可少。(1)人才:技术、金融服务以及创业人才的充沛程度;(2)资本:辅助创业和辅助企业扩张的金融资源的充沛程度;(3)政策:政府政策,涵盖监管、税收和协助行业成长的方案;(4)需求:终端客户需求,包含消费者、企业和金融机构。图2-18展示了这四种特质是如何相互关联影响,从而促进金融科技生态圈的发展的。

英国在金融科技领域的领先地位主要归功于良好运转的生态圈。英国拥有世界一流的金融科技精英,更有开明的金融监管机构——英国金融市场行为监管局,以及英国政府上下对行业竞争和创新的强力支持。

---

① 安永:《走在尖端》,2015年。

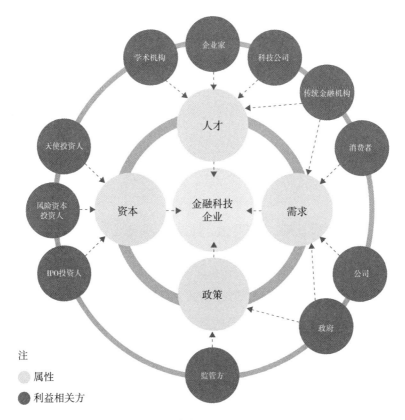

图 2-18 金融科技生态圈所需的核心特质

资料来源:Ey,HM Treasury,*UK FinTech:on the Cutting Edge*,2016

2015 年,英国的金融科技行业收入已超过 66 亿英镑,吸引着全球超过 6.1 万名专业从业者,从网络借贷、支付服务,到互联网银行和区块链,金融科技正在颠覆既有的金融服务模式和流程,为金融消费者提供更多元化的服务,并强化英国金融业的竞争力。

虽然英国在金融科技行业中人才、资本以及需求的储备已经很充裕,但是英国为金融科技良好发展所提供的政策环境,使得英国在与世界上其他领先的金融科技中心的比较中突显竞争优势。从英国吸引了

5.54亿英镑的金融科技投资和金融科技行业66亿英镑的收入中可见一斑。

人才方面,英国的金融科技生态圈由大量的科技人才、领导人才以及金融服务业人才支撑着。英国目前约有6.1万名金融科技从业人员,英国还能从多达120万的金融服务业的从业人员中培养金融科技领域的专家,扩充金融科技从业者队伍的技术人才供应量非常充沛,因为科技产业的工作者已达7.1万余人。英国同时也吸引了众多跨国科技巨头将其欧洲总部设立在英国。同样地,英国也在活跃的创业社区中受益匪浅,从英国位于全球创业指数榜单中位列前10这一事实中可见一斑。

资本方面,英国的投资资本在金融科技企业创业初期是很充裕的,处于成长期和成熟期的英国金融科技企业反而不能获得很多专项投资,这也给投资者提供了投资机会。英国的金融科技企业在2015年获得了5.54亿英镑的专项投资,其中大约90%直接投入到银行业中的支付和借贷等细分领域。① 英国的金融科技企业在创业初期能吸引大量的投资,并随着英国在税收方面的创新政策的实施(如SEIS和EIS),投资效果得到进一步增强。然而,由于英国相对保守的风险偏好(相比于美国而言),金融科技创业公司在成长期能获得的投资非常有限,这也预示着存在很多潜在的投资机会。

政策方面,英国有着世界领先的针对金融科技的监管环境,以简化、透明和行业领先的监管办法而闻名。英国优良的政策环境得益于

---

① Ey,HM Treasury,*UK Fin Tech:On the Cutting Edge*,2016.

扶持型的管理监督体系,英国金融市场行为监管局就推出了一系列值得关注的创新项目,包括:(1)项目创新计划:针对支持创新性企业的审批而开发,2016 年通过了 300 家创新性企业通过该项目获得审批的大关;(2)英国金融市场行为监管局监管沙盒:第一项此类型的监管创新项目,沙盒使企业能在无监管的条件下自由测试其产品和服务。

需求方面,英国有着大量的对金融科技的应用需求,这些需求最初从伦敦铺散开去,并且贯穿了消费者、企业和大型的金融机构。在英国,生活中应用金融科技产品正在逐渐成为主流,证据表明约 14%在数字化设备中活跃的用户,认为自己是金融科技的使用者,在伦敦,这个比例上升到约 25%。① 在整个欧洲范围内,英国拥有最多的中小型企业(约有 520 万家),因此,英国代表了一个巨大的对金融科技解决方案的应用有极大兴趣的市场。从大型金融机构的角度来看,金融服务活动的密集程度,尤其是伦敦,展示了一个运用金融科技解决方案的绝佳平台。表 2-16 展示了中国与英国不同的金融科技环境。

表 2-16　中、英金融科技环境对比

对比指标	英　国	中　国
宏观经济指标		
人口	约 6500 万	约 14 亿
GDP 总量(万亿英镑)	约 1.9	约 7.2
出口贸易额(亿英镑)	5125	1.6 万

---

① Ey,HM Treasury,*UK Fin Tech:On the Cutting Edge*,2016.

续表

对比指标	英 国	中 国
人均 GDP (英镑)	28772	5214
企业税率 (%)	20	25
应用指数		
移动电话渗透率 (%)	64	41
移动银行渗透率 (%)	28	63
无金融账户比例 (%)	2	21
金融科技应用比例 (%)	14	27
金融科技行业宏观数据		
网络借贷市场规模 (亿英镑)	32	约 987
行业独角兽数量 (家)	2	8
金融科技投资 (2015 年) (亿英镑)	约 5.54	约 20.55
投资增长率 (2012—2015 年) (%)	约 150	约 200
金融服务环境		
世界前 100 高校数量 (个)	18	4
世界前 50 银行数量 (资产规模) (家)	5	11
金融行业在 GDP 中的比重 (%)	11.8	9
金融服务业从业者数量 (万)	120	760

资料来源:公开资料整理

在英国,网络借贷和支付领域处领先地位,吸收了约 **90%** 的金融科技投资。独特的金融科技市场环境使英国在多个金融科技子行业中处于世界领先地位。同时,英国在诸多新兴的金融科技领域亦发挥出强大潜能,表 2-17 展示了英国金融科技子行业部分代表公司。

表 2-17　英国金融科技子行业部分代表公司

子行业	公 司	业 务
网络借贷	Zopa	P2P 借贷公司,成立于 2005 年
	Funding Circle	P2P 借贷公司,允许向小微企业借贷
	Crowdcube	股权众筹平台
	Seedrs	股权众筹平台
	Syndicate Room	股权众筹平台
	Iwoca	专门为中小企业提供贷款
	Borro	抵押贷款公司
	MarketInvoice	企业票据融资平台
	Ezbob	中小企业借贷平台
	ThinCats	P2P 借贷公司,允许向小微企业借贷
	LendInvest	P2P 借贷公司
	Trade River	无担保企业贷款
	Landbay	P2P 住房抵押贷款
	FundingXchange	小微企业借贷平台
	Funding Options	信贷经纪公司
支付	Transfer Wise	在线跨境支付平台
	Azimo	在线跨境支付平台
	Currency Cloud	在线跨境支付平台
	World Remit	在线跨境支付平台
	Ebury	跨境支付和外汇风险管理
	Go Cardless	智能支付管理
	Access Pay	支付和现金管理
	Revolut	数字银行业务,包括借记卡、货币兑换和 P2P 支付
	Curve	银行卡管理平台
	Kantox	外币兑换和跨境支付
	Skrill	跨境支付
	Ringpay	在线支付和数字钱包管理

续表

子行业	公司	业务
先进技术分析	Ravelin	欺诈监测和防范平台
	Behavox	开发监控软件跟踪员工行为,让银行及时发现高风险或违规的活动
	Clear Score	个人信用评级
	Suade	提供解读监管框架的工具和合规的解决方案
	Sybenetix	检测、阻止可疑的交易活动
	Qumram	基于移动端和 Web 端的会话回放技术,已被 Dynatrace 收购
	Duco	为银行后勤部门提供数据服务,包括不同系统间的自动交易、投资组合、资金调节等
	Pass Fort	密码管理
	Aire	个人信用评级
	Clearmatics	开发基于区块链的金融交易清算和结算软件
	Open Gamma	开源分析及风险管理平台提供商
数字银行	Tandem	只提供手机终端的电子银行
	Atom	只提供手机终端的电子银行
	Starling	只提供手机终端的电子银行
	Oak North	只提供手机终端的电子银行
	Monese	只提供手机终端的电子银行

资料来源:Ey,HM Treasury,*UK FinTech:on the Cutting Edge*,2016

网络借贷方面,主要包括:P2P 借贷,贷款给消费者和中小企业,往往由多个贷款人共同出资促成一笔交易;众筹,由在线平台促成交易,出售股权给投资者作为投资回报;票据交易,通过在线交易平台拍卖发票(折现立即付款)。推动网络借贷发展的因素有:P2P 商业模式提供更灵活和低成本的利率;更多地利用替代性的数据源来评估借款人信用风险;自动、实时的数据提升承保效率;更广泛地使用新兴融资模式,如资产负债表与表外贷款结合的方式;聚合平台将非结构化和结构化数据集合成为通用格式,破坏了传统代理模式。

支付领域方面,主要包括:跨境支付,低成本的国际货币转账和兑换,提供卓越的客户体验;B2B 支付,通过自动化、高效和实时的支付平台促进 B2B 支付转移。推动在线支付发展的因素有:先进的基础设施实现实时支付(如快捷支付 faster payments);新型的商业模式利用移动和在线技术来提高业务利用率并降低成本,如支付卡每笔交易费率从 3% 下降到 1%;随着价格和交易费率透明度的提升,用户的接受程度也日渐提升。

在先进分析技术领域,主要包括:识别,使用多样的数据源和 API 架构,通过单点集成加速传统的 KYC(了解你的客户)进程;承保数据,聚合不同的数据源,以实现更优化的、接近于实时的信用决策;人工智能与机器学习,先进的数据分析通过迭代洞察模型提供实际的商业价值。促进因素包括:数据聚合与开放 API 技术使非结构化和结构化数据集能够聚合成可识别的格式;行为和心理测量数据分析方法提供新的数据分析技术,改进信用风险评估;实时监管与合规管理为客户提供能被广泛识别的身份。

数字化银行领域,主要业务包括:客户体验历程,通过个性化服务改善客户参与度;数字化,无分行化的银行业模式仅提供数字化访问渠道透明度,在定价和沟通方面增加消费者的接受度和参与度。推动因素包括:无缝隙全渠道的用户体验(如三分钟开设账户),允许消费者在一个平台上管理多个账户;数据分析和人工智能被用于根据客户的财务需求主动推荐相关产品;可扩展的 IT 基础架构,重点发展单技术栈基础架构,不再依赖于杂乱的遗留系统。

英国的金融科技活动主要集中在伦敦,因为伦敦有着大量的全球领先的金融机构和资本,汇聚着大量金融、科技和极具领导力的人才。一直以来,伦敦以外的区域在发展金融科技方面得益于政府基于吸引商业入驻目的所推行的一系列创新项目,更低的生活成本、大量的人才(尤其是临近大学联盟的地区)和对于金融科技细分领域的专业化分类等(见表 2-18)。

表 2-18 英国金融科技中心概览

中 心	概 览	积极因素	孵化器和加速器	金融科技企业
伦敦	伦敦具有最密集的世界级金融机构,世界领先的外汇交易市场和场外衍生品和借贷市场,全球金融中心指数排名第一,表明了存在大量的金融机构需求	日益发展的科技社区(包括 Silicon Roundabout),大量顶级商学院和身为国际金融中心所吸引的金融专家,且伦敦拥有举足轻重的本土和国际投资网络,有能力提供大量可利用的资本	有着英国最大的创新网络,有着全球领先的合作办公空间,加速孵化器和风投(包括:Barclays TechStars、Level39、Startupbootcamp 和 AccentureInnovation FinTech Lab)	Azimo, Ebury, eToro, Funding Circle, Iwoca, Nutmeg, Transfer Wise,Zopa 等
爱丁堡	越来越多的科技项目(Skyscanner 和 Fanduel)和英国范围内第二大的金融服务中心(设有 RBS、Bank of Scotland、Standard Life、TSB 和 Virgin Money 的总部)	强大的学术研究实力;英国境内最佳居住地(例如可以承受的生活支出、高薪和高速宽带)	联合办公房(TechCube),加速器(CodeBase),大量的天使投资扎寨于此(Archangel),一些风险投资(Scottish Equity Partners)	Free Agent, miICard, Money Dashboard

中　心	概　　览	积极因素	孵化器和加速器	金融科技企业
曼彻斯特	强大的数字化和创新能力（已取得35亿英镑的投资）	欧洲最人的学生城市（超过10万）；多家银行在英国的IT中心设立于此（Lloyds和Barclays）	近年来大型众创空间屡获投资（Neo, The Vault）；一些加速器（Innovate Finance）和活跃的地区投资机构（North West Fund, GMIF, MIDAS）	Access Pay, Due Course
布里斯托	英国六大"科技之城"之一,拥有价值3亿英镑的科技园区和欧洲最大的机器人实验室,金融服务业雇用5.9万名员工	布里斯托稳定的经济环境和高人均GDP（在英国排名第三）使其在"全球城市"榜单上成为英国范围内排名第四的城市	西南创新网络,Pervasive Media Studio, REACT中心,布里斯托机器人实验室,SETsquared孵化器和西南数字化科技园区	Moneyhub, Fundsurfer
牛津/剑桥	由于高科技企业和孵化器（例如ARM, Abcam, Oxford Instruments和Sophos）在该区域的高密度聚集,这里常被称为英国"硅沼"	牛津大学和剑桥大学具备领先的研究能力与吸引高技能人才的强大实力	拥有阿兰、图灵等研究中心（专注于合作型数据科学研究）,牛津科学园区和剑桥科学园区	Insignis, Stockpedia

资料来源:Ey,HM Treasury,*UK FinTech:on the Cutting Edge*,2016

英国金融科技的跨境投资机遇主要在区块链、监管科技和外汇交易管理方面。

区块链方面,目前,中国区块链项目在很大程度上与学术界和研究机构联系在一起,关注的重点主要是加密货币。国内的区块链初创公司仍然处于发展的早期阶段,而大型银行在区块链的应用方面才刚刚启动概念论证和试点项目,而在英国,监管规则(如《欧盟金融工具市场指令(二)》)已经激励各家公司在区块链等探索性技术方面进行投资以实现其经营模式的变革。资金充足的区块链组织应运而生,人才从传统行业向与区块链相关的初创公司流动,技术解决方案也日趋成熟(如基础的区块链架构平台)。我们认为英国的金融科技能够充分地利用这些创新、能力和专业技能进一步地开发中国的区块链市场。

监管科技方面,中国的监管机构,如中国人民银行(PBOC)和中国银行保险监督管理委员会越来越关注金融科技,这一点可以由2015年发布的《关于促进互联网金融健康发展的指导意见》佐证,这是中国政府在金融科技领域发布的第一份监管规则。随后,关注P2P借贷和非银线上支付服务提供商的监管规则陆续出台。随着中国更深入地从监管的角度参与市场活动,金融服务从业者很可能从可得的监管科技解决方案中获益,降低监管合规的复杂程度和成本。英国拥有大量监管科技公司,这些公司已经开发出与合规、先进的数据分析和风险评估相关的解决方案。随着中国金融科技行业和监管框架的进一步成熟,这些技术和知识均可应用于中国市场,将其效用发挥到最大。

外汇交易管理方面,中国是全球第三大资金转移/汇兑市场(约360亿英镑),催生出对能够进行跨币种交易和国际交易结算的支付平台的内在需求。在这一方面,英国是大量以外汇为主的支付平台的起源地,这些平台是进行大额资金转移的金融科技公司和传统金融机构的支付引擎,这种技术同样能够服务中国市场的汇兑服务提供者。

中国金融科技在英国市场有三个独特的机会有待挖掘:向来到英国的中国游客提供金融科技解决方案(以支付为主)、利用英国的支持性监管环境并参与英国的开放银行服务计划。

追随中国消费者。每年有大量的中国学生(约 90000 人)、游客(约 270000 人次)和移民(约 50000 人)进入英国。总体来看,游客和留学生的年消费超过 30 亿英镑。随着中英之间密集的人员往来,中国消费者身处海外时可能存在大量的支付需求。因此,中国的金融科技公司(主要是支付从业者)应当寻求与英国本地的零售商、收购方和金融机构合作,开发能够为这一大规模市场服务的跨境支付方案。

利用英国的监管支持机构。在全球的监管机构中,英国金融行为监管局在促进整个金融服务行业的创新和竞争方面一直处于引领地位。项目创新、监管沙箱和专职智能投资顾问等项目倡议可以证明这一点。英国金融市场行为监管局目前向所有公司开放其监管沙箱,提供测试创新产品和服务的安全空间,同时提供有针对性的授权流程以及单独的公司指引。监管沙箱和英国金融市场行为监管局对外国金融科技公司的开放支持政策为中国的金融科技公司提供了理想的平台,使其可以在安全环境下测试其方案,与监管机构合作以便有效地进入英国市场。

参与英国的开放银行服务计划。2016 年,英国竞争和市场管理局做出强制性规定,要求英国的零售银行在 2018 年以前开发开放式应用程序界面标准并建立开放式应用程序界面,以促进数据在英国银行业的共享。这一强制规定将建立一个全新的环境,使消费者可以掌控自身的金融数据,能够将这些信息与第三方分享以获得增值服务方案,这使金融科技公司能够有机会利用之前无法获取的消费者数据集(例如历史交易数据)。对于中国那些已经涉足金融服务的社交媒体公司而言,这一机会尤其重要。它们可以利用开放式银行,为中国和英国的消费者开发更加全面、整合的支付、电子商务和社交媒体方案。

要进入英国金融科技市场,对相关监管机构和行业协会要有所了解。为了促进投资和金融科技跨境项目,英国提供了支持性的政策环境来辅助外资金融科技公司,这些帮助包括提供特定的监管和政府机构主体用以简化监管流程和提供量身定制的协助。另外,一些贸易促进机构、孵化器和加速器使得外资金融科技公司更快融入金融科技生态圈中。除此以外,英国存在多种政府计划来协助金融科技企业设立公司和监管授权,通过孵化器和加速器为早期金融科技公司提供资金和专业知识。

(二)人工智能

英国政府于 2017 年 10 月 15 日发布了一份关于人工智能(AI)发展潜力的深度报告,对英国如何最大限度地发展这一革命性重大技术提出综合建议,由英国的数字、文化、传媒与体育部,以及商业、能源和工业战略部两大部门联合撰写。据报告,截至 2035 年,人工智能将给英国经济增加 8140 亿美元(约合 6300 亿英镑)的额外收入,届时,总增长值年增长率有望从现有的 2.5% 飙升至 3.9%,其愿景是让英国成为世界上最适合发展和部署人工智能的国家,从起步、发展到繁荣,实现技术所能带来的最大便利。英国计算机科学家艾伦·图灵(Alan Turing)对于人工智能的发展起到了至关重要的推动作用,也因此被世人尊称为"人工智能之父"。尽管其他国家和跨国公司正在大力投资人工智能开发,但至少在目前,英国仍被视为全球 AI 技术和专家的主要聚集地之一。报告建议,为确保英国在 AI 领域的领先地位,应将重点放在如何在图灵的研究基础上更好地开展工作。

英国现有的 AI 优势主要有以下四点:

1. 庞大的数字产业。人工智能是数字化的一个发展,并且已经在数字技术部门和垂直领域进行了应用尝试,预计未来将延伸至各个领域,如自动化的网络安全系统。2015 年英国数字科技行业规模达 1700 亿英镑,2010—2014 年年均增长率每年增长 22%,现在有 1640 万个数字技术工作岗位。

2. 硬件趋势明朗。人工智能主要是通过 GPU 和深度学习算法来实现并行计算,当然,定制芯片也是一大方向。计算能力越来越强、算法越来越优化的趋势将进一步发展。

3. 数据量呈指数增长,数据的快速增长也孕育了人工智能。自 2000 年以来,全球产生的数据量呈指数增长,大部分来自互联网和移动个人设备。思科认为,2016—2021 年数据量将增长七倍。英国前首相卡梅伦在 2016 年公开演讲中指出,2015—2020 年间数据将使英国受益 241 亿英镑。

4. 企业环境和人才优势。英国被认为是世界上最具创新力的企业生态圈之一,具有多家大型企业和诸多活跃的小型企业以及相关客户和研究专家。从全球的人才和投资竞争来看,英国 AI 商业活动具有优势。

2016 年英国人工智能领域的投资占整体数字技术领域的 3%,有 226 家处于早期发展阶段的独立企业。Coadec 报告指出,2013—2015 年,几乎每周都有 AI 创业公司在英国建立。目前 200 多家创业公司和中小型企业聚焦用 AI 解决特定领域的问题,特别是 NHS/英国国民健康保险制度。此外,大型企业(如 Ocado、通用等)也在尝试 AI 优化服务和企业运营效率。

值得警惕的是,现在有很多美国大型公司出于研发需求等考量收购了英国创业公司(如 Swiftkey、DeepMind 和 Ravn 等),即便很多被收购的公司人才、资料依旧留在了英国,但毕竟是收购,未来可能会发生资本、技术转移,从而离开英国。因此,保住既有人才、技术的同时吸引全球专业投资才能使英国发展成为 AI 行业的最佳环境。

从地理上的集群效应来看,大部分的 AI 公司集中在伦敦;剑桥催生的 AI 创业公司比较多,因为研发紧密且能够获得本地资金支持,亚马逊和苹果等国际科技企业也在该地区;爱丁堡也很重视数据分析和人工智能,亚马逊的机器学习研发中心也在这里;牛津自不必说,有深蓝实验室和 Deep Mind;布里斯托企业优势明显,有惠普、甲骨文、BAE、Five AI、Graphcore 等。

目前英国对发展人工智能的支持主要包含以下内容:

1. 为工程和物理科学研究委员会提供研究资金,包括 143 项相关研究拨款,覆盖智能技术和系统,使 AI 成为可接受的、可用的、合乎道德的技术。

2. 针对数据科学的研究,阿兰图灵研究所以及剑桥大学、爱丁堡大学、牛津大学、伦敦大学、华威大学组成的英国工程和自然科学研究委员会（EPSRC），总共投资 4200 万美元。

3. 建立独立的、非营利的、无党派的开放数据研究所（ODI）。

4. 皇家统计学会联合来自商业、工业、政府和学术界的代表举行会议支持整个英国的数据科学社区。

5. Digital Catapult 联合跨国公司、投资者、创业公司、政府部门支持数字研发的商业化。

6. 科技行业代表机构 TechUK 联合 IBM 对人工智能在医疗保健领域的应用进行讨论。

7. 电子系统和技术行业机构 NMI、面向未来智能的莱弗休姆中心、全党派的人工智能议会小组、科技城英国（Tech City UK）等纷纷寻求人工智能生态方案，推进技术发展和产研转化，开拓全国范围的就业计划等。

（三）创意服务

官方统计显示，2016 年创意产业为英国经济贡献了创纪录的 918 亿英镑。英国创意产业的贡献[以增值总额（GVA）衡量]在 2016 年上涨了 7.6%，是整个英国经济平均 3.5% 的增长速度的两倍多。① 从 2010 年到 2016 年，包括广告、影视、建筑、出版、音乐、设计、游戏、博物馆和画廊、时装、手工艺和创意用途的创意产业子行业的经济贡献分别增长了 44.8%。

---

① 根据英国统计局 CEIC 数据库的数据整理。

英国的创意经济包括创意行业的工作和非创意组织(如制造商内部的设计或营销团队)的创意工作,创造了约 304 万个工作岗位,占英国所有工作机会的 1/11。

2015 年英国创意产业出口额达 212 亿英镑,是最新的数据年。创意服务出口占英国服务出口总额的 9.4%,2010 年至 2015 年期间增长了 44.3%。[①]

英国有 47 个创意集群区,主要集中在伦敦和英格兰东南部,这两个地区约占全英国创意集群总数的 1/3。有略超过 1/5 的创意集群分布在英国北部,其余的集群则分布在苏格兰、威尔士和北爱尔兰地区。创意产业中的所有子行业都有大幅增长。但在设计、软件、数字和广告等服务领域的增长势头尤为明显。在超过一半的都市圈中,这些子行业的企业数量、就业人数和营业额的增长速度都超过了其他行业。

按创意企业的数量衡量,创业活动发展迅猛。有许多覆盖不止一个都市圈的创意城市群,如在曼彻斯特、利兹、布里斯托和加地夫周边一带。在英格兰的东南部,布莱顿、南安普敦和伯恩茅斯这些沿海城市的周边也有类似的城市群。研究报告还指出了诸如斯劳、海威科姆、彼得伯勒、吉尔福德等以前很少出现在"创意集群"地图上的城市。这些不那么引人注目的集群专注于为数不多的几个高科技含量很高的创新子行业。

英国还提供一系列旨在鼓励创意产业投资的财政激励机制,包括[②]:

---

① 根据英国统计局 CEIC 数据库的数据整理。

② "The Geography of Creativity in the UK",2016 年,见 www.nesta.org.uk。

1. 电影税收抵减政策。2015—2016 年,总共有 210 部在英国制作的电影享受到税收政策优惠,超过 10 亿英镑的英国境内开支获得了税收抵减。自该税收政策出台以来,已有 1800 部影片在英国产生的制作费用享受到税务优惠,总费用超过 80 亿英镑。自 2007 年 1 月推出电影税收抵减政策以来,已有 2430 部电影获得减税认证(包括临时认证和最终认证)。其中有 1700 部影片获得最终认证证书,735 部获得临时认证证书。在获得临时证书的影片当中,大多数可望获得最终认证证书。自 2007 年 1 月电影税收抵减政策出台以来,政府已支出 18 亿英镑用于补偿符合条件的电影制作开支,其中支付给大额预算影片的金额为 13 亿英镑,小额预算影片的金额为 5.4 亿英镑。2015—2016 年的支出总额为 3.4 亿英镑,用以满足 530 项税收抵减申请。

2. 高端电视税收抵减政策。2015—2016 年,共有 50 部在英国制作的电视节目申请了高端电视税收抵减,这些电视节目在英国产生的总费用为 3 亿英镑。自该政策出台以来,已有 145 部电视片获得税收抵减,为制片商在英国产生的 9.47 亿英镑的开支提供了税务支持。自 2013 年推出该政策以来,已有 235 部高端电视片获得认证,其中有 140 部电视片获得最终认证证书,95 部获得临时证书。2015—2016 年的支出总额为 9600 万英镑,用以满足 115 项税收抵减申请。自该政策出台以来,已支出 2.03 亿英镑用以满足申请。

3. 动画税收抵减政策。自 2013 年动画税收抵减政策出台以来,已有 65 部动画作品申请获得税收抵减,为制作商在英国产生的 1.1 亿英镑的开支提供了税务支持。2015—2016 年总共完成了 20 部动画作品,在英国的开支为 3800 万英镑。已有 150 部动画作品获得认证,其

中有 80 部获得最终认证证书。自该税收抵减政策出台以来,已支出近
1900 万英镑用以满足申请。

4.视频游戏税收抵减政策。视频游戏税收抵减政策于 2014 年 4
月出台,2014—2016 年已有 135 部游戏作品获得税收抵减,为制作商
在英国产生的 4.17 亿英镑的开支提供了税务支持。2015—2016 财务
年度内,总共完成了 65 部游戏作品,在英国的开支为 2.15 亿英镑。
2015—2016 年的支出总额为 4500 万英镑,用以满足 130 项税收补贴
申请。

第三节　中国企业对英国投资特点及案例分析

中国社会科学院世界经济与政治研究所《对外直接投资持续增
长,服务业"走出去"较为强劲——2015 年中国对外直接投资年度报
告》显示,在欧盟内,英国是仅次于卢森堡的中国对外直接投资第二大
接受国。2014 年,流量上,中国对英国直接投资 14.99 亿美元,占中国
对欧盟总投资的 15.3%;存量上,中国对英国累计直接投资 128.05 亿
美元,占中国对欧盟总投资的 23.6%。对中国企业家来说,英国仍具
有较大吸引力。

一、中国企业对英国投资特点

特点一:投资金额呈现"J"形曲线增长,大手笔投资项目在 2016—

2017 年频现(见图 2-19)。

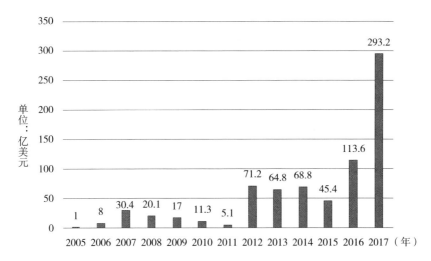

图 2-19　2005—2017 年中国企业对英国投资金额

资料来源:彭博社

　　据彭博社统计,2005—2017 年,中国企业对英国投资合计 95 笔,投资金额合计 749.9 亿美元。中国企业对英国的投资金额整体呈现"J"形曲线增长趋势,大手笔投资项目在 2016—2017 年频现。

　　2005—2011 年,中国企业对英国投资的数量和金额均较小,投资数量稳定维持在三笔以下。中国对英国投资从 2007 年到达一个小高峰,后面缓慢下降。

　　2012 年中国企业对英国投资触底反弹。中国企业对英国投资从 2012 年起显著增加,呈现热潮,并于 2016 年和 2017 年呈现井喷式增长。2016 年,中国企业在英国完成并购和投资 19 笔,投资金额突破 100 亿美元。2017 年,中国主权财富基金——中投公司正式完成对黑石旗下物流地产公司 Logicor 的收购,投资金额高达 137.9 亿美元,使

2017年中国企业对英国投资金额较2016年增长一倍有余,高达293.2亿美元。

大手笔投资项目在2016—2017年频现。单笔投资在10亿美元以上的项目在2005—2015年11年间合计7笔,而2016年和2017年两年共发生6笔。

特点二:中投公司是最大的投资主体(见表2-19)。

表2-19 2005—2017年中国前五大对英国投资主体

排名	中国投资企业	总投资金额(亿美元)	投资数量(笔)
1	中投公司	206.8	9
2	平安集团	105.3	3
3	国家外汇管理局	40.6	7
4	国家开发银行	38.4	2
5	大连万达	31.3	5

2005年至2017年共有57家中国企业赴英国投资,其中中投公司是最大的投资主体,平安集团和国家外汇管理局次之。中投公司共在英国进行投资并购9笔,投资金额合计206.8亿美元;平安集团共在英国进行投资并购3笔,投资金额合计105.3亿美元;国家外汇管理局投资次数最多,但单笔投资金额相对较小。

特点三:以100%股权收购为主。

在公布了股权比例的54笔投资中,有20笔投资是100%股权投资,29笔投资股权比例大于50%;22笔投资股权比例小于50%,其中15笔是20%以下的少数股权投资。100%股权收购占据主体。

特点四:房地产行业是最主要的投资行业(见图2-20)。

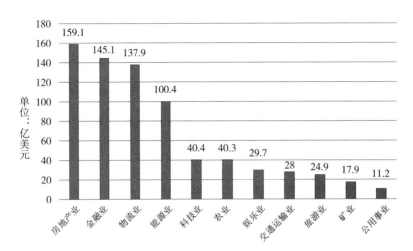

图 2-20 中国企业对英国投资的行业分布

资料来源:彭博社

中国企业对英国的投资资金主要流向房地产、金融、物流、能源等领域。

房地产行业是最主要的投资行业,在95笔投资中,有35笔投资投向了房地产行业(31笔投资为房地产物业子行业)。2005年至2017年中国企业对英国房地产行业的投资金额合计159.1亿美元。

金融行业是第二大投资行业,在95笔投资中,有5笔投资投向了金融行业。从子行业看,主要投向银行业(3笔)和投资业(2笔)。金融行业的投资呈现单笔投资金额较大的特点,平安集团对汇丰银行的投资金额高达96.6亿美元,控股5%;国家开发银行对巴克利银行的投资金额高达30.4亿美元,控股3%。

2017年7月,中投公司以137.9亿美元收购黑石的欧洲物流地产业务 Logicor,使得物流行业一跃成为第三大投资行业。

对于能源领域的投资也不可小觑。2005 年至 2017 年共有 14 笔投资投向能源行业,其中有 9 笔投资投向另类新能源行业。在能源行业的投资中,金额排名前三的分别为国家外汇管理局对 BP 的投资(以20.1 亿美元买入 1% 股权)、中投公司对英国国家电网的投资(以 17.8亿美元买入 11% 股权)和中国石化对塔利斯曼能源公司的投资(以 15亿美元买入 49% 股权)。对于能源行业的投资有 5 笔持股比例达到50% 以上的绝对控股。

此外,中国企业对英国的投资还投向科技、农业、娱乐、交通运输、旅游、金属和公用事业等行业。

二、中国企业对英国投资典型案例分析

面对国内消费升级、产业结构调整的需求,在英国传统优势产业内,中国企业如中航国际、携程、吉利、华为等通过收购英国领先企业,实现优化整合、消化引进。

(一)2015 年 11 月中航工业收购 AIM Altitude100% 股份

中航国际的母公司为中航工业。中航工业是在 2008 年由原中国航空工业第一、第二集团公司重组整合而成立,集团产业板块涵盖航空装备、运输机、直升机、机载设备与系统等,下辖近 30 家上市公司。其中,中航国际的定位为中航工业旗下经营多元化业务的全球公司,业务范围涵盖航空、电子、贸易、物流等领域。作为中国航空工业的重要组

成部分,中航国际肩负着开拓国际市场、发展相关产业、扩大国际投资的重任,并进一步融入世界航空产业链以更好地服务于中国及全球航空制造业。近年来,中航国际先后完成了对美国大陆航空发动机、德国蒂勒特航空活塞发动机、美国艾联航空标准件和西班牙 Aritex 航空自动化装配线等企业的收购。

中航国际海外业务以航空和政府类业务为主,航空业务是中航国际的核心业务;除了飞机出口及引进、转包生产及航空特种物流等传统优势领域以外,公司正借助海外并购全方位布局航空产业链。

AIM Altitude 是英国一家飞机内饰产品供应商,总部设在英国南部的伯恩茅斯,是全球飞机客舱内饰主流供应商之一,为全球一流的飞机制造商和航空公司客户提供高质量的客舱厨房和公务舱、头等舱内饰产品,市场领先的服务包括高端定制的内饰件、休息室、酒吧、机上免税店、座椅外包围、厨房和储藏间等,同时生产用于外观和内饰部件的复合材料、天花板和地板,并提供复合材料修复的服务,拥有经验丰富的管理和技术团队。AIM Altitude 具有完整的设计研发、测试取证、生产制造和售后支持能力,其产品具有欧洲航空安全局(EASA)和美国航空管理局(FAA)适航资质,拥有 ISO9001、EN9100 质量体系认证、EASA21J 适航设计、EASA21G 适航制造以及 EASA145 部件维修资质,还有为改装用户提供公务机、客机等内饰改装及舱内布局设计 STC 取证的能力。AIM Altitude 以其创新的设计、可靠的质量和及时的交付,获得国际航空制造商和航空公司的高度认可,产品广泛应用于空客、波音等各主流机型。AIM Altitude 在英国拥有三个生产基地,在新西兰设有内饰设计分公司 Altitude,并在美国、中国香港和阿拉伯联合酋长国设有销售服务中心,全球员工 1100 多名。AIM Altitude 近几年的财务状况比较稳定,2014 年销售收入为 1.12 亿英镑(约合 10.73 亿元人民币),客户包括阿联酋航空、卡塔尔航空、英航、新航、维珍、美国 Delta 和中国南航、东航等国际知名的大型航空公司。

中航国际于 2015 年 5 月对 AIM Altitude 启动收购程序,6 月 2 日在伦敦举行交割仪式,交易金额为 1.55 亿英镑,顺利完成对全球飞机客舱内饰主流供应商 AIM Altitude 的并购。这是中航国际布局国际航空产业链的一次战略性收购,将促进中国飞机客舱及内饰研发和制造能力的提升。

英国是世界上历史最悠久的航空工业国家之一,英国航空工业目前仍处于全球领先地位,拥有强大的科研创新能力和生产基础。中国航空工业虽起步晚,但发展迅速,航空市场规模不断扩大。预计到 2023 年,中国将建成 500 多个通用机场。到 2040 年,中国的航空公司将累计采购飞机 6300 多架。中英双方在航空工业领域的合作具有巨大潜力和广阔前景。

对于国内航空制造企业而言,一方面,与国外的先进设计制造技术存在差距;另一方面,想要进入发达国家市场,"适航取证"是必须要解决的问题。航空器适航证是由适航当局根据民用航空器产品和零件合格审定的规定对民用航空器颁发的证明该航空器处于安全可用状态的资质许可。飞机制造商的新机型要在全球市场上投放,除了要得到欧洲航空安全局(EASA)和美国航空管理局(FAA)的适航证外,还需要获得进口国家相关监管部门的证明。

此次收购成功,一方面,AIM Altitude 将作为中航国际的全资子公司继续服务于欧洲、中东地区、美洲、中国和亚太地区客户,中航工业可省去某些飞机型号、特别是民机未取得适航认证的问题,在民机客舱业载产品的研发取证和设计制造能力上将得到直接提升;另一方面,中航国际可以通过遍布全球的业务网络,为 AIM Altitude 现有产品和服务拓展全球市场,并与 AIM Altitude 共享市场机会和客户资源,帮助其拓展中国业务、扩大协同效应,实现优势互补。

并购启示:AIM Altitude 在飞机客舱内饰领域的能力和经验的确提升了中航工业在该领域的国际竞争力,飞机客舱内饰产品成为中航工业与波音航空制造业合作的新增长点。2016 年 11 月 1 日,波音公司、中航工业、AIM Altitude 在第 11 届中国国际航空航天博览会(珠海航展)上举行签字仪式,宣布将密切合作,携手为航空公司提供本地化的飞机厨房、内饰产品及服务,创造更多价值;此次三方签约扩大了中航工业与波音在华合作生产规模,为波音飞机提供高质量的机载产品,提升了中航工业在世界航空产业价值链的地位;同时,AIM Altitude 也借助中航工业与波音搭载的合作平台,能够更好地服务于波音以及国内外航空制造商和航空公司。

另外,中航工业以收购 AIM Altitude 为契机,逐步深入与英国航空业及其他相关行业开展广泛合作。在此次收购后,中航工业于 2016 年 12 月与机电公司、国新国际联合收购了英国高端座椅企业 TAS 公司。收购完成后,在中航工业对机载业务的战略指引下,AIM Altitude 和 TAS 两家公司首先在销售方面加强了合作。2017 年 5 月 9 日,AIM Altitude 与 TAS 协同合作,成功获取吉祥航空 10 架 B787 高端舱位项目,AIM Altitude 和 TAS 分别提供头排装饰柜和公务舱座椅,其中 AIM Altitude 在本项目中订单金额超过 300 万美元。在本项目中,中航工业团队和 AIM Altitude 团队积极与客户交流,争取到项目机会,并与 TAS 团队协同配合,克服时间紧张等众多困难,在与国际一流企业的竞争中胜出,体现了在销售、工程端方面 AIM Altitude 与 TAS 的协同效应,也使 AIM Altitude 和 TAS 在未来的吉祥航空 B787 机队选型项目中占得先机。

中航工业作为战略投资者收购 AIM Altitude 公司之后,正在积极完善 AIM Altitude 在中国销售服务网络,着手 AIM Altitude 中国工厂的建设,巩固和扩大 AIM Altitude 在中国的客户群。2017 年 7 月 8 日,中国九元航空宣布其 B737MAX 机队厨房选型结果,AIM Altitude 在与众多世界知名机载企业的竞争中胜出。该项目共 39 架飞机,首架飞机于 2018 年 10 月交付,这是 AIM Altitude 在 B737MAX 平台上的首个厨房项目,将为扩展 AIM Altitude 厨房业务、加速中国落地计划起到标志性的重要作用。

(二)携程收购 Travelfusion 和天巡(Skyscanner)

携程是一个在线票务服务公司,创立于 1999 年,总部设在中国上海。携程拥有国内外 60 余万家会员酒店可供预订,是中国领先的酒店预订服务中心。

携程已在北京、天津、广州、深圳、成都、杭州、厦门、青岛、沈阳、南京、武汉、南通、三亚等 17 个城市设立分公司,员工超过 2.5 万人。2003 年 12 月,携程在美国纳斯达克成功上市。

2015 年 5 月,携程宣布战略性收购艺龙 37.6% 股份,总价约 4 亿美元;10 月与去哪儿合并;截至 2016 年 12 月 31 日,携程全年净营业收入为 192 亿元人民币,同比增长 76%。

2018 年 1 月,携程与华谊兄弟电影有限公司建立战略合作关系,共同推进娱乐文化、IP 与旅游业的结合。

1. 2015 年 1 月,携程收购 Travelfusion 多数股权

Travelfusion 是一家总部位于英国伦敦、全球领先的低成本航空(LCC)直连全球分销系统(GDS),该公司是领先的廉价航空内容整合平台和直连 GDS 解决方案的创新者。它与 200 余家低成本航空、全服务航空(FSCs)、铁路运营商和超过 30 家领先的酒店平台都有合作,该公司的直连分销平台能够使全球的旅游代理、旅游搜索和移动旅游服务商通过 Travelfusion 的 API、PC 或互联网预订引擎技术搜索和预订这些产品,并提供全球支付和结算解决方案。Travelfusion 成立于 2000 年,它在 2008 年首次推出中文版,进入中国市场,在上海设立了办公室,而且此前就与携程、去哪儿、廉航网、自由飞越以及一些国际差旅管理公司建立了商业合作关系,并凭借先进的实时智能搜索技术和覆盖全球的航空、铁路、轮渡、地面交通供应商优势,打造了先进的低成本航空和酒店分销系统。Travelfusion 的直连分销平台帮助全球多个旅行社、旅行搜索和移动旅游服务平台通过它的 API 和互联网预定引擎等实现对接,并协助这些平台的支付和方案解决。

2013 年初,Travelfusion 正式进军中国市场,并在当年与携程、去哪儿等建立合作关系。

携程投资 1.6 亿美元收购 Travelfusion 过半股权。携程与 Travelfusion 建立的战略合作关系有望进一步巩固携程在中国出境旅游市场的

领先地位,并利用 Travelfusion 的先进技术提高携程 IT 系统的运作效率,为消费者创造更大的价值。

控股 Travelfusion 后,携程可以进一步对接跟中国相关的亚太地区低成本航空公司,为用户提供更多该类机票产品,有助于巩固其在国际机票产品方面的优势。低成本航空公司的对接技术上跟一般航空公司不一样,因为基础票价之外还有辅助产品的收费,所以技术含量更高一些,导致低成本航空公司比一般航空公司更依赖互联网的销售。低成本航空公司在全球范围内的市场份额不断提高,携程对这块市场非常看好。在技术层面,携程也将与 Travelfusion 互相学习借鉴。携程表示,Travelfusion 是一家快速增长而且盈利的企业,所以将来对携程的财务业绩也是有所帮助的。

对 Travelfusion 来讲,其大部分业务在欧美等国际市场,中国只占其中一小部分,但成长空间比较大,在 Travelfusion 的业务区域,亚太地区是发展最快的,将非常有前途,而亚太地区尤其得益于中国人到处去旅游。中国则作为全球最大的客源尤其是休闲客源,未来对于低成本航空公司的需求也是很大的。

2. 2015 年 1 月,携程收购天巡(Skyscanner)股权

天巡(Skyscanner)是全球领先旅行搜索引擎,提供对 1000 多家航空公司的上百万条航线以及汽车租赁和酒店的即时在线比较,每月帮助超过 5000 万人搜寻旅行产品。总部位于英国苏格兰爱丁堡,成立于 2003 年。目前拥有 6000 万月活跃用户,支持超过 30 种语言,服务 190 个国家的用户,它是欧洲旅游搜索领域的领头人,并在亚太地区和美国不断扩大影响力。"天巡"是 Skyscanner 的中国搜索站点。2016 年初,

C 轮融资中吸引了包括红杉资本、Artenis、Baillie Gifford、Khazanah、Vit-ruvian Partners 以及雅虎日本等众多投资机构的投资,估值达到 16 亿美元。

2016 年 11 月 23 日,携程宣布完成了对英国旅游搜索巨头天巡(Skyscanner)的整体收购。本次收购天巡(Skyscanner)的估值为 17.4 亿美元,携程主要以现金支付,部分交易对价将以携程普通股与债券支付,交易于 2016 年四季度末完成。天巡(Skyscanner)原任管理团队在携程集团旗下继续独立管理天巡(Skyscanner)的运营。

该交易同时增强了两家企业的长期增长驱动力。对于携程来说,收购一家已经运作成熟的国外机票预订平台有助于其快速布局海外业务,帮助携程尽快填补其在中国游客出境游方面的短板。与此同时,携程可通过自身在中国市场多年的经验、技术和预订服务方面的能力帮助天巡(Skyscanner)扩大业务。

并购启示:从 2015 年收购 Travelfusion 开始,携程一直在完善海外市场布局。从并购对象看,携程选取的主要是每个垂直领域内排名第一或第二位的公司,同时也会确保并购对象公司有合理的估值。携程控股 Travelfusion,有助于巩固其在国际廉价航空机票产品方面的优势。但携程是否将在中国继续优化 Travelfusion 对 B 端客户提供的 API 接口服务还有待观察。收购天巡(Skyscanner)可以获取全球每年超过 20 亿次的搜索需求,并能够支持超过 30 种语言、190 个国家的市场,并直接带来每月 6000 万活跃用户。另外,2017 年 11 月,携程宣布收购了由特拉维斯·卡茨(Travis Katz)创建的旅行推荐网站 Trip.com,以期将 Trip.com 的旅游地点评内容融入天巡(Skyscanner),打造一个"终极个人旅行助手"的业务规划,创造一个能够反映旅行者基本体验的搜索体验。

(三)吉利收购英国锰铜公司和英国电动车制造商绿宝石汽车(Emerald Automotive)公司

吉利始建于 1986 年,从生产电冰箱零件起步,1997 年进入汽车行业,资产总值超过 2000 亿元人民币,员工总数超过 7 万人,连续六年进入世界 500 强。

吉利总部设在杭州,旗下拥有沃尔沃汽车、吉利汽车、领克汽车、Polestar、宝腾汽车、路特斯汽车、伦敦电动汽车、远程新能源商用车等汽车品牌,规划到 2020 年实现年产销 300 万辆,进入世界汽车企业前十强。旗下汽车企业在中国上海、杭州、宁波,瑞典哥德堡,英国考文垂,西班牙巴塞罗那,美国加利福尼亚州建有设计、研发中心,研发设计、工程技术人员超过 2 万人,拥有大量发明创新专利,全部产品拥有完整知识产权。在中国、美国、英国、瑞典、比利时、白俄罗斯、马来西亚建有世界一流的现代化整车工厂,产品销售及服务网络遍布世界各地。

1. 2013 年 2 月吉利收购英国锰铜公司

英国锰铜公司拥有七十多年历史,前身为轮船螺旋桨推进器制造商,后来收购了英国黑色出租车的车身制造商 Carbodies 公司,成了英国经典出租车的继承者。英国锰铜公司的出租车业务虽然历史悠久,但盛名之下其实难副,原因是英国锰铜公司年产量基本保持在 2500 辆,这样的产量与那些国际汽车巨头相比微不足道,无法得到规模经济效应。零配件供应商因为数量等原因无法提供更加低廉的价格。这也是 2004 财经年度英国锰铜公司亏损 120 万英镑的原因。2005 年,英国锰铜公司止住了长达四年的亏损,但利润与销量依旧没有起色,因此英国锰铜公司不得不另觅出路,与吉利的合作为必然之势。

2006 年,吉利收购英国锰铜公司 23% 股权,成为大股东,开创中国汽车控股外国汽车产业先河。吉利董事长李书福代表吉利汽车在中国香港上市的公司上海华普与英国锰铜公司签署合资生产英伦黑色出租车协议,并在上海建立合资企业——上海英伦帝华公司,同时向英国锰铜公司返销 KD 零件,在英国考文垂工厂进行组装,销往欧洲各国。

2013 年吉利正式对外宣布已按零现金/零债务模式以 1104 万英镑完全收购英国锰铜公司旗下核心的伦敦出租车业务及资产,并将其更名为伦敦出租车有限公司。收购通过吉利的子公司吉利英国集团有限公司完成,收购资产包括厂房、设备、不动产、全部无形资产(包括知识产权、商标、商誉等)、英国锰铜公司与吉利在中国合资工厂 48% 的股份以及库存车辆。在这一模式下,吉利不提取英国锰铜公司账上任何现金,也不承担其任何债务。

吉利承诺将最大限度地保留英国锰铜公司现有员工。吉利董事会成员兼首席财务官李东辉将担任吉利英国集团有限公司董事长,英国锰铜公司原财务总监乔纳森将担任吉利英国集团有限公司伦敦出租车业务的执行副总裁。按照双方当初的合作规划,对于合资生产的 TX4 车型,吉利拥有在亚洲的销售权,英国锰铜公司则拥有在世界其他地方的销售权。此次收购完成后,吉利将通过英国锰铜公司的销售渠道将吉利汽车销售到欧洲以及其他海外市场,既能成功地实现出口,又能保证吉利与英国锰铜公司品牌各自的独立性。

对于并购动机,李书福曾表示,英国锰铜公司的品牌、技术和设计能力将会产生协同效应,有利于吉利其他车型的发展。实际上,外界分析认为,英国锰铜公司的销售渠道才是吉利此次收购的重点。吉利与英国锰铜公司早已在中国合资建厂,并获得了后者的品牌与技术,合资公司为英国锰铜公司代工生产 TX4 出租车,同时利用英国锰铜公司的技术研发并生产吉利的自主品牌——英伦汽车,其品牌 LOGO 与伦敦出租车基本一致。在技术方面,吉利并没有从英国锰铜公司获得重大突破,英伦汽车所销售的主力车型技术均来自吉利方面。收购完成后,吉利的重心是将英国锰铜公司现有产品和新产品的生产、销售以及售后服务恢复到托管之前的水平,这包括继续在英国锰铜公司考文垂工厂进行 TX4 车型的组装。

2. 2014 年 3 月,吉利收购英国电动车制造商绿宝石汽车(Emerald Automotive)

绿宝石汽车(Emerald Automotive)于 2011 年由多名著名的汽车业专业人士创立,是一个研发轻量化、增程式电动车的英国电动车初创企业,绿宝石汽车(Emerald Automotive)此前已经在做厢式运输车的研究,用于城市快递、货运等方面。公司研发了两款电动货车车型,计划在美国密苏里州黑泽伍德(Hazelwood)工厂投产。因为没有产品量产,公司在 2013 年、2014 年经营出现了困难。

2014 年 2 月 28 日,吉利与绿宝石汽车(Emerald Automotive)在伦敦签约,全盘收购对方的团队、技术、固定资产等。吉利收购绿宝石汽车(Emerald Automotive)后,允许后者保持贷款承诺,包括与拟建工厂有关的贷款承诺。绿宝石汽车(Emerald Automotive)发布声明称,未来

5 年内吉利承诺将至少投资 2 亿美元,开发绿宝石汽车(Emerald Automotive)系列电动车辆。

吉利表示,此次收购的目的在于帮助公司提升打造"下一代"出租车的能力,包括电动出租车。作为吉利的下属资源,如果绿宝石汽车(Emerald Automotive)技术不断成熟,新能源车不断得到市场认可,吉利不排除将该子公司技术搭载在吉利其他车型上,吉利计划首先为伦敦出租车开发新能源车,并着眼于未来将出租车批量投放到其他市场。

吉利收购英国锰铜公司,造就了双赢的局面。这一笔收购为英国锰铜公司带来了快速的发展,获得了低成本的零件和广阔的市场前景;吉利则获得了英国锰铜公司的百年经验和优秀的品牌,在国际化上迈出了实质性的一步。2013 年 9 月,已经归到吉利旗下的伦敦出租车有限公司在英国考文垂的工厂全面恢复生产。公开资料显示,该工厂 2013 年二季度的订单比 2012 年同期增加了 20%,第三季度的增幅达到了 50%。2015 年 3 月,吉利宣布投资 2.5 亿英镑,为伦敦出租车有限公司建设一座高技术、现代化的全新工厂。7 个月后,具有零排放能力的伦敦出租车 TX5 亮相,这也是吉利收购伦敦出租车有限公司以来推出的第一款全新车型。TX5 最大的特点就在于通过插电式增程的设置,实现零排放。

绿宝石汽车(Emerald Automotive)的规模比较小,吉利的此次收购意在为下一代伦敦出租车提供技术支持,未来绿宝石汽车(Emerald Automotive)研发团队将与伦敦出租车有限公司的研发团队一起从事新能源技术的研发,而绿宝石汽车(Emerald Automotive)已经掌握车身轻量化技术和增程式混动技术;先为伦敦出租车有限公司开发新能源车辆,未来将瞄准中国等市场的出租车。

(四)华为在英国布里斯托投建研发中心

华为是全球第二大通信设备供应商,向全球 500 多家运营商出售包括路由器、交换器和天线在内的网络设备。华为 70% 左右的营业收入来自海外。

2001 年,华为就将办事处开至英国。2012 年,在收购英国集成光子研究中心(CIP)后,华为在伊普斯威奇设立了研发中心,收购了位于剑桥的科技公司 Neil。2013 年 10 月,华为投资 2 亿美元在英国布里斯托组建了新的研发中心。另外,华为先后投资了约 1000 万英镑和英国高校形成合作共盟,如与帝国理工学院在大数据方面的研究、与萨里大学在 5G 方面的合作等,与萨里大学、多家工业界知名公司及全球知名运营商等共同建立 5G 创新中心(5GIC),并于 2014 年 11 月在英国伦敦发布全球首个 5G 测试床,成为全球 5G 研究的前沿阵地,加速推动了 5G 的研究进程。

华为表示,在英国大规模投入研发中心建设,主要是专注于光电、终端设计、软件开发和 IP 技术,旨在充分利用英国在通信行业的科研和产业链优势,同时也能很好地服务于欧洲现有的大规模企业市场。

目前,华为在英国 15 个地区采购产品与服务,供销商更是遍布英国各地,成为典型的英国"大客户"与"大雇主"。华为英国分公司的总部坐落在雷丁城南橡树路 300 号,占地面积 14 万平方英尺。华为在英国设有 15 个办公室,员工约有 1500 人。截至 2014 年,华为通过三个渠道在英国新增 7386 个就业岗位。在华为英国公司中,英国人比例已达 70%—75%。①

根据英国牛津经济研究所发布的调研报告,2012 年至 2014 年三年期间,华为对英国经济的贡献为 9.56 亿英镑,其中包括 2.31 亿英镑的直接经济贡献、4.35 亿英镑的间接贡献以及 2.9 亿英镑的伴生经济贡献,另外产生约 4.11 亿英镑的英国税收。牛津经济研究所预计,若华为保持当前的科研投入节奏,其每年将为英国经济新增 3.1 亿英镑产值。此外,华为高效的运营管理模式使得员工生产效率大幅领先于英国平均水平。2014 年华为员工人均产值为 9.98 万英镑,大幅高于英国均值的 4.38 万英镑。

第四节　中国对英国产业投资的策略和展望

预计脱欧后,英国仍是中国在欧盟内的第二大引资来源地和第二大投资目的地,在多种不确定因素中,英国脱欧可能为中国投资者在英国及欧洲范围内带来更多的投资机遇。中英产业结构互补,中国企业家应当把握窗口期,深耕英国标的产业,实现"走出去"和"引进来"的良性互动。

一、中英双边经济结构互补性强,产业合作潜力巨大

在中国经济转型发展背景下,中英两国经济互补优势进一步突显,

---

① 中投公司调研得到的数据。

中英两国企业双向投资和贸易快速发展,中国成为英国重要贸易投资伙伴。

(一)中国迫切需要实现工业现代化和消费升级

中国以往的经济增长很大程度上依赖于投资拉动,众多传统工业企业也长期得益于此。但是近年来投资拉动的边际效应持续递减,单位固定资产投资带来的 GDP 增量不断下降,工业结构中低产值、高能耗、高污染的落后产业占比较大,很大程度上导致中国每度电能消耗所产生的 GDP 远低于发达国家,亟须进行现代化升级。

另外,中国人口结构变动、中产阶级的崛起和消费结构的升级,也使得中国居民从以往追求基本保障型消费更多地向追求精神消费和品质、服务消费转变。

(二)英国对华经贸投资正在受益于中国现代化升级

中国经济正进入服务业发展、高技术产业驱动和消费主导的新经济增长模式,英国企业在这些产业部门的优势促使英国企业显著受益。

中英双边贸易近年来发展极为迅速。英国已经成为中国第二大欧洲贸易伙伴、第八大全球贸易伙伴。在常规贸易方面,交通运输产业成为关键支撑。以捷豹路虎为代表的汽车产业对华出口额高达 38 亿英镑。英国对华服务业出口的重点产业为旅游业,2016 年贸易规模为 15 亿英镑,占总体服务业出口的 42%。英国统计局数据显示,2015 年访英中国游客数量总计 27 万人,平均每天 740 人。另有 9.1 万名中国留学生在英国学习,占全英国外籍学生数量的 20% 以上。值得关注的是,数字经济的兴起给中英两国跨境金融服务贸易带来了新的生命。虽然多数英国金融机构通过在华分支机构开展业务,但英国对华金融服务业出口规模依然高达 9.71 亿英镑。[①]

相比于贸易领域,英国企业对华投资发展更为迅速。2016 年,英国企业对华直接投资规模高达 22.5 亿英镑。[②] 从投资产业分布看,金融服务、物流、消费品、商业服务、汽车零配件、酒店和旅游业、纺织业、房地产、机械制造和航天领域为英国对华直接投资规模前 10 大产业。随着中国经济从出口和投资主导向消费和服务业主导转型,英国对华直接投资重点开始向二三产业转移。

随着中国中等收入群体的消费能力不断提升、青年一代消费习惯转变以及电子商务快速发展,英国经济产业结构与中国消费结构的高度匹配推进了英国企业在多个产业加大了对华投资。沿海地区居民消费能力和地区发展的升级为英国金融、消费品和医疗服务等高端产业都带来了巨大投资机遇。另外,中国消费者对英国品牌认可度提升,推动了消费品部门 2015—2016 年对华投资 2.68 亿英镑。

在技术产业方面,《中国制造 2025》规划的发展目标与英国北方经济振兴计划高度契合,英国企业在高端制造业、医疗保健、航空技术领域将迎来巨大机遇;在金融服务业和教育领域,中英两国在上述产业已经开展了领先于他国的合作,中国经济发展新常态意味着上述产业仍有巨大的潜力。

---

① 根据英国统计局 CEIC 数据库的数据整理。
② 根据英国统计局 CEIC 数据库的数据整理。

二、深耕英国产业，实现"走出去"与"引进来"的良性互动

随着中国经济的崛起和居民财富的激增，近年来，我国海外投资日趋活跃，我国已成为对外直接投资的净输出国。中国资本"走出去"和国际资本"引进来"，助推了全球经济的增长，也成为连接中国与世界的重要纽带。但在"走出去"的过程中，一些企业具有非理性的对外投资倾向，有的投资在真实性、合规性方面较为欠缺，有的则与我国对外投资的产业政策要求不符，甚至对国家的形象造成了负面影响。

（一）增强对外投资科学性和系统性，深耕英国产业

成功的海外投资应有四个要素：一是要能够与中国市场有协同效应；二是要能够实现投资后与中国市场的整合，或者在营销端，或者在制造端，或者兼而有之；三是要能够实现被投资企业在境内外的上市；四是要能够惠及被投资国家，中国的崛起一定要能够惠及世界，否则也不是可持续的。

系统梳理全球发达国家的优势产能，可大致分为三条主线：一是日韩两国和中国台湾地区，其以医疗健康、电子产业等为代表的优势产业大致领先我国大陆5—7年；二是以色列、英国、德国和其他欧洲等国，其以先进制造和一些科技产业等为代表的优势产业大致领先中国7—10年；三是以美国为代表的国家和地区，其高科技和创新产业大致领先中国10—15年。

中国企业应对全球先进产能和技术进行分析和归类，统筹兼顾，增

强对外投资的科学性和系统性，分批次、分层次、有针对性地投资先进技术和产能。同时也应注意结合中国经济社会在产业和技术方面的迫切需求，有效降低对外投资盲目性。从产业形态来说，先进制造、TMT、生物医药和消费等是中国经济目前最为活跃和亟须升级的四大领域。因此，可重点关注以上四大领域，再逐步扩展到其他领域，推动中国经济与发达经济体的产业整合，也能同时惠及世界。

具体到英国市场，从前述分析可以看到，虽然近十几年来英国卖掉了许多大型制造业品牌，国民经济中第三产业比重已经超过 3/4，但众多产业的核心设计、基础研究和上下游产业链等高附加值部分仍然牢牢地由英国控制，包括生物制药、高端航空技术、汽车工业、人工智能、教育、传媒广告、足球等行业在全球范围内都处于领先地位。

（二）发挥国家级投资平台优势，实现中国企业"走出去"与"引进来"的良性互动

中投公司是中国最早进行海外投资的大型机构投资者，积累了丰富的经验，储备了大量的国际化人才，也是中国最大的主权财富基金，拥有 2000 多亿美元的金融资产。中投公司在国际公开市场、另类市场和直接投资市场均有大量投资组合，在三类市场的投资经验和专长可以形成有效互补和协同效应。中投公司 2016 年成立了中投研究院，进一步发挥"研究驱动投资"的理念，强化战略研究和支持投资决策的机制，优化科学决策。同时，中投公司旗下的汇金公司参股控股中国大量金融机构，可以与中投公司的海外投资形成潜在的良性协同。中投公司正在加强与产业界、地方政府的联系和合作，从而形成完整的海外投

资的"全产业链管理模式"。

以 2017 年 6 月"中投论坛 2017 暨'一带一路'与跨境投资 CEO 峰会"在北京钓鱼台国宾馆的成功举办为例,短时间内上千家国内外企业和金融界机构报名,很多企业因会议名额有限而未能参加。国家发展和改革委员会、财政部、工业和信息化部、中国人民银行和中国证券监督管理委员会等相关部委领导和澳大利亚前总理霍华德、富士康董事长郭台铭等国际政界和企业界人士到会并围绕"一带一路"倡议和跨境并购发表演讲,数百名中外 CEO 参加了"中国企业走出去"和"国际企业引进来"两个圆桌论坛,以及"先进制造、TMT、医疗健康和消费品"四个分论坛。除此之外,还有近 80 场一对一的会谈。论坛的盛况说明全球技术对接中国市场有着巨大的需求,也说明这一对接过程需要一个相对有组织的平台。

中投公司可以发挥自身优势,构建有效机制,努力搭建跨境投资平台,发挥桥梁作用或领头羊作用,打通境内外企业联系和沟通渠道,把中国国有企业和民营企业、金融界和实业界、地方政府、科技园区、民间私募股权基金、地方产业经济、国际金融机构、行业专家等汇集到统一的平台上,减少盲目性,为改进中国海外投资和加快外资、先进技术的引进做出积极贡献。

具体而言,可加强以多双边投资基金为抓手,发挥双边各自比较优势,建立"走出去"与"引进来"良性互动的双向投资机制。按照美、日、欧三条主线,分别建立产业合作的双边基金,在先进制造、TMT、生物医药和消费四大领域寻求"走出去"和"引进来"的机会。同时,以中投公司和下属金融机构为基础,打造支持"走出去""引进来"的综合服务平台。以中投公司旗下汇金公司控股的银行、券商、保险公司为抓手,强化协同效应,为企业跨境整合、并购贷款、境内境外上市等提供综合服务,打造引进外资和跨境投资的综合金融服务机制;协同民间私募股权基金、地方产业基金、国际金融机构,调动更多金融资源支持实体经济发展,避免脱实向虚;与各行业、各地方,包括众多的工业园区和科技园区紧密结合,发挥各自比较优势,协同作战,打造综合服务平台,加快"走出去"和"引进来"步伐,加速中国经济现代化进程。双边基金与综合服务平台形成良性互动,对于平台上重点和战略性对接项目予以资金和其他资源的支持。

三、把握脱欧窗口期,播种中英黄金时代

英国确定离开欧盟,对于大多数中国投资者来说这是一个考验他们对英国信心的时刻,中英两国还会有"黄金十年"吗?

社会各界谈到英国脱欧,提到最多的单词就是 uncertainty(不确定性),但不确定性同时也意味着机遇。脱欧正在发生,一些行进中的投资项目可能面临搁浅,但市场上会有更多的项目出售,资产价格随着项目增加而下降,这将给有准备的投资者提供极佳的接手优质资产的机会。而中国目前正好是海外投资资金最充足的国家之一,也是可连接的最大的消费市场。以之前火热的伦敦商业地产为例,脱欧将造成不少国际性金融机构(摩根大通、花旗银行、德意志银行等)将部分职能搬离伦敦。据摩根大通估算,大概7万多个工作岗位将被转移到欧洲大陆,这意味着伦敦8%的商业地产将回到市场,资产价格也将下降

30%左右。

同时,英镑、欧元贬值为外资企业并购海外资产带来了一个难得的契机。对于具有国际资产配置需求的中国企业来说,可关注具有核心技术、优良资产且估值水平较低的企业,并适时开展兼并与重组,以提升自身的国际化竞争力。

英国脱欧将给中国投资者带来新的投资机遇。英国在很多投资领域不必再受到欧盟的约束,在与中国的投资、贸易和金融合作中将拥有更大的自主权,更高效的决策机制。以中广核和中核工集团参与的欣克利角 C 核电站为例,英国脱欧后该项目将不再受到《欧盟竞争法》等法律的约束。此外,由于脱欧给英国带来的挑战和压力,其必将更加注重与中国的合作。那些近期难以跟欧盟达成的协议,例如自贸区和市场互联互通,都有可能率先在英国取得突破,从而为中国赢得更多的国际战略空间。

处理好英国脱欧的不利影响,有针对性地调整业务结构。英国脱欧后,由于"单一市场"的通道消失,那些期望通过英国进入欧盟市场的中国企业需要调整其"依托英国,面向欧洲"的经营策略。由于人员流动和资本往来不如之前畅通,企业的经营成本切实提高。

例如,如果集团企业总部位于英国,但子公司在欧盟,英国脱欧后免税待遇很可能取消。那么企业派发的股息可能需要缴纳 10% 的预提税,利息和特许权使用费也需要缴纳预提税,这都是绝对成本。这类企业可以考虑在欧盟内部选择一个合适的交易标的,进行反转交易,通过并购将总部从英国转移至欧盟内部。

由于英国脱欧带来的不确定性,投资者应谨慎部署在英国及欧洲的投资战略及资金布局。从长期来看,英国在脱欧之后贸易更加自由,对中国依赖性可能更大,因此,我国企业应密切关注脱欧谈判的进程,并利用"窗口期"进行业务策略的调整。

但我们不能忽视脱欧带给中国投资者的挑战,英国对于中国企业的投资吸引力,一定程度上是因为通过在英国设立欧洲总部可以很容易地进入欧盟市场,毕竟相比 5 亿人口的欧盟,英国只有 6400 万人。英国作为欧盟成员国时是欧洲单一市场的一部分,享有"四大自由"——产品流动的自由、服务流动的自由、人员流动的资源和资本流动的自由。脱欧之后,英国需要与欧盟重新谈判,这也意味着,中国企业在英国此前所享受到的进入欧盟市场的种种便利,这一段时间将面临不确定性。目前包括阿里巴巴、中国电信、中石油、大连万达等中资企业已经把欧洲总部设在英国。中国企业正处在国际化的初始阶段,还有非常多的企业尚未确定欧洲总部,英国脱欧将给这些企业选择欧洲总部增加难度,重新思考对欧战略。

对于中英经贸关系而言,随着脱欧后续步骤的展开,英国会更需要加强与中国的经贸联系以抵消脱欧的负面影响。现在主动权到了中国这边,就看中国自己怎么选了。最终中英两国"黄金十年"怎么走还是要取决于中国投资者对英国的信心和投资策略,追涨杀跌的跟风投机客可能马上转向寻找下一个热点,而对英国有信心的价值投资者应该继续深耕市场选择优质资产。

第 三 章

德 国[①]

进入 21 世纪之后,作为世界第四大经济体的德国经济强劲复苏,保持平稳增长并且经受住了欧债危机的考验。中德贸易往来频繁,2016 年中国首次成为德国最大贸易伙伴,位列法国和美国之前。本章旨在浅析德国投资环境及其优势特点,对中德投资案例及策略进行分析。

第一节　德国投资环境

德国经济总量位居欧洲首位,其强大的制造业和出口导向型经

① 德国恒乐律师事务所(Hengeler Mueller)的弗兰克·布尔迈斯特(Frank Burmeister)、安妮卡·克洛斯(Annika Clauss)、克里斯托夫·耶克勒(Christof Jaeckle)共同撰写了本章第一节的第三小节、第二节的第二小节,提供了第三节的第二小节部分素材,并帮助修订审阅了本章。

济令世人瞩目,而这些与德国完善的投资环境是密不可分的。近年来,随着德国与中国经济贸易往来的日益频繁,双方建立了全方位战略伙伴关系,中国企业对德国直接投资和并购的热度更是有增无减,对于德国地理、政治、法律、税收等方面的了解已成为中国投资者的必修课。

一、德国与中国

德国与中国自 1972 年建交以来,双边经贸交往日益频繁,并于 2014 年建立了全方位战略伙伴关系,双方省州和城市共结成 96 对友好城市。①

中德互为重要贸易伙伴。中国是德国的第一大进口国、第五大出口国。2016 年,德国对华出口额 760 亿欧元②,占比从 2000 年的 1.6% 提升到了 6.3%;进口额 940 亿欧元,占比从 2000 年的 3.5% 提升到了 9.9%③。另外,德国是中国在欧盟的最大贸易伙伴。

中德双向投资不断增加。中国在德国投资、并购的数量和规模从 2010 年起显著扩大,2016 年德国吸引了中国在欧洲近三分之一的直接投资;另外,中国已成为德国投资者的第二大海外目的地,仅次于欧元

---

① 中国国际友好城市联合会:《世界各国与我国建立友好城市关系一览表》,见 http://www.cifca.org.cn/Web/WordGuanXiBiao.aspx。

② Statistisches Bundesamt, "Ranking of Germany's Trading Partners in Foreign Trade",2018.

③ Federal Ministry for Economic Affairs and Energy (BMWi), "Facts about German Foreign Trade",2017 年 8 月,见 https://www.bmwi.de/Redaktion/EN/Publikationen/facts-about-german-foreign-trade.pdf? __blob=publicationFile&v=8。

区,见图3-1。

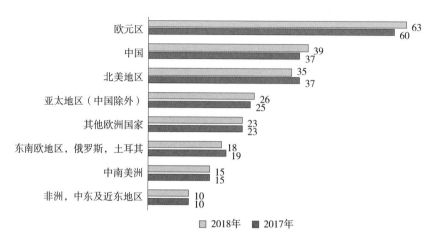

图 3-1 德国投资海外情况调查统计(%,允许多选)

资料来源:德国工商总会①

二、德国基本情况

德国在第二次世界大战后快速重建,1990 年和平统一后推进东西部产业调整,并从金融危机中迅速复苏,经济总量居欧洲首位(GDP 占欧盟的 21%),属于高收入国家(人均年收入约 4.9 万美元)且财富分配较为均衡(基尼系数 0.29)。公共债务占 GDP 比率为 68.1%,标普、穆迪、惠誉均给予其最高信用评级。目前全球竞争力指数位列全球第

---

① DIHK,"Foreign Investment of the Manufacturing Industry 2018",2018 年 3 月,见 http://nigeria.ahk.de/fileadmin/ahk_nigeria/News/DIHK_Foreign_Investment_2018.pdf。

五、欧洲第三(仅次于瑞士和荷兰)①,营商环境位列全球第20②。

(一)德国地理与政治特点

德国是欧洲邻国最多的国家,西临荷兰、比利时、卢森堡三个低地国家,西南毗邻同为欧盟核心的法国,南接同属于德语区的瑞士、奥地利,东接捷克、波兰,北接丹麦,境内有莱茵河、多瑙河和易北河,水陆交通发达,市场辐射效应强,被誉为位于欧洲大陆的十字路口。

德国是联邦制共和国,议会由联邦议院(Bundestag)和联邦参议院(Bundesrat)组成。总统为国家元首,仅具象征性权责,联邦议院议长地位仅次于总统,总理为政府首脑,是德国最有政治影响力的人。

德国有16个州,其中:首都柏林为德国第一大城市,黑森州的法兰克福是德国的金融中心,欧洲中央银行、德国中央银行、法兰克福证券交易所还有大部分德国和国际银行均位于此。工业区主要有北莱茵—威斯特法伦州的鲁尔工业区(包括多特蒙德、埃森、杜塞尔多夫等)、南部的新兴工业区(包括慕尼黑、斯图加特等)、北部沿海工业区(包括汉堡、不来梅等)等。

西南部的巴登—符腾堡州以其汽车工业而闻名。除戴姆勒(奔驰)和保时捷(大众的子公司)之外,汽车供应商博世、采埃孚和马勒都

---

① World Economic Forum(WEF),"The Global Competitiveness Report 2017-2018",2017年9月26日,见 https://www.weforum.org/reports/the-global-competitiveness-report-2017-2018。

② Doing Business,"Doing Business 2018",2017年10月3日,见 http://www.doingbusiness.org/en/reports/global-reports/doing-business-2018。

位于此处。此外,机械工程公司 Trumpf 和利勃海尔以及软件巨头思爱普都来自巴登—符腾堡州。

拜仁州首府慕尼黑是宝马、保险公司安联和慕尼黑再保险公司总部的所在地。大型工业和技术企业西门子也在这里。奥迪(大众子公司)和阿迪达斯在巴伐利亚也设有自己的职能部门。这表明,南方主要是由生产行业(主要是汽车和机械工程)为主,但也有许多知名第三产业企业。

位于中西部的北莱茵—威斯特伐伦州及其首府杜塞尔多夫是德国钢铁工业的中心地带。此外,能源(莱茵集团、E.on)、化学品(拜耳、赢创)和消费品(汉高、欧特家)是西部重要的工业部门。零售行业巨头麦德龙也位于杜塞尔多夫。

国际石油公司壳牌石油公司、英国石油公司和埃克森石油公司的德国分公司都坐落在德国北部。汉堡以其发达的消费品行业著称,有妮维雅和沏宝等知名企业,以及奥托集团和艾德卡这样的贸易零售类企业。汉堡和不来梅也是德国航运业的中心。

德国首都柏林在第二次世界大战之前拥有悠久的工业历史。如今,柏林由第三产业主导,包括环球音乐、斯普林格等多家出版传媒公司。此外,像德国铁路公司这样的国有公司总部也设在柏林。这个城市也是德国新兴公司的中心。

德国的东部地区在经济上与西部地区相比较弱。尽管如此,像大众汽车、保时捷和宝马,以及英飞凌和英特尔等电子公司在这个地区都拥有重要的生产基地,特别是在萨克森州。

（二）德国企业特征

德国企业主要分为人合公司（personengesellschaft）和资合公司（kapitalgesellschaft）两大类，前者没有最低出资额限制，但一般要求以全部个人资产承担无限责任，因此外国企业在德国投资一般成立资合公司。资合公司又分为有限责任公司（GmbH）和股份公司（AG）两类：有限责任公司注册资本不低于 2.5 万欧元，股东对公司有出资义务，一般对公司债务不承担责任，设有董事会和股东会议；股份公司最低注册股本为 5 万欧元，设有董事会、监事会和股东大会，股份公司可以提出上市申请，上市申请由德国信贷机构提出，审批由股票交易所负责。

德国企业有三大特征：

一是中小企业根基深厚。德国既有奔驰、宝马、思爱普、大众、西门子、巴斯夫、拜耳、德意志银行、麦德龙、博世、蔡司等国际巨头公司，也有像万宝龙、施华蔻、阿迪达斯、日默瓦、菲仕乐、格拉苏等国际知名品牌。另一方面，超过 99.6% 的德国企业为中小企业（mittelstand），贡献了 31.4% 的德国出口额①以及 75% 的专利和创新，提供了约 70% 的就业岗位、80% 的培训机会，尤其是中型企业达 330 万家，被视为德国经济的重要支柱②。

二是家族企业特征明显，不少企业是细分领域的"隐形冠军"。全

---

①　Florian Langenschedit, et al., "Best of German Mittelstand-The World Market Leaders", 2015 年，见 http://static1.squarespace.com/static/548ac75ce4b0a10ad41f38-e7/t/55edaa22e4b03d3d6e78da4c/1441638946906/MITWMF_Folder_Venohr_Website.pdf。

②　德国中小企业协会："The German Association for Small and Medium-sized Businesses", 2019 年 3 月，见 https://www.bvmw.de/internatioal/。

球超过一半"隐形冠军"企业位于德语区（德国、奥地利、瑞士）①，如图3-2所示，主要分布于工业产品、消费品、商业服务三个行业，例如净水器生产商碧然德（占全球份额的85%）、厨房清洁设备温特豪德、机械加工通快，除此之外还有被三一重工收购的德国混凝土泵生产商普茨迈斯特和世界第二大叉车制造商凯傲，都是德国"隐形冠军"企业的代表。大部分德国中小企业是家族企业或属于长期私人投资者，很多德国中小企业以及家族企业甚至拥有超过100年的历史，例如历史最为悠久的家族企业之一默克成立于1668年，博世公司（公司大部分属于企业基金会）成立于1886年。

三是间接融资为主，银行与企业之间依存度高。近年的低利率也有助于降低融资成本。尽管法兰克福证券交易所是欧洲大陆交易最活跃的证券市场，为企业直接融资提供了便利，但与英、美的市场主导体系不同，德国的金融体系②由银行主导，以稳健著称。

（三）中德宏观经济数据对比

中国经济自改革开放以来保持了多年高速增长，但是人均GDP至今尚不及德国的五分之一，基尼系数却明显高于德国。中国和德国都是经常账户盈余国家，在反对贸易保护主义上有共同立场。从外国直

---

① "隐形冠军"企业在所处领域全球前三或大洲第一，年收入低于50亿欧元（2005年时该标准为低于30亿欧元），社会知名度低。赫尔曼·西蒙：《"隐形冠军"：未来全球化的先锋》，机械工业出版社2017年版。

② 德国金融监管体系：由2002年成立的德国联邦金融监管局（Bafin）统一监管银行、证券、保险业。2008年全球金融危机后成立了联邦金融市场稳定局（FMSA）、金融稳定委员会（FSC），分别负责金融机构重组救助和宏观审慎管理。

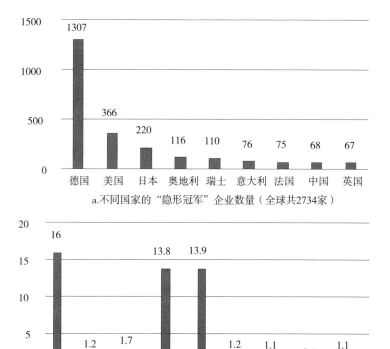

a.不同国家的"隐形冠军"企业数量（全球共2734家）

b.不同国家的人均"隐形冠军"企业数量（每百万居民）

图 3-2　不同国家"隐形冠军"及人均"隐形冠军"企业数量

资料来源：中投研究院

接投资看，德国长期以来都是资本净输出国，而中国在 2016 年首次成为资本净输出国，如图 3-3、图 3-4 所示。

（四）德国进出口情况及经济周期

德国是世界第二大出口国，主要贸易伙伴包括欧盟其他成员国、美国和中国。2016 年，德国的货物、服务贸易额均排名世界第三，占全球贸易额的 7.44%，仅次于美国（11.52%）和中国（11.45%），并已多年

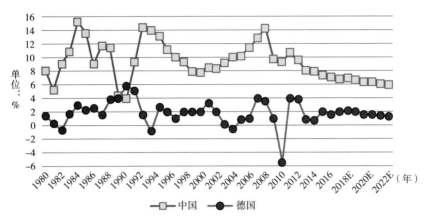

图 3-3　1980—2022 年中国、德国实际 GDP 年增长率对比

资料来源：国际货币基金组织、中投研究院

保持盈余：货物出口 1.34 万亿美元，同比增长 1%，进口 1.05 万亿美元，同比持平；服务出口 0.27 万美元，同比增长 3%，进口 0.31 万亿美元，同比增长 4%。[①] 主要出口货物包括汽车及零部件（18.9%）、机械（14.1%）、化学产品（8.9%）、计算机/电子设备（8.3%），主要进口货物包括汽车及零部件（11.1%）、计算机/电子设备（10.8%）和机械（8%）。

德国的就业高度依赖开放市场和国际贸易，几乎 30% 的工作岗位直接或间接依赖于出口，具体到工业，更是超过一半的工作岗位依赖于出口。[②]

---

① World Trade Organization, "World Trade Statistical Review 2017", 见 https://www.wto.org/english/res_e/statis_e/wts2017_e/wts2017_e.pdf。

② Federal Ministry for Economic Affairs and Energy（BMWi）, "Facts about German Foreign Trade", 2017 年 8 月, 见 https://www.bmwi.de/Redaktion/EN/Publikationen/facts-about-german-foreign-trade.pdf?__blob=publicationFile&v=8。

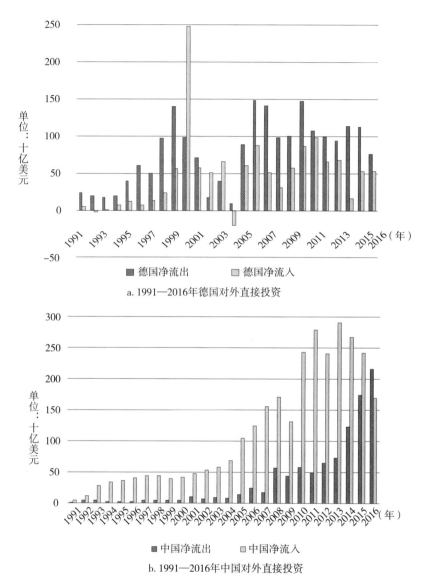

a. 1991—2016年德国对外直接投资

b. 1991—2016年中国对外直接投资

图3-4　德国和中国的外国直接投资对比

资料来源:世界银行、中投研究院

德国正处于本轮经济周期的扩张阶段,金融危机导致 2009 年 GDP 增长率为-5.6%之后,2010 年即强力反弹至 4.1%,见图 3-5。难民问题、欧盟凝聚力等地缘政治问题对德国乃至整个欧盟正在提出新的挑战。在 2017 年的德国大选中,总理默克尔领导的由保守政党联盟(CDU/CSU)与社会民主党(SPD)组成的"大联盟"在德国议会失去了许多席位,右翼政党(AfD)获得约 13%的席位。这可以被看作是德国政治轻微的向右转变。但是,基本的政治格局不会改变,新的保守主义和社会民主主义联盟将很有可能依然主导德国政治。

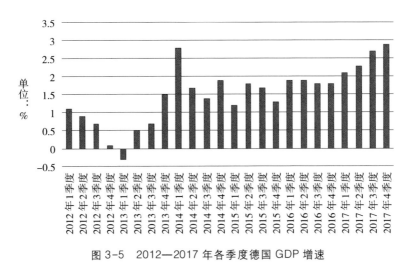

图 3-5　2012—2017 年各季度德国 GDP 增速

资料来源:德国联邦统计局、中投研究院

三、德国投资环境

德国经济总量位居欧洲首位,其强大的制造业和出口导向型经济令世人瞩目。近年来,随着德国与中国经济贸易往来的日益频繁,双方建立了全方位战略伙伴关系,中国企业对德国直接投资和并购的热度更是有增无减。

(一)德国吸纳海外投资的概况

德国企业凭借其领先全球的技术实力、高精尖的技术人才、对产品高质量严要求、一流的基础设施以及稳定的投资环境受到外国投资者青睐。近年来,德国外来投资者的并购交易稳步增长,并在 2016 年达到最高峰。据统计,外国投资者的并购交易数量从 2013 年的 557 笔增长至 2016 年的 883 笔,涨幅高达 58%。在这期间,外国投资者的私募股权交易更是增长了 96%(从 2013 年 160 笔增至 2016 年 313 笔)[1][2],见图 3-6。

截至 2017 年 11 月,并购交易的数量下降至 709 笔。其原因一方面在于美国和欧洲政治的不稳定以及频繁的选举,另一方面在于出现了多笔大规模并购交易。2016 年全年的交易额为 559 亿欧元,2017 年交易额接近翻倍。在外国投资者的并购交易中,绝大部分的外国投资者来自欧洲大陆(包括俄罗斯)。2016 年,来自欧洲大陆的外国投资者完成了 462 笔交易,总交易额达到 167 亿欧元。截至 2017 年 11 月,来

---

[1]　PwC,"Private Equity Trend Report 2017-Rising above Uncertainty",2017 年 2 月,见 https://www.pwc.de/de/finanzdienstleistungen/assets/41733_Studie_PETR_170224_SCREEN.pdf。

[2]　Deloitte,"Germany:Cross Border M&A Yearbook,2016 Edition",2017 年 2 月,见 http://www2.deloitte.com/content/dam/Deloitte/de/Documents/mergers-acqisitions/M&A_Yearbook_2016-Edition-safe.pdf。

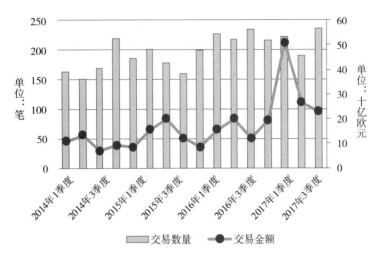

图 3-6 2014—2017 年各季度德国境内发生的并购交易金额和数量

资料来源:德国恒乐律师事务所、中投研究院

自欧洲的外国投资者共完成 426 笔交易,总交易额高达 301 亿欧元。紧随其后的是来自南美洲的投资者(168 笔交易,交易额 591 亿欧元)以及亚太地区的投资者(93 笔交易,交易额 83 亿欧元)。德国市场对美国投资者最具吸引力,截至 2017 年 11 月,他们共完成 158 笔交易,紧随其后的是瑞士(80 笔)、英国(72 笔)和法国(55 笔)。中国的投资者排名第五,共完成 47 笔交易,总计 63 亿欧元。大多数并购交易集中在工业产品、科技、商业贸易及消费品领域。英国和中国的投资者对健康保健领域也展现出了浓厚的兴趣。

(二)德国外商投资环境

德国对外资的市场准入条件基本与德国内资企业一样,允许德国投资者进入的领域一般对外国投资者也不限制,而且外国投资者同样可享受欧盟和德国超过 600 种的促进投资措施。[1]

德国政府日益致力于保护具有战略意义的关键性行业。2017 年，德国对外投资管制制度进行了修订。根据 2017 年 7 月《对外贸易和支付条例》(FTAPO)的第九次修订，当一外国投资者对一家德国公司的收购可能威胁到公共秩序以及安全时，德国联邦经济与能源部有权对该收购进行审查和否决。FTAPO 经过修改后，对符合下列条件的并购交易有可能被要求通过安全审查：(1)关键基础设施(能源、信息技术、通信、运输、卫生、用水、食品、金融和保险等行业)的运营商；(2)向上述关键基础设施运营商提供软件的软件公司；(3)向上述关键基础设施提供云计算的供应商；(4)拥有与医疗行业远程信息处理基础设施组件或服务相关授权的公司。外国投资者在对上述公司进行投资时如满足下列条件，则需要将交易情况通知有关部门：投资者或对投资者持表决权比例达 25% 或以上的股东是来自欧盟外国家；交易完成后，投资者直接或间接对德国目标公司表决权比例达 25% 或以上。除此之外，审查时间也有所延长。[2]

必须指出的是，德国的国家安全审查还远没有美国外资投资委员会(CFIUS)审查那么严格。尽管德国监管机构可能会增加对德国的外国投资审查，但是并不意味着会有大量的交易被禁止，其原因在于禁止

① 国家税务总局国际税务司国别投资税收指南课题组：《中国居民赴德意志联邦共和国投资税收指南》，2018 年 11 月 30 日，见 http://www.chinatax.gov.cn/n810219/n810744/n1671176/n1671206/c3925561/part/3925578.pdf。

② 高盖茨律师事务所：《德国对并购交易的国家安全审查——来自美国、中国、日本以及其他非欧盟国家的投资者需要注意的新情况》，2017 年 12 月，见 http://www.klgates.com/zh-CHS/resources/xpqPublicationDetailKNLG.aspx? xpST=PubDetail&pub=16861。

外国投资需要满足的条件仍然很高:比如需要满足收购 25% 或以上的德国公司的股份,并对德国的国家安全构成威胁的交易才会被禁止。仅仅收购德国的高科技公司,并不会导致交易被禁止。

(三)德国的企业投融资优惠政策

德国政府主要根据企业的地理位置、规模、研发、提供就业等提供补贴(grants)和担保。GRW(joint task improving regional economic structures)是德国最重要的补贴项目,对位于经济发展水平相对较低区域的大型、中型、小型企业分别提供最高占投资成本 20%、30%、40% 的补贴,对柏林(部分)、莱比锡等特定区域的大型、中型、小型企业分别提供最高占投资成本 10%、20%、30% 的补贴。2008 年推出的中小企业核心创新计划(ZIM)则服务于中小企业。[1]

欧盟对中小企业、研发、低碳经济等提供支持,为符合条件的企业提供补贴,或者通过欧洲区域发展基金(ERDF)、欧洲社会基金(ESF)等欧盟基金予以资助。[2]

企业对外投资可以通过德国联邦、州或欧盟的开发银行获取公共推广债(public promotional loans)、出口债担保等。

---

① 德国联邦经济和能源部:"Framework for the Coordination of the Joint Federa/Länder Task for the Improvement of Regional Economic Structures(GRW)as of 17 September 2018",2018 年 9 月,见 http://www.bmwi.de/Redaktion/EN/Downloads/framework − for − tge − coordination − of − the − joint − federal − laender − task − for − the − improvement− of − regional − economic − structrues − as − of − 17092018.pdf? _ blob = publicationFile&v = 3。

② European Union,"EU Funding Programmes",2018 年 11 月 8 日,见 https://europa.eu/youreurope/business/funding−grants/eu−programmes/index_en.htm。

(四)德国对海外投资者的法律规制

德国法律属于大陆法系,与美国的判例法不同。德国的知识产权保护法律较为成熟,专利、商标等可以向德国专利商标局(DPMA)申请注册。其知识产权注册对德国人和外国人一视同仁,但对于在德国没有住所或分支机构的外国申请者,需要指定一位专利律师作为代表签署注册文件。[①]

共同决定权制度。对于外国投资者来说,了解德国法律的特殊性至关重要,德国雇员的共同决定权制度(co-determination)尤其值得一提。在德国法律中,员工不仅享有充分的法律保护,而且在企业的运营和管理中扮演着至关重要的角色。自从 1976 年颁布《共同决定法案》以来,这一传统在德国的公司治理中一直以现有形式存在。根据德国宪法法院的判决,共同决定权制度旨在平衡股东及员工参与公司决策的情况。同时,除了追求合法的经济利益外,共同决定权制度也补充了公司管理层的社会责任。从这个意义上讲,共同决定的概念是建立在公司的民主决策过程以及资本与工作平等的基础之上。此外,共同决定权的目标也在于提高人力资本投资的利润,并通过保证员工的参与权来激发他们对公司的忠诚。[②]

---

① Germany Trade and Invest,"Investment Guide to Germany issue 2017/2018",见 http://www.gtai.de/GTAI/Content/EN/Invest/_SharedDocs/Downloads/GTAI/Brochures/Germany/investment-guide-to-germany-en.pdf? v=26。

② Bennet Berger, Elena Vaccarino,"Codetermination in Germany-a Role Model for the UK and the US?",2016 年 10 月,见 http://bruegel.org/2016/10/codetermination-in-germany-a-role-model-for-the-uk-and-the-us/。

运营层面的共同决定权体现在劳工委员会。如果公司有五名以上的员工,通常就可以建立劳工委员会。劳工委员会享有知情权和对某些特定事项的共同决定权。这些特殊权利主要包括在某些特定事项中的否决权或必须征得其同意的权利,特定事项包括(但不仅限于)实质性的运营事项、人力资源以及与业务有关的其他经济和财务问题。未征得劳工委员会同意的措施可能会被视为无效。除了劳工委员会之外,长期雇用超过100名员工的公司应当设立经济委员会。经济委员会通常由三至七名成员组成,由劳工委员会或总工会(对整个公司负责)任命。雇主必须及时向经济委员会通报所有业务事宜,包括公司的经济和财务状况、生产和投资计划,组织变化以及其他可能实质上影响员工利益的事项。法律明确规定,雇主和劳工委员会应在工会和雇主协会的帮助下相互合作,建立相互的信任,为员工和整个企业谋福利。

管理层面的共同决定权意味着员工或其代表参与到监事会当中。监事会的共同决定权主要取决于公司的员工人数。[①] 员工代表的数量一般取决于公司的规模和类型。根据相关法案,设立监事会对于长期雇用员工在500至2000人之间(包含2000人)的公司(包括有限责任公司和股份制公司)是强制性的。三分之一的监事会成员由职工选举产生,股东则选出另外三分之二的成员。长期雇用超过2000名员工的公司(包括直接雇用和通过子公司雇用)必须设立一个股东代表和员工代表人数相同的监事会。然而,监事会主席通常是股东代表,并且在

---

① Joachim Rosengarten et al.,"Mergers and Acquisitions in Germany",2016年,见 http://www.gbv.de/dms/zbw/85260100X.pdf。

表决票数相同的情况下享有额外的投票权。此外,监事会中必须有一名负责劳工及社会事务的成员(即所谓的劳工董事),其任免必须由监事会决定。

对于共同决定权制度的评价一直褒贬不一。一方面该制度提升了职工参与公司管理的热情,激发他们的创造力,避免了劳资矛盾的激化,为企业的长期发展做出了贡献。监事会在协调资方和雇员的利益方面功不可没。部分外商首选德国建立控股公司,企业内部稳定、劳资矛盾小是重要因素之一。① 另一方面该制度使得企业管理层决策受到各方面约束,降低了效率。在实践中,为了减少摩擦,在面临某些关键问题时,管理层倾向于先与监事会中的职工代表进行非正式的讨论,这些职工代表通常也是工会的参与者。

(五)德国的税收政策②

德国实行联邦、州和地方三级课税制度,税收分为共享税和专享税两大类,其中共享税为联邦、州、地方三级政府或其中两级政府共有,专享税则划归其中一级政府专有。德国共征 40 多个税种:

企业所得税。德国居民(在德国有长期或者习惯性住所)实体承担无限纳税义务,来自全球的收入都要纳税;非居民实体承担有限纳税

---

① 中华人民共和国驻慕尼黑总领事馆经济商务室,《德国劳动法概况及在德投资应注意的有关问题》,2005 年 8 月 15 日,见 http://munich.mofcom.gov.cn/article/ztdy/200508/20050800261838.shtml。

② 国家税务总局国际税务司国别投资税收指南课题组:《中国居民赴德意志联邦共和国投资税收指南》,2018 年 11 月 30 日,见 http://www.chinatax.gov.cn/n810219/n810744/n1671176/n1671206/c3925561/part/3922578.pdf。

义务,通常仅按其在德国境内的收入缴税,比如在德国的常设机构或者德国境内的不动产。一家外国公司如果管理场所在德国,则被认为是德国居民实体;外国企业的德国子公司被认为是德国居民实体,而分公司不是,但有可能被认定为德国税法上的常设机构。德国按照15%的税率征收企业所得税,同时对企业所得税额征收5.5%的团结附加税,因此有效税率为15.825%。职工薪酬、董事费用、跟业务相关的贷款和债务利息、特许权使用费、服务及管理费、研发与捐赠等大部分与应纳税所得额直接相关的企业费用一般是可以扣除的。

个人所得税。[①] 居住在德国或从德国获得收入(包括从德国合伙企业获得收入)的中国人,应当根据他们的收入缴纳个人所得税,即他们所持有公司的利润的一部分。分配利润和未分配利润均计入应纳税所得额。个人所得税也与家庭状况有关。与企业所得税一样,个人所得税也要缴纳5.5%的团结附加费。

营业税。与中国不同,德国的营业税属于所得税而非流转税,由地方政府根据与企业所得税基本相同的税基向企业征收。2015年营业税的税率范围根据不同的地方法规在7%到30%之间,平均税率为14%。近年来,德国部分城市通过降低稽征率以减轻当地企业的营业税税负,并以此作为促进新企业建立和吸引外来投资的一项优惠措施,但由于公共债务原因更多城市的营业税税率呈增长态势。

增值税。纳税义务人为任何独立从事商业或专业活动的个人。税

---

① Germany Trade and Invest,"Investment Guide to Germany issue 2017/2018", 见 http://www.gtai.de/GTAI/Content/EN/Invest/_SharedDocs/Downloads/GTAI/Brochures/Germany/investment-guide-to-germany-en.pdf? v=26。

率分为标准税率（19%）和低税率（7%）。除此之外对于一些特定的商业活动免除缴纳增值税义务，比如出售企业、支付租金或利息等。

房产转让税。根据法律规定，如果个人在德国购买房产，或者公司取得房产95%以上的所有权，相关纳税义务人要向州政府交纳房产转让税。纳税额为房产价值与房产转让税率之积，根据不同联邦州政府的规定，税率在3.5%（拜仁州）至6.5%（北莱茵—威斯特法伦州）之间。

中国企业在德国直接投资，实际总税赋平均约29.825%，主要包括：平均约14%的营业税（根据不同地方，税率在7%至30%之间）、15%的公司所得税和在公司所得税基础上加征的5.5%团结附加税（即公司需要上税收入的0.825%）。中国企业并购德国企业时，可通过适当的收购结构和融资结构减少税务成本，例如，与直接收购目标企业相比，以德国境内一家有限责任公司的名义去收购目标企业更优，因为融资费用可以列入税前准予扣除的项目，但利息费用扣除规则可能会对此产生影响；采用夹层融资方式减少后续税收开支；利用公司重组或结构转换的税收优惠等。可充分利用2014年签署的《中华人民共和国和德意志联邦共和国对所得和财产避免双重征税和防止偷漏税的协定》，遇有争议时，可以求助于政府层面的双边协商机制。

另据德国媒体报道，德国已经和法国、意大利联合起草了一份相关的立法草案，谋求在欧盟框架内对外国直接投资进行更为严格的监控，以有效地遏制外资在欧洲的收购热潮。2018年，德国政府阻止了中国企业对德国企业的数起收购。对此，中国投资者可继续保持关注，但长期看难以对中国与德国或欧盟的经贸投资往来造成根本性的损害。

第二节　德国优势产业

德国是传统制造业强国和全球最大的汽车出口国,在汽车零部件、机械、电子、化工、制药等行业世界领先,"萨克森硅谷"区域成为全球五大半导体产业群之一。得益于欧洲大陆中心的地理位置,德国也是欧洲重要的运输和物流枢纽,其发达的基础设施辐射整个欧盟市场。此外,对可再生能源和可持续水资源的强制规定和鼓励政策,已使得德国成为世界领先的绿色市场。

一、德国行业纵览及主要工业区

重工业占德国工业的主导地位。德国的汽车、机械制造、化工、电子电气行业贡献了超过40%的工业产值,可再生能源与环保产业在政策扶持下稳步发展。德国的工业大多集中于西部的莱茵河、美因河流域和南部的巴登—符腾堡州、巴伐利亚州,近年通过产业布局调整,东部也得到了较好的发展。较大的工业区域包括:

鲁尔—威斯特法伦工业区(以下简称"鲁尔区")。地处莱茵河流域,是德国乃至欧洲最重要的工业区之一。历史上,由于煤、铁资源丰富,鲁尔区的钢铁、煤矿等重工业闻名于世。进入20世纪下半叶,随着煤进一步被石油等能源取代,区域内铁矿接近枯竭,鲁尔区开始转型发展新兴产业。得益于其雄厚的工业基础,鲁尔区现在既有钢铁、化工、装备制造等重工业,也有餐具、纺织等特种制造业,并且得益于区域内的人口集聚和较强消费力,零售业也获得了不错发展。

中部莱茵河工业区(以下简称"中部工业区")。位于美因河畔的法兰克福,及其南部位于莱茵河畔的曼海姆(Mannheim)等城市,享有便利的河运及铁路、公路运输,发展了轨道交通、电子工程、汽车、化工、酿酒、皮革等多种行业。

南部新兴工业区。南部两个州的首府斯图加特、慕尼黑周边都形成了工业区,主要是汽车、化工、家电等,全球第三大独立软件供应商思爱普总部也位于巴登—符腾堡州。

北部海港工业区。包括汉堡、不来梅等海港城市,物流发达,主要行业包括船舶建造、轻型化工、烟草、非铁金属、炼油等。

东部工业区。包括柏林工业区、莱比锡工业区等。得益于德国首都的优势,柏林及周边城市形成了电子电气、化妆品、轻型化工、精密制造等行业。莱比锡工业区以光学设备、皮革制品、工业制品、机械工具等闻名。

相关工业区和行业的部分知名企业分布见图3-7。

二、德国的优势产业

德国的产业结构偏重工程制造与生产,在汽车、机械制造、电子电气与软件、工业制品、医疗医药、零售、物流运输、可再生能源方面占有优势地位。

图 3-7　德国部分知名企业的行业和地域分布

* 地域分布根据企业总部或者其主要生产、运营实体所在地确定;行业分类是相对的,如博世
　同时也是重要的汽车零配件供应商。

资料来源:中投研究院

(一)汽车行业:实力雄厚,出口全球第一

汽车业在德国工业体系中居于核心地位。2017 年,德国汽车提供就业岗位 82 万个,每年研发经费达 220 亿欧元,主要的研究方向包括数字化、电动力等,超过了其他所有行业。从汽车整车、零部件生产看,德国的机械制造、电子电气两大支柱行业中有相当部分也属于汽车产业链。德国是欧洲唯一高速公路不限速的国家,侧面反映出汽车业在德国享有的强大支持。[1]

德国是最大的汽车出口国,2016 年汽车出口额达 1519 亿美元(占全球汽车出口额 21.8%),明显高于排名第二的日本(13.2%)[2]。汽车

---

[1]　Verband der Automobilindustrie, "Annual Report 2018", 2018 年, 见 https://www.vda.de/dam/vda/publications/2018/VDA_JB_2018_EN.pdf。

[2]　Daniel Workman, "Car Exports by Country", 2019 年 1 月 31 日, 见 http://www.worldstopexports.com/car-exports-country/。

出口国排名见图 3-8。德国汽车业的供货、生产和销售均受益于其在全球产业链中的领先位置。德国汽车的生产线遍及海外 22 个国家,供应商来自约 80 个国家超过 2200 个产地,2016 年生产的 1580 万辆乘用汽车中有 1010 万辆来自国外生产线,[①]其中中国是德国汽车最大的海外生产地,2015 年大众、奥迪、宝马、戴姆勒四家德国厂商在华生产 400 万辆,远超过第二名西班牙的 84 万辆。2017 年,德国生产的 1645 万辆汽车中有 1080 万辆来自国外生产线,中国仍然是德国汽车最大的海外生产地,达 490 万辆,同比增长 8%,这意味着德国汽车每 10 辆中就有 3 辆是在中国制造。[②]

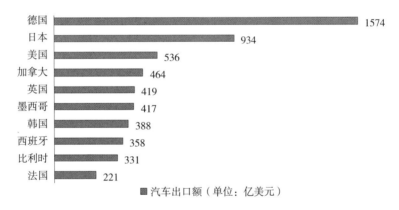

图 3-8　2017 年全球前十大汽车出口国

资料来源: Daniel Workman, "Car Exports by Country", 见 http://www.worldstopexports.com/car-exports-country/

---

① Matthias Wissmann, "German Automotive Industry Speeds up Innovation", 2017 年 7 月 4 日, 见 https://www.vda.de/en/press/press-releases/20170704-Wissmann-German-automotive-industry-speeds-up-innovation.html。

② Verband der Automobilindustrie, "Annual Report 2018", 2018 年, 见 https://www.vda.de/dam/vda/publications/2018/VDA_JB_2018_EN.pdf。

德国汽车业生态圈非常完善。既有大众（以及其子品牌奥迪和保时捷德国）、戴姆勒和宝马等整车厂商，还有博世、大陆集团、舍弗勒、采埃孚等世界知名汽车零部件供应商。2017 年，德国供应商的营业收入同比增长 4%，达到 796 亿欧元，实现连续五年增长。

德国在汽车行业科研发展上的投入远超过其他行业，现在的研究重点在于改善内燃机的能源效率，开发替代驱动技术（包括电动、混合动力和燃料电池汽车）以及采用轻质材料和电子产品①、电动汽车以及车辆数字化和自动驾驶。由于传统汽车的优化措施已逐渐接近极限，混合动力车变得越来越重要，尤其是在城市驾驶中，完全混合动力车可以节省超过 30% 的消耗。混合动力车现在是德国汽车制造业的标准产品，无论是紧凑型、中型、高档型还是跑车，都有混合动力车的身影。德国汽车行业是混合组件和系统的全球生产商和开发合作伙伴。② 除此之外，德国的汽车行业还致力于投资与研究电动汽车。2010 年 5 月，德国政府成立了国家电动汽车平台（NPE）。2016 年，在 NPE 的推动下，德国发布了"电动汽车发展路线图"。目前德国市场上有 30 多种德国电动汽车供消费者选择。德国汽车行业清醒认识到，电动汽车在国际市场变得越来越重要，它是节省资源和可持续发展的关键。通过促进研发、标准化以及教育培训，德国的电动汽车行业正在逐渐走向

---

① Germany Trade and Invest, "Germany-the World's Automotive Hub of Innovation", 见 http://www.gtai.de/GTAI/Navigation/EN/Invest/Industries/Mobility/automotive, t = market-trends, did = 248004.html。

② Verband der Automobilindustrie, "Classic powertrains", 见 https://www.vda.de/en/topics/innovation - and - technology/classic - powertrains/development - of - classic-powertrains.html。

国际领先。① 2017 年,德国销售了 5.45 万辆电动车,市场份额从 2016
年的 0.8% 上升至 1.6%。②

最近德国的汽车行业发展了一个被称为"NEVADA-共享与安全"
的可持续的概念,即安全地向第三方,比如公共安全机构和行业,传送
车辆生成的数据,由此可以促进道路安全,加快数字化创新,发展新型
商业模式。该概念使用车辆与其制造商现有的信息接口传输数据。为
了使车辆的数据能够用于其他行业,汽车制造商需要借助第三方设计
发展的标准信息接口,汽车制造商服务器上的数据可以通过中立的服
务器被访问。此概念还为收集车辆中数据提供了一个框架:数据的收
集可以由预先设定的事件触发或者在预设的时间内传输给制造商。另
一方面,消费者可以自己决定哪些个人数据被传输,用于何种目的以及
被使用的时间,由此消费者不需要担心隐私被泄露。③

大众柴油汽车 2015 年尾气门的负面影响已明显消退,但余波未
平。大众汽车在美国、加拿大达成了多项和解,累计支付了 300 亿美元
用于和解、赔偿、召回和罚款,2017 年底股价在盈利预期提振下已超过
尾气门曝光前的水平,但是在包括欧洲在内的其他市场仍存在遭遇罚

① Verband der Automobilindustrie, "Electric Mobility", 见 https://www. vda.
de/en/topics/innovation-and-technology/electromobility/electric-mobility-in-germany.
html。

② 中华人民共和国科学技术部:《德国发布 2017 年度汽车创新报告》,2018 年
3 月 14 日,见 http://www.most.gov.cn/gnwkjdt/201803/t20180314_138592.htm。

③ Verband der Automobilindustrie, "Data Security for Networked Mobility", 见 ht-
tps://www.vda.de/en/topics/innovation-and-technology/data-security。

款和诉讼的可能。① 此外,欧 6 排放标准的柴油车销量下滑,反映出尽管较汽油车具有二氧化碳排放减少 15% 的优势,柴油车产生的氮氧化物污染及其检测造假仍令消费者担心。从 2018 年 9 月起,欧 6 排放标准对新型轿车具有约束力,一年后,它将适用于所有新注册的车辆。②

(二)机械制造行业:品质象征,精密制造享誉全球

机械和设备工程仍然是德国最大的工业部门之一,2016 年的总营业额达到 2150 亿欧元,占全球机械贸易份额 16% 以上,同时也是一个强劲的出口部门,占德国出口配额的 76%,在全球机械出口中占有 15.4% 的份额,③在 31 个机械制造部门中,德国的 18 个部门独占鳌头,在另外六个类别中也位居第二或第三位。市场预测 2018 年至 2020 年机械制造也将持续正增长的趋势。机械制造是推动德国成为高科技国家的技术动力之一,它结合了电子、机器人、材料和软件等所有对未来关键的技术。德国是欧洲投资机械制造行业的首选,2016 年吸引了该行业所有国际投资项目中的 23%。机械制造是德国最有活力的行业

---

① Greg Layson, " VW Canada Reaches Class Action Settlement in 3. 0L Diesel Scandal", 2017 年 12 月 22 日, 见 https://www. autonews. com/article/20171222/COPY01/312229960/vw-canada-reaches-class-action-settlement-in-3-0-liter-diesel-scandal。

② Verband der Automobilindustrie, " Classic powertrains ", 见 https://www. vda. de/en/topics/innovation-and-technology/classic-powertrains/development-of-classic-powertrains.html。

③ German Association of the German Machinery and Plant Engineering Companies (VDMA), "Mechanical engineering-figures and charts 2017", 2017 年 3 月, 见 https://www.vdma.org/documents/105628/16646535/Maschinenbau+in+Zahl+und+Bild. pdf/5b1ff9a8-d0f6-43ac-9949-31742fc9b4ef。

之一,近5400家公司中的90%均为中小企业,为德国提供了最多的就业岗位。①

德国的机械生产高度专业化,其中一个重点是自动化技术,西门子和蒂森克虏伯等行业巨头是主要参与者。博世也以其子公司博世力士乐的工业生产线类产品而闻名。值得一提还有杜尔和凯傲,以及工业机器人公司库卡(其多数股权已被美的集团收购)。该行业其他领域专业化程度也很高,如2016年被中化集团收购的克劳斯玛菲就专门生产合成材料工业机械。

这个行业的发展依赖于全球经济走势,特别是全球产量的变化。对于德国企业而言,保持其在特定领域的技术领先地位至关重要,特别是就工业生产领域而言,自动化和数字化("工业4.0")同样是德国企业的重大课题。

(三)电子电气与软件行业

在电子和软件领域,德国有全球第四大软件公司思爱普。硬件方面,英飞凌和西门子等公司以大数据、云计算和"工业4.0"为重点,在推动德国经济数字化方面扮演着重要的角色。这成为德国企业之间产业合作的良好范例,也是德国经济强劲和充满活力的原因之一。

电子电气产品及系统市场是全球最大且增长最快的商品市场,市场规模大约4万亿欧元。德国位列欧洲第一,世界第五,有超过150万国内外员工,超过10万不同种类的产品与系统,包括电子元器件、家用

---

① Germany Trade and Invest,"Machinery & Equipment Industry",见 http://www.gtai.de/GTAI/Navigation/EN/Invest/Industries/machinery-equipment.html。

电器、灯具等。每年用于研发的费用大约为 172 亿欧元,出口份额为 1%。德国是欧洲最大的单一软件市场,按价值约占欧洲软件市场的四分之一。事实证明,德国的软件市场对全球经济危机具有很强的抵抗力。根据欧洲信息技术观察站(ETIO)进行的一项研究显示,德国 2014 年软件市场收入增长了 5.7%,超过了 190 亿欧元。据 Marketline 称,这一增长趋势预计将持续到 2019 年。①② 即使有思爱普这样的大公司,德国市场最大的特点依然是大量有活力且高度专业化的中小型企业。这些中小企业亦推动了对软件解决方案的需求,从而创造了重要的客户群,这为尚未成熟的供应商和市场参与者提供了良好的机会。最大的市场潜力无疑存在于提供特定软件产品和服务。

英飞凌公司(1999 年 4 月从德国西门子集团中独立出来)是德国最大的电子元器件生产商,产量占德国电子元器件总产量的 29%,也是德国最大的通信、互联网技术及移动电话用芯片提供商。

(四)工业制品行业

工业金属、气体和化学品的生产是德国经济的另一个重要领域。产品范围从基础材料和主要材料到世界范围内众多行业所必需的复杂高端材料,这类制品占德国整体出口的 16%。③ 在这个领域中也诞生

---

① Germany Trade and Invest, "Software Industry", 见 http://www.gtai.de/GTAI/Navigation/EN/Invest/Industries/Information-technologies/software.html#808246。

② Germany Trade and Invest, "Electronics & Microtechnology", 见 http://www.gtai.de/GTAI/Navigation/EN/Invest/Industries/electronics - microtechnology, t = market-opportunities-10-facts, did = 247624.html。

③ Auf einen Blick, "Chemische Industrie 2018", 见 https://www.vci.de/vci/downloads-vci/publikation/chemische-industrie-auf-einen-blick.pdf。

了多个世界知名企业,例如巴斯夫、西门子、林德、科思创、蒂森克虏伯。

工业气体在各个行业都有广泛的应用:化学、科学研究、食品工业、建筑业、工业与手工业、橡胶和塑料加工以及其他行业。只要有焊接、冷冻、供电、热、工业清洁、通风和测试,就少不了工业气体。德国的工业气体产品包括二氧化碳、氩、氦、氖、氮以及合成氢和一氧化碳等。

化学工业方面,德国是欧洲最大的化学工业国,全球排名第四。化学工业既是许多价值链的基础,也是其他部门创新的重要推动力。化学工业被认为是德国最重要的经济部门之一,年营业额为 1850 亿欧元。

目前在这个领域有很多变化,例如林德和美国普莱克斯公司的合并,以及蒂森克虏伯的欧洲钢铁事业部和塔塔集团的合并,还有拜耳收购孟山都都显示了全球产业整合的趋势。

(五)医疗医药行业

德国的医疗保健行业正在快速增长,这主要是由于德国人口老龄化。2015 年德国的医疗支出为 3.44 亿欧元,占国内生产总值的 11.3%。除门诊和住院治疗外,医疗保健部门还包括养老院和医疗中心。人口老龄化、慢性病的增长,社会数字化的发展,大众健康意识不断增强,都有助于初级保健和私人融资医疗保健领域的发展。对于投资者来说,医疗保健行业提供了极具吸引力的投资机会,因为它在保证稳定现金流同时不易受到整体经济发展的影响。

除医疗行业外,德国的医药行业同样实力强劲。德国拥有欧洲最大、世界第四的医药公司。德国无论是药物研究、生产还是分销都拥有极高的水平,且拥有国际知名的科学家、杰出的研究单位和主要的制药公司。药物需求的增加以及医学生物技术的进步正在为制药行业提供新的动力。德国知名制药公司有默克、勃林格殷格翰及拜耳。除了这些知名企业,德国还有 800 多家中型企业和新成立的生物技术公司。此外,费森尤斯和西门子健康医疗公司等医疗技术企业也正在德国快速发展。医疗技术类产品包括诊断成像设备、人造器官和肾脏透析机。值得一提的是,德国医疗技术行业从三年以下的新产品中获得了三分之一的营业额。活跃在这个领域的 1250 家制造商在产品研发方面的投入约占营业收入的 9%。2016 年德国申请的欧洲医疗技术专利数量位列欧盟首位。[①]

医疗和医药都是受到高度监管的行业,特别是新产品的准入和批准过程会在德国和欧盟层面受到监管。尽管如此,由于社会老龄化,加上德国拥有训练有素的劳动力和良好的营商环境,德国的制药和医疗科技市场预计将持续增长。

(六)零售业

零售业是德国另一个强劲的经济部门。总的来说,这个行业的市场份额是相当分散的,特别是在食品零售方面,但最近可以观察到一些整合的趋势,同样的现象也发生在电子商务领域。

---

① Germany Trade and Invest,"Medical Technology clusters in Germany",见 http://www. gtai. de/GTAI/Content/EN/Invest/_ SharedDocs/Downloads/GTAI/Fact - sheets/Life - sciences/fact - sheet - medical - technology - clusters - en. pdf? v = 7。

德国是欧洲最大的食品生产商和食品饮料行业。德国知名的食品公司有欧特家集团、Südzucker、雀巢等。随着近年社会结构变化,人们对于健康饮食以及功能性食品的需求日益增加。另外,在对有机食品热衷的同时,越来越多的消费者也在通过功能性食品来提高幸福感,改善健康状况和身体条件。日益加快的社会节奏和单身家庭数量的增加正推动年轻人对于方便食品的需求,比如即食餐、冷冻食品、甜点以及烘焙食品。除了餐饮业,纺织品、服装和鞋子、DIY 与家装、办公用品和电脑、家具也是德国较大的消费市场。

目前,德国零售业的主要课题是如何应对全球性的电子商务市场份额不断增长所导致的小型零售商市场缩小现象。德国的互联网经济发展状况良好,且远未饱和,这得益于德国可观的互联网用户基数及总体上较高的购买力。

(七)物流运输业

在电子商务兴起和德国出口导向的背景下,运输和物流也是德国经济重要组成部分。位于欧洲中心的德国提供了世界一流的基础设施和尖端的服务行业,特别是私有化的德国邮政国际集团和国有的德国铁路公司是这个行业的主要参与者。

德国邮政国际集团是全球最大的物流服务提供商,德国铁路公司是全球第二大的运输和物流公司,汉莎货运航空公司是全球空运服务的佼佼者。不过像德迅、德莎以及受全球航运下滑困扰的德国航运业也同样值得注意。得益于地理优势,这些公司在欧洲范围内的分销非常便利。在世界银行《2018 年物流绩效指数报告》中,德国第四次蝉联

160 个国家之首,每年生产总值 3 万亿欧元的商品和服务。①

值得一提的是,德国是物流业高等教育的全球领导者,超过 100 所大学以及应用大学都开设了相关专业。正因如此,德国才得以不断开发新型技术并应用到市场。

(八)可再生能源

德国《可再生能源法》自 2000 年生效后,风能、生物能、太阳能、水力、地热等可再生能源已经从无足轻重的地位发展为如今德国最重要的电力供应来源(占 30%左右)。

风能行业。德国作为欧洲领先的风能市场,2017 年德国新增装机容量超过 6.6GW,总容量超过 65GW,按新增装机容量计德国是全球第三大风能市场。②

生物能源自 20 世纪 90 年代开始在德国稳步发展,如今已经成为最重要的可再生能源之一。德国亦是欧洲最大的生物能源消耗国,是创新技术方面的标杆。现在德国正在开发纤维素乙醇、气化、热电联产和沼气加工技术,将沼气引入天然气电网。生物能源行业 2016 年营业额达到 120.5 亿欧元,并向新生物能源工厂投资 16.4 亿欧元。德国计划到 2030 年,18%的电力、15%的热量以及 13%的燃料消耗都由生物

---

① The World Bank,"Global Ranking 2018",2018 年,见 https://lpi.worldbank.org/international/global/2018。

② Germany Trade and Invest,"Wind Energy:a Sustainable Business in a Stable Investment Enviornment",见 http://www.gtai.de/GTAI/Navigation/EN/Invest/Industries/Energy/wind-energy.html。

能源提供。①

　　太阳能在德国可持续能源的发展中发挥着关键作用,是电力和供热最重要的可再生能源之一。2011 年德国实现了电网评价,新安装的能源平衡成本(LCOE)目前远低于零售电价。2017 年,德国投资 17 亿欧元到新装机光伏产能,是高品质光伏模块、逆变器等设备的出口大国。②

　　太阳能热能和蓄热是德国近期科研与发展的重点。作为欧洲最大的太阳能光热市场,德国正在超越既定的住宅应用。太阳能工业过程热量和区域供热的新兴市场为参与者测试新的商业模式提供了机会。在住宅市场,蓄热成为提高使用效率的重要缓冲器。

　　此外,德国对扩大输电网络进行了重大投资。能源电网领域的新技术,包括超导体、高温线路和电力变压器,正在进行试点项目测试。除了太阳能系统的电池储存外,大规模存储解决方案也在平衡能源市场方面扮演着越来越重要的角色。

　　为了实现 2020 年减少至少 40%温室气体排放、2050 年减少 80%至 95%温室气体排放的目标,德国对可再生能源行业的投入和支持力度料将延续。③

---

　　①　Germany Trade and Invest, "Bioenergy: Avaiable Day and Night", 见 https://www.gtai.de/GTAI/Navigation/EN/Invest/Industries/Energy/bioenergy.html。

　　②　Germany Trade and Invest, "Photovoltaic", 见 http://www.gtai.de/GTAI/Navigation/EN/Invest/Industries/Energy/photovoltaic.html。

　　③　Federal Ministry for Economic Affaris and Energy, "Renewable Energy Sources in Figures: National and International Development, 2016", 见 https://www.bmwi.de/Redaktion/EN/Publikationen/renewable-energy-sources-in-figures-2016.pdf? -blob = publicationFile&v = 5。

三、德国优势产业成因分析

进入 20 世纪之前,德国的产品一度被欧洲强国视为山寨品牌,但德国抓住工业革命的机会迎头赶上,在第二次世界大战的废墟中重建强大的工业体系,形成了许多具有德国特色的优势产业、跨国集团和"隐形冠军"企业。主要的成因可以归结为以下六个方面:

1. 国家发展战略。德国从 19 世纪开始建立现代工业,1990 年德国统一后通过政策引导协调全国产业布局,面对经济危机时政府干预并及时退出,于 2011 年提出"工业 4.0"战略,寻找新的经济增长点。

2. 战后国际环境机遇。第二次世界大战后的冷战和多次局部战争,催生了对基建材料、武器装备、物资补给的旺盛需求,德国抓住机会发展重工业,又通过马歇尔计划及西方阵营的援助获得了资金,创造了经济奇迹。

3. 双轨教育与职业培训。德国素来重视应用型人才的培养,教育体系包括学位教育(小学—中学—大学)、职业教育(小学—初中—职业教育)两种,后者为其制造业培养了大量技工人才。此外,在职员工的职业培训已经常态化。

4. 劳工关系。德国的工会和行业协会力量较为强大,共同决定权制度赋予了员工参与企业治理和分享企业收益的权力,缓解了劳工关系,虽然影响企业的决策效率,但长期来看有利于企业的稳定发展。

5. 科研投入。德国人均研发支出居世界前列,中小企业也非常重视创新和研发,这些科研投入大多服务于德国的优势产业,通过不断创新巩固了传统制造业优势,但在某种程度上其他产业也因此缺少变大变强的有利条件。

6.工匠精神。德国高度重视工业设计和产品质量,以严谨、可靠、耐用著称。事实上,世界上的四大工业设计奖有两个在德国,即红点设计奖和 IF 设计奖。

四、德国"工业 4.0"

德国于 2011 年提出"工业 4.0"概念,作为德国政府提出的十个"未来项目"之一,先后发布了《工业 4.0 未来项目实施建议》(2013年)、《工业 4.0 实施战略报告》(2015 年)、《工业 4.0 成熟度指数模型报告》(2017 年),"工业 4.0"的内涵和外延都得到了进一步丰富,其内容愈加清晰。罗兰·贝格认为,"工业 4.0"是继蒸汽机、规模生产和自动化之后的第四次工业革命,工业的联网和数字化将改变世界的力量平衡,欧洲可以吸引新兴信息与通信公司,并以自身传统制造业技术为切入点,成为"工业 4.0"时代的创新引领者。[1]

"工业 4.0"的核心是通过信息物理系统(cyber-physical system,CPS)实现虚拟世界和现实世界的融合,为此需要推动传统工业的智能化、网络化、数字化,引入的创新技术包括但不限于大数据、物联网、机器间信息共享、智能人机交互、3D 打印、增强现实和虚拟现实等,其目标是真正以客户为中心进行大规模定制化生产和产品全寿命周期管理,重塑生产、管理和服务全流程,整合产业价值链,乃至发掘新的商业

---

[1]　罗兰·贝格等:《弯道超车:从德国工业 4.0 到中国制造 2025》,上海人民出版社 2015 年版。

模式和增长点,最终增强企业甚至国家的全球竞争力。

"智能服务世界——基于互联网的经济服务"是"工业4.0"的合理继任者,它的核心内容是由"工业4.0"提供的智能产品与实体的或是虚拟的服务相结合,为消费者提供以个人需求为基础的个性化服务。如果说"工业4.0"要求人们对已经熟知的制造和生产业进行根本性的重新想象与认识,那么智能服务则代表了在未来应用领域颠覆性的技术变革,它致力于打破超越智能工厂的价值链以及相关的在线服务的局限,创造出"智能服务"。它的核心在于开发可提供可再生能源的智能网络,实施创新移动概念以及打造互联网应用(比如云计算、电子医疗以及电子学习)的新平台。在智能服务的世界中,传统的供应商与客户的关系将由专业合作伙伴组成的生态圈取代。全新智能服务的信息物理系统,数据服务和服务平台架构和创造了全新的业务模式,将现有的价值链推向了认知范围的边缘。

德国提出"工业4.0"以及智能服务,在一定程度上承认了德国乃至欧洲在数字化时代某些领域未能领先,并试图利用自身传统制造业的优势,抢占新一轮产业革命的制高点。德国为此制定了一系列支持并推动工业数字化的措施,包括①:

(1)为产业应用建立和扩展具有高度可共用特性的技术研究(比如自主技术、3D、大数据、云计算和微电子);

(2)通过推广和开发加强隐私保护大数据和云应用程序创建新的

---

① Germany Trade and Invest,"Smart Service World",见 http://www.gtai.de/GTAI/Navigation/EN/Invest/Industries/Industrie - 4 - 0/Smart - service - world/industrie-4-0-smart-service-world.html。

业务模式和服务;

(3)加强使用数据的安全性,增加数字安全部门的措施;

(4)协助中小型 IT 企业进行国际化的进程以及帮助它们获得增加资本的机会;

(5)加强法律法规以确保传统行业与信息通信技术的无缝整合。

德国联邦经济能源部于 2019 年发布了《国家工业战略 2030》草案,认为德国在消费电子、通信、互联网平台经济、人工智能商业化等领域处于落后地位,政府应当在市场经济和自有竞争的前提下实施必要干预,反映出德国社会的焦虑情绪。①

与德国相比,中国在数字化领域具有一定优势,但制造业整体水平仍与发达国家有较大差距,从"工业 4.0"涉及的制造业和数字信息技术看,中、德两国存在较明显的互补性和广阔的合作空间。

第三节 中国对德国直接投资的现状与启示

近年来,中国企业对德国企业并购交易趋于活跃,尤其集中在汽车零部件、工业机械及信息技术等相关领域。这些交易中,中国投资者一般采取了友好收购的方式,且更多作为战略投资者出现,较少撤换原有管理层,对工会及当地法律文化表现出了极大的尊重。由于部分中国

---

① Germany Trade and Invest, "Smart Service World", 见 http://www.gtai.de/ GTAI/Navigation/EN/Invest/Industries/Industrie－4－0/Smart－service－world/ industrie-4-0-smart-service-world.html。

投资者对国际并购规则不熟悉,付出的收购溢价偏高,整合中也遇到了不少问题,甚至造成投资损失,这些教训和成功经验一样,都是值得后来者借鉴学习的宝贵财富。

一、概况

2008 年至 2017 年十年间,中国企业对德国企业并购交易共计 178 笔(其中 12 笔取消),已披露的总金额达 92.6 亿美元,总体上趋于活跃,在 2016 年达到最高点。受中国对非理性对外投资政策的影响,2017 年有所放缓,交易金额 56.7 亿元人民币,远低于 2016 年(267.8 亿元人民币),但是交易数量仍处于相对高位(27 笔),表明中国企业对德国企业并购仍保持浓厚兴趣。从其他国家对德国企业并购金额的整体情况看,中国参与并购德国企业的活跃程度在增强,其占比从 2008 年的 0.58% 一度达到 4% 左右(2012 年和 2016 年),2017 年中国企业对德国企业并购金额占外国对德国企业并购金额有所降低,但仍达到了近年的平均水平,见图 3-9 和图 3-10。

从整个欧洲地区看,中国 2016 年对欧洲地区投资在 10 亿美元以上的国家依次为:德国(23.8 亿美元)、卢森堡(16 亿美元)、法国(15 亿美元)、英国(14.8 亿美元)、俄罗斯(12.9 亿美元)、荷兰(11.7 亿美元),以上六国占中国对欧洲投资总额的 88.2%。①

在已披露金额的交易中,1 亿美元以内的交易占到了交易总数的

---

① 中国商务部:《中国对外投资合作发展报告 2017》,见 http://fec.mofcom. gov.cn/article/tzhzcj/tzhz/upload/zgdwtzhzfzbg2017.pdf。

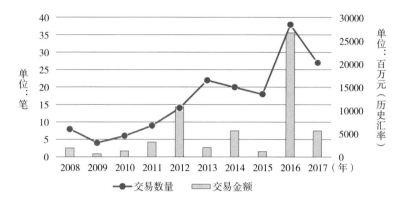

图 3-9　中国企业对德国企业并购交易的数量、金额

资料来源：S&P Capital IQ

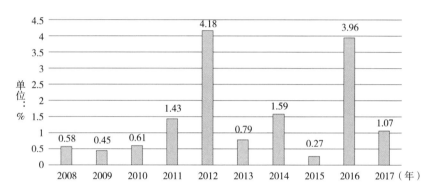

图 3-10　中国企业对德国企业并购金额占外国对德国企业并购的比例

资料来源：S&P Capital IQ、中投研究院

80%，5亿美元以内的交易达94%。按交易数量，过去10年，工业（机械、电子、交通运输等）占三分之一，其次是可选消费品（汽车、家电、零售等）、信息技术，这三个行业合计占并购交易的72%。具体到2017年，并购仍然主要集中在工业、可选消费品、信息技术这三大行业，见图3-11和图3-12。

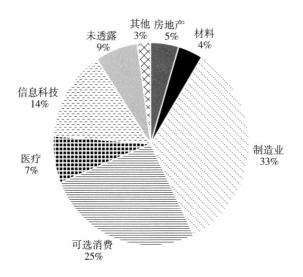

图 3-11　2008—2017 年中国企业对德国企业并购交易的行业分布图

资料来源：S&P Capital IQ、中投研究院

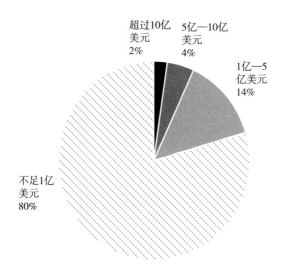

图 3-12　2008—2017 年中国企业对德国企业并购交易规模分布图

资料来源：S&P Capital IQ、中投研究院

二、典型案例分析

在"走出去"战略指引下,中国企业在德国完成了多项引人注目的并购交易,投资领域呈现多样化。中国企业一般采用友好收购,以战略投资为主并较欧美投资者付出额外的溢价。

(一)木林森收购朗德万斯:谋定后动,垂直整合打造照明航母①

1. 交易概况

2017年3月,木林森联合IDG、义乌市国有资本运营有限公司,全资收购德国欧司朗旗下的照明企业朗德万斯,交易金额为36.6亿元人民币。

2. 收购背景

买方木林森是国内LED封装龙头,主营业务为LED封装及应用系列产品研发、生产与销售,主要产品有SMD LED(贴片式LED)、Lamp LED、LED应用(包括照明产品及其他)三大类,总部位于有"LED之都"美誉的广东省中山市小榄镇。木林森1997年由孙清焕创建,2010年整体变更为股份有限公司,2015年2月在深圳证券交易所挂牌上市(股票代码002745),孙清焕为第一大股东。

卖方欧司朗是全球第二大照明企业,与飞利浦、通用电气并称为三

---

① 晨哨集团为本案例访谈提供了帮助。

大照明解决方案提供商,总部位于慕尼黑。最早可追溯到1906年,从做白炽灯业务起家,一度是世界上最大的灯泡生产企业,1978年成为西门子的全资子公司之后进军家用和汽车照明市场,2013年7月从西门子剥离并在法兰克福证券交易所上市。2015财务年度营业收入55.7亿欧元。

标的朗德万斯是从欧司朗的通用照明光源业务剥离出来的子公司,成立于2016年7月,拥有朗德万斯商标及欧司朗在北美地区的照明品牌喜万年(Sylvania)商标的永久使用授权。朗德万斯拥有9183名员工,销售覆盖全球120个国家和地区,其传统光源业务世界第一、欧美地区市场占有率达36%,LED光源世界第二、欧美地区市场占有率达22%,在主要市场渗透率高。

3. 收购动机

木林森所处的封装行业处于整个产业链的中游,其战略是不断稳固LED封装市场地位的同时,逐步加大对LED应用的投入力度,向LED下游应用及其配套照明组件产业链延伸,力争打造LED全产业链的跨国龙头企业。

(1)中游封装价格战洗牌,木林森稳固国内龙头地位。中国2015年起跃居全球LED产值份额第一,成为全球LED封装产能中心。木林森的灯珠封装产能已达到每月约350亿颗,占中国白光LED照明市场份额的40%,占中国室内与室外显示屏市场份额的60%,占全球LED圣诞灯照明市场份额的70%。2016年,木林森的营业收入规模从全球封装厂第七位跃升至第四位,虽然与高居第一的日本日亚化学还有较大差距,但与排名第二的中国台湾亿光电子、第三的韩国首尔半导体已经相去不远。木林森的营业收入和净利润情况见图 3-13。

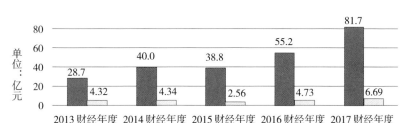

图 3-13　2013—2017 年财经年度木林森营业收入及净利润

资料来源：木林森年报、中投研究院

（2）上游芯片寡头扩产，木林森结盟以保供应安全。上游（LED 芯片、PCB 等原材料领域）行业集中度进一步提升，前五大厂家占据国内市场 75% 左右的份额，龙头厂商三安光电、华灿光电的市场份额持续攀升。木林森以直接入股或战略合作的方式与多家芯片厂结盟，与晶元光电在印度共同设厂，参股澳洋顺昌和开发晶，与华灿光电达成 15 亿元的战略合作协议。据悉，目前国内所有芯片厂超过半数的芯片供给木林森。①

（3）下游照明应用高度分散，木林森加速并购扩张。终端市场相对利润更高，且行业聚集度低（欧普照明、雷士照明、佛山照明等国内前十大照明品牌份额不到 7%），通用电气照明退出亚洲市场，留在中国的国际照明大厂只剩下飞利浦。中国作为全球照明电器产品的头号生产和出口大国，又是消费大国，有望培育出百亿级企业。木林森创设

① 2017 年，木林森的前五名供应商合计采购金额占年度采购总额比例为 35.32%，前五名客户合计销售金额占年度销售总额比例为 51.3%。

自有照明品牌(海外使用 Forest Lighting 品牌),收购超时代光源获得 LED 灯丝灯产品技术,要进一步获得全球知名品牌和海外渠道,以木林森的行业地位和战略愿景,符合条件的并购目标并不多。

木林森具有世界第一的 LED 封装产能,成本优势明显,而品牌和海外渠道相对弱势,以自有品牌拓展国际市场投入了大量人力物力,但是效果不理想。木林森执行总经理林纪良表示,品牌建设非一日之功,尤其是打造国际品牌,没有一二十年是很难做到的。对此,国内其他照明企业也有同感,上海飞乐音响总裁庄先生认为,国内很快树立品牌和渠道不容易,海外并购一定程度上可以说是"被逼的",相当于借船出海,寻找出路。[①] 朗德万斯拥有世界知名品牌欧司朗和喜万年,以及遍布全球的营销网络,品牌和渠道优势明显,对有志于进军下游照明应用产业的木林森而言是理想标的,更可以借助知名品牌的溢价效应开拓新兴市场。

另外,欧司朗提出转型科技企业的战略愿景,重点发展智慧出行、智慧城市和智能设备三大领域,急于剥离传统业务。朗德万斯的传统照明产品占比超过 60%,在欧司朗体系内被视为传统业务,后续难以得到足够重视和支持,对朗德万斯而言找到战略投资者无疑是更理想的选择。尤其是从行业发展看,相关政策法规和 LED 降价使得 LED 产品在全球照明市场规模中的比重快速扩大,传统照明产品份额日益萎缩(见图 3-14),朗德万斯自身存在转型 LED 的需要,而这种转型是离不开足够的资源支撑的。

---

① 国家半导体照明工程研发及产业联盟(CSA):《半导体照明工作简报》2016 年第 16 期。

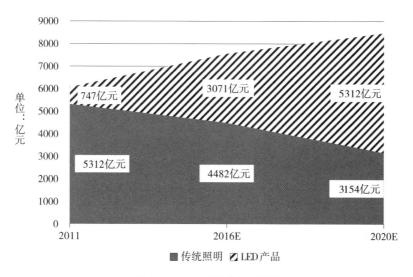

图 3-14　全球照明市场规模

资料来源：飞乐音响 2016 年年报

　　林纪良指出，欧司朗和朗德万斯都意识到选择木林森作为收购者，有助于实现双方成本、品牌和渠道等优势互补，放大战略协同效应，在慕尼黑的最后一轮谈判中这种高效沟通与互相认可发挥了重要作用，最终助力木林森竞标成功。木林森认为该并购的合理性可归纳为四个方面：上下游高度整合产生的协同效应；成本的协同效应使朗德万斯得到更多的发展可能性；双方渠道、品牌及产品的互补性大大增加了全球市场触角和机会；多层面的结合产生更强大力量来驱动公司在市场的增长。以上协同和互补性具体体现在五个方面：

　　（1）在欧美市场木林森可借助朗德万斯的销售网络扩大产能，而在亚太市场木林森的渠道网络也可以带动朗德万斯的销售；

　　（2）双方的规模叠加之后采购议价能力提高；

（3）在全球范围内双方可共享物流资源；

（4）互补的制造基地布局有效加速 LED 产品导入当地市场；

（5）拓展产品研发的广度和专利覆盖面（特别是专业市场板块）。

4. 投后整合

朗德万斯在新的体系中获得高度重视和支持。木林森把封装制造业务和全球照明品牌作为增长的双核心引擎，朗德万斯及其拥有的欧司朗、喜万年品牌成为核心业务，与原来在欧司朗体系中的地位相比截然不同。完成收购交割后，经过一年多的磨合，木林森的战略思路进一步得到朗德万斯的消化吸收，而 2016 年才独立的朗德万斯也怀有适应行业形势自我革新的强烈意愿，双方从 2017 年年中携手推进改革，朗德万斯的活力和创造力得以挖掘，延伸产品线并开拓新市场，顺应照明应用行业发展方向，将 LED 产品从有限的照明产品发展为针对不同用户需求的多样化 LED 产品系列。

朗德万斯的管理层有所调整。2018 年 2 月 1 日，谭昌琳就任朗德万斯 CEO。谭昌琳此前任韩国三星电子 LED 业务部门执行副总裁兼首席运营官，被认为在扭转三星 LED 业务方面发挥了关键作用。朗德万斯监事会主席 Tim Yun Chen 表示："谭昌琳博士是 LED 照明行业的国际知名专家，他已展示了让企业重回正轨的能力。监事会和公司股东都深信：他是带领朗德万斯进入一个成功新时代的理想人选。"[①]2018 年 3 月中旬，朗德万斯管理层新增首席销售官职务，由其销售部

---

① 《谭昌琳博士将就任朗德万斯公司首席执行官》，2018 年 1 月 25 日，见 https://www.ledvance.com.cn/company/press/press-releases/2018/jacob-tarn-appointed-ceo-of-ledvance/index.jsp。

门负责人出任,凸显对销售的重视。

另外,欧司朗对出售朗德万斯表示满意:"通过出售朗德万斯,我们还为欧司朗提供了可作为转型科技公司和提高盈利水平基础的组织架构"①,"欧司朗正在以更快的速度转型为科技公司,这部分得益于朗德万斯的成功出售"②。欧司朗的利润率从 2014 财经年度的 8.7%稳步增长至 2017 财经年度的 16.8%(见图 3-15),盈利能力提高。

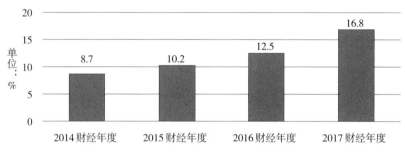

图 3-15　欧司朗利润率(EBITDA)

来源:欧司朗公告

5.交易亮点

木林森自我定位准确,并购背后有清晰的商业逻辑。上游芯片产业寡头垄断,技术门槛和专利壁垒较高,对外并购可能面临诸多不确定因素。相比之下,下游照明应用产业虽然竞争激励,但是市场规模大且保持增长,欧司朗、通用电气等国际巨头或多或少都在考虑剥离照明业务,并购成功的可能性大大提高,木林森有望以规模效应进一步放大成本优势,提高国际化水平和市场占有率。在国内照明企业纷纷并购扩

① 欧司朗 2016 财经年度年报。
② 欧司朗 2017 财经年度年报。

张的大背景下,木林森清晰的商业逻辑不仅是竞标成功的关键因素,更有助于保持企业发展的连贯性。林纪良充满信心地指出,依托封装制造和品牌照明两大板块,木林森整体年产值有望在 2028 年前达到 150亿美元。

（二）美的集团收购库卡:登高望远,要约溢价引大小股东竞折腰

1. 交易概况①②

2016 年 5 月,美的集团通过境外全资子公司 MECCA 发起要约收购,以总价约 292 亿元人民币收购德国工业机器人上市公司库卡约94.55%的股份,交易于 2017 年 1 月完成。

2. 收购背景

工业机器人是指应用于工业自动化的可再编程机械臂,且至少三轴可编程,与用于非工业领域的服务机器人相对应。我国工业机器人销量由 2001 年不到 700 台猛增至 2015 年约 7 万台,已成为全球工业机器人最大消费市场,安装密度从 2013 年每万名员工 32 台快速上升为 2016 年的 68 台。机器人产业链上游是伺服、控制、减速器等核心零部件,中游是本体生产商及组装集成,下游是系统集成商。国外领先厂商掌握上游核心零部件技术,其中日本的发那科和安川、瑞士 ABB、德国库卡合称为全球四大工业机器人制造商,定价和盈利能力明显高于中下游的国内厂商。为推进国内机器人产业快速健康可持续发展,工

---

① Merger Market,Deal ID:650119.
② 库卡公司 2016 年年报。

业和信息化部、国家发展和改革委员会、财政部印发的《机器人产业发展规划（2016—2020 年）》提出，我国到 2020 年培育三家以上具有国际竞争力的工业机器人龙头企业，核心零部件市场占有率达到 50% 以上，机器人应用密度达到 150 台/万人以上，见图 3-16。

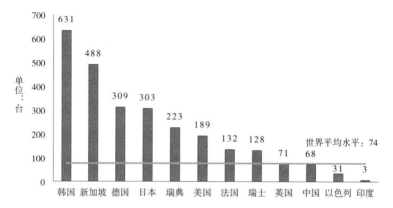

图 3-16　2016 年各国制造业安装的工业机器人数量（每万名员工）
资料来源：国际机器人联合会（IFR）

美的集团是一家横跨消费电器、暖通空调、机器人及自动化系统的全球化企业，主要营业收入来源为空调、冰箱、洗碗机和小家电，是首个跻身世界 500 强的中国家电企业。自 2012 年以来，美的集团累计投入使用近千台工业机器人，还与日本安川合作设立了工业机器人公司（美的集团持股 49%）和服务机器人公司（美的集团持股 60.1%），在收购库卡之前就已经布局工业机器人产业。

库卡是世界上四大机器人制造商之一，见表 3-1，在德国法兰克福证券交易所上市，已发行股份总数为 39775470 股。全资子公司对应三大业务板块，主要包括：在汽车工业机器人行业位列全球市场前三、欧洲第一的机器人业务公司库卡机器人，处于欧美汽车工业自动化解决方案市场引领地位的库卡系统和库卡工业,以及 2015 年收购并私有化的自动化仓库和配送物流业务公司瑞仕格。客户主要分布于汽车工业领域,包括奥迪、宝马、梅赛德斯、大众等众多汽车企业,并覆盖物流、医疗、能源等多个领域。

表 3-1　全球四大工业机器人公司

机器人公司	国　　家	相关专利件数	2015 年全球市场占有率(%)
发那科	日本	约 5500	17
ABB	瑞士	约 3400	11
安川	日本	约 4500	9
库卡	德国	约 2400	9

资料来源:美的集团公告、中投研究院

3. 收购动机

美的集团以"成为全球领先的消费电器、暖通空调、机器人及工业自动化科技集团"为战略愿景,收购库卡有助于美的集团在机器人与自动化领域深入拓展,并进一步开拓海外业务、寻求新的业务增长点。作为白色家电龙头企业,美的集团也是工业机器人的用户,谙熟从劳动密集型企业升级转型为"智造"企业的大势。美的集团董事长方洪波曾表示,美的集团在做好家电的同时要进入新产业,"要和硬件相关,不能是劳动密集型,要做资本、技术混合密集型"。

美的集团总结收购库卡有三点理由:一是可凭借库卡工业机器人的技术优势推动公司制造升级;二是美的集团子公司安得物流将受益于库卡子公司瑞仕格的物流设备和系统解决方案;三是双方共同发

掘服务机器人的市场,结合库卡机器人的业务专长及美的集团在消费市场的实力。不难看出,美的集团收购意图很有深意,不但考虑了工业机器人领域,还打算在服务机器人领域有所作为,无疑对库卡的业务拓展有着相当的吸引力。库卡首席执行官蒂尔·罗伊特(Till Reuter)博士表示:"美的对于库卡如何受益于中国市场有着清晰的愿景图画"。

4. 投后整合

美的集团承诺库卡将拥有七年半的过渡期,而且在经历了外部媒体聚光灯式的报道之后倾向于低调回应,现在还难以看出投后整合的协同效应。值得注意的是,在收购库卡的同期美的集团还完成了三笔海外并购,其中两笔是收购东芝家电80.1%股权、意大利中央空调企业Clivet,另一笔是收购以色列运动控制和自动化供应商高创公司(Servotronix),显见其巩固家电主业根基、完善机器人产业布局战略的连贯性。按照"产品领先、效率驱动、全球经营"三大战略主轴,不难预料,美的集团将通过工业机器人升级其家电制造水平,并尝试借助消费市场渠道开辟消费机器人业务,实现家电和机器人两大板块的互动协同。

5. 交易亮点

一是要约收购报价极具吸引力。所谓要约收购,是收购方公开向被收购上市公司全体股东发出要约,由被收购方股东自行决定是否同意收购。与协议收购和竞标收购方式不同,要约收购的协商对象是标的公司的全体股东,而不仅仅是其实际控制人和高层管理者,因此其报价必须有足够吸引力。事实上,美的集团报价的确相当高。2016 年 5

月 17 日,美的集团发出收购要约,报价每股 115 欧元,较库卡前一交易日收盘价(84.41 欧元)高出 36.24%——即便考虑前期购入的 13.51%股权(按 77 欧元成本估算),美的集团最终所持库卡 94.55%股份平均成本摊薄到 103.6 欧元,仍有 22.7%的溢价,见图 3-17。

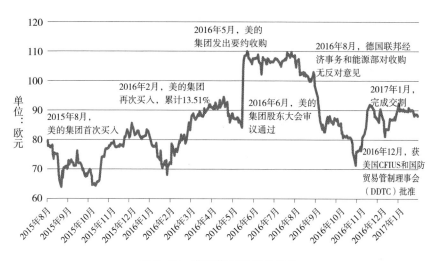

图 3-17　收购期间的库卡股价

资料来源:万得、中投研究院

发起要约收购前,美的集团已累计买入库卡 13.51%股份,成为第二大股东,见表 3-2。当时,库卡第一大股东是一家德国机械工程企业,2014 年作为战略投资者购入库卡股份时成本约 3.7 亿欧元,同意美的集团报价即可净赚逾 8 亿欧元,纾解财务压力,但迫于德国国内舆论压力难以决断。在美的集团主动承诺长达七年半的独立运营措施后,管理层、监事会及雇员代表纷纷表态支持收购,大股东也顺势同意。

表3-2　要约收购前库卡的主要股东

排序	股东名称	持股比例(%)
1	J.M.Voith GmbH & Co.Beteiligungen KG.	25.10
2	MECCA(美的集团境外全资子公司)	13.51
3	SWOCTEM GmbH	10.02
4	其他股东	51.37

资料来源:美的集团公告

美的集团显然清楚较高报价可能引来的质疑,在收购要约中分析了价格合理性。要约价格对应库卡的企业价值为45.2亿欧元,企业价值利润倍数(EV/EBITDA)达18.2倍,虽然高于国外同类企业平均值9.6倍,但远低于国内平均值70.1倍。从销售额看,库卡的企业价值销售倍数仅1.6倍,低于国内外平均水平,见表3-3。美的集团认为,该交易符合其集中开发智慧家居和提高智能制造能力的战略方向,且库卡是为数不多的合适的标的公司之一,机遇难得。国内资本市场反应积极,美的集团股价从2016年5月21元一路攀升到2018年3月60元附近,从市值看相当于再造两个美的集团。

表3-3　国内外同行业上市公司企业价值指标对比　　　单位:倍

同行业上市公司	企业价值利润倍数 EV/EBITDA(过去12个月)	企业价值销售倍数 (过去12个月)
瑞士 ABB	10.8	1.4
日本发那科	10.3	3.9
日本安川	7.6	0.9
国外企业平均值	9.6	2.1

续表

同行业上市公司	企业价值利润倍数 EV/EBITDA（过去 12 个月）	企业价值销售倍数 （过去 12 个月）
机器人	71.2	21.4
博实股份	54.1	16.7
三丰智能	201.7	18.7
亚威股份	43.0	5.3
佳士科技	40.8	5.1
瑞凌股份	44.9	5.2
软控股份	61.8	7.0
埃斯顿	93.4	14.0
国内企业平均值	**70.1**	**10.8**

资料来源：美的集团公告的收购要约（2016 年）

二是远超一般收购者的友好举措赢得库卡工会和欧美监管部门的"绿灯"。为了完成该收购，美的集团不但向库卡股东付出了较高溢价，还主动承诺在接下来的七年半内保证库卡的总部、工厂和岗位都保留在德国本地，甚至同意不会访问库卡的人机交流数据或把用户数据迁移到中国，"这一期限明显超过了已知的一些约定"，奥格斯堡金属工业工会负责人表示。在赢得库卡股东支持后，库卡于 2016 年底前出售了在美国的军工业务，美国 CFIUS 随后批准了交易。结果是库卡股东赢得了不菲的财务回报，德国留住了库卡的技术和就业岗位，美的集团也如愿以偿地在机器人战略上迈出了坚实一步，成为稳步增长的全球工业机器人市场中的重要参与者。

（三）郑煤机收购博世电机：如箭在弦，并购重组开辟第二主业①

1. 交易概况

2017年5月初，郑煤机与德国博世集团达成股权购买协议，联合中安招商、崇德投资等以现金收购博世电机100%股权，交易价格5.45亿欧元（折合人民币约39.82亿元）。截至2018年1月2日，郑煤机已持有博世电机100%股权。

2. 收购背景

郑煤机是国内煤机龙头，为A+H股上市国有企业。主营业务为生产、销售以液压支架、刮板机为主的煤矿综采设备，液压支架产品国内市场占有率30%，高端产品市场占有率达60%。郑煤机的第一大股东为河南机械装备投资集团有限责任公司，持股比例30.08%，实际控制人为河南省人民政府国有资产管理监督管理委员会。郑煤机的前身郑州煤矿机械厂成立于1958年，2002年重组为国有独资有限责任公司，2010年在上海证券交易所上市（股票代码601717），2012年在香港联合交易所主板上市（股票代码00564），拥有了境内外A+H股两个资本平台。

经过煤炭业"黄金十年"时期的投资井喷，国内煤机行业产能严重过剩，市场需求持续快速萎缩，竞争深度加剧，行业基本全面亏损，面临去产能的迫切问题。长期来看，煤机行业国内市场已经到顶且将逐步萎缩，"天花板效应"日趋明显。在宏观经济增速持续放缓、煤炭行业

---

① 晨哨集团为本案例访谈提供了帮助。

持续去产能、煤机市场持续萎缩的形势下,从 2012 年开始,郑煤机营业收入规模和净利润的年均复合增长率分别为-23%、-56%,见图 3-18,遭遇断崖式下滑。2016 年,郑煤机采用"对外推广多元化营销模式,对内深挖潜力降成本"的做法,遏制住净利润下降势头,营业收入和净利润于 2017 年实现反弹。

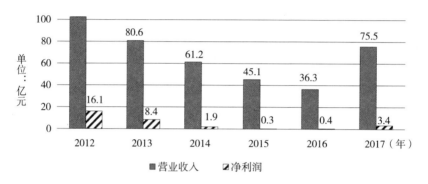

图 3-18　2012—2017 年郑煤机营业收入及净利润

资料来源:万得、郑煤机公告

　　德国博世集团是全球第一大汽车技术供应商,电机业务占据全球市场 17% 的份额,拥有汽车行业的顶级客户。该集团可追溯到 1886 年罗伯特·博世在斯图加特创立的"精密机械和电气工程车间"。博世集团主要有汽车与智能交通技术、工业技术、消费品以及能源与建筑技术共四个业务领域,2016 财政年度全球销售额约 731 亿欧元,其中中国市场销售额约 915 亿元人民币。中国是博世集团除德国以外拥有员工人数最多的国家,也是博世集团全球第二大市场。

　　博世电机为博世集团旗下公司,是全球汽车起动机、发电机龙头之一,全球综合市场占有率达 17% 左右。主要产品包括三类:一是可以追溯到 1914 年的启动机;二是 48 伏 BRM 动力系统升级减排设备,可以替代发电机,将传统动力系统以较小改动升级为混合动力,进而减少燃料消耗,最多可减少15%二氧化碳排放,是一种高性价比的解决方案;三是发电机。

3. 收购动机

为应对行业周期性衰退的不利局面,郑煤机提出"战略定位国际化、公司治理市场化、产业布局多元化"的战略目标,首先立足煤机行业,打造成套煤机装备及服务的世界一流品牌,其次通过并购重组探索第二主业,开辟新的收入、利润增长源。

郑煤机实施并购有资金优势。该集团综合实力稳居国内煤炭机械工业50强之首,主要经济指标连续十多年稳居行业龙头,有着辉煌的过去,积累了较为雄厚的家底。尽管近年来营业收入和利润下滑,但企业的现金储备比较充裕、整体杠杆水平控制在较低水平,见图3-19,加上坐拥A+H两地融资渠道及国有企业的银行授信优势,资金不会成为并购的掣肘。

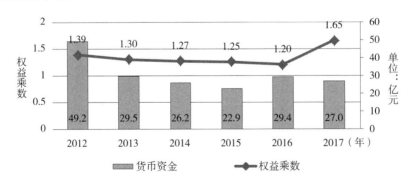

图3-19　2012—2017年郑煤机的现金储备和杠杆水平

资料来源:万得、郑煤机公告

2016年,郑煤机收购了国内最大汽车零部件厂商亚新科旗下六家汽车零部件公司,形成"煤矿机械+汽车零部件"双主业格局。亚新科是美国人杰克·佩尔科夫斯基(Jack Perkowski)于1994年创建的中国企业,拥有一支中西合璧的管理团队,产品包括燃油喷射系统、各类动力传动和底盘系统零部件、汽车电机以及降噪减振产品,客户包括博世、大众、通用、菲亚特等。同时,亚新科高度国际化的人才队伍和渠道,有助于缺少海外并购经验的郑煤机完善国际化战略并锁定标的。

以郑煤机的体量和雄心,面对万亿级的汽车零部件市场,把亚新科纳入麾下只是第一步。博世集团宣布正在研究起动机和发电机业务部门重组的战略方案,并将这两块业务从集团剥离成立独立公司之后,吸引了包括郑煤机在内的多方投资者竞标。在全球产业转移的大背景下,电机的技术门槛不断降低,博世集团在电机领域的竞争力逐步削弱,在尚未被赶超时出售,可以靠品牌溢价及一定的技术优势卖出一个理想价格。对博世电机而言,寻找到识货的战略投资者无疑是头等大事。在各方博弈之下,郑煤机借助资金优势和诚意最终赢得了竞购。

4. 投后整合

博世电机总部仍将留在德国斯图加特。博世集团董事会成员、汽车与智能交通技术业务部门主席罗尔夫·布兰德(Rolf Bulander)对此颇有信心:"我相信(博世电机)在新的产业集团中能抓住机会,赢得未来。"①

---

① "Sale of SEG Automotive Germany GmbH-the Former Robert Bosch Starter Motors Generators Holding GmbH-to ZMJ and its Partner CRCI Successfully Closed", 2018年2月,见 https://www.bosch - presse. de/pressportal/de/en/sale - of - seg - automotive-germany-gmbh-%E2%80%93-the-former-robert-bosch-starter-motors-generators-holding-gmbh-%E2%80%93-to-zmj-and-its-partner-crci-successfully-colsed-137920.html. 原话为:"I am confident that, in this new constellation, the division can seize its opportunities for a positive future."

接连收购国内的亚新科和德国的博世电机之后,郑煤机快速切入了汽车零部件全球市场。2016 年度博世电机营业收入 109 亿元,达郑煤机 2016 年度营业收入约三倍,因此汽车零部件已成为郑煤机第一大主业。对郑煤机而言,实现亚新科和博世电机在产品、渠道和供应链的协同效应既是一个挑战,也是一个机遇。另外,2017 年以来煤机行业开始复苏,或将给予郑煤机整合新主业以更多时间和耐心,中长期看汽车零部件业务有助于部分对冲煤机业务的周期性波动。

5. 交易亮点

领导重视和执行力是谈判成功的关键保障。该交易金额不大,但相关问题较多:一是涉及九个国家,其中德国政府审查耗时数月,美国 CFIUS 审查耗时约 3 个月;二是郑煤机作为 A+H 股上市公司需要报股东大会决议及披露信息;三是博世电机的工会担心工作岗位流失。从确定标的到完成交割不到一年半,离不开大量的协调沟通。作为买方财务顾问,华利安中国认为,本次收购能够克服重重困难,与郑煤机高层领导的高度重视和亲力亲为密不可分。郑煤机领导坐镇一线,遇到问题能够当场拍板,表现出相当强的执行力,毫无某些国有企业被诟病的迟缓特征,在复杂环境下大大加速了谈判流程,减轻了卖方疑虑。

价格不是竞标成功的唯一要素。博世集团公开出售意向后,多位买家参与竞购。在数轮竞标的过程中,郑煤机给出了有竞争力的报价,深入现场开展尽职调查,根据实际情况调整报价,还充分与卖方沟通,通过综合融资、战略愿景等价格以外的其他优势打动了卖方。

地方政府和政策支持是企业并购的重要一环。郑煤机通过境内和境外渠道筹集资金,其中外汇出境需报国内相关部门审批。由于符合国家关于去产能的政策走向,当地外汇出境额度使用情况较沿海发达地区宽松,地方政府配合郑煤机解决了诸多问题。

（四）均胜电子收购普瑞:其疾如风,深度整合全无"七年之痒"

1. 交易概况

2011 年 6 月,均胜电子收购德国汽车电子公司普瑞 74.9% 股权。2012 年 12 月,双方完成剩余股权交割,均胜电子拥有普瑞 100% 股权,并通过增发股票和现金相结合的方式把普瑞的资产注入了国内上市公司。

2. 收购背景①

均胜电子的前身宁波均胜投资集团有限公司成立于 2004 年,产品涉及发动机进气管、洗涤器、空调出风口等,2006 年开始为大众、通用、福特供货,2008 年晋级为大众的 A 级供应商和通用的全球供应商。

卖方为 DBAG、石墨资管、ICG 企业信托等私募基金。

普瑞成立于 1919 年,曾生产无线电接收器、连接器,1988 年进入汽车行业,生产的汽车电子零部件包括环境控制系统在内的人机接口（HMI）设备、车载信息娱乐控制面板、中央控制系统、开关以及电池管理控制单元等。2010 年销售收入为 3.45 亿欧元,拥有 98 项专利。

3. 收购动机

2011 年,成立七年的均胜电子面临"成长的烦恼"。一方面,由研

---

① S&P Capital IQ,CIQ Transaction ID:IQTR129635727.

发起步,均胜电子年营业收入从 2000 多万元跃升至 20 亿元;另一方面,公司在汽车电子零配件市场一直没有取得突破性进展。

4. 投后整合

普瑞被收购之后,依然是其客户可信赖的合作伙伴,尤其在产品质量、创新和管理项目方面发展壮大。普瑞的前首席执行官麦克尔·罗斯尼克(Michael Roesnick)在 2012 年表示,普瑞与均胜电子将一起开辟新的市场,共同致力于产品的创新和解决方案的研究。① 2013 年普瑞首次打破 5 亿欧元的销售障碍,这种全面收益的强劲增长源自多个因素,包括公司国际化后盈利能力的提高、业务线产品开发流程被优化等。该公司的业务增长也反映在其员工队伍中,截至 2013 年年底,普瑞在全球共雇用 3430 人,比 2012 年增长了约 7%。德国的就业人数也有所增加,2013 年普瑞在其德国总部增加职位九十余个,达到了 1435 个,增长率 6.5%。②

收购普瑞之后,均胜电子马不停蹄,发起八次跨境收购,尝试通过协同整合,实现智能驾驶、汽车安全、工业自动化及机器人和汽车功能件四大核心业务齐头并进。具体如下:

(1)智能驾驶:2016 年 2 月,均胜电子收购了德国著名汽车导航技术公司道恩。2017 年 11 月,均胜电子通过普瑞并购了挪威康斯博格

---

① Zulieferer,"Preh ab sofort 100-prozentige Joyson-Tochter",2017 年 12 月 12 日,见 https://www.automobil-industrie.vogel.de/preh-ab-sofort-100-prozentige-joyson-tochter-a-389276/。

② Preh,"Preh Breaks Sales Barrier of €500 Million in 2013",2014 年 2 月 6 日,见 https://www.preh.com/en/news/archive/j2news/shownews/detail/preh-hat-umsatzhuerde-von-einer-halben-milliarde-euro.html。

集团旗下的电力电子系统公司 ePower,普瑞 CEO Christoph Hummel 认为:"该收购意味着对我们电动力汽车实力的加强"。

（2）汽车安全:2016 年 6 月,均胜电子收购美国主被动安全技术供应商百得利(现称均胜安全)。2017 年年底,均胜电子通过美国百得利收购日本汽车安全厂商高田。

（3）工业自动化及机器人:2013 年 8 月,均胜电子通过普瑞收购德国软件开发公司 Innoventis,试图实现汽车测试系统、软件零部件及工程服务的技术补充。2014 年 8 月,均胜电子通过普瑞完成对德国机器人公司伊玛 100%股权和相关知识产权的收购,提升了在工业机器人集成市场的研发能力。2016 年 5 月,均胜电子收购美国工业机器人公司 Evana,意图与伊玛实现协同发展。

（4）汽车功能件:2014 年 12 月,均胜电子收购了高端方向盘和内饰系统总成供应商德国群英,并于 2018 年在德国建成群英的新研发中心,促进汽车功能件与汽车电子件协同发展。

5. 交易亮点

均胜电子发展普瑞并将它与其他几项附加并购相结合的战略非常成功。2016 年,普瑞的营业额高达 11.8 亿欧元,与 2015 年的 7.63 亿欧元相比,增幅巨大。即使不算普瑞的汽联分支(Car Connect),2016 年普瑞的息税前利润(EBIT)也达到了 8060 万欧元(2015 年为 6960 万欧元),全世界雇员超过了 6600 人(与 2015 年相比,增加了 35%)。

一方面,普瑞成为重要的汽车供应商,产品种类繁多。其产品包括人机界面系统(HMI),汽车信息娱乐、连接和远程信息处理。均胜电子的创始人王剑峰表示:"我们将结合普瑞的操作系统和道恩的信息娱乐及远程信息出行技术,提供全面的创新方案。普瑞和道恩以最优的方式互相补充。两家公司的合作关系为我们以及我们的客户提供了全新的机会。均胜电子的成长故事将继续书写。"2017 年,普瑞在德国成立新的研发中心。

另一方面,普瑞也开发了自动化业务。除了通过收购实现全球化增长,普瑞还完善了其生产线。目前,普瑞已建立新的自动化业务总部,2018 年年初,普瑞的自动化部门取名 PIA 自动化,在全世界 9 个地点共有 1250 名员工,营业额达 2.5 亿欧元。

(五)其他案例浅析

1. 中国化工收购克劳斯玛菲①

2016 年 1 月,中国化工牵头,联合国内的汉德资本、国新国际两家财务投资者,收购了德国克劳斯玛菲集团全部股权,成交金额约 9.25 亿欧元(10 亿美元),卖方为加拿大 Onex 公司。

(1)收购背景及相关方

克劳斯玛菲集团总部位于德国慕尼黑,是世界领先的机械和塑料橡胶处理系统生产商,有着 180 年历史。其业务全面覆盖了注射、化学反应成型和挤压技术,为汽车、建筑、消费品、电子电气、化学、医疗、制药及白色家电等行业提供产品和服务。该公司有 5000 名员工,在全球有超过 30 个分支机构,在德国、瑞士、意大利、斯洛伐克、中国、美国设有工厂,还有大约 570 个销售和服务合作伙伴。

---

① Merger Market,Deal ID:620802.

中国化工是中国最大的化工企业,名列世界500强第211位,有10家海外企业和8.3万名境外员工,在150个国家和地区拥有生产、研发基地,并有完善的营销网络体系。中国化工正在加快产业结构调整,将形成"材料科学、生命科学、环境科学加基础化工"的"3+1"主业格局。近年来,中国化工及其旗下的中国蓝星等子公司动作频仍,先后收购了法国安迪苏公司(全球第二大蛋氨酸生产企业)、澳大利亚凯诺斯公司(乙烯和聚乙烯生产商)、法国有机硅公司Rhodia、挪威埃肯公司、AD-AMA(全球第七大农药生产商),海外并购经验丰富,是典型的战略投资者。

Onex公司是一家加拿大私募基金和资产管理公司,在多伦多股票交易所上市(股票代码TSX:ONEX)。2012年9月26日,Onex公司以5.68亿欧元从美国Madison Capital Partners手中买下了克劳斯玛菲集团。

(2)交易动机和结果分析

克劳斯玛菲的总部位置、公司形式、雇佣协议等在并购后均得以保留,2016财经年度的收入随即增长5%达到12.7亿欧元,2017年在全球范围内增加350个新的就业岗位。克劳斯玛菲将继续在德国、中国等地的国际业务,预计中期加速增长并保证在欧洲及德国的已有就业岗位,员工代表和行业协会均对下一步发展表示欢迎。

收购克劳斯玛菲与中国化工的发展战略相一致。中国化工计划在保持实际控制人地位的情况下,将克劳斯玛菲的业务注入旗下的A股上市公司天华院(股票代码600579)。中国化工在随后的2017年又以433亿美元收购了瑞士化工和种子公司先正达,继续其国际化路线。

对于卖方,Onex 公司持有不到四年卖出,账面收益 3.57 亿美元 (不考虑持有成本),内部收益率超过了 13%。

总体上看,中国化工达成了战略扩张意图,克劳斯玛菲基本保持独立并提振了增长预期,Onex 获得了可观的财务回报,形成了"多赢"的并购结果。

2. 北控集团收购 EEW[1]

2016 年 2 月,北控集团以 14.38 亿欧元(约 15.6 亿美元)收购了德国垃圾焚烧公司 EEW,出售方为瑞典殷拓。

(1)收购背景及相关方

成立于 1974 年的 EEW 是德国乃至欧洲唯一一家专注于垃圾焚烧发电的企业,运营着德国及周边国家的 18 个垃圾焚烧发电厂,2015 年垃圾处理量近 440 万吨,在德国垃圾焚烧发电市场占有率为 17%,排名第一,员工有 1100 人。EEW 的发电厂为德国、荷兰、卢森堡提供电力、集中供热、工业蒸汽服务。2016 年,EEW 实现了 458 万吨垃圾处理和 17.5 亿千瓦时电力供应。

北控集团成立于 2005 年 1 月,在京泰集团、北控集团和北京燃气联合重组的基础上组建,2016 年位列中国企业 500 强第 194 位。主要业务包括城市燃气、水系与水资源综合利用、市政规划、智慧城市、智能耦合的区域综合能源、环卫与固废处理等。北控集团主动参与国际合作与竞争,业务已拓展至欧洲、东南亚、拉丁美洲等地区。

---

[1]　Merger Market,Deal ID:627233.

股拓是瑞典私募股权投资公司,总部设在斯德哥尔摩。2012年12月和2015年4月,股拓分两次从E.on收购了EEW全部股权。

(2)交易动机和结果分析

北控集团经过几轮竞标后胜出,并很快获得德国政府部门的批准,在2016年3月2日完成了股权交割。这个结果是与中德两国战略合作密切相关的。2016年6月13日,在李克强和默克尔两位总理见证下,北控集团、EEW及丝路基金签署了关于绿色环保能源利用的三方框架性合作协议,北控集团和丝路基金将积极支持EEW继续在德国拓展业务,并开拓包括荷兰、波兰等欧洲其他国家业务。同时,将引进吸收EEW先进的技术及管理经验,通过新建示范工厂为现有垃圾处理项目提供技术改造和运营支持等多种方式。

收购EEW后,北控集团实际垃圾处理量超过700万吨,固废领域的规模和主营业务收入行业领先。由于亚洲的垃圾清理业务是全球最大的增量市场,为后续的业务发展提供了广阔空间,也让EEW的德国技术有了"用武之地"。

根据北控集团公布的发展规划,该公司把全球化作为三大战略之一,同时把规范公司治理结构作为中国特色现代国有企业制度的组成,像对EEW这样的海外并购无疑是与北控集团的发展战略相一致的,在业务上获得较好的协同效应,公司治理上也具有一定的借鉴意义。

总体上看,该并购交易不但实现了中国广阔市场和德国先进技术的跨境对接,经济回报预期乐观,同时也符合中德两国关于绿色环保能源利用的共同利益,示范效应显著。

3. 武钢集团收购蒂森克虏伯旗下激光拼焊公司 TTB①

2012 年 9 月,武钢集团宣布整体收购德国蒂森克虏伯集团下属的激光拼焊公司 TTB,公布的交易对价包括股权收购价格和承接债务,约 3.6 亿欧元(其中含 1 亿欧元债务)。②

(1)收购背景及相关方

蒂森克虏伯集团是拥有 100 多年历史的德国钢铁巨头,旗下 TTB 是激光拼焊技术的发明方和行业领导者,被收购前年销售额达到 7.4 亿欧元,占有全球激光拼焊产品 40% 的市场份额。TTB 主要为汽车业提供定制的金属板件,其技术优势在于通过创新的激光焊接工艺,把不同厚度、强度、涂层的各型钢铁、铝材等拼接起来,确保不同的金属应用到合适的部位(例如更厚更高强度的材料用于高应力区域,而薄板则用于其他区域),从而生产出的零部件不但满足汽车业设计和安全标准,而且更轻。客户包括奥迪、宝马、福特、丰田等多家汽车公司。

武钢集团是新中国成立后兴建的第一个特大型钢铁联合企业,1958 年建成投产。业务主要涉及贸易物流与深加工、金融、资源利用与新材料、城市建设与环保、城市服务及钢铁业。

(2)交易动机和结果分析

2013 年 7 月 31 日,武钢集团完成对 TTB 的收购,8 月将其更名为武钢国际拼焊公司,此次收购有助于武钢集团实现在高端汽车零部件领域突破和进一步海外拓展提供强有力的支持,与武钢集团进入全球汽车钢板生产和加工领域的战略规划高度契合。2016 年,宝钢集团与

---

① S&P Capital IQ,CIQ Transaction ID:IQTR217868537.
② 德勤中国在该交易中是武钢集团的财务顾问之一。

武钢集团实施联合重组,组建"中国宝武钢铁集团有限公司",武钢集团成为其全资子公司。

由于拼焊集团业务分布广泛,在七个国家拥有 13 家子公司(分布在欧洲、北美地区和中国),不同地区业务发展趋势不同,涉及众多的复杂的法律结构,公司治理结构多样且涉及多家少数股东的利益。整个交易历时约 20 个月才得以清除所有障碍,完成交割。

蒂森克虏伯集团提出 Strategic Way Forward 战略,逐步剥离亏损或次要业务,削减债务并聚焦盈利业务。该集团从 2013/2014 财经年度开始恢复盈利,扭转了此前三个财经年度连续亏损的局面,并继续其战略方向,于 2017 年出售旗下的巴西钢厂,彻底告别钢铁美洲业务领域,持续改善资产负债表状况。

4. 石基信息收购 Hetras

2016 年 11 月,石基信息收购德国酒店管理系统及服务提供商 Hetras 全部股权,收购价 460 万欧元(约 3434 万元人民币)。

(1)收购背景及相关方

Hetras 主要开发云服务的酒店信息管理系统以及客户面对面技术,使酒店改变了连接和服务客人的方式,酒店能够利用一段完全移动的客人旅程产生更高的收入,减少运营支出。Hetras 的自动化流程和数据分析将提高服务水平,提供先进的营销策略,在欧洲部署了约 101 个酒店、1 万间房。

石基信息成立于 1998 年,主要从事酒店信息系统开发和服务,并逐步扩张至餐饮与零售业,在酒店、零售的客户占据中国高档或规模以上客户 60%—70% 的市场份额,尤其是五星级酒店市场占有率居于领先地位。酒店客户总量超过 1 万家,中高端、连锁餐饮用户数超过 1 万家,大众餐饮店用户约 10 万家。

（2）交易动机和结果分析

完成收购后,Hetras 作为石基信息大生态中的一环,从 POS 系统软件及硬件服务到支付系统,Hetras 均与石基信息进行了进一步强化融合,2017 年 8 月 Hetras 宣布启用新 Logo。石基信息正致力于成为一家数据驱动的大消费行业应用服务平台运营商,通过本次收购,不但为 Hetras 的产品和服务开拓了亚太地区市场,也为欧洲市场带来了石基信息的新产品和分销及支付等服务。例如,石基信息可以通过 Hetras 全球分销系统的集团代码为国内酒店提供相应分销服务。

石基信息借本次收购进一步加快国际化步伐,目前已在境内外设有 50 多家子公司及办事处。

三、中国企业对德国企业并购的特点与启示

中国企业对德国企业并购总体上符合中国企业在"走出去"过程中的特点,一般采用友好收购并较欧美投资者付出额外的溢价。另外,又具备不同于在其他国家直接投资的特点,如德国共同决定权制度以及"隐形冠军"企业特质对并购的影响。

战略收购的意图是多方面的,可能包括境内外市场、销售渠道与客户、供应链、物流配送、先进技术、知名品牌、专利授权、特许经营权、管理团队等。为了更直观地理解前述案例,这些意图可以粗略地归纳为两大愿景:提升制造水平、整合市场渠道,从图 3-20 可以看出,技术提

升和产业升级并不是收购的唯一目的,实现与标的企业市场渠道的共享协同也是非常重要的考量。

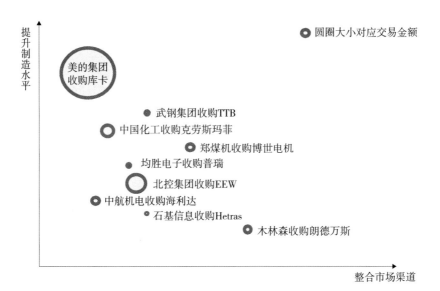

图 3-20　中国企业对德国企业并购交易的战略协同愿景

资料来源:中投研究院

一是以战略投资为主。中方投资者在超过四分之三的交易中收购了半数以上股权(其中 83% 收购了全部股权),成为控股股东,从而能更好地调整企业结构和经营方向。其战略投资类型既包括向产业上、下游的扩张(如木林森收购朗德万斯),也包括开拓新主业、寻找新的增长点(如郑煤机收购博世电机、美的集团收购库卡)。与此同时,随着中国私募基金的壮大和投资视野的全球化,财务投资的情况预计将增多。

二是以友好收购为主。178 笔全部为友好收购,其中 139 笔收购普通股权、39 笔收购资产。中国投资者往往倾向于保留德国企业的原有管理层,或者至少选聘当地人才,并且对工会意见愈发重视。随着中国跨境投资的常态化,这种温和谦逊的方式较欧美买家的不同或将愈发明显。即便如美的集团对库卡发起的要约收购,也是以非常友好的方式赢得各方信任。

三是高溢价、高成本。一方面,语言障碍、文化差异、决策流程过长、不熟悉国际规则等是中国投资者被诟病的常见问题,虽然历经数十年发展有所改善,但多数中国投资者仍然不得不付出更高的溢价或者现金支付等代价;另一方面,受政府审查的影响,交易周期拉长,因此导致交易失败甚至空手而归,中国企业需要支付一笔不菲的分手费用。从中长期发展看,国内资本市场往往具有更高市盈率,对于付出溢价的中国收购方给予了相当程度的补偿。

四是标的搜寻需深耕当地网络。德国许多"隐形冠军"企业秉持低调稳健的发展战略,倾向于自筹资金而非通过银行借贷或上市融资,对于外部投资非常谨慎。然而,"隐形冠军"企业所在细分行业往往市场容量有限,需要开拓海外市场,而单一产品又造成抵御风险能力有限,应减少对个别市场的依赖性以分散风险。德国普茨迈斯特、施维英没有把握住中国市场(在中国的市场份额从最高时的大约三分之二下跌到 2005 年的不足 5%),又深陷金融危机,最终通过被中国企业收购的方式才得以延续。

第四节　中国对德国投资并购的策略与展望

中国接近 14 亿的人口基数以及消费升级需求构成了当今世界最

大的单一市场,而德国品牌、德国技术在中国企业家和消费者心中都享有较高认可度。中国企业对德国投资并购,比较有盈利前景的一种策略就是通过德国的品牌和技术来挖掘中国市场的巨大潜力。同时,随着中国制造的升级,双方发挥不同产业的比较优势也成为潜在选择之一。然而,由于两国历史文化差异及企业特点不同,中国投资者和德国目标企业之间还存在诸多误解和障碍,幸运的是,由具备国际投资经验和影响力的两国金融机构牵头搭建双边基金,可以为并购双方提供从宏观政策到具体投融资的咨询、撮合及资金支持等平台级服务,大大提高并购效率和成功性。

一、中国对德国投资并购策略

中德之间存在着天然的经济和工业互补性,德国拥有先进制造业技术和品牌,但本地市场空间有限,很多企业遭遇发展瓶颈,而且不少家族企业面临下一代接班人问题;中国有全球最大的单一消费市场并且在消费升级,虽然通信行业发展较快,但在制造业诸多领域还缺乏核心技术,而且很多中国企业在国际化方面缺乏经验。

并购是企业的战略行为,海外并购是企业的全球性战略行为,机遇与风险并存。一般的做法是:外国投资者应当基于自身战略投资者或财务投资者的定位,根据合理可行的商业规划,从并购、绿地投资、战略合作等不同的对外投资方式中选择一种,确有并购需求的,可独自或联合其他投资者组建并购团队,必要时聘请外部的法律、财务及行业顾问,在全球或者指定的地域范围内寻找潜在收购对象。然而,从实际情况看,能够寻找到合适的并购目标、完成谈判并最终成功整合的案例只是少数,这一现象同样适用于对德国企业的并购,其原因是有如下几点。

政府监管。尽管德国的政策法律环境对外国投资者总体上公平,但受到来自其国内某些意见以及美国、欧盟等的影响,德国政府对外国投资者在某些行业的投资变得比较敏感。例如,2016年中国福建宏芯基金收购德国半导体制造商爱思强,在美国公开反对之后,德国联邦经济与能源部取消了对该收购案的批准,并希望根据《对外贸易和支付条例》(FTAPO)重新调查。此后不久,美国CFIUS基于国家安全考虑禁止了交易。另一方面,中国关于对外非理性投资限制、外汇规定、国有企业对外投资审批等方面的要求也应当引起并购团队的高度重视。

目标搜寻。除了海外并购经验丰富的一些大型企业和上市公司外,多数中国企业缺乏相应的资源和渠道,只能通过自身熟悉的渠道获取零散、滞后的信息,因而多家中国企业竞购一家外国公司的情形并不鲜见。实际上,国际组织、政府机构、行业协会提供的公开数据库,投资银行、商业银行、会计所、律师事务所等机构的全球网络和咨询服务,都可以为建立潜在收购目标清单并进一步缩小范围提供很大帮助。遗憾的是,不少中国企业对此缺乏了解,没能充分利用,仍然停留在碰运气的搜寻模式上。

投后整合。并购之后的整合是事关投资成败的关键环节,一些完成并购的中国投资者因为整合失败,导致投资回报不理想乃至投资失败。对于语言文化和社会环境等各方面的差异,中国投资者往往表现得非常开明,倾向于保留原有管理层并与工会合作,但由于对投后整合的困难估计不足，或者缺乏投后管理经验等原因，会造成意料之外的损失。

对国际并购规则不熟悉和缺乏海外并购成功经验的中国企业，一种较好的策略是依托由中外金融机构牵头搭建的双边基金，借助后者的资源、网络和经验更好地处理政府监管、目标搜寻、投后整合等问题，同时也可能得到后者的资金支持。2017年在中美两国元首见证下成立的中美制造业合作基金就是很好的例证，该基金由作为主权财富基金的中国投资有限责任公司与美国的高盛集团设立。类似地，由具备强大实力的中德金融机构牵头，联合各方设立中德双边基金，为中国投资者和德国企业提供自由配对的高端平台和覆盖融资、财务、法律、战略咨询、政策建议等一系列高水准的专业服务。其作用在于：

一是能拓宽投融资渠道、提高并购成功率。牵头搭建双边基金的中德金融机构具备雄厚的资本实力和影响力，既可以在适当的情况下直接投资，也可以方便地向合作伙伴和符合条件的投资人募资；既可以组织大型会议活动增进各方交流，也可以高效地安排私下会晤。

二是为参与搭建平台的各合作方提供更多更好的商业机会。除了投资者和卖家可以从中受益，有实力和声望的律师事务所、会计师事务所、智库、资讯服务商等第三方机构也可以通过参与双边基金，从中发掘更多商业机会，稳固和拓展中高端客户关系，形成多赢。

三是增进两国地方政府的互信与合作。中德两国的省州和地市都有投资、经贸和产业的不同特点和发展需求，通过中德基金平台为各地产业和公司牵线搭桥，更好地发挥"政府搭台，企业唱戏"的效果，也有助于地方政府交流互信。

四是为投资者提供多样化支持。除并购之外,中德基金平台可以为作为战略投资者的中国企业提供更多选项。例如,通过绿地投资,以德国为中心辐射欧洲市场;或者与一些保守而专注的德国"隐形冠军"企业达成战略合作或特许经营,形成技术、渠道和市场的互补。

二、对德国企业投资并购重点领域展望

中国投资者在符合自身战略发展或者财务投资需要的前提下,可以优先考虑符合德国"工业 4.0"和"中国制造 2025"战略的并购方案,围绕智能制造、精密制造、绿色制造三大主题,重点关注以下领域的投资并购机会。

(1)机床和机器人。从美的集团收购库卡引起的反响看,后续对于高端数控机床和先进机器人企业的收购可能会遇到较大阻力,需要审慎寻找标的企业和选择适当的投资方式。

(2)新能源汽车、智能网联汽车及节能汽车。德国拥有众多知名汽车品牌,正致力于发展新的汽车能源和智能技术,与中国汽车企业及互联网企业有合作空间。另一方面,我国汽车关税已下调,对作为第一大汽车出口国的德国是重大利好,有利于两国在汽车行业深化经贸往来。

(3)生物医药及高性能医疗器械。中国医药市场预计将保持 7%至 10%年复合增长率,药品审批精简和医疗体系改革也将为该市场注入新的活力,中德两大市场的结合以及德国产品的引入,为两国医疗企业的并购重组和合作提供了潜在的机遇。

(4)家电与厨卫设备。以西门子、博世为代表的德国电器品牌在中

国消费者心目中享有较高声誉,国内的大中型家电厂商可以考虑战略合作、绿地投资、品牌授权、并购等不同方式灵活实现产业升级和海外扩张。该领域监管审查风险不高,可以充分挖掘该领域的德国中小企业尤其是"隐形冠军"企业,抓住中国市场消费升级需求的历史机遇。

(5)工业及自动化软件、农业装备、集成电路与通信设备等其他领域。

附录　外商投资德国相关的机构与协会

表 3-4 德国联邦政府部门及相关政治实体

	德国联邦参议院	Deutscher Bundestag	http://www.bundestag.de/en/
Bundesministerium für Wirtschaft und Energie	德国联邦经济与能源部	Federal Ministry for Economic Affairs and Energy(BMWi)	https://www.bmwi.de/Navigation/EN/Home/home.html
	＊下设联邦卡特尔局、联邦经济和出口控制局(BAFA)		
GTAI GERMANY TRADE & INVEST	德国联邦外贸与投资署	Germany Trade & Invest(GTAI)	http://www.gtai.de/GTAI/Navigation/EN/welcome.html
	＊接受德国联邦经济事务与能源部领导		
Bundesministerium für wirtschaftliche Zusammenarbeit und Entwicklung	德国联邦经济合作与发展部	Federal Ministry for Economic Cooperation and Development(BMZ)	https://www.bmz.de/en/
DESTATIS Statistisches Bundesamt	德国联邦统计局	Statistisches Bundesamt(DeStatis)	https://www.destatis.de/EN/

续表

	欧盟委员会	European Union	https://europa. eu/european - union/life - business_en
	* 欧盟对成员国负有反垄断审查权力,例如中国化工收购瑞士先正达时就接受过欧盟审查		
	美国外国投资委员会	The Committee on Foreign Investment in the United States (CFIUS)	https://www.treasury.gov/resource - center/international/Pages/Committee - on - Foreign-Investment-in-US.aspx
	* 美国的跨部门机构,由美国财务部任主席成员,国土安全部、司法部、国务院、商务部、能源部等参与,以国家安全为由审查与美国相关的跨境交易。曾阻止福建宏芯基金收购德国芯片设备制造商爱思强(Aixtron)		

表 3-5　德国主要行业协会和联合会

	德国工商总会	Deutscher Industrie-und Handelskammertag (DIHK)	http://www.dihk.de/en
	* 代表德国数百万家企业的利益,其成员包括德国 79 个工商业协会(CCI,Chamber of Commerce and Industry)		
	德国工业联合会	Bundesverband der Deutschen Industrie e.V.(BDI)	https://english.bdi.eu/
	* 德国工业及工业相关服务业的伞形组织,代表 35 个贸易协会和超过 10 万家企业的利益		
	德国中小企业协会	Bundesverbandmittelstaendische Wirtschaft (BVMW)	https://www.bvmw.de/
	* 与其他合作的协会组织一起,代表德国 53 万家中小型企业的利益		

续表

BDA DIE ARBEITGEBER	德国雇主协会联合会	Confederation of German Employers' Associations(BDA)	http://www.arbeitgeber.de
BFB Bundesverband der Freien Berufe e.V.	德国联邦自由职业者协会	Federal Association of Freelance Professions(BFB)	https://www.freie-berufe.de/
VDMA	德国机械设备制造业联合会	Verband Deutscher Maschinen-und Anlagenbau e.V.(VDMA)	https://www.vdma.org
VDA	德国汽车行业协会	Verband der Automobilindustrie(VDA)	https://www.vda.de/en
vfa Die forschenden Pharma-Unternehmen	德国医药研究协会	Verband Forschender Arzneimittelhersteller e.V.(VFA)	https://www.vfa.de/en
BPI	德国制药业协会	German Association for the Pharmaceutical Industry(BPI)	http://www.bpi.de
bitkom	德国联邦信息经济、通信和媒体协会	Bundesverband Informationswirtschaft, Telekommunikation und neue Medien e.V.	https://www.bitkom.org
AUMA	德国贸易行业协会	Association of the German Trade Fair Industry(AUMA)	http://www.auma.de/en
bankenverband	德国银行业协会	Bundesverband deutscher Banken	http://en.bankenverband.de/
GDV	德国保险业协会	Gesamtverband der Deutschen Versicherungswirtschaft e.V.,GDV	https://www.gdv.de/en
BDE	德国联邦垃圾处理行业协会	Federal Association for the German Disposal Industry	http://www.bde-berlin.org/

续表

bdew Energie. Wasser. Leben.	德国联邦能源和水行业协会	Federal Association of Energy and Water Industries（BDEW）	https://www.bdew.de/
BVDW Wir sind das Netz	德国数字业协会	Bundesverband Digitale Wirtschaft e.V.（BVDW）	https://www.bvdw.org/
BWE German Wind Energy Association	德国风能协会	German Wind Energy Association（BWE）	https://www.wind-energie.de/en
BVE Bundesvereinigung der Deutschen Ernährungsindustrie	德国食品业协会	German Food Industry Association（BVE）	https://www.bve-online.de/english
DIE DEUTSCHE BAUINDUSTRIE BAUEN UND SERVICES	德国建筑业协会	Hauptverband der Deutschen Bauindustrie	https://www.bauindustrie.de/
BSW SOLAR	德国太阳能行业联合会	German Solar Industry Federation（BSW）	https://www.solarwirtschaft.de/start/pressemeldungen.html
DIN	德国标准化协会	Deutsches Institut für Normung e.V.	https://www.din.de/en

表 3-6　德国联邦州简介及经济促进机构

联邦州中文及德文名称	人口*	GDP（十亿欧元）**	联邦州简介	对应经济促进机构网址
巴登—符腾堡州 Baden-Württemberg	10951893	493.27	重要工业包括汽车、物流、制造技术、医疗保健、机械、电气电子、戴姆勒、博世、保时捷和思爱普是以该州为基地，该地区申请的专利注册比其他任何州都多	https://www.bw-i.de/en/start-page.html

续表

联邦州中文及德文名称	人口*	GDP(十亿欧元)**	联邦州简介	对应经济促进机构网址
巴伐利亚州 Freistaat Bayern	12930751	594.45	该州吸引的游客比德国其他任何州都多,拥有宝马、奥迪、西门子,慕尼黑的啤酒节和拜罗伊特的瓦格纳音乐节闻名于世	https://www.invest-in-bavaria.com/en.html
柏林 Berlin	3574830	136.61	主要行业包括电影、媒体、时装、音乐、服务业、信息技术、保健,还有生物、光学、环境以及医疗技术,拥有德国最大的科学技术中心安道尔舍夫园区	
勃兰登堡州 Brandenburg	2494648	69.13	主要产业包括航空、物流、可再生能源等,巴贝斯堡镇再次成为电影制造业的中心	https://www.wfbb.de/en
不来梅 Bremen	678753	33.66	由原汉萨同盟城市不来梅市和不来梅港组成,拥有汽车制造、食品饮料和航空航天等众多工业领域,不来梅港是全球20个最重要的集装箱港口之一、也是著名的汽车转运港口	https://www.wfb-bremen.de/en/page/bremeninvest-start
汉堡州 Hamburg	1810438	117.57	欧洲第二大港口、世界第三大民航中心,已成为媒体、市场推介、IT和生命科学领域的领先者	http://cn.hamburg-invest.com/
黑森州 Hessen	6213088	279.09	美茵河畔的法兰克福是欧洲大陆的金融中心,是德国证券交易所、德国中央银行和欧洲中央银行的所在地,主要行业有机器制造、电子工程、化学、制药和汽车行业	https://www.hessen-trade-and-invest.com/
梅克伦堡—前波莫瑞州 Mecklenburg-Vorpom-mern	1610674	42.78	有"千湖之州"的美誉,旅游、港口、造船业发达,其他重要产业还包括木材业、物流业、农业、食品加工以及服务业	

续表

联邦州中文及德文名称	人口*	GDP(十亿欧元)**	联邦州简介	对应经济促进机构网址
下萨克森州 Niedersach-sen	7945685	287.96	德国的第二大州,主要产业是汽车业(大众汽车公司、大陆集团),其他产业包括港口、农业、物流、电子工程、钢铁、化工及旅游业,还举办汉诺威工业博览会以及全球最大的信息技术博览会 CeBIT	
北莱茵一威斯特法伦州 Nordrhein-Westfalen	17890100	691.52	德国人口最多、经济最强的州(GDP 占德国的约五分之一),吸引了对德国所有州投资的大多数,主要产业包括钢铁、煤、生物科技等,杜伊斯堡有世界最大的内河港,鲁尔工业区也位于该州	http://www.nrwinvestchina.cn/
莱茵兰一法耳茨州 Rheinland-Pfalz	4066053	144.31	德国最大的葡萄酒产酿区,主要产业包括化工制药、汽车、金属加工、机械和食品工业,巴斯夫公司总部位于该州的路德维希港	https://isb.rlp.de/en/home.html

* 德国联邦统计局,2016 年人口统计结果。

* * 德国联邦统计局,2017 年 GDP 统计结果,按现值计算。

第 四 章

法　国[*]

第一节　法国基本情况

一、法国概况

（一）法国的地理情况

法国位于欧洲西部,为欧洲国土面积第三大、西欧地区面积最大的国家。法国地理环境优越,除了东南部的中央高原,法国大体上为低地平原和丘陵,拥有众多的缓流河,且通向各个方向的出海口,加以运河的建设,让法国既是欧洲首屈一指的农业大国,又是沟通南北欧贸易的枢纽所在。

　＊ 法国:本章写作过程中得到中信建投史琨,天风证券吴立、魏振亚,申万宏源韩强、张雷、赵金厚的大力协助,特此致谢。

根据中国驻法大使馆经济商务参赞处的数据,截至 2017 年 12 月,法国本土及海外省人口总计 6502 万人,在欧盟各国中排名第二,仅次于德国。其中 21.5% 的人口居住在排名前 100 的法国市镇,90% 的人口属于法兰西民族。

法国人口 30 万以上的前五大城市分别为巴黎、马赛、里昂、图卢兹与尼斯。巴黎是法国最大城市,欧洲第二大城市,法国的政治、经济、文化、商业中心,也是世界五大国际大都市之一。巴黎在文化、教育、时尚、艺术、娱乐和传媒等领域都对世界有重要影响;马赛是法国南部的行政、经济、文化和交通中心,该市资源丰富、工商业发达,是全国炼油工业中心,另外新兴的马赛—福斯港是法国最大的现代化港口;里昂是法国东南部大城市,是全国丝织业中心和沟通北欧、南欧的水陆空交通枢纽;图卢兹位于法国南部,是欧洲飞机制造中心,同时软件业、电力和电子工业也发展较好;尼斯位于法国东南部,是法国著名的旅游、度假胜地,其经济主要是旅游业及与旅游相关的工、农业和交通运输业,另外还有欧洲最大的高新科技园区——索菲亚·安蒂波利斯高新科技园区。法国实行特别的行政管理体制,由中央政府和地方政府形成的双重行政管理体制,同时以市镇联合体为地域单元进行区域化地方城市管理。法国不同城市功能划分明确,协调发展,各具特色和城市名片效应。

2015 年法国的能源自给率为 55.2%,铁矿品位低,开采成本高;煤储量几近枯竭,所有煤矿均已关闭;有色金属储量很多,绝大多数的石油、天然气、煤炭和有色金属都依赖进口。2015 年 76.9% 的本国电力依靠核能提供,根据欧盟预测,预计到 2025 年核电占电力消费比重将降至 50%,占比呈下降趋势,但仍是法国主要能源来源。法国能源正在加速转型,根据中国驻法国大使馆的预计,到2030年可再生能源占法国能源消费比重将从2015年的15.7%升至32%,石化能源消耗降低30%。

(二)法国的政治情况

进入21世纪以来,法国政局相对稳定。一方面,作为联合国常任理事国,法国对外力图发挥自身大国作用;另一方面,法国积极推动欧盟一体化建设,并力图将欧洲建成世界独立一极。

法国政体为半总统制,即介于总统制和议会制之间的一种国家政权形式。总统作为国家元首和武装部队统帅,由选民直接选举产生。中央政府是国家最高行政机关,总理由总统任命,政府成员由总理提请总统任命。法国议会下设国民议会和参议院两院,拥有立法权,国民议会议员由选民直接选举产生,为新一届国民议会议长,参议员由国民议会和地方各级议会议员组成的选举团间接选举产生,为现任参议院议长。另外,法国实行多党制,共有30多个政党。传统执政党为左翼社会党与右翼共和党,正在崛起的第三方力量为法国国民阵线和共和国前进党。国民阵线为极右翼政党,代表法国民族主义思潮,其政治主张为反对移民和反对欧盟。共和国前进党目前为执政党,主张超越传统左右翼理念分歧和党派之争,兼容并蓄,博采众长。

(三)法国的外交情况

法国是联合国安理会常任理事国、欧盟创始国及北约成员国,倡导多边主义,反对单边主义。对于欧洲建设,法国一贯积极推动欧盟政治、经济和防务联合,推进欧盟一体化建设,并在欧盟建设中持续发挥核心作用。另外,马克龙政府也主张加强欧盟合作建设;与美国双边关系上,法国承认美国是世界唯一的超级大国,反对美国单边主义和"先发制人"战略;与俄罗斯双边关系上,法俄之间的经济合作发展迅速,但 2014 年法国参与制裁俄罗斯后,双边关系受到影响;与非洲国家关系上,法国在非洲有传统的政治和经济利益,在努力保持并发展传统关系基础上,推动发达国家增加对非援助;与亚洲国家关系上,肯定亚洲是当今世界最有活力的地区之一,重视亚洲的政治地位和国际影响力。

(四)政治关系

法国是第一个同中国正式建交的西方大国。1964 年 1 月 27 日,中法两国建立大使级外交关系。1997 年和 2004 年,法国在西方大国中率先同我国建立全面伙伴关系和全面战略伙伴关系。2012 年 5 月奥朗德总统上任后,两国关系不再曲折向前,开始稳定发展。2014 年 3 月,习近平访问法国,推动中法全面战略伙伴关系迈向新的台阶。中法建交 50 多年以来,两国政治互信不断加强,近年来,两国高层互访和交流频繁,各部门各级别的交流与合作显著增加,这些访问与交流增进了两国的相互了解和友好关系。

二、中国与法国

(一)经贸关系

中法两国经贸合作互补性较强,合作潜力巨大。截至 2017 年 12

月,法国是中国在欧盟内第四大贸易伙伴、第四大实际投资来源国、第三大投资目的国和第二大技术引进国。中国是法国亚洲第一大、全球第五大贸易伙伴。

(二)贸易关系

据欧盟统计局统计,2017 年 1—9 月中法双边贸易额为 391.9 亿美元,同比增长 12.1%。其中,法国对中国出口 154 亿美元,增长 22%,占法国出口总额的 4%,提高 0.6 个百分点;法国自中国进口 238 亿美元,同比增长 6.5%,占法国进口总额的 5.2%,与 2016 年同期持平。法国与中国的贸易逆差 84 亿美元,同比下降 13.5%,2012 年至 2016 年中国与法国贸易统计如表 4-1 所示。

表 4-1　2012—2016 年中国与法国贸易统计

年份	进出口额 (亿美元)	进口额 (亿美元)	出口额 (亿美元)	累计比上年同期增减(%)		
				进出口	进口	出口
2012	510.2	241.2	269.0	-2.0	9.3	10.3
2013	498.3	231.1	267.2	-2.3	-4.2	-0.7
2014	557.9	287.1	270.9	10.9	7.5	14.8
2015	514.1	246.6	267.5	-7.8	-8.9	-6.8
2016	471.3	224.8	246.6	-8.2	-8.7	-7.8

资料来源:万得

从贸易商品种类上看,2017 年 1—9 月法国对中国出口的前五大商品分别为运输设备,机电产品,化工产品,食品、饮料、烟草,贱金属及制品,占法国对中国出口的八成以上。在对中国出口持续数年下降之

后,2017 年法国终于扭转颓势,对中国出口增长迅速,并且增幅在其主
要出口市场中名列前茅,如表 4-2 所示。

表 4-2 法国对中国出口前五大商品

商品类别	2017 年 1—9 月（百万美元）	2016 年 1—9 月（百万美元）	同比增长（%）	占比（%）
运输设备	4683	3037	54.2	30.4
机电产品	3535	3369	4.9	23.0
化工产品	2166	1827	18.6	14.1
食品、饮料、烟草	1418	964	47.1	9.2
贱金属及制品	663	614	8.1	4.3

资料来源:万得

2017 年 1—9 月,法国从中国进口的商品超过 10% 为机电产品,纺
织品及原料和家具、玩具、杂项制品共占比 63.3%,其他类商品占比较
少且平均。从增长速度上来看,与法国对中国出口快速增长不同,法国
自中国进口增长较慢,出口的平均增幅低于其进口平均增幅,在此情况
下,法国对华贸易逆差继续减小。

（三）投资关系

法国对中国的投资主要集中在能源、汽车、航空、通信、化工、水务、
医药等领域,大部分为生产性企业。截至 2016 年年底,法国在中国投
资项目 5197 个,实际投资 157.3 亿美元,2016 年新增项目 200 个,实际
投资 8.7 亿美元,如图 4-1 所示。

中国十分重视推动国内企业对法国投资。近年来,中国对法国的

图 4-1　2011—2016 年中国吸收法国直接投资金额

资料来源:中国统计局

投资得到了较大发展,投资形式多样化,根据中国商务部统计,2016 年中国对法国直接投资金额 14.6 亿美元,其中非金融类直接投资金额 4亿美元,同比上升 62.6%。截至 2016 年年末,中国对法国直接投资存量 51.16 亿美元。

驻法国中资企业是中法双边经贸关系的重要组成部分,也是中法双向投资合作不断向前发展的主要推动力量。截至 2015 年年底,国内企业在法国设立企业共计 600 余家,其中计入法国中国工商会的企业共有 70 家。近年来,中国对法国投资的业务形态逐步从低端向高端发展,成立地区性总部、建设研发中心、开展企业并购和设厂生产;合作领域向新兴产业和高附加值产业发展的态势明显,已从金融和贸易领域快速扩展到其他领域;投资企业向纵深扩展,巴黎大区吸引了前往法国投资的 55% 的中国企业,除此之外,罗纳—阿尔卑斯大区、普罗旺斯—阿尔卑斯—蓝色海岸大区、诺曼底大区也成为中国企业的热门投资目的地。

三、法国宏观经济

(一)法国 GDP 情况

根据世界银行的数据,2017 年法国 GDP 总量为 2.58 万亿美元,是世界第七大经济体,仅次于美国、中国、日本、德国、英国和印度。从人均 GDP 角度衡量,法国为世界第四位。

作为世界地位强、发展历史长的发达国家,法国的经济主要以消费为主,其次是投资,在出口方面是净进口国,如图 4-2 所示。

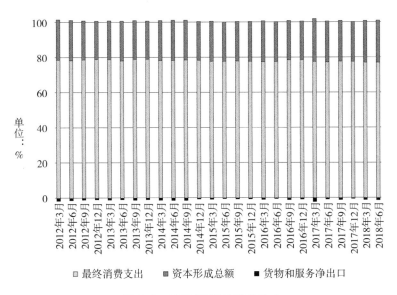

图 4-2　法国 GDP 的需求构成

资料来源:万得

2012—2014 年,法国经济整体不景气,平均 GPD 增长率仅为

0.6%。而从 2014 年后期开始,法国经济开始回暖,2015 年 GDP 增长
率为 1.1%,2016 年为 1.2%,这与全球经济复苏趋势相符。但与美国
(2015 年,2.9%;2016 年,1.5%)、英国(2015 年,2.2%;2016 年,
1.8%)和德国(2015 年,1.7%;2016 年,1.9%)相比,法国的经济回暖
势头较弱,如图 4-3 所示。另外,法国的产出缺口长期为负,2015 年
为-2.4%(占 GDP 比重),2016 年为-2.2%(占 GDP 比重),产出缺口
逐渐缩小,但实际产出依旧没有达到潜在产出的标准。

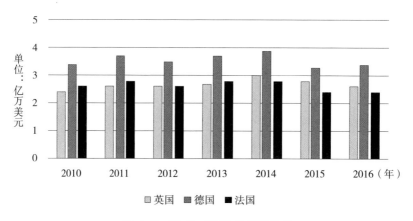

图 4-3 英、法、德 GDP 规模比较

资料来源:万得

但近期数据表明,法国经济正在加速恢复,实现超预期的发展。根
据世界银行的数据,2017 年法国的 GDP 同比增速为 1.9%,达到了
2011 年以来的最高增速,如图 4-4 所示。

究其原因,支撑 2017 年经济增长的主要原因是内需增长,体现在
投资上为企业投资增加和房地产建设回弹,在消费上为消费需求持续
坚挺。为持续促进经济,缩小产出缺口,法国目前处于较宽松的政策周

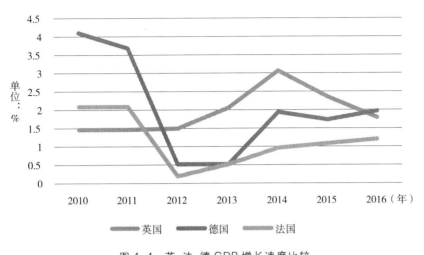

图 4-4　英、法、德 GDP 增长速度比较

资料来源:万得

期:货币政策方面,法国处于利率较低的周期;财政政策方面,为加速经济复苏而实施的减税措施开始见效,整体经济已经出现了增长趋势。

得益于经济的向好趋势和投资双向促进,法国 2017 年前三个季度投资对 GDP 的拉动势头提升,投资的信心和活力增强。预计 2018 年非金融机构投资增速 3.7%。主要驱动因素为企业边际回报率提高、劳动力成本呈下降趋势和信贷环境宽松。

在低利率环境中,企业投资的信心和活力增强,对经济的拉动能力提升。但预计在未来几年,法国很难再重现 2016 年和 2017 年的高增长,因为企业的高速发展和快速投资同时伴随了较高的债务,增长潜力受到限制,增长趋势将会减弱。

另外,消费者需求自 2014 年起都比较理想,在居民购买力上体现得尤为明显。法国是一个以消费为主的经济体。虽然 2017 年能源价格上涨,抑制了一部分消费,但受益于较宽松的货币政策,居民购买力并没有受到太大影响,依旧坚挺。未来几年对法国的消费仍持乐观态度,受到税率下调、收入增加和失业率下降等多种利好因素的影响,法国的消费对经济的贡献将保持稳定。

与此相反,净出口情况对经济增长有一定拖累,一部分原因是2016年出现了恐怖袭击等极端事件;另一部分原因是法国外部竞争力的下降。根据经济基本面的数据可以判定法国的外部地位正处于下降趋势。

根据法国中央银行2017年12月在《法国宏观经济预测》中对法国宏观经济的预测,2018年至2020年法国的GDP增速将分别为1.7%、1.8%和1.6%。

(二)通货膨胀情况

法国2012年至2014年物价指数快速下降,2015年开始缓慢回调,在2016年和2017年经历了很大的波动,主要受能源、服务和食品价格的变动影响,如图4-5所示。

2017年,国际能源的价格有较明显的提升,上涨趋势尤其体现在石油和金属价格上,涨幅分别为15%和32%。2016年12月,OPEC成员国达成石油减产的协议,非OPEC成员国也配合减产行动,世界范围内的石油供应减少,市场状况由供应过剩转为供应紧缺,因此石油价格也出现了显著提升。另外,金属材料的需求在全球经济向好的情况下不断增大,尤其是占据世界钢材需求一半以上的中国,基建投资带来的需求保持稳定。另外,由于世界范围内都加大了对环保的监控力度,加

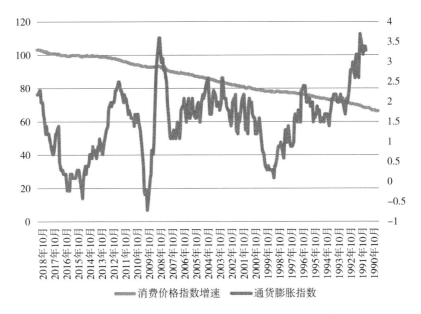

图 4-5　消费者价格指数增速与核心通货膨胀指数

资料来源:法国国家统计局

之中国的"环保限产",降低老旧工厂数量和产量等措施,供给收缩,推高了金属价格。

另外,食品领域的通货膨胀主要集中在烟草部分,2017 年烟草价格的上涨趋势明显,主要是公众预计在 2018 年 3 月将出台烟草税,导致市场在价格上做出反应。

在 2016 年,核心通货膨胀有了一定量下降,2017 年同样保持在较低位,主要原因为劳动力价格的上涨态势温和,并且通信服务的价格下降。预计到 2018 年 6 月,核心通货膨胀率的上涨速度加快,将提高到 1%。本次上涨主要归结于服务价格的上涨,工业品价格将保持稳定。由于名义工资持续上涨产生累积效应,相应带来服务价格的提高;大宗商品价格也具有上涨趋势,但由于欧元持续增值,上涨趋势将会被抵消,工业品的价格保持稳定。

根据国际货币基金组织的中长期预测,到2020年通货膨胀将会波动发展变化,与之前的预期基本相符,2019年中期下降至1.2%,2020年中期会再次增长到1.7%。

(三)就业率情况

法国的就业情况与经济的发展趋势和政策倾斜力度有很大的相关性。尽管经济呈现持续走强趋势,更多的工作机会被创造出来,但失业率预计并不会同步变化,2018年失业率预计为9.6%(与2017年相同),主要原因是政策和生产效率的变化。2018年政策出现空档期,过去出台的补贴政策相继失效,如对于中小型企业促进就业的补贴,企业的用人成本提高,将一定程度上减少工作机会。另外,前些年市场经济领域创造的岗位较少,总计为17.6万个,但2018年,由于补贴政策的减少,同时随着经济复苏的进程加快,劳动生产率也会增长一个百分点,不利于失业率的改善。

在中长期的预测视角下,2019年和2020年失业率会以比过去更快的速度下降,预计每年都会有0.4%的改善。由于总体经济看好,企业用人需求将会增加。另外,为了提振经济,法国政府会继续出台降低劳动力成本,例如,2019年出台的新政策将会降低企业所需承担的员工社保负担,将会有效促使市场部分的就业机会创造。而在非市场部分,在经历2018年的一轮缩减的基础上,调整空间缩小,就业机会将维持在此程度。

（四）进出口情况

外国对本国商品的需求直接影响本国商品出口和企业的海外活动。所以,商品的出口表现与本国的对外竞争力有直接关系,或者说可以直接反映本国经济的吸引力。2016 年,法国有 3.1% 的商品对外出口,这个数量使其成为世界第七大出口国、欧洲第三大出口国,跟随在中国内地（13.2%）、美国（9.1%）、德国（8.4%）、日本（4.0%）、荷兰（3.6%）和中国香港（3.2%）之后。同时,法国是世界上第五大服务出口国,如图 4-6 所示。

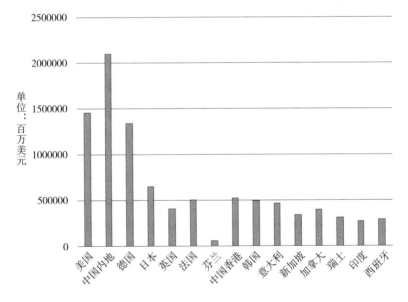

图 4-6　2016 年世界部分国家和地区商品和服务的出口规模

资料来源:世界银行

从趋势上看,近些年来法国的外在地位持续下降,对外贸易对法国经济的贡献为负。但 2017 年情况有所好转,根据预测,2018 年中期法国对外贸易对经济的贡献将有机会由负转正。

2017年前三季度法国货物贸易呈现增长态势,据欧盟统计局统计,2017年1—9月法国货物贸易进出口8441.5亿美元,比2016年同期增长5.4%。其中,出口3882.1亿美元,同比增长3.8%;进口4559.4亿美元,同比增长6.8%。贸易逆差677.4亿美元,同比增长27.9%。

2018—2020年,预计法国的总体出口量将会迅速增大,尤其是在2018年,预计将会迎来5.9%的提升,主要原因如下:

首先,法国的出口情况与其贸易合作伙伴的经济状况密切相关。在2017年,全球经济迎来了2008年全球金融危机后最同步的一轮复苏,并且自2016年四季度开始,美、日、欧等主要发达经济体的工业产出指数便出现了回暖,全球经济一片向好,对法国商品和服务的外国需求将会大规模提升。

其次,2017年法国经济超预期发展,2018年制造业商品的超额进口与农产品、能源和旅游业的贸易顺差抵消,对外贸易开始对经济起正向的拉动作用。另外,不能忽视的是,2018年的出口抬升将包含对2016年和2017年前期出口不振的补偿。

再次,预计2017年欧元增值的效应将延后作用于2018年的出口量。同时考虑法国进口的强势情况,净出口增长对经济增长的贡献将会被部分抵消。

最后,国际形势尚有很多不稳定因素,都会对法国的出口情况有潜在冲击,如表4-3所示。

表 4-3　国际形势不稳定因素对法国出口情况的潜在影响

不稳定因素	潜在影响
世界范围内的贸易保护主义抬头	不利于法国的出口和招商,影响生产效率和经济增长潜力
部分欧洲国家的银行问题恶化,触发欧洲银行的系统性危机	危机将会在欧盟及更大范围内造成连锁性反应,引发资本市场的恐慌并拉高利率
英国脱欧	英国是法国重要的贸易合作伙伴,英国脱欧对法国的潜在风险较大。英国脱欧将会降低欧洲企业影响力,削弱消费者和企业信心,不利于整体投资

资料来源:法国驻华大使馆商务投资处

(五)宽松政策营造经济增长动能

为了提振经济,近些年来,整个欧元区都实施较为宽松的货币政策,营造有利的信贷环境促进经济发展。欧洲中央银行行长在 2017 年 6 月的讲话中表示,即便现在欧元区经济回暖,但潜在通货膨胀仍然处于低位,希望以一种相对温和的方式逐步缩减宽松,以避免市场尤其是汇率的波动破坏欧元区的复苏进程。而在 2017 年 10 月,欧洲中央银行宣布将资产购买计划延长 9 个月,并缩减每月购买债券规模至 300 亿美元的决定,并为此计划保留了开放式的结局,为未来的调控提供了空间,这也表示利率将在资产购买计划结束后的相当长的一段时间内维持在当前的低水平。另外,在美国预计加息的基础上,欧元依然具备贬值趋势。

目前法国经济回暖速度明显加快,通货膨胀指数在 2017 年有了较大提高。但法国的产出缺口依旧为负数,潜在产能没有完全发挥。另外,核心通货膨胀率保持在低位,在 2018 年开年国际油价走低的环境下,在可预期的时间内法国将持续保持宽松的货币政策。

法国的财政政策存在一定的不确定性,但总体保持稳定。2016 年法国的财政赤字占 GDP 比例为 3.4%,2017 年为 2.6%。2018 年也将保持稳定。

由于多项税改政策于 2018 年开始实施,2018 年法国减税 110 亿欧元。另外,2018 年政府承担的社会保障压力减少,开始征收烟草税,都在一定程度上抵消了税收改革对财政带来的压力。

2016 年,法国公共支出增加了 1.2%,但 2017 年该支出的增速上涨至 1.9%,主要是由于社会工资的上涨、政府支出项目的增加和通货膨胀所导致的。预计 2018 年的主要支出增长趋势保持不变,与过去(2010—2016 年)增速相当,大概增长一个百分点。

G20 公报曾提出,仅依靠货币政策不能实现平衡增长,在强调结构性改革发挥作用的同时,G20 国家需要重视财政战略对于实现共同增长目标的重要性,因此要实施更灵活的财政政策。这包括在以经济增长为导向的税收政策和公共支出以及可持续的债务占 GDP 比例的基础上,增强经济韧性。法国的发展路线与上述战略高度相符,不可忽视的是法国的债务占比已经处于较高阶段,但未来将会实施一系列改革措施,从财政政策如何发挥更大作用的方向入手助力经济发展。

(六)法国经济改革方向

马克龙政府准备采取一系列更有雄心的经济改革措施,令法国的经济更有活力和可持续发展的潜力。由于经济正在复苏并且创造的工作岗位数量持续加大,这个阶段改革的窗口期,法国政府需要抓住机会实行一揽子的综合改革。向好的改革将助力经济发展,并且为财政政策发挥作用、创造空间。

另外,对法国经济的中期预期将很大程度上取决于改革的实施情况。随着经济恢复速度加快,势能将有所放缓,经济发展的潜力将受制于社会的全要素生产力。由于现阶段法国面临很多问题,如不充足的劳动力人口储备、较高的结构性失业率和不理想的外部竞争性,改革带来的活力将对国家整体经济状况的增强起到重要作用。

马克龙政府的改革主要分为公共支出领域的改革、劳动力市场的改革和税收改革。

在财政层面,政府主张在降低税收的同时控制公共支出,以达到降低财政赤字的目的。减少公共支出有助于支持各领域的协调一致并减少对税收的依赖。各级政府都将被纳入公共支出改革的范围内,措施包括降低工资总额、提升社会福利的精准性、使健康领域的支出更有效和延迟退休等。

劳动力市场改革的目的是促进就业并减少结构性失业。具体措施包括更加强调劳动合同、完善失业保险、增强职业培训和实习项目力度,力图提高企业层面的灵活性;整合弱势群体,尤其是低龄和低技能人员,着重解决就业;控制工资的温和上涨以更好地创造就业岗位。

另外,税收改革将是加快法国经济增长、提升就业水平和竞争力的重要手段,也是这届政府的重要政策方针。目前法国的总体税率较高,并且根据 2015 年数据测算,企业所得税的产出效果较差,收益贡献率和收益产出率都低于欧盟平均水平。首先,法国的总体税率将会在可期范围内下降,法国政府在预算案中承诺,到 2020 年将所有企业的所得税税率从 33.33%降至 28%,这一措施范围包括所有公司,与其规模和利润无关。在 2018 年,所有公司的 50 万欧元以内的应纳税所得额将适用 28%所得税税率;2019 年,范围扩大到 10 亿欧元以下的营业额;2020 年将普遍适用。其次,为了提升税收使用效率,将采取一系列举措,包括减少对企业负债的歧视、减少无效的税收抵减、重新衡量不利于公司发展的税收举措,并且降低长期储蓄的税赋。税收领域的改革将伴以市场端的改进,需要通过放松对商业的监管和增强服务领域的竞争协同发挥作用。

第二节　众多资本涌入法国

法国作为现在世界上第六大经济体,具备多项核心优势:国内市场规模大,交通基础设施建设完备,国家的核心竞争力强,企业经济高度发展。这些也是法国吸引对外投资的关键,法国为想进军欧洲市场的企业提供了理想的起点。根据法国商务投资署的数据,2016 年法国共计吸引 1117 个外国投资项目,较 2015 年增长 16%,法国在工业领域的吸引力在欧洲处于领先地位,对外籍研发人员和国际留学生的吸引力也正在增强。

一、法国的外国直接投资情况

经济吸引力是一个综合指标,如果要对其进行评估,需要基于宏观数据、企业数据和外国投资者的满意程度进行多个指标的比较、全方位的分析。在众多分析指标中,外国直接投资(FDI)是一个直接有效的衡量标准,并被广泛认可。

根据经合组织对外国直接投资的定义,外国直接投资是外国投资者进行的一系列的跨国投资行为,其目的是在被投资企业获得长期收益。直接投资者的投资动机包括与被投资企业建立战略合作关系并通过参与企业管理施加影响。当投资者拥有被投资企业至少10%的投票权时,投资者就能与企业确定长期的利益关系。另外,外国直接投资的方法众多,包括分享股权、房地产投资、留存收益和关联方借款。

(一)外国直接投资的规模

法国是世界第14大对外直接投资接受国,根据法国中央银行的数据,2016年外国对法国直接投资达到280亿美元,相比于2015年470亿美元的投资规模,下降了40%。一个重要原因由于2015年法国完成了大量大规模的并购交易,包括价值为210亿美元的法国知名水泥生产商拉法基集团和瑞士公司豪瑞的交易,造成2016年并购领域的投资规模的大幅下降。

截止到2016年年底,法国接受的外国直接投资存量累计为6980亿美元,在世界范围内排名第11位,在欧洲排名第六位,仅次于英国、爱尔兰、荷兰、瑞士和德国。如果将国民财富总量纳入考虑(外国直接投资存量/GDP),法国所接受的外国直接投资和德国规模相似。因为一般规模较小的国家会具有更高的直接投资比例,如荷兰和爱尔兰,大部分所接受的外国直接投资都与控股公司或者特殊目的实体的跨国交易相关。

（二）外国直接投资的方式

原则上,法国对外国投资者投资方式没有特别限定,也不限制外国"自然人"在当地开展投资合作。主要投资方式有以下两种:

1. 股权收购

上市公司如发生 5% 股份或投票权持有人变更,购买人应遵守金融市场透明度规则,向金融市场管理部门提供相关信息。当相关企业税后销售总额超过 1.5 亿欧元,或者两家或两家以上合伙公司在法国实现税后销售总额达到或超过 5000 万欧元的企业合并案,必须获得经济部长的批准;所有相关企业在全球范围内的总营业额超过 50 亿欧元,且有关企业中至少有两家企业在欧盟成员国内的年营业额均各自超过 2.5 亿欧元的并购。此外,某些公司商业活动涉及三个以上欧盟成员国的,虽然总销售额未达到欧盟最低标准,也需向欧洲委员会提出申请。需要注意的是,一旦有外资恶意收购法国上市公司,法国企业就可以免费方式发行股票认购券,增加股东实力,提高企业资本,从而增强企业自卫能力。

2. BOT/PPP 方式

法国是对外承包工程大国,万喜、布伊格和德西尼布等企业均为国际知名大型承包商,在国际承包工程市场上占据重要地位。法国BOT(build-operate-transfer,即建设—经营—转让) 工程项目大多由万喜、布依格等法国企业承建,除个别欧盟企业外,其他国家外资很难进入法国承包工程市场。法国承包工程企业在以 EPC(engineering procurement construction,即工程总承包) 方式承揽工程项目的同时,还积极以 BOT 和 PPP(public-private parnership,即政府和社会资本合作)方式开拓国际承包工程市场,大幅度提升企业利润,推动企业的可持续发展。

(三)潜在贸易壁垒对投资的影响

以法国电信市场为例,法国电信市场容量较大,辐射性强,发展前景广阔,近年来,中兴和华为等企业积极开拓法国电信市场,电信市场占有份额逐步提升,受到法国民众的肯定和欢迎。总体来看,中国电信企业面临难得的发展机遇,在法国发展属于上升期,但是法国潜在的一些贸易壁垒,也使得中国电信企业今后在法国发展面临严峻考验。

根据法国信息系统安全局颁布出台的 R226 法律,要求任何设备制造商进口、销售、展示、使用包括合法侦听功能的通信设备,必须首先获得法国政府的 R226 认证。同时运营商的经营、通信设备的更新、硬件平台的更新也都需要获得新的 R226 认证。中国电信企业在法国发展,一方面中国企业在 R226 法律出台前已投放法国市场的电信设备必须获得 R226 认证,如不能通过,使用中国电信设备的法国运营商将面临停网的风险;另一方面,中国企业未来销售产品亦需进行认证,该认证周期非常长,企业提交的认证申请,往往需要数月或更长时间才能得到批准,将对法国运营商使用中国电信设备产生一定的影响。

二、有利的欧盟经济环境和法国在欧盟中的地位

欧元区经济强势复苏。在 2017 年第三季度,经济持续稳定增长,

并超过 8 月份的预期。这种复苏态势在大多数国家都有体现,例如德国(+0.8%)、法国(+0.5%)和意大利(+0.4%)。同时消费者信心高涨,即便西班牙发生了恐怖袭击和意大利的选举结果的不确定性对其都有影响,但消费者信心还是处于 2001 年以来的最高点。2018 年的经济增长预期将继续保持强劲,工作岗位继续增多,同时失业率也会下降。

欧元区经济向上抬升的趋势从近年来的年均增长率也能体现出来(2015 年增长率 1.5%、2016 年增长率 1.7%、2017 年增长率 2.4%),这种加速趋势在德国、法国和意大利这三个主要国家表现得更为明显。

三、投资吸引力(法国的优势)

(一)法国的基础设施完善程度居于世界前列

投资当地的基础设施建设对投资的吸引程度有很大影响。法国的基础设施建设在多个指标上都有较为突出的表现,包括交通、通信网络和电力等方面。法国的陆海空交通便利,陆地交通方面,法国拥有欧洲最大的公路交通网络,共计超过 62 万英里。另外,法国公路交通运载量也很可观,2016 年以每千米 1600 万吨的运载量居于欧洲第六位。海运交通方面,法国具有天然优势,拥有欧洲第三的海岸线长度并可连接四大洋,2015 年法国海运的装载和卸载量共计 3 亿吨,为欧洲第五。空运方面,法国的航空运输体系非常完善,共有 43 个机场,并且每个机场每年都有超过 10 万人次的乘客运输量,2016 年法国的两个机场被列入欧盟最佳的 15 个机场。

法国的通信网络非常完善。近些年来,法国的宽带普及率快速上升,2016 年每 100 户居民中有 41 户固定宽带用户,普及率为世界第二。另外,法国的网速较快,2014 年平均的下载速度为 110 兆字节/秒,居于世界第四位。根据"France Très Haut Débit"(高速网络计划),到 2022 年法国的全网网速将超过 300 兆字节/秒。法国的用电率具有竞争力,体现在法国的能源丰富程度以及对发电和输电都有严格的管理。

(二)杰出的创新生产力和研发能力

法国的创新生产力和研发能力表现可通过以下因素来衡量:1950 年以来,法籍诺贝尔奖获得者数量居世界第四;劳动力市场上被认可的工程师数量居世界第六;从事科学研发的工作人数占比居世界第六(2015 年为 15.22 ‰,对比欧盟平均 2015 年为 12.4 ‰);科学研发的商业支出居于世界第六(2015 年,600 亿美元);专利数量世界第六;科学文章发表数量世界第七;知识资产的执行力世界第 12。①

1. 高素质劳动力

法国当地的劳动力普遍具备较高的专业技能,生产力水平具备竞争力,这也是法国吸引外国投资的重要影响因素。在世界范围内,法国劳动力的时均产出水平居世界第九位,服务行业的人均产出居世界第 11 位,整体劳动力的产出水平为世界第 12。

① 联合国教科文组织:《2015 年科学报告:面向 2030》。

2. 营商环境友好

法国致力于简化经商的流程和手续,营造更友善便利的商业环境。2013 年法国出台了"Simplification drive"(简化动力)的项目,其中包括 260 个以经商为出发点的举措,并将经商生命周期划分为 10 个组别分别举措控制,减少所需要签署的合同数量和烦琐的手续。

3. 风险投资增长

近些年来,法国在科技领域的风险投资趋势强劲,对于科技类初创企业起到了很好的激励作用。根据 CB Insights 的数据,2016 年法国的风险投资交易数量为 486 笔,募集资金超过 20 亿美元,数量和金额都已经高于 2012 年的三倍,居于欧洲第二位,仅次于英国。从行业和轮次上来看,大多数的风险投资都与互联网相关,同时超过三分之二的金额集中在天使轮和第一轮,如图 4-7 所示。

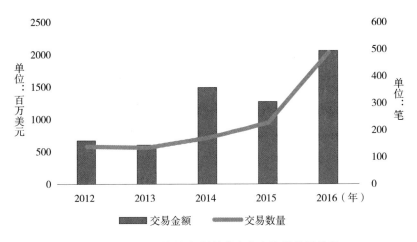

图 4-7 2012—2016 年科技类企业在法国发展情况

资料来源:CB Insights

四、法国对海外投资者的法律规制

法国是欧盟的重要成员国之一,执行的是欧盟对外贸易法规和管理制度。受欧盟共同贸易政策的约束,法国不能单独与第三国签订贸易协定,欧盟与第三国签订的国际贸易协议直接适用于法国。

法国政府对外国直接投资实行国民待遇。原则上法国没有设定禁止外国投资的行业,但存在对外国投资限制的行业即所谓"敏感行业",包括博彩、私人安全服务、禁止非法使用生物药剂或有毒药剂、窃听设备、信息技术行业系统评估和鉴定、信息系统安全相关产品和服务、双重用途产品和技术、数字应用加密和解密系统、涉及国防安全的业务、武器装备以及用于军事炸药和战争装备的业务、合同规定向国防部提供研究或供应设备的业务。若外国投资者收购敏感行业企业的控股权,需获得法国政府认可。

另外,法国明确鼓励发展技术创新产业。法国为外国企业经营金融保险业务设置了保护门槛。非欧盟国家的外国企业投资法国银行业需要特别许可和法国银行的介入,外国企业投资法国保险业也需要根据《法国保险通则》办理特别许可手续。

五、法国的税收政策

(一)法国税收体系和制度

法国税种大致可划分为四类:收入所得税、消费税、资本税和地方税。

企业所得税是指凡是在法国开展经营活动的股份有限公司和有限责任公司,无论其经营活动属何种类型,也不论是法国公司还是外国公司,一般均需缴纳企业所得税。企业适用如下税率:当利润在 75000 欧元以下时,税率为 28%;利润在 75000 欧元以上时,税率为 33.3%。另外,利润在 38120 欧元以下的税率为 15%,非营利机构纳税单独核算。根据税收合并制度,属于同一集团的公司及其持有 95% 股份的国内外子公司可选择同一纳税主体进行申报。

个人所得税是对所有有收入的自然人征收的税,原则是根据收入不同而采取高额累进制,同时要注意减轻低收入家庭负担。

消费税是人们在消费时向国家支付的税种,包含在商品价值内,且由商人向国家缴纳。增值税是消费税中最主要的消费税种,也是国家财政收入中比重最大的税种。具体税率为:(1)基本税率 20%(大部分商品销售和服务);(2)中间税率 10%(农业初级品部分,部分动物食品,社保不能报销的药品,某些艺术品的运输,外卖,剧场、动物园、博物馆、石窟文化展示等门票收入,客运服务,某些改造维护工程等);(3)低税率 5.55%(水和无酒精饮品、残疾人用品、剧场经营、学生食堂等);(4)超低税率 2.1%(社保可报销的药品,注册的新闻出版物、公共电视税、某些演出等)。

资本税包括各项与资本财产有关的税。

地方税:法国企业向中央缴的税赋远多于向地方缴的税赋,地方性的税收收入只占税收总额的 20% 左右。地方税主要分为建筑房产税、非建筑房产税、城市居住税和职业税。

（二）法国税收制度特点

1. 标准化趋势。从 2017 年开始,对于部分公司税收项目可享受额外扣除和抵减的制度逐渐被标准化的公司税率(IS)所替代。法国总体税率从 33.8% 下调至 28%,符合欧洲平均税率水平。

2. 促进就业。从 2013 年 1 月开始,法国采用针对有效促进就业的税收抵免制度(CICE),税收减免额度达到总体人力成本净支出的6%(不包括平均工资 2.5 倍以上的工资部分),这项政策帮助企业每年节省了 2 亿欧元的总税收。另外,在 2017 年税收抵减的范围达到了7%。税收减免措施已经实施了五年,有效降低了在法国的企业的用人成本。

3. 支持研发与创新。法国对创新型企业的支持力度很大,包括税收的激励和商业上的支持,同时希望借助这些举措促使更多创新型项目和公司出现。特殊支持项目包括:研发税收抵偿机制,"革新性新公司""未来的工业"和"法国技术",通过多领域全方位的创新激励政策,从税收的政策层面起到积极的推动作用。

研发税收抵偿机制通过降低研发成本达到支持研发的目的,是法国财政手段调控经济的重要项目。该政策具有普遍性,允许任何规模和领域的企业在税前收入中抵减一部分研发投资的收入,公司可抵减其研发支出的 30%,最高不超过 1 亿欧元。

另外,从 2013 年开始,法国出台了对创新型企业的税收补偿机制,作为对之前的研发税收补偿机制的补充。这项举措允许企业抵减创新性支出的 20%,最高可达 40 万欧元。这项政策不仅对科技型创新企业适用,同时适用于各领域和各环节的创新,包括对新产品的设计、模型制作和试用。

4. 调控地区发展。通过"优先发展地区"鼓励政策对失业率高、犯罪率高和移民比率高的经济发展落后地区进行资源的倾斜。鼓励措施具体包括:税收优惠和各种形式的财政补贴(包括特别补贴、优先发展地区补助)以及优惠价格提供用地和建筑物等。除此之外,地方政府也会根据当地经济发展和投资企业实际情况出台一些鼓励和支持政策。

第三节 中国企业对法国投资回顾

法国是欧洲地区接收中国投资的第三大国,长期以来合作关系友好。与中国的贸易更是法国最近几年来经济复苏的重要拉动因素。近年来,中国企业对法国并购交易数量持续增长,但交易金融仍不稳定。中国企业对法国并购方向的选择有了较明显的变化,从最初的金融和贸易领域拓展到消费品行业、服务业和工业。目前,我国企业对法国企业并购标的的选择趋于高端化,符合我国产业结构变化方向,希望能通过双方的协同发展和战略合作助力我国企业抓住"消费升级"和"智能制造"的发展机遇。

一、并购金额和数量

2013年以后,中国企业对法国并购的交易数量开启增长趋势。但从中国企业对法国并购交易金额来看,每年的波动很大,在 2014 年迎来最高峰。另外,并购交易金额和交易数量的相关性不大,如图 4-8 所示。

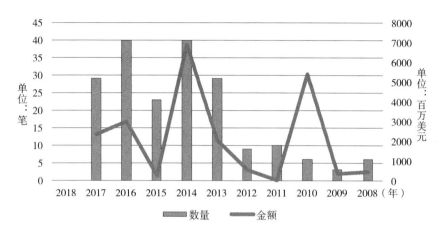

图 4-8　中国企业对法国并购交易数量与交易金额

资料来源:德勤

二、热门并购方向:消费品、服务业和工业

近年来,中国企业对法国投资最多的子行业为消费品、服务业和工业。从近年来法国子行业被并购的趋势来看,中国企业对法国投资合作从最初的金融和贸易领域快速向其他行业扩展,目前已涵盖电子信息、电气设备、交通仓储、环保、航空航天、核能、食品、医药、化工、建材、物流等多个领域,并且向新兴产业和高附加值产业发展的态势日益明显,如图 4-9 和表 4-4 所示。

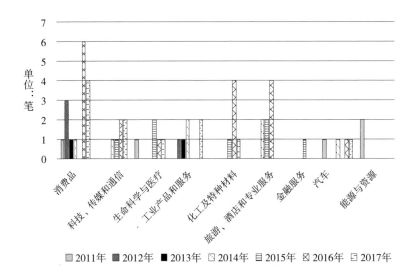

□2011年 ■2012年 ■2013年 ▨2014年 ▤2015年 ▨2016年 ▯2017年

图 4-9 2011—2017 年中国企业对法国并购交易数量的行业分布

资料来源：德勤

表 4-4 2014—2017 年中国企业对法国并购交易金额的行业排名

2017 年		2016 年		2015 年		2014 年	
行业	并购交易金额(百万美元)	行业	并购交易金额(百万美元)	行业	并购交易金额(百万美元)	行业	并购交易金额(百万美元)
消费品	971	消费品	1169	金融服务	161	旅游、酒店和专业服务	2914
科技、传媒和通信	484	工业产品和服务	775	生命科学与医疗	91	汽车	2206
交通运输	446	科技、传媒和通信	143	科技、传媒和通信	58	交通运输	380
房地产	171	生命科学与医疗	96	旅游、酒店和专业服务	6	科技、传媒和通信	317
生命科学与医疗	73	旅游、酒店和专业服务	16			工业产品和服务	18

2017 年		2016 年		2015 年		2014 年	
行业	并购交易金额（百万美元）	行业	并购交易金额（百万美元）	行业	并购交易金额（百万美元）	行业	并购交易金额（百万美元）
汽车	50					生命科学与医疗	15
工业产品和服务	31					消费品	7
化工及特种材料	17						

资料来源：Mergermarket

三、两国贸易合作现状

目前,从中国企业对法国投资的角度来看,对于法国而言,中国的战略重要性提升。截至 2017 年 12 月,中国已经成为法国在亚洲最大的贸易合作伙伴,对法国经济的加速复苏起到了重要的拉动作用,如表4-1 所示。

另外,2016 年中国已经是第七大对法国投资国,在法国创造了大量就业岗位。法国的经济对中国的依赖性增强,如表 4-5 所示。

表 4-5　2016 年法国外资主要来源一览表

序号	国家和地区	项目（个）	创造就业岗位（个）	占外国投资项目比重（%）	占外国投资创造就业岗位比重（%）
1	德国	191	4737	17.1	15.7
2	美国	182	6802	16.3	22.6

序号	国家和地区	项目(个)	创造就业岗位 (个)	占外国投资 项目比重 (%)	占外国投资 创造就业岗位 比重(%)
3	意大利	141	3228	12.6	10.7
4	英国	85	3713	7.6	12.3
5	日本	67	1490	6.0	4.9
6	比利时	53	743	4.7	2.5
7	中国	51	1370	4.6	4.6
	其中:香港	4	47	0.4	0.2
8	西班牙	45	715	4.0	2.4
9	加拿大	43	608	3.8	2
10	瑞士	43	1028	3.8	3.4

资料来源:Business France, *France Auractiveners Scoreboard*,2017

四、中国企业对法国企业的并购发展历程

中国企业对法国的并购经验丰富,历史悠久,双方是久经时间考验的贸易合作伙伴。但中国的社会环境和经济发展日新月异,并购目的已经从最初的"吸收创新"发展到"引领创新"的阶段。

中国企业对法国的并购呈现出高端化趋势,并且更强调与中国本土企业协同效用,共谋发展。我国消费市场广袤,同时正在高速进行消费升级,更多的消费者正从购买大众产品转向购买高端产品。消费升级令中国企业对法国的消费品行业和旅游、酒店和专业服务

行业的兴趣提升,希望能借助上述行业在法国成熟的发展经验,协助中国企业抓住这一重要机遇。另外,在中国企业对法国的重要收购事件中,能源与资源领域、工业产品和服务领域、科技领域符合我国经济产业转型的趋势。将目光投向其工业基础领域、高科技领域,海外先进技术的吸收和再创新将助力我国工业的转型升级,如表 4-6 所示。

表 4-6 2008—2017 年中国企业对法国企业主要并购交易案例一览

时间	标的方	行业	收购方	交易额（百万美元）
2011 年 10 月	苏伊士环能集团（ENGIE E&P）（30% 股份）	能源与资源	中国投资有限责任公司	3452
2014 年 3 月	标致雪铁龙集团（28% 股份）	汽车	东风汽车集团有限公司等	2206
2014 年 11 月	卢浮宫酒店集团	旅游、酒店和专业服务	上海锦江国际酒店发展股份有限公司	1869
2016 年 4 月	SMCP 集团	消费品	山东如意科技集团有限公司	1081
2014 年 9 月	地中海俱乐部集团（81.17% 股份）	旅游、酒店和专业服务	忠诚保险（复星国际控制）	1045
2011 年 10 月	法国燃气苏伊士集团（GDF）（10% 股份）	能源与资源	中国投资有限责任公司	831
2016 年 7 月	SGD 制药公司	工业产品和服务	中国建银投资有限责任公司	768
2017 年 8 月	圣休伯特萨斯公司	消费品	北京三元食品股份有限公司;复星国际有限公司	728

资料来源:根据公开资料整理

第四节 法国五大优势行业分析

一、服装行业

（一）服装行业概况

1. 行业简介

广义服装行业包括服装制造业和服装贸易业。服装制造业是以纺织面料为主要原料，经裁剪后缝制各种男、女服装以及儿童成衣的行业。服装贸易行业则是服装贸易商通过向服装制造商或上一级贸易商采购成衣并销售给终端客户或下一级贸易商的行业。狭义服装行业指服装制造业，我们研究的是狭义服装行业。按照中国服装协会的分类规定，纺织服装行业可细分为女装、男装、童装、运动与休闲装、职业装、羽绒服、内衣、服装辅料、服饰等子行业。

2. 服装行业产业链概况

狭义服装行业处于纺织服装产业链的中下游，为成品制造环节。上游产业链环节主要涉及纺织材料生产和加工，包括产出天然纤维的种植业和产出化学纤维的化纤业以及纺织材料的加工工业——纺织业。下游涉及服装制成品的销售，如图4-10所示。

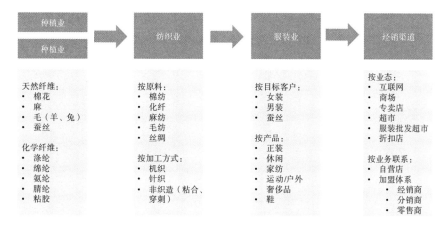

图 4-10　服装行业产业链

资料来源:万得

(二)法国服装行业基本面

1.法国女装:低价化趋势导致市场规模下滑,集中度较高

2008 年之后法国女装销售规模持续下滑,2011—2015 年由 169.77 亿欧元降至 163.77 亿欧元,年均复合增长率为-0.89%。2016 年微增 0.5%至 164.57 亿欧元,主要增长品类为女性紧身裤和女士内衣。2016 年销售回暖与经济社会环境鼓励女性关注服装消费有关系,但恐怖袭击威胁、购买意愿下滑等不利抑制条件依然长期存在。

法国女装规模占欧洲女装比重缓慢下滑,从 2009 年最高 11%降至 2017 年 9.7%,如图 4-11 所示。欧睿国际预测,2017—2021 年法国女装销售规模的降幅加快,年均复合增长率达到-1.1%,至 2021 年整体销售规模将降至 156.58 亿欧元,如图 4-12 所示。

法国女装行业集中度远高于还处于整合升级阶段的中国女装行

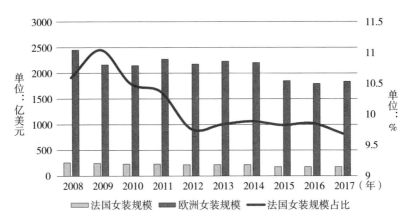

图 4-11 2008—2017 年法国女装占欧洲女装规模比例

资料来源:欧睿国际

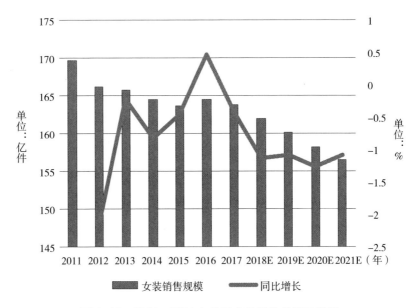

图 4-12 2011—2021 年法国女装销售规模及预测

资料来源:欧睿国际

业,且法国女装行业集中度仍在持续提升中,行业前五名企业占有率由
2013 年的 15.5% 升至 2016 年的 17.1%,行业前十各企业市场占有率
由 2013 年的 25% 升至 2016 年的 27%,如图 4-13 所示。

　　2013 年以来市场占有率靠前的品牌排名比较稳定,市场占有率第
一名是冠美(Camaïeu)(一家法国服装制造零售商,制造并销售其自主
女装品牌),2016 年市场占有率达 4.3%;第二名是凯家衣(Kiabi)(法
国服装零售巨头,也是著名时装品牌),2016 年市场占有率 3.6%;第三
名是法国大众女装品牌 Cache-Cache,以及 ZARA、H&M,图 4-14 所示。

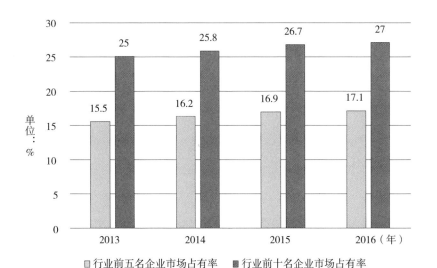

图 4-13　2013—2016 年法国女装行业前五名企业及
行业前十名企业市场占有率情况

资料来源:欧睿国际

　　2.法国运动鞋服:市场规模稳定增长,迪卡侬品牌优势明显

　　法国运动鞋服市场规模逐年增长,2008—2016 年的平均复合增长
率为 2%,2014 年后增速有所回升,2016 年同比增长 3% 至 67 亿欧元。

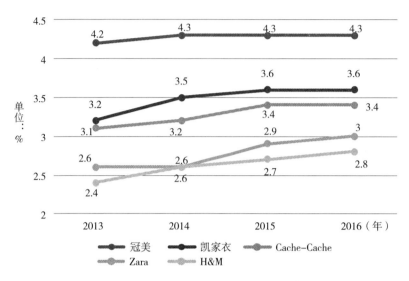

图 4-14　2013—2016 年法国女装品牌市场占有率前五名情况

资料来源：欧睿国际

法国运动鞋服市场规模占欧洲运动鞋服市场规模比例稳定在 10%—11%。据欧睿国际预测，2017—2021 年法国运动鞋服市场规模的增速将会缓慢下降，预计 2021 年市场规模为 75.8 亿欧元，如图 4-15 和图 4-16 所示。

　　法国运动鞋服市场同样十分集中，2016 年法国运动鞋服品牌前五名企业市场占有率和前十名企业市场占有率分别为 43.6%、51.3%，如图 4-17 所示。其中前三名基本稳定，本土运动品牌迪卡侬在法国市场占有明显优势。2013 年以来，第一名奥克西兰集团（Oxylane）旗下 Quechua/Tribord 市场占有率超 13%，其次为耐克和阿迪达斯，占比几乎相等，2016 年市场占有率均为 12.2%，并且与第一差距有所收窄。奥克西兰集团（Oxylane）旗下迪卡侬、亚瑟士分列第四、五名，如图 4-18 所示。

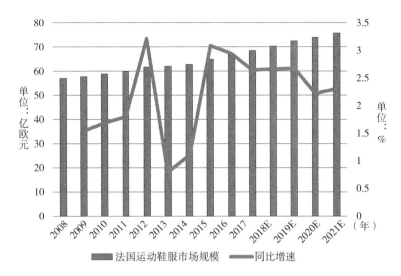

图 4-15　2008—2021 年法国运动鞋服市场规模及预测

资料来源:欧睿国际

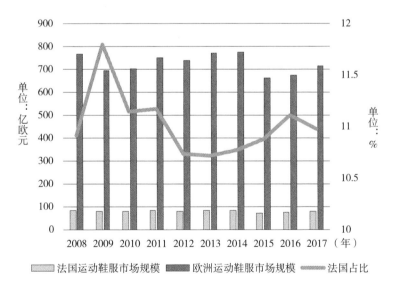

图 4-16　2008—2017 年法国运动鞋服规模占欧洲运动鞋服规模比例情况

资料来源:欧睿国际

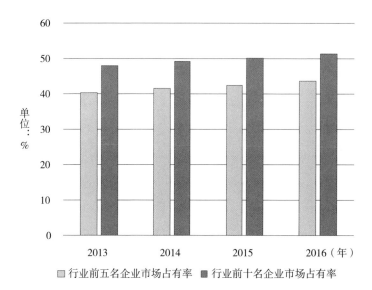

图 4-17　2013—2016 年法国运动鞋服行业前五名企业市场
占有率及行业前十名企业市场占有率情况

资料来源:欧睿国际

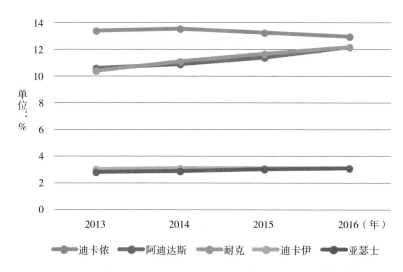

图 4-18　2013—2016 年法国运动鞋服品牌市场占有率前五名情况

资料来源:欧睿国际

（三）中国服装行业基本面

1. 中国女装：市场规模稳增，高端女装双位数增长

由于女性服装需求多样性特征以及对时尚美丽的天生追求，女装市场规模高于男装。2016年，我国女装与男装消费比为1∶1.7，但远低于发达国家（2010年美国1∶1.8，2007年日本1∶2.4）。伴随着女性收入增长以及家庭地位提升等，女装行业有望保持继续增长态势，如图4-19所示。

2007—2017年，国内女装市场规模平均复合增长率为11%，高于服装行业9.2%的整体增速。按消费档次划分，女装包括高端女装和大众女装。受益于消费升级趋势，高端女装保持双位数的快速增长态势，如图4-20所示。

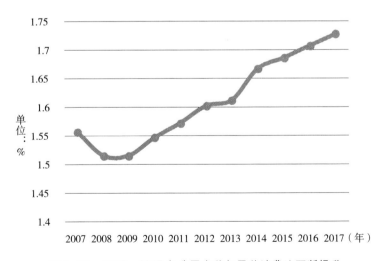

图4-19　2007—2017年我国女装与男装消费比不断提升

资料来源：欧睿国际

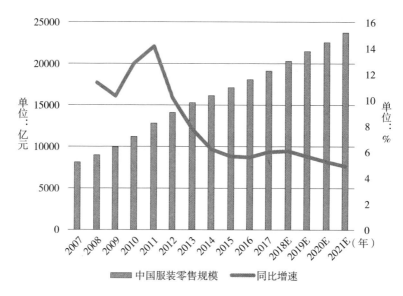

图 4-20 2007—2021 年中国服装规模及同比增速

资料来源：欧睿国际

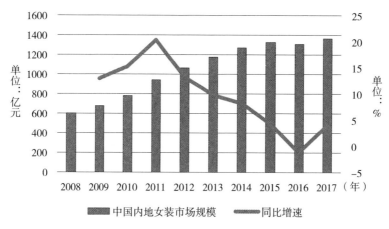

图 4-21 2007—2017 年中国内地女装市场规模及同比增速

资料来源：欧睿国际

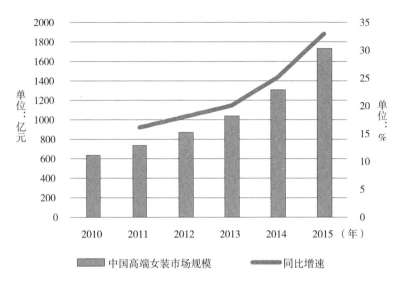

图 4-22　2010—2015 年中国高端女装市场规模同比增速

资料来源:欧睿国际

　　女装行业进入门槛低,企业数量众多,市场竞争激烈。2012—2016 年,我国女装行业前五名企业市场占有率由 3.6% 提升至 5%,集中度低于全球平均水平,如图 4-21 和图 4-22 所示。其中行业前五名企业的市场占有率差别不大,基本在 1% 左右。但 2014 年,本土品牌拉夏贝尔超越国际快时尚巨头优衣库排名第一,另外太平鸟、森马等本土优秀大众品牌经过几年库存与渠道调整后,爆发力十足,如表 4-7 所示。

表 4-7　2012 年以来中国女装市场占有率前五品牌　(单位:%)

年份 品牌名称	2012	2013	2014	2015	2016
拉夏贝尔	0.6	1	1.1	1.2	1.3
优衣库	0.4	0.5	0.7	0.8	1
Vero Moda	1	1.1	1	1	1
Only	1	1	1	1	0.9

续表

品牌名称＼年份	2012	2013	2014	2015	2016
阿迪达斯	0.6	0.6	0.6	0.6	0.7
合计	3.6	4.2	4.4	4.6	4.9

资料来源:欧睿国际

2. 本土运动鞋服:并购偏爱户外或中高端品牌,实现多品牌与全渠道布局

安踏体育成立于1994年,2007年在香港证券交易所上市,2016年实现营业收入133.5亿元,净利润23.9亿元,是服饰零售集团中市值最大的企业。公司的成功离不开聚焦体育用品市场,借并购方式不断扩充版图,进而实现"多品牌、全渠道"的战略布局,如表4-8所示。

表4-8 国内其他运动服装的海外并购情况

并购买方	并购标的	交易时间	交易金额	交易内容
李宁	法国艾格尔(AIGLE)	2005年6月	300万美元	李宁与艾格尔(AIGLE)成立各占50%股份的合资公司,获得AIGLE品牌在中国的50%权益(50年使用权)
	意大利乐途(Lotto)	2008年8月	特许权20年合计9.3亿元	李宁获得Lotto商标在中国产品的开发、制造、宣传及销售的独家特许权
中国动向	意大利卡帕(Kappa)	2006年5月	3500万美元	公司买断卡帕(Kappa)在中国内地及澳门地区的品牌所有权和永久经营权
	日本菲尼克斯(Phenix)	2008年4月	约3484万港元	公司获日本菲尼克斯(Phenix)公司91%权益以及菲尼克斯(Phenix)旗下的Kappa日本品牌,即获得Kappa在日本的经营权

资料来源:各公司公告

安踏体育曾多次收购国际中高端品牌,建立多梯度差异化品牌矩阵,满足不同消费层级需求。旗下品牌包括主品牌安踏成人(市场占有率10.3%)、安踏 Kids(2016年超越阿迪达斯成为儿童运动品牌第二)、2009年收购的中高端时尚运动品牌斐乐(FILA)(2015年中期拓展 FILA Kids)。2014年成为 NBA 品牌的授权商,2016—2017年间公司加快国际化布局,收购日本高端户外滑雪品牌迪桑特(Descente)、英格兰户外爬山健步鞋品牌斯潘迪(Sprandi)、韩国高端户外品牌可隆(KOLOK SPORT)、童装品牌小笑牛(Kingkow)。

另一方面,安踏体育借收购获得优质商场门店,促使渠道结构进一步优化,从而提升品牌美誉度和知名度,如图4-23所示。目前拥有街铺、店中店(购物中心/百货)、奥莱和电商等多渠道全面覆盖一至四线城市。斐乐(FILA)、迪桑特(Descente)、可隆(KOLOK SPORT)等收购品牌定位中高端客群,以直营为主,主要布局高端商场/购物中心,主攻一、二线市场,如图4-24所示。安踏体育定位大众品牌,以分销为主,通过街铺覆盖二、三、四线等市场,近年通过与收购品牌进行资源整合,带动安踏体育的百货/购物中心渠道占比提升至30%以上,并且多品牌优势突显,使得渠道扣点更低且店铺位置更好。

(四)海外并购的思考

1. 海外并购助力中国服装行业和消费升级:品牌升级+渠道升级+设计升级

(1)品牌是服装价值的核心。经过长期的沉淀,意大利、法国等国家的女装品牌优势显著,一直稳坐世界时装的核心位置。改革开放后,

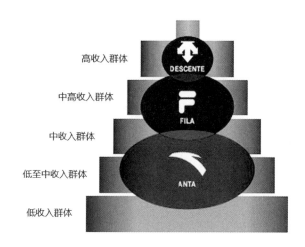

图 4-23　安踏体育搭建多梯度差异化品牌矩阵

资料来源:公司公告

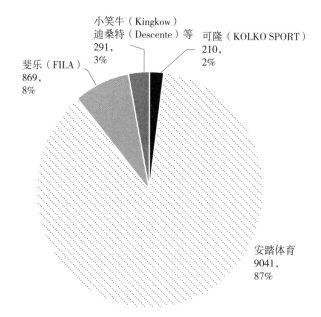

图 4-24　运动品牌的零售网络店铺数量及占比(截至 2017 年 6 月 30 日)

资料来源:各公司公告

中国服装企业经历了为海外品牌从 OEM（代工）到 ODM（原始设计制造商），再到 OBM（自营品牌商）的产业形态升级过渡，本土女装品牌尚未形成国际化效应。通过海外并购方式能够快速实现"品牌+渠道+设计"的全面升级。

（2）品牌升级：品牌升级是并购海外女装品牌的重要目标。①并购会带来国际高端品牌资源，可享受长期时尚文化沉淀下的品牌国际影响力，这是国内品牌在短期内很难自己建立的，因为消费者接受新品牌需要一定的时间积累。②国内女装企业能够获取高端全球性品牌运作与管理经验，这会让国内品牌在国际化进程中受益良多。③通过收购风格不同的海外品牌，实现多品牌布局，以满足女性个性化的需求，降低单一品牌的经营风险。

（3）渠道升级：服装企业的最高目标之一是建立全球化时尚集团，国际化是国内女装发展壮大的必由之路。①走出去：并购海外品牌可以避开市场准入方面的问题，国内品牌可借机布局海外市场，深入了解最前沿的时尚市场。②引进来：国外优质女装品牌往往备受国内零售渠道的欢迎，能够获得购物中心/高端百货的黄金位置，以及享受更优惠的扣点条件，帮助海外品牌快速开拓广阔的中国市场。

（4）设计升级：国际知名品牌的研发、设计及管理能力对国内企业是一笔重要资源。女装极其依赖设计，中国目前的时尚设计资源和能力远不及欧美地区。并购可以为国内企业带来对方领先的研发团队和专业设计人才等战略性资产，一般来说，并购后会保持对方核心设计研发团队不变，以保持原有的风格调性。同时并购产生的资源共享，有助于国内品牌提高自身研发与创新能力，如表 4-9 所示。

表 4-9　国内服装企业近年来并购海外服装品牌情况

并购买方	并购标的	交易时间	交易金额	交易内容
香港 GYM	英国雅格狮丹（Aquascutum）	2009 年 9 月	1370 万英镑	公司获得英国雅格狮丹品牌在亚洲的知识产权
山东如意	日本瑞纳（RENOWN）	2010 年 5 月	3.1 亿元人民币	公司持股 41.18%，成为最大股东，获得 Durban、INTER-MEZZO、Aquascutum 等 30 余个国际品牌
	法国 SMCP 集团	2016 年 4 月	13 亿欧元	公司获得 SMCP 集团旗下知名轻奢品牌 Sandro、Maje 和 Claudie Pierlot
朗姿股份	韩国阿卡邦	2014 年 9 月	约 3.24 亿元人民币	全资子公司莱茵时装韩国株式会社成为阿卡邦公司第一大流通股股东，阿卡邦（AGABANG）为韩国最大婴儿服装品牌
玛丝菲尔	意大利克里琪亚（Krizia）	2014 年 2 月	约 2500 万欧元	克里琪亚（Krizia）公司将其品牌转让给玛丝菲尔公司
卡奴迪路（现摩登大道）	意大利 LEVI-TAS S.P.A.	2015 年 6 月	4068 万欧元	卡奴迪路（香港）获得 LEVI-TAS S.P.A.公司 51%股权以及 Dirk Bikkembergs 品牌大中华地区的品牌运营授权
歌力思	德国萝俪儿（Laurèl）	2015 年 10 月	1180 万欧元	公司通过全资子公司拥有萝俪儿（Laurèl）在中国独立的所有权，包括设计权、定价权和销售权
	美国埃德哈迪（Ed Hardy）	2016 年 1 月	2.405 亿元人民币	公司获得 Ed Hardy 在中国的品牌所有权，以及 Ed Hardy Skinwear 和 Baby Hardy 等品牌
	法国 IRO	2016 年 6 月	7900 万元人民币	公司通过控股 ADON WORLD 持有 IRO 公司 100%股份。公司间接获得 IRO 公司控股权，获得 IRO 品牌全球所有权

资料来源：各公司并购相关公告

（五）法国女装并购：首选中高端少淑女装品牌

首先，法国奢侈女装品牌稀缺和激烈的竞争导致收购难度加大和价格过高等问题出现。

奢侈品牌稀缺。法国路威酩轩集团（LVMH）和开云集团致力于打造奢侈品集团，并且对尚处于培育期的奢侈品牌的容忍度较高，鲜少出售旗下品牌，是否出让奢侈品牌标的的主动权掌握在奢侈品牌巨头手中。

奢侈品牌中标难度高。奢侈品牌本身非常稀缺，中标竞争相对比较激烈，路威酩轩集团（LVMH）、开云集团已积累了充分的奢侈品行业并购经验，而国内品牌的发展历程尚短，加上国外奢侈品品牌竞标难度大、竞争激烈，往往导致溢价收购。

管理风险大。法国奢侈品牌几乎集中在路威酩轩集团（LVMH）和开云集团两大巨头手中，奢侈品牌运营管理堪称典范。中国在奢侈女装行业目前尚为空白，具有奢侈女装品牌管理经验者寥寥无几，并购后运营管理风险较大。

其次，总体而言，法国大众品牌性价比较低而且品牌力偏弱。

法国大众品牌的供应链优势不明显，性价比难以提升。追求极致性价比是国内外消费者对于大众品牌的共同需求。ZARA、H&M、优衣库等全球化品牌，依托于相当完善的全球化供应链体系，能够满足终端快反需求，产品性价比优势极高。而太平鸟、森马等国内大众品牌，同样依托于国内完善领先的服装供应链，正在积极进行柔性化改造，扩大在国内市场份额。法国本土大众品牌尚未形成国际化效应，供应链距离相对较远,布局深度不及国内品牌。

法国擅长的设计无从发挥,品牌影响力不足。目前法国大众品牌大多根植本土市场,仅冠美(Camaïeu)品牌延伸至欧洲及中东地区周边国家,鲜有在中国知名度较高的品牌。由于大众品牌消费者更为关注性价比,设计并不是影响消费者购买决策的关键因素。相反,大众品牌商为在激烈竞争中突出性价比优势,使得设计趋于简单化与同质化。这使得法国最擅长的设计能力无的放矢。

考虑到以上因素,我们首推并购法国中高端女装品牌,它们既具备文化沉淀,又有精英设计团队。

法国历史底蕴悠久,艺术基因深入人心。法国政府重视与支持文化艺术由来已久,法国素有"欧洲文化中心"的盛名以及"世界时尚艺术之都"的美誉。设计是中高端女装的灵魂,而设计来源于艺术。早在20世纪法国时装业就在工艺、设计、品牌运作等方面具有明显优势。

坐拥全球顶尖设计学院,设计人才辈出。巴黎以时尚之都著称,拥有法国高级服装学院(ESMOD)、IFM等顶尖设计院校以及举世瞩目的巴黎时装周带来的艺术熏陶,20世纪就有迪奥、香奈儿、圣洛朗等全球顶尖设计师涌现,也吸引了卡尔·拉格斐、马克雅克布等优秀海外设计师前往,并为孵化新秀设计师提供优渥条件,这是其他国家较难复制与模仿的。

具体到法国女装并购方向,我们认为应该优选中高端少淑女装品牌。

按照目标消费者年龄划分,中高端女装可以细分为大淑女装和少淑女装。

中高端大淑女装定位于 35 岁以上的中高收入女性,看重服装品质、面料、版型、舒适度等,朗姿、玖姿、维格娜丝、歌力思等众多高品质本土女装品牌依托于国内较强的面料和生产能力,能够生产出质量优质稳定的产品。同时在国内女性体型数据储备上更加完备,在生产针对国内女性舒适度更高的服装上具备优势。

中高端少淑女装定位于初入职场的中高收入女性,边际消费倾向高,已成为消费新主力。注重服装的个性化、时尚化、品牌化,偏爱个性张扬的轻奢潮牌/设计师品牌,如美国轻奢潮牌埃德哈迪(Ed Hardy)被歌力思收购后在国内表现不凡。国内女性消费升级趋势明显,但由于收入水平有限,相比于奢侈品,对国际化轻奢品牌的消费意愿与频次更高,近年来迈克高仕(MK)、蔻驰(COACH)、Sandro、Maje 等轻奢品牌风靡也验证了这一趋势。

(六)法国运动品牌的并购机会:中高端品牌+户外专业品牌

1. 海外并购的原因:一是欧美品牌经过时间沉淀具有较强的品牌力;二是欧美设计师具有更强的科技创新与功能设计能力。

2. 海外并购的两个重要方向:中高端品牌、户外专业品牌

(1)中高端品牌。本土运动品牌以大众品牌为主,在中高端市场的品牌力与国际品牌相比还存在一定差距,通过并购能够快速开拓国际市场,有助于带动本土品牌一起出海。此外,消费升级趋势下,国内消费者更加看重品牌以及运动产品功能性与科技性,国际品牌更有优势。

(2)户外专业品牌。与美国传统零售巨头 VF Corp 的并购思路不谋而合,为避免与耐克、阿迪达斯正面竞争,安踏体育选择耐克和阿迪

达斯偏弱的专业化细分市场切入。滑雪、户外、爬山、时尚运动等领域的市场热度高,但目前国内品牌相应的研发技术能力还偏弱。另外,相比于大众体育市场,专业体育市场的进入壁垒更高,竞争格局较好。

3. 案例分析:如意科技收购 SMCP

山东如意是毛纺业的龙头企业之一,主业是偏高端的精纺呢绒面料的设计、生产与销售,在业内技术领先。2014 年完成管理层收购,由国有企业变身为民营企业,大股东变为如意科技,为公司长期的业务发展与资本运作构成扫清了障碍。同时考虑到毛纺行业近年来受国内外需求制约,行业已进入持续低增长发展阶段,公司选择从纺织向下游品牌服装进行战略延伸,并且通过如意科技进行海外收购不断控制上游资源与下游品牌,先后收购了法国轻奢集团 SMCP、高端男装集团利邦和日本成衣巨头瑞纳(RENOWN),随后几年又陆续开展多项海外并购,成为中国第一时尚集团。

SMCP 集团是法国著名的轻奢品牌集团,旗下有三个设计师品牌:Sandro(包括男装 Sandro Homme)、Maje 和 Claudie Pierlot,其产品系列包括符合流行趋势的高品质女装、男装和配饰。Sandro 和 Maje 分别由设计师埃弗利娜·谢特里特(Evelyne Chétrite)和设计师朱迪丝·米尔格龙(Judith Milgrom)创立于 1984 年和 1998 年。2009 年,公司收购了 Claudie Pierlot,随后集团公司于 2010 年成立。2013 年 6 月,KKR 收购了集团约 80% 的股权,管理层和创始人保留了约 9.8% 的股权。

2016 年 10 月,如意科技宣布收购多数股权,收购价约为 13 亿欧元。2017 年 10 月,SMCP 在法国上市,估值为 22 亿欧元。

如意科技此前曾有一系列海外并购动作,控制了产业链上下游的优质资源和品牌,形成了自己的海外收购版图,且在收购后,能够有效整合品牌和产业链资源,保证收购标的的有效运营。此次收购 SMCP,旨在占领轻奢市场制高点,如表 4-10 所示。

表 4-10　如意科技收购项目

并购时间	标的所在国家	标的业务范围	并购内容
2010	日本	品牌服饰	约 3.1 亿元并购达能主要股权
2011	澳大利亚	上游原材料	罗伦杜牧场
2012	韩国	品牌服饰	Yeon Seung70% 股权
2012	印度	纺织制造	GWA 毛纺公司
2012	英国	纺织制造	泰勒毛纺公司
2013	英国	纺织制造	Carloway 哈里斯粗花呢生产企业
2013	澳大利亚	上游原材料	伦普利羊毛公司 80% 股权
2013	澳大利亚	上游原材料	卡比棉田 80% 股权,库比棉场(2.4 亿澳元)
2013	新西兰	上游原材料	WSI 羊毛出口商,Cavalier 羊毛清洗公司
2014	德国	纺织制造	Peine Gruppe 男士西装生产企业主要股权
2016	法国	品牌服饰	10.4 亿欧元并购 SMCP SAS82% 股权

资料来源:万得

　　我们认为此次收购主要是基于以下原因:SMCP 所在的轻奢市场具有较好的成长性,尤其是在大中华地区;SMCP 旗下三大品牌定位明确,在轻奢市场具有较强的竞争力;SMCP 集团践行了奢侈品行业和快时尚行业相结合的经营模式。

　　我们看好 SMCP 被如意科技收购后的进一步发展,未来在国内市场发展有望提速。公开资料显示,KKR 出售 SMCP 多数股权后,仍保留少数股权,创始人与管理团队也将保留原有股权,这直接说明 KKR 等对合作前景看好。如意科技在纺织服装全产业链布局,且通过瑞纳

（RENOWN）等积累起一定的品牌运营经验,瑞纳（RENOWN）被收购后业绩的持续改善就是佐证。我们预计如意科技收购 SMCP 后,主要起到制定战略规划与产业链协同的作用,具体的零售运营仍由原来团队执行,SMCP 的设计创意团队将继续在总部巴黎运营,保持品牌调性。SMCP 旗下三大品牌未来在国内的发展有望加速。

二、农业

法国是欧盟最大的农业生产国,也是世界主要的农副产品出口国,其粮食产量占全欧洲粮食产量的三分之一,农产品出口仅次于美国,居世界第二位。农业食品加工业是法国外贸出口获取顺差的支柱产业之一。中国可以通过投资法国的农业行业,弥补技术与经验上的不足,以此促推我国传统农业产业转型升级,加快实现农业现代化进程。

（一）农业行业概况

1. 行业简介

农业是指国民经济中一个重要行业部门,是支撑国民经济建设与发展的基础产品,属于第一产业。农业是以土地资源为生产对象的部门,它是通过培育动植物产品从而生产食品及工业原料的产业。广义农业是指包括种植业、林业、畜牧业、渔业、副业五种产业形式,狭义农业是指种植业,包括生产粮食作物、经济作物、饲料作物和绿肥等农作物的生产活动。农业是人们利用动植物体的生活机能,把自然界的物质和能转化为人类需要的产品的生产部门。

现阶段的农业分为植物栽培和动物饲养两大类。土地是农业中不可替代的在基本生产资料,劳动对象主要是有生命的动植物,生产时间与劳动时间不一致,受自然条件影响大,区域性和季节性较为明显。农业为国民经济其他部门提供粮食、副食品、工业原料、资金和出口物资,是工业品的最大市场和劳动力的来源。

2. 农业产业链概况

现代农业产业链是一种新型产业组织方式,它是一个规模庞大、结构复杂的网状要素系统,贯通农业产前、产中和产后三大领域,包括各种农产品的物流链、信息链、价值链、组织链四大链条,链接产前、生产、加工、流通、消费五大环节。其中,由五大环节构成产业链主链,每个环节又包含若干次级链。同时,组成链条的每个环节都对应农业生产领域不同的功能,实施这些功能的主体包括企业、合作社或农民协会、专业的社会化服务机构以及农户等。

农业的上游行业主要包括农药、化肥、农业机械等农资行业,这些行业主要为农业提供生产资料,是农业生产成本的重要组成部分。中游是生产部门,即种植和养殖,地理分布分散,产业集中度低,土地是生产的必要条件,具有资源稀缺性,包括耕地资源、水面资源、林地资源、牧场资源等。下游是服务和食品加工部门,农业生产服务部门包括农村金融以及谷物的仓储、运输、粗加工、贸易等,如图4-25所示。

(二)法国市场基本面:农业生产大国,政府引领农业发展

1. 法国农业概况

法国是欧洲农业最发达的国家之一。目前法国农业现代化程度很

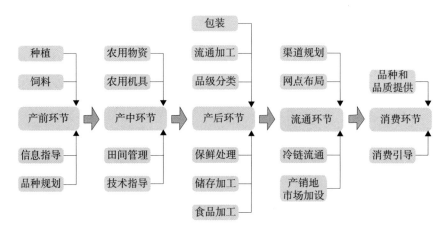

图 4-25　农业产业链

资料来源:万得

高,农产品不仅能够充分满足本国的需要,而且还能大量出口,是世界上农产品出口量最大的国家之一。法国农业的经营方式主要是中小农场。法国在农业生产专业化和一体化方面取得很大进展。法国的农业专业化有两种类型:区域专业化和农场专业化。区域专业化是充分利用自然条件和农业资源,把不同的农作物和畜禽集中到最适应的地区,形成专业化的商品生产基地;农场专业化是将过去农场的工序,如耕种、收获、运输和供应等交给农场外的专业企业完成,使农场从自给性生产转变为商品化生产。

2. 法国农业行业的优势性子行业

作为全球第一大种子出口国、欧盟生猪养殖大国和种猪供给大国,法国在农业产业链中游的三个子行业具有一定的优势,分别是作物种子行业、动物育种行业和动物保健行业。

(1)作物种子行业:全球种子市场已经进入成熟期,未来增长主要

来自新兴市场。2016年,全球种业营业额达到540亿美元,其中,主要
作物种子(玉米、大豆、小麦、水稻、棉花、油菜)的销售额达到391亿美
元,其中转基因种子销售额达到158亿美元,占比40%。2013年以来,
全球主要作物种子的销售额增长乏力,并出现下滑。整体来看,欧美种
子市场已经趋于成熟,未来主要的增长来自发展中国家等新兴市场。
2015—2016年度,法国种子行业营业额33.6亿欧元,是欧盟第一大种
子生产国,也是全球第一大种子出口国,出口金额达到15.69亿欧元,
如图4-26和图4-27所示。

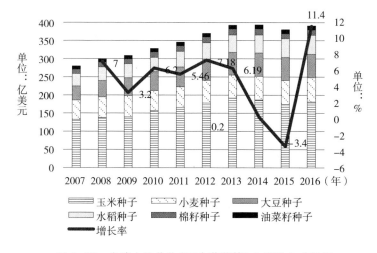

图4-26　全球主要作物(不含蔬菜等)市场进入成熟期

资料来源:彭博社

　　(2)动物育种行业:以生猪育种为例,目前全球种猪主要有五大品
种:大约克猪、长白猪、杜洛克猪、汉普夏猪和皮特兰猪,其中杜洛克猪、
长白猪和大约克猪三个品种的养殖最为广泛。作为欧盟生猪养殖大国
和种猪供给大国,法国拥有较为成熟领先的动物育种技术,拥有优质核

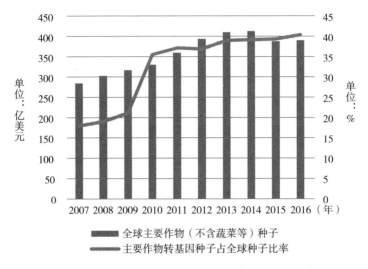

图 4-27　2007—2016 年主要作物转基因种子的销售额

资料来源:彭博社

心种猪资源;法国拥有长白猪、大约克猪的种猪资源,在引进皮特兰猪
和杜洛克猪品种后,法国拥有了领先的高瘦肉率猪培育技术。2016
年,法国生猪存栏量 1279 万头,位居欧盟第三,2016 年法国母猪存栏
量约 100 万头,在欧盟 15 国中占比近 10%。与此同时,法国生猪养殖
的 PSY(piglet sow year,即每头母猪每年所能提供的断奶仔猪头数)和
瘦肉率均居世界前列,如图 4-28 和图 4-29 所示。

（3）动物保健行业:动物保健按照动物类别可分为经济动物(畜
禽)保健及伴侣动物(宠物)保健。总体上,法国的动物保健市场较为
成熟,集中度较高,其企业大多已经完成国际化,拥有先进的生产工艺
技术,并通过并购成为全球性企业。

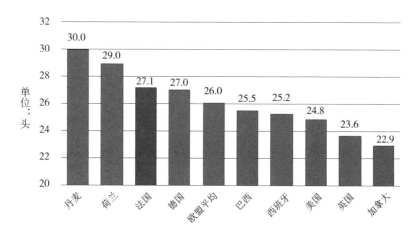

图 4-28　法国生猪养殖 PSY 居世界前列

资料来源:英国养猪协会

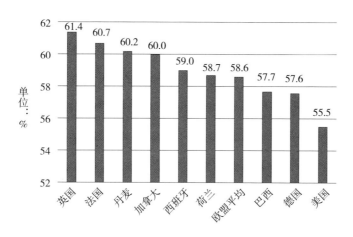

图 4-29　法国生猪瘦肉率居世界前列

资料来源:英国养猪协会

(三)法国农业的政策规划

1981 年,法国正式将生态农业相关标准写入法律,1985 年 3 月又制定法律规定,正式命名为生态农业。生态农业真正意义上成为国家主轴。法国计划到 2025 年让农药使用减少一半,有 20 万个农家采用生态农法。这种做法的核心概念其实是推展有机农业与减少农药使用。实际上,法国政府早就确定了发展农业的政策、目标,并投入巨额资金。国家还向农民提供低息贷款、低价土地,实行税收优惠政策,建立农民社会保障体制,鼓励农民安心务农。1960 年以后,法国为了适应农业现代化发展的需要,建立了以高等、中等农业教育和农民业余教育为主要内容的农业教育体系,有力地推动了农业教育,提高了农民素质。此外,法国重视农业研究,实行科技兴农,并大力推广农业机械化。2014 年 10 月,国会通过《未来农粮林法》,要求政府依法行政。《未来农粮林法》将现行粮农体系转型,带往生态农业的方向,让粮农生产兼顾经济与环境,让粮食更为充足、更为安全、农民与消费者有更好的关系,目标是到 2025 年,有 20 万个农家采用生态农法。法国计划在马克龙政府任期内将努力推动法国农业的生态转型,到 2022 年,有机农产品的种植面积达到总面积的 15%,也就是在四年内翻番。

(四)法国农业的代表性企业

以生猪育种为例,法国的生猪育种企业呈现双雄称霸的局面。

1. AXIOM

AXIOM 是由法国 ADN 和 DNA+于 2016 年 10 月 1 日合并成立的

法国最大的种猪育种公司。ADN 和 DNA+均在种猪育种领域有着三十多年的专业经验。合并后,AXIOM 的自有农场或合作伙伴农场拥有法国最大的原种猪(GGP)猪群——6600 头 GGP 母猪,包括三个母系品种(大白猪、长白猪和太祖母猪)和三个父系品种(皮特兰猪、无应激皮特兰猪和杜洛克猪)。此外,AXION 拥有多个公猪测定中心,其中一个年测公猪 6000 头,是欧洲最大的公猪测定中心,并且配备先进的自动饲喂站,能准确测量个体的料肉比。法国 AXIOM 每年测定公猪 9000 头,经测定后优秀的公猪将进入人工授精中心,为 AXIOM 育种体系提供优质的精液服务。

2. NUCLEUS

NUCLEUS 种猪基因公司为法国科普利信集团旗下专门从事种猪育种的公司,拥有包括 1900 头大白猪、700 头长白猪、1000 头皮特兰猪在内的 GGP 猪群,每年向农场提供 15 万头以上的 F1 母猪。并且,NU-CLEUS 的种公猪站有 1115 头公猪,每年向农场提供 205 万份精液。此外,NUCLEUS 是欧洲第一家投资使用饲喂站的育种企业,占法国市场份额超过 40%。

(五)中国市场基本面:农业产业化体系尚未得到完善

我国的农业产业链发展较欧美其他国家发展较晚,农业组织化程度不高,各组织机构松散,且农业基础设施严重不足,社会化服务体系不完善,农业产业链的建立和运作也面临着诸多问题。并且,很多的地方都是在模仿外国的经验,与本土实际情况存在差异,需要进一步探索。进入 21 世纪以来,中国农业发展取得的成绩可圈可点,产业链不断优化完善,硬件与软件逐渐变强。

政策方面,国务院印发的《全国农业现代化规划(2016—2020年)》,对"十三五"规划期间全国农业现代化的基本目标、主要任务、政策措施等做出全面部署安排。当前,我国农业发展环境发生重大变化,农业的主要矛盾由总量不足转变为结构性矛盾,突出表现为阶段性供过于求和供给不足并存,矛盾的主要方面在供给侧。推进农业供给侧结构性改革,是当前和今后一个时期"三农"工作的主线。近几年,我国对深入推进农业供给侧结构性改革做了全面部署,必须准确把握推进农业供给侧结构性改革的内涵要义、主攻方向和根本途径,加强科技创新引领,加快结构调整步伐,加大农村改革力度,加快实现农业向提质增效、可持续发展转变,开创农业现代化建设新局面。

中国的农业产业链还在发展期,但是产业链中游企业正有沿着下游向上游逐级上升的趋势。随着国内经济和金融市场的不断发展,国内大批投资机构及企业响应国家号召,支持中国农业事业的发展,投入大量资金到农业产品改良、农副产品深度加工、规模化养殖、农产品及农需品连锁经营、循环经济型农庄等优秀农业项目中去。

(六)海外并购的思考

1. 作物种子行业:国内当前依然限制主要粮食作物的转基因种子商业化,国内目前的育种技术主要为杂交育种技术,目前正在向信息化育种(如2017年隆平高科同阿里云与中信云合作,计划将大数据应用推进到筛选育种、基建数据化、农作物生产预测等领域)以及生物育种(分子标记辅助和分子设计技术等)升级。从全球种子巨头的发展来

看,全球化并购是必然路径。目前国内种子龙头企业在做大国内市场
之后,也开始布局全球战略:一方面寻求更广阔的市场;另一方面也实
现全球种子资源的整合。2016 年以来,国内企业对海外种子企业发起
了两笔大体量的收购:一个是中国化工收购先正达,总额近 440 亿美
元;另一个是隆平高科联合中信农业产业基金收购陶氏在巴西的种子
资产,交易总金额 11 亿美元。

2. 动物育种——生猪育种行业:我国远远落后于欧美国家,目前
我国生猪育种的核心群曾祖代种猪主要靠海外引进。从我国养殖发展
来看,此前主要在于养殖过程的精细化管理以及饲料、疫苗、猪场设计
等方面进行突破。随着规模化养殖的推进,大企业在这些方面的优势
将逐步缩小,从而逐步向种猪的选育方面寻求突破。近年来国内企业
对国外优质种猪企业的并购,目的有二:一是获取优质的种源;二是获
取体系化的先进育种技术。主要案例有 2014 年天邦股份收购法国
Choice Genetics 和 2017 年大北农收购美国华多(Waldo Farms),如表
4-11 所示。

表 4-11　国内企业对国外生猪育种企业的并购

时间	并购方	并购标的	股权比例 (%)	并购金额 (万美元)
2014 年 8 月 24 日	天邦股份	法国 Choice Genetics 公司	40.69	1500
2017 年 3 月 17 日	大北农	美国华多(Waldo Farms)	100	1650

资料来源:公开资料整理

3. 动物保健行业:在动物保健市场中,动物疫苗技术研发壁垒高,

进入21世纪以后,国际动物保健行业进入垄断发展时期,跨国企业兼并重组,强强联合,行业龙头企业纷纷实施全球化战略。金河生物通过收购美国潘菲尔德,拥有潘菲尔德的生产体系和销售渠道,获得进入美国动物保健品终端市场的平台。公司通过收购普泰克,普泰克与杭州佑本动物疫苗有限公司开展技术研发合作,并购后公司获得猪支原体—猪圆环病毒Ⅱ型二联疫苗和猪蓝耳病嵌合疫苗两个行业领先的疫苗品种,如表4-12所示。

表4-12 我国动物保健行业海外并购

并购方	并购标的	并购金额(万美元)	标的年收入(万美元)	标的净利润(万美元)	并购市盈率	标的情况
金河生物	美国潘菲尔德	6000	5000	366	16.4	潘菲尔德主要业务为生产及销售饲料添加剂和水溶性兽药产品,在美国动物保健品市场中拥有一定的地位
金河生物	美国普泰克	4300	3000	329	13.1	普泰克自20世纪中期一直专注于兽用疫苗的研发和生产,共有16个已获得美国农业部批准的成品

资料来源:公司公告

未来,随着中国农业产业发展和海内外持续并购,资源不断整合,必将加速我国传统农业的转型升级,进而实现我国由农业大国向农业现代化强国的转变。

三、乳制品行业

全球乳制品消费以液体奶和奶酪为主,将乳制品折算为原奶计算,据天风证券研究所统计,2017年全球消费总量约4.67亿吨,液态奶之外的消费量达到2.85亿吨,占比超过60%。从产量来看,亚太地区的产量较大,且未来的增长空间也最大。法国是传统的乳业大国,拥有众多世界知名的乳制品企业和乳业品牌。2015年,法国乳业市场创造了298亿欧元的营业额,牛奶加工业成为法国经济的重要引擎。中国可以通过投资法国的乳制品行业,提升国内企业自身的品牌影响力,推进我国乳制品行业产品消费结构升级。

(一)乳制品行业概况

1. 乳制品行业简介

乳制品指的是使用牛乳或羊乳及其加工制品为主要原料,加入或不加入适量的维生素、矿物质和其他辅料,使用法律法规及标准规定所要求的条件,加工制作的产品。乳制品包括液体乳(巴氏杀菌乳、灭菌乳、调制乳、发酵乳),乳粉(全脂乳粉、脱脂乳粉、部分脱脂乳粉、调制乳粉、牛初乳粉),炼乳,乳脂肪(打蛋糕用的稀奶油、常见的配面包吃的奶油),干酪,乳冰激凌和其他乳制品类(干酪素、乳糖、奶片等)。乳制品行业是重要的民生类行业,根据《产业结构调整指导目录(2011年本)(修正)》之"第一类鼓励类"之"32、农林牧渔产品储运、保鲜、加工与综合利用",乳制品加工属于牧产品加工行业,属于国家鼓励类行业。

2. 乳制品行业的产业链概况

乳品业是一个涉及农业、畜牧业、工业和服务业的特殊行业,具有较长的产业链,包括草原生态、饲料、畜牧、物流、加工包装、商品批发及零售、健康生活习惯培养、健康知识传播等诸多环节。从乳制品行业的原料供应、生产加工、市场营销、消费、废物处理上来看,乳制品行业加工企业占据产业链的主导地位。总体来看,乳制品产业链包含上游的养殖奶牛和生产原奶的农场、中游的乳制品加工企业以及下游的终端消费者,如图4-30所示。

上游:生产原奶的奶农。奶农通过购买牧场饲料来养殖奶牛,待奶牛到达泌乳期后获得原奶。目前,国际上奶牛牧场的主要饲料成本构成是70%的玉米加上30%的豆粕,因此玉米和豆粕价格的变动会影响上游奶农的养殖成本。

中游:乳制品加工企业。通过从上游奶农和奶站收购原奶,以及大包奶粉还原后获得原奶替代品,加工企业可以将其加工生产出主要的乳制品原料:奶酪、黄油、全脂奶粉和脱脂奶粉等,之后再由下一级的乳制品加工企业生产出消费者可以食用的产品。液态奶、酸奶、奶粉、黄油、奶酪和冰激凌,液态奶为主要品种。

下游:市场的营销、终端消费者和废弃物处理。目前,国内乳制品销售渠道主要包含超市、便利店、商场等。通过各种形式的销售渠道,国内生产的酸奶、鲜奶、黄油、奶酪、奶粉等乳制品以及进口的乳制品可最终到达消费者手中。废弃物回收与处理比较简单。

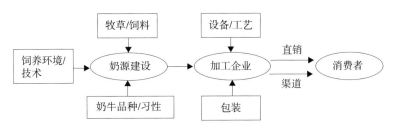

图 4-30　乳制品行业产业链

资料来源：万得

（二）法国市场基本面：传统乳业大国，拥有众多世界知名品牌

1. 法国乳制品行业概况

法国是传统的乳业大国，有众多世界知名的乳制品企业和乳业品牌。2015 年，法国乳业市场创造了 298 亿欧元的营业额，牛奶加工业成为法国经济的重要引擎。在 2016 年荷兰合作银行公布的全球乳业20 强的名单中，法国有四家企业上榜，是上榜乳制品企业数最多的国家，其中达能、Lactalis 集团长期占据排行榜前三位。法国乳业发展的优势及特点主要有：

大面积的优质牧场和丰富的奶源。法国拥有大量的优质牧场，从加来到西部布列塔尼的沿海地带，以及南部山区的部分地区都拥有大量的优质牧场，而且与欧洲北部相比，法国的农场成本较低。同时，法国原奶产量也非常高，2016 年产量达到 2522 万吨，仅次于德国，居于欧洲第二位，如图 4-31 所示。此外，法国奶牛品种较多，例如，Normande 奶牛产的奶蛋白质丰富，并且含有更多的钙质，是注重健康人群的首选；Abondance 牛的牛奶中蛋白质含量很高，用于加工著名的 AOC 奶酪，奶牛品种的多样化和高质化为法国乳制品的多样性提供了基础。

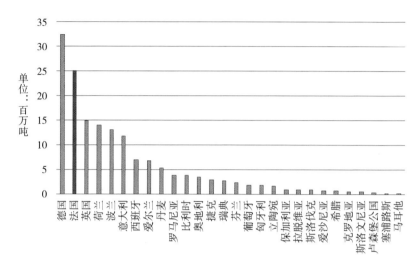

图 4-31   2016 年欧洲各国原奶产量

资料来源：欧盟统计局

严格而成熟的质量监督体系,保证产品品质。法国的奶源需首先经过本国大农业部制定的严格质量标准,再通过欧盟的质检标准,有着双重品质保障体系,奶源的安全性位于欧盟之首,产品品质要高于德国、荷兰等国,这为法国乳业的发展提供了重要的支撑。

先进的工艺和强大的产品开发能力。法国乳制品生产工艺处于全球领先水平,例如,法国是欧洲乳清粉提取技术最好的国家,其原料乳清液质量极佳。在产品方面,法国乳业致力于生产高附加值的乳制品。75%的原奶用于加工制成大量的高附加值消费品,如奶酪、酸奶、奶油,25%的原奶转化为工业原料,如乳清粉、浓缩黄油,如图4-32 所示。在法国乳制品产品结构中,酸奶、奶酪、黄油等高附加值的产品占据了较大的比重,如图4-33 所示。

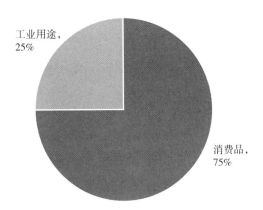

图 4-32　75%的原奶用于加工高附加值的消费品

资料来源:法国国家乳制品行业协会

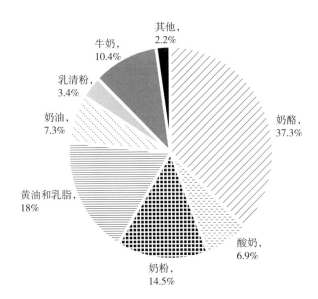

图 4-33　高度重视高附加值产品的产品结构

资料来源:法国国家乳制品行业协会

　　品牌优势,依托于优势的自然资源以及先进的工艺及产品开发能力,法国乳制品在全球市场产生了较大的影响力,并诞生了一批极具影响力的品牌,如图 4-34 所示。

图 4-34　法国乳制品行业品牌众多

资料来源:法国国家乳制品行业协会

2.法国乳制品行业重要的产业政策

法国政府制定正确的产业政策,国家设有各种资助基金和行业自主性组织来引导、支持乳制品行业上游的畜牧养殖业的规模经营。法国实行现代兽医(预防兽医、保健兽医)体制和机制,实行典型"垂直"的官方兽医管理制度。农业部公布的动物疫病,卫生兽医部门必须严格实行防疫。真正落实了以防为主的政策,疾病少,疫病更少。这样,不仅生产成本低,乳制品的产品品质也安全可靠,市场竞争力强。除履行《动植物卫生检疫措施协议》以外,法国政府还颁布一系列标准化法规与政策,并采取严厉的惩罚手段。例如,多年以前就制定法规禁止抗生素残留超标牛奶上市(其标准为青霉素类药物残留的限量为千万分之十),牛奶在上市前必须经过检测,如发现有抗生素的牛奶,该牛奶厂不但要停产和要求追回产品进行销毁,而且要被处以罚金。

(三)法国乳制品行业的代表性企业

达能旗下拥有多个知名品牌,如乳制品品牌 Gervais、Danette、Activia,在全球市场销量排名均名列前茅,2016 年其乳制品的营业额达到 183 亿美元。2017 年 4 月,达能完成了对 White Wave 的收购,收购完成后,达能在北美地区市场的业务比重从 13% 增至 25%,几乎翻番,其净销售额倍增到近 65 亿美元。

Lactalis 是全球排名第三的乳制品企业,是全球第一的奶酪生产商,2016 年其乳制品营业额达到 180 亿美元。奶油、黄油和牛奶的销量均在欧洲市场名列前茅,旗下有知名乳制品品牌 Lactel Eveil、Président、Galbani。

索地雅(Sodiaal)是法国第一个合作社性质奶制品集团(与 Yoplait 合作),2016 年乳制品营业额达 53 亿美元,旗下知名品牌 Candia、Grand lait、Viva;萨维西亚是一家主产奶酪的乳制品公司,2016 年营业额达 49 亿美元,旗下产品为 Caprice des Dieux。法国四大乳业公司如表 4-13 所示。

表 4-13 法国四大乳业公司

世界排名 (2017 年)	公司	2016 年 乳制品 收入 (亿美元)	净利润 (亿美元)	净资产 收益率 (%)	主要产品
2	达能	183	19.63	13.04	奶油、黄油和牛奶、奶酪等乳制品,食品,饮料,饼干谷物等

世界排名 （2017年）	公司	2016年 乳制品 收入 （亿美元）	净利润 （亿美元）	净资产 收益率 （%）	主要产品
3	Lactalis	180	未披露	未披露	奶酪、牛奶、奶油、黄油、超鲜乳制品、奶粉等
16	索地雅 （Sodiaal）	53	未披露	未披露	奶酪、饮用奶、奶油及黄油、奶粉及乳制品配料、新鲜及速冻乳制品
18	萨维西亚	49	1.19	7.67	牛奶、奶酪、奶油、黄油等乳制品和糕点

资料来源：Rabobank Osiris

（四）中国市场基本面：全球最大市场，未来仍将持续增长

从2010年至2016年，我国乳制品产量和销量基本呈逐年增长的态势，产销量年均复合增长率均在5%以上。2016年我国乳制品行业市场规模达到3786亿元，从2010年不到2000亿元成长到2016年超过3700亿元，年均复合增长率12.13%，如图4-35和图4-36所示。

我国目前乳制品消费水平远低于欧美发达国家，仍有较大的增长空间。根据《2016年中国奶业年鉴》数据，我国2015年的人均液态奶消费量为18.7千克，远低于欧美发达国家，较日韩30千克左右的人均消费量也有较大差距，如图4-37所示。

随着居民消费收入的提升，我国人均乳制品消费量仍将持续提高，再叠加二孩政策放开带动的人口增长，预计我国乳制品消费量仍将保持增长。据欧睿国际报告显示，2016年我国液态奶市场规模已达到

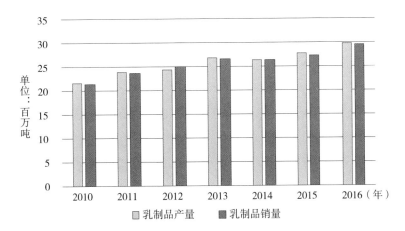

图 4-35 我国乳制品产销量稳步增长

资料来源:前瞻产业研究院

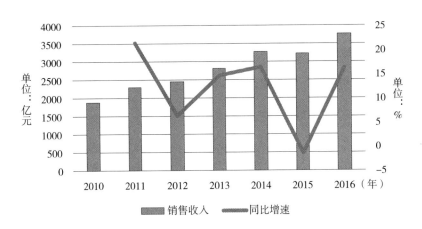

图 4-36 我国乳制品行业销售收入及同比增速

资料来源:前瞻产业研究院

429 亿美元,是全球最大的液态奶市场。欧睿国际预测到 2022 年,中国乳制品市场规模将达 688.3 亿美元,如图 4-38 所示。

从政策法规方面来看,我国乳制品行业的相关法律法规还不健全,

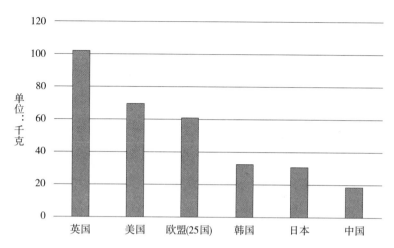

图 4-37　2015 年我国人均液态奶消费量远低于发达国家

资料来源:《2016 年中国奶业年鉴》

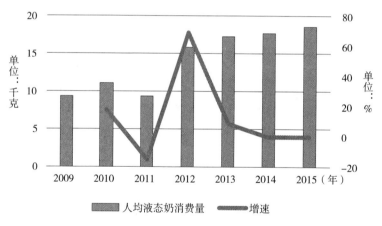

图 4-38　2009—2015 年我国人均液态奶消费量变化

资料来源:国家统计局

虽然 2008 年后国家加强了乳制品行业法律、法规的制定及乳制品行业
的管理,但与发达国家相比,仍有很多的不足。另外,与发达国家相比,
我国在饲草料加工、奶牛饲养管理方面技术落后,奶牛饲养水平低,牛

奶单产低。乳制品的可持续发展涉及饲草料种植加工、奶牛饲养管理、鲜奶收集储运和生产加工等多个环节,既需要有关方面的技术支持,也需要法律、制度、监管的保障;既需要政府作为,也需要企业、农户和消费者等利益相关者的努力,涉及产业组织、市场结构、动态博弈、监管制度创新等相关经济理论和实践问题。具有中国特色的乳业实现可持续发展备受关注,如何结合我国国情提高奶牛养殖生产、企业加工、流通销售等环节的管理水平并把各相关行业有效地连接起来,形成一个完整的利益分享、相互均衡的产业链条,共同参与市场竞争,是当前中国乳制品产业发展面临的重要课题。

(五)海外并购的思考

首先,获取国外质优价廉的奶源。随着国内乳制品消费的持续增长,国内优质奶源的供给开始出现短缺,尤其是 2008 年的"三聚氰胺"事件和 2009 年的"皮革奶"事件之后,国内对于优质奶源和质量安全需求大幅提升。另一方面,国内草场、牛种等资源相较法国、澳大利亚等国家禀赋较差,无论奶源品质还是成本都不及国外。因此,掌控国外低成本的优质奶源成为国内企业对外收购的重点。

其次,品牌。国内食品安全事件频发之后,国内消费者对于国外品牌的乳制品更加青睐。国内企业通过收购国外品牌乳制品企业,也能够提升其自身的品牌影响力。

最后,扩大市场。扩大市场占有率有两层意义:一是通过收购国外企业,实现业务协同,促进国内销售提升和市场占有率提升;二是通过收购实现国内优质乳业龙头走出去,实现国际化战略,我国企业对国外乳制品企业的并购案例如表4-14所示。

表4-14　我国企业对国外乳制品企业的并购案例

时间	收购公司	标的公司	标的公司国家	收购股权比例(%)	交易额(亿元)	主营产品
2010年7月	光明乳业	新莱特乳业(Syn-lait)	新西兰	51	3.82	牛乳
2015年3月	光明食品	特努瓦(Tnuva)	以色列	77	153	有机酸奶、奶酪、鲜奶、黄油、甜点、乳清粉
2011年3月	澳优乳业	海普诺凯集团(Hyproca Dairy Group BV)	荷兰	51	1.5	羊奶粉、黄油
2017年5月	澳优乳业	ADP乳业	澳大利亚	100	1.2	奶粉等乳制品
2017年5月	澳优乳业	澳滋(Oz Farm)	澳大利亚	50	0.6	奶粉等乳制品

资料来源:公开资料整理

1. 光明食品/光明乳业(光明食品控股子公司)的并购。2010年,国内牛奶价格大幅上涨,叠加一系列食品安全事故带来的质量风险,为了优质而低成本的奶源,公司先后收购了新西兰的新莱特乳业(Synlait)和以色列的特努瓦(Tnuva)。新莱特乳业(Synlait)是当时新西兰五家独立的牛奶加工商之一,通过对新莱特乳业(Synlait)的收购,光明乳业可以以新莱特乳业(Synlait)为依托整合新西兰的优质奶源,一方面可以以此来推动国内市场的做大,另一方面可以扩大其在新西兰的业务发展。斥巨资收购特努瓦(Tnuva)则是光明食品通过收购实现业务大扩张的典型体现,特努瓦(Tnuva)是以色列最大的综合食品企业之一,其乳制品产业链相关产品、技术、市场等方面,在以色列均处于领先地位。收购以色列特努瓦(Tnuva)之后,光明食品将搭建起"海外优质奶业资源+中国市场"的业务模式,推进国内业务扩张;另一方面又快速做大了其国际业务,实现市场区域的扩张。

2. 澳优乳业并购。澳优乳业是国内市场领先的婴幼儿奶粉公司,主攻超高端市场,其建立之初就制定了国际化的发展战略。其后续持续的并购动作,一方面是掌控优质奶源,并获取海外市场;另一方面则是借助国外的奶源和品牌打造国内影响力,扩大国内市场。此外,通过收购,澳优乳业也在不断丰富产品线,如图4-39所示。

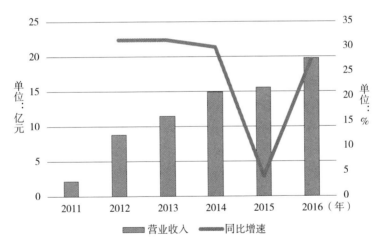

图4-39　澳优乳业收购海普诺凯集团(Hyproca Dairy Group BV)
　　　　后营业收入稳步增长

资料来源:万得

未来,随着中国乳制品行业持续发展和海内外持续并购,我国乳业发展必将快速从数量型向质量型转变,国内乳制品企业必须提高乳制品质量安全水平,细化乳制品市场,开发高端产品,增强养殖与加工等环节的食品安全管理能力,才能适应国内日益变化的产品消费结构升级,真正完成传统乳业向现代化乳业转型。

四、航空行业

世界航空工业发展上百年来,经历了诸多技术突破和行业变革,从军事到民用,航空行业的发展取得了长足进步。法国航空工业领域技术非常系统和全面,主要包括大型民用客机、运输机、军用战机、军用直升机等整机系统以及飞机发动机在内的关键零部件。中国可以通过投资法国的航空工业,弥补技术上的短板与经验上的不足,全面提升我国自主创新的能力,实现航空工业的健康快速发展,满足国防和国民经济建设的迫切需要,彻底扭转我国航空动力落后的被动局面,争取早日跻身世界航空的先进行列。

(一)航空行业概况

1. 航空行业简介

航空行业主要包括航空工业制造、军用航空、民用航空三大类。航空工业是研制、生产和修理航空器的工业。它是军民结合型工业,通常包括航空器产品制造和修理行业,以及独立的或隶属于企业的研究设计单位、试验基地和管理机构等。航空工业制造是技术密集型的产业,在军事和经济上具有重要地位和作用。军用航空是指用于军事目的的一切航空活动,主要包括作战、侦察、运输、警戒、训练和联合救生等方面。现代军用航空活动主要依靠飞机和直升机。民用航空是指使用航空器从事除了国防、警察和海关等国家航空活动以外的航空活动,民用航空活动是航空活动的一部分,同时以"使用"航空器界定了它和航空制造业的界限,用"非军事等性质"表明了它和军事航空等国家航空活动不同。民用航空又分为公共航空运输和通用航空两部分。

2. 航空行业的产业链概况

从产业链的角度以上中下游来划分,航空行业核心产业链可分为航空装备制造运行所需要的各类保障资源和技术基础、航空装备的制造加工以及航空运营三大板块。上游行业主要包括为航空器的制造通过复合工艺组合成各种原材料而生产新型的材料以及为航空器研发航电系统和机电系统等行业,这些行业主要为航空装备制造提供生产资料,是航空行业的重要组成部分。中游是制造部门,属于极为典型的知识和技术密集型行业,具有产品和工艺高度精密、综合性极强等特点。我国当前的航空装备制造整体上处于大而不强的形势,未来还有很大的发展空间。下游主要是航空运营商,尤其在通用航空方面,我国航空业发展的核心推动力在于航空运输的潜在需求被激发,因此航空运输运营是产业链所有环节发展的核心,包括飞机租赁、售后服务、运营管理、专业服务等,如图4-40所示。

(二)法国市场基本面:完整的航空工业体系,拥有很强的出口能力

1. 法国航空行业概况

法国是世界上发展航空工业最早的国家之一。第二次世界大战

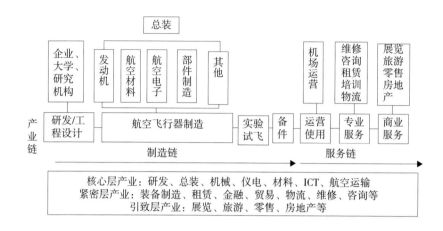

图 4-40 航空业产业链

资料来源：上海情报研究所

后,特别是 1958 年戴高乐执政后,法国坚持独立自主建设国防工业的方针政策。航空工业一直是法国国防工业建设的重点。到 20 世纪 50 年代末,法国航空工业基本建成完整的航空科研与工业体系。当前,法国的航空产品已能满足国内需要并有相当数量的出口。在民用航空领域,空客公司虽系法、德、英、西联合体,却是在原法国飞机公司基础上发展而成的,法国在其中占据主导地位。除了整机设计、制造和集成组装外,关键环节技术方面的复杂电子系统和关键部件的飞机发动机均由法国制造或集成制造。特别需要提及的是航空发动机,这是飞机最核心的部件,也是制约我国大飞机发展的瓶颈。法国赛峰集团旗下的斯奈克玛(SNECMA)公司为发动机专业制造商,产品包括民用发动机、军用发动机以及航天发动机。在民用飞机发动机领域,赛峰集团居世界第一,是空客、波音等公司的主要供应商,约占空客公司 70%和美国波音50%的发动机市场。

2. 法国航空行业的优势——高技术子行业

法国是一个高度发达的资本主义国家,作为欧洲航空航天行业的领导国家,法国在航空工业方面有着极高的造诣和技术水平,尤其在航空行业产业链上游的两个高技术子行业具有一定的优势,分别是航空电子系统行业和航空复合材料行业。

航空电子系统行业:航空电子系统是航空飞行器的"大脑"和"神经系统",航空电子系统的更新换代往往快于飞机整机的换代速度。航空电子系统全称是"综合航空电子系统",是一个采用分布式计算机结构,通过多路传输数据总线把多种机载电子设备(分系统)交联在一起的综合体电子系统,主要利用传感器的感知和控制来实现与其他机载子系统或飞行器及地面控制设备的通信。目前的航空电子系统包括无线电通信系统、雷达系统、综合显示系统、飞行控制系统、惯性导航和制导系统、告警系统、信息记录系统、照明系统等。航空电子系统与发动机系统、机电系统、机体系统并列为飞机的四大核心组成系统。航空电子系统的作用越来越重要,综合航空电子系统很大程度上决定了飞机的整体性能。

"需求+技术"驱动航空电子系统向综合化、信息化、网络化、模块化及智能化方向发展。需求牵引是航空电子发展的重要推动力:防务航空产品立体化、协同化新型作战模式需求,民用飞机的可靠性、安全性、经济性、舒适性等飞行需求,都对航空电子系统提出新要求,推动航空电子系统发展。技术推动是航空电子发展的不竭动力,独立、超前的发展模式不断推动航空电子技术、产品的发展,为飞机研制提供了高成熟度的技术和产品,不断缩短飞机研制周期。航空电子系统结构目前经历了分立式、联合式、综合式和先进综合式四个阶段,随着航空电子系统的发展,其系统越来越复杂,综合程度越来越高,未来航空电子技术的发展将朝着综合化、信息化、网络化、模块化及智能化方向发展,如图4-41所示。

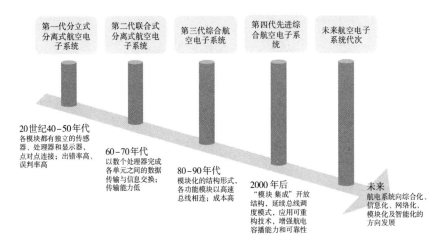

图4-41 航空电子系统发展经历的四个阶段

资料来源:公开资料整理

航空复合材料行业:航空复合材料由多种材料组合而成,碳纤维增强的树脂基复合材料最为先进。复合材料是由两种或两种以上不同性能、不同形态的材料通过复合工艺组合而成的新型材料。复合材料既能保持原材料的主要性能,又能通过复合效应与协同效应获得单一原材料不具备的性能,克服单一材料的缺点,从而满足各种不同的需求。航空器上应用的复合材料主要是非金属基复合材料,它是以一种非金属基材料为基体,另一种材料为增强体组合而成的材料。非金属基体主要有合成树脂、橡胶、陶瓷、石墨、碳等。增强材料主要有碳化硅纤维、石棉

纤维、晶须、金属丝和硬质细粒等。最具代表性、应用最广、最为重要的
先进复合材料是碳纤维增强的树脂基复合材料,如图 4-42 所示。

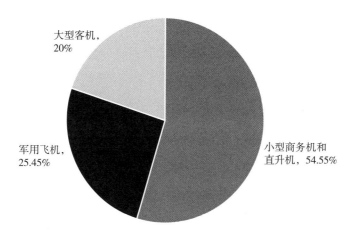

图 4-42　碳纤维复合材料在航空领域中的应用

资料来源:前瞻产业研究院

　　大型民用飞机复合材料的应用较广且随着飞机升级用量在不断增
加。以 B-777 为例,航空复合材料应用于飞机的雷达罩、机翼、起落架
舱门、方向舵等 20 多个不同部位。并且,随着大型民用飞机先进程度
的提升,复合材料在大型民用飞机中的用量在不断增加。

　　航空复合材料由纤维和树脂材料组成,根据纤维强度划分,纤维加
强型材料可分为碳纤维增强复合材料(CFRP)、玻璃钢(GFRP)等,
2013 年,增强复合材料(CFRP)占整个航空复合材料市场的 54.3%,玻
璃钢(GFRP)占 25.8%,预计到 2019 年,增强复合材料(CFRP)所占份
额会增长到 67.2%,玻璃钢(GFRP)会减少至 17.3%,如图 4-43 所示。

　　根据用途不同,航空复合材料可分为机身复合材料、航空发动机复
合材料、飞机内部复合材料。2013 年,机身所用复合材料占总体的

64.6%,航空发动机复合材料占 6.9%,飞行器内部占 28.5%;预计到 2019 年,机身所占比重会提高到 77.4%,航空发动机占 4.8%,飞行器 内部占 17.8%,如图 4-44 所示。

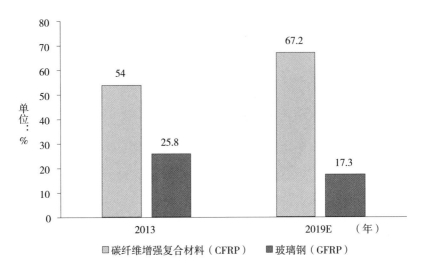

图 4-43　按纤维强度划分的复合材料市场结构

资料来源:前瞻产业研究院

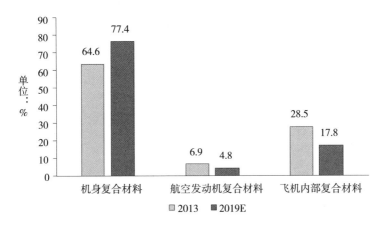

图 4-44　按用途划分的复合材料市场结构

资料来源:前瞻产业研究院

3. 法国航空行业政策

以立法形式确定科技研发政策,保证政策的持续性面对蓬勃发展的新技术革命。为推动科技进步,带动经济发展,法国国民议会先后制定和颁布了两部科技指导和规划法,以立法形式规定了科技投入占国内生产总值的比例、国家和企业研究与开发经费的年增长速度、重大科研项目和优先发展领域、促进科技成果转化的一系列方针和政策。1999 年法国国民教育、研究和技术部与财政、经济和工业部共同出资 2亿法郎,设立孵化器和启动基金。法国的科研机构、高校和私人投资者都可以申请这项资助,项目由科技界、企业界和金融界人士组成的委员会进行评审。为引导互助储蓄投向风险资本,1998 年《财政法》规定,如人寿保险合同认购者将 50% 的款项投资股票,其中 5% 投资风险资本企业、风险公共基金和发明公共投资基金,认购者将继续享受人寿保险税收优惠政策,即持股 8 年后享受税收豁免。为分担中小企业开发新产品的风险,法国设立了发明援助基金,任何 2000 雇员以下的中小企业在开发新产品时都可向法国发明署申请发明援助金,用于支付实验室科研费、雇员工资、专利申请费、发明产品研制费等,该资助为无息贷款形式,企业在产品投放市场后归还全部借款。每年约有 1000 个企业享用发明援助基金。

(三)法国航空行业的代表性企业

1. 空客公司(欧盟)

法国复合材料发展代表世界先进水平,与美国齐头并进。法国是世界上发展航空技术最早的国家之一,航空工业是法国军工综合体结构中首要的部门之一。空客公司于 20 世纪 70 年代中期开始复合材料的发展研究工作,20 世纪 80 年代中期研制了 A300 和 A310 复合材料方向舵及 A310、A320 垂直安定面并通过了适航审定,使空客公司积累了复合材料应用经验增强了信心。2000 年以来,为了加快复合材料应用技术的发展,提高欧洲大型民用飞机在航空市场上的竞争力,欧盟重点开展了 TANGO 及 ALCAS 研究计划,使欧洲在民用飞机结构研制中复合材料应用保持了自己的特色,在用量和技术水平上基本与美国齐头并进。

2. 赛峰集团

赛峰集团是法国的跨国企业,2005 年由生产飞机发动机、火箭发动机、航空航天部件的老牌企业斯奈克玛(SNECMA)和安全与信息提供商萨基姆(SAGEM)合并而成,总部设在巴黎,全球员工 9.2 万人。

赛峰集团 2016 年营业收入 225 亿美元,长期处于"全球航空航天 100 强排行榜"前 15 名的位置,现在已是仅次于美国联合技术(UTC)、GE 航空集团的全球第三大航空航天设备供应商。

(四)中国市场基本面:起步较晚,航空强国梦任重道远

相比法国,中国航空业起步晚,发展初期正值经济全球化时期,航空需求动力足;但是,中国空域管制严格,民航空域占比低,加上国内经济发展不均,市场呈两极分化。由于经济和地形结构的原因,中国航空业区域市场发展不均衡:东部地区、一线市场占比过大,中西部地区、三线市场的投入力度和发展程度滞后,市场两极分化明显。

从经济上来看,中国东部地区城市的经济水平和消费能力明显高

于中西部地区,且基建设施相对完善,航空客运的市场渗透率较高。因此,东部沿海市场目前是全国航空市场的主体,华东、华北和华南三地市场占全国的 65%。

从地形区域来看,西部地区处在我国第一二级阶梯,山地多、地形复杂,公路铁路网不及中东部地区密集,因此,中长距运输对航空的需求较大,西部地区相对中部和东北地区市场更发达。

从政策上来看,"十三五"规划是建设民航强国战略"两步走"的推进方案,至 2020 年,我国将初步建成民航强国。进入 2018 年,航空业接连迎来价格调整等三项重磅政策。2017 年 12 月 17 日发布《中国民用航空局　国家发展和改革委员会关于进一步推进民航国内航空旅客运输价格有关问题的通知》,2018 年 1 月 19 日,中国民用航空局开始实施修订后的《国内投资民用航空业规定》,这些政策有望推动企业通过市场化竞争做大做强。

(五)海外并购的思考:推进航空行业海外并购,整合资源完善产业布局

1. 航空电子领域并购案例——耐威科技收购瑞典赛莱克斯(Silex)

本次交易收购方耐威科技于 2015 年 5 月 14 日在深圳证券交易所创业板挂牌上市,公司自成立以来一直从事惯性导航系统、卫星导航产品的研发、生产与销售,形成了"惯性导航+卫星导航+组合导航"全覆盖的自主研发生产能力,是国内产品同时涵盖惯性及卫星导航,具有军工资质的为数不多的企业之一。公司生产的激光惯导系统已批量装备某型号战斗机,姿态参考系统广泛装备于航空、航海设备,客户涵盖国防装备、航空航海、科研教学、仪器制造等领域,如图 4-45 所示。

本次交易收购标的赛莱克斯(Silex)位于瑞典,收购前其 98% 股权被北京瑞通芯源半导体科技有限公司持有。赛莱克斯(Silex)是MEMS(微机电系统)代工领域龙头企业,能够制造加速度、压力、惯性、流量、红外等多种传感器,微镜、高性能陀螺、光开关、硅麦克风等多种器件以及各种 MEMS 基本结构模块。产品终端应用涵盖了通信、生物医疗、工业及科学、消费电子等领域,客户遍布北美地区、欧洲和亚洲,产品应用覆盖了工业、生物医疗、通信和消费电子等领域,如图 4-46 所示。

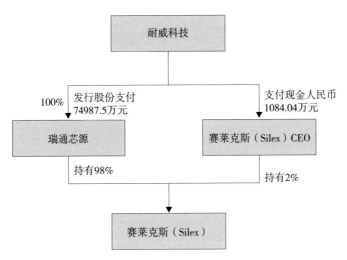

图 4-45　耐威科技收购赛莱克斯(Silex)交易方案概述

资料来源:耐威科技公告

2.航空复合材料领域并购案例——西飞收购 FACC

本次交易收购方西飞是中航工业集团下属的科研、生产一体化的

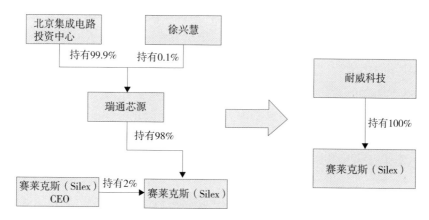

图 4-46　耐威科技收购赛莱克斯(Silex)交易完成后股权变化

资料来源:耐威科技公告

大型航空工业企业,是我国大中型飞机研制生产定点基地,拥有一家上市公司、数家中外合资企业和40多家控股、参股企业。

本次交易收购标的 FACC 成立于 1989 年,是从事开发、设计和制造复合材料部件和系统的专业化公司,主要产品包括航空结构构件及系统和航空内饰产品及系统两大类,总部设在奥地利,2009 年总资产 2.76 亿欧元,年销售收入超 2.5 亿欧元。

FACC 主营业务的特点是高投入、回报周期长。受到国际金融危机的影响,FACC 原股东有意出售股权。FACC 原大股东汉尼·安道士认为,西飞收购 FACC 股权,有利于 FACC 的进一步发展,他将继续支持 FACC 的发展。

中国航空产业链尚不完整,但拥有世界最大的市场空间,若能将国外技术引进,将弥补中国在经验积累方面的劣势,与现在业务能力高度互补,更好地满足全球客户快速发展的需求,提升航空业务的能力。同时,并购双方可进军对方国家市场,进一步整合航空产业链资源及完善相关产业布局,形成覆盖"前端研发、中端制造、末端市场"的完整产业链条。

第 五 章

意大利*

近年来,意大利经济政治情况波动较大,投资环境变幻莫测,风险与机遇并存。本章重点介绍了意大利目前的投资环境,列举了一些值得关注的重点行业和中国投资并购意大利企业的突出案例,并基于这些信息总结了对意大利投资的特点和趋势。

第一节　意大利投资环境

经历了 2008 年金融危机后的多年低迷,意大利经济已出现复苏势头,失业率有所下降,但其经济形势仍存"隐忧",投资环境的机遇与风

　　* 意大利:本章写作过程中得到中国银行米兰分行程丽、张政的大力协助,特此致谢。

险并存。一方面,意大利作为一个传统的工业强国,许多中小企业都具有较高的投资价值;另一方面,政治上的高度不确定性成为对意大利投资的最大挑战。

一、宏观经济发展不平衡

从 2008 年全球金融危机开始,意大利经济进入衰退期。近十年来,意大利经济发展饱受政府财政赤字和公共债务居高不下的困扰,导致其在欧元区内的经济增长一直处于落后状态,表 5-1 展示了意大利 2013—2017 年主要经济数据。2017 年,意大利 GDP 总量达 1.92 万亿美元,排名全球第九,占比 2.46%,人均 GDP 达 31618 美元。2017 年意大利经济增长 1.5%,呈回暖态势,赤字率为 2.1%,负债率达到 132.1%,排在欧盟国家的最后一名。经合组织 2018 年 3 月 13 日在中期经济报告中指出,2019 年和 2020 年两年意大利经济将继续增长,但相对于德国和法国来说会保持"更加温和的速度"。2018 年法国 GDP 为 1.7 万亿欧元,同比增长 1.7%,预计 2019 年为 1.3%。

表 5-1　2013—2017 年意大利经济数据

	2017 年	2016 年	2015 年	2014 年	2013 年
CPI 通货膨胀率(%)	1.23	-0.12	0.04	0.24	1.22
名义人均 GDP(万美元)	3.20	3.07	3.02	3.04	3.54
GDP(万亿美元)	1.93	1.86	1.83	2.15	2.13
实际经济增长率(%)	1.5	0.86	0.95	0.11	-1.73

资料来源:意大利宏观经济数据,见 http://finance.sina.com.cn/worldmac/nation_IT.shtml。

欧盟委员会 2017 年 2 月发布了一份针对意大利宏观经济的评估报告。报告认为,意大利国内宏观经济仍处于极不平衡状态:一是政府财政赤字仍处于相当高水平之上,这是导致其经济状况不稳定的主要因素,从而限制了政府为结构性改革提供财政资助空间;二是与世界上其他国家相比,意大利在成本和价格方面的竞争差距并未缩小,主要表现为通货膨胀率仍维持在低水平之上,而劳动生产率增幅也很低;三是不良贷款累计总额在意大利银行发放的贷款总额中所占比重很高,从而限制了银行为经济增长提供融资的能力;四是尽管意大利劳工市场现状有所改善,尤其是年轻失业者和长期失业者数量呈下降走势,但其国内总体失业率依然维持在相当高的水平上。

报告强调,总体上说,意大利国内经济已经出现复苏势头,如图 5-1 所示。但是意大利政府目前只在某些方面的改善取得了成绩,如在推进财政预算体制改革领域取得了显著改善;在民事司法、劳工市场和银行业改革领域取得了一定程度进展;在税务、商业竞争和政府行政改革领域仅取得有限进展;而在打击贪污和犯罪领域则未有任何进展。

2018 年 3 月 7 日,欧盟委员会根据对欧洲经济定期监管发布的报告,报告显示,由于巨额债务和疲弱的银行业,意大利是欧盟成员国中面临经济风险最大的经济体之一。关于意大利,欧盟委员会认为其依然存在"严重的经济失衡",包括"高额的债务、生产率增长长期乏力、大量不良贷款(虽然开始下降)以及失业率问题"。报告认为,由于结构性平衡恶化,意大利公共债务虽已稳定,但并没有出现下降趋势。报告还指出,意大利批准和实施结构性经济改革的动力已经"减弱"。

概括而言,虽然意大利经济已出现复苏势头,失业率有所下降,但

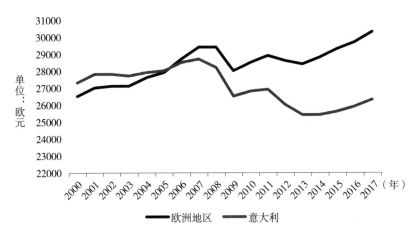

图 5-1　意大利实际国内实际人均 GDP

资料来源:欧盟统计局、高盛研究

作为欧元区第三大经济体,意大利经济目前仍存"隐忧",依旧较高的负债率和失业率以及低于欧盟国家平均水平的经济增速仍然是令欧盟头疼的问题。而政治不确定性也有可能影响刚刚复苏的意大利经济增长甚至欧元区的整体经济走势。同时,国际货币基金组织(IMF)认为未来几年意大利经济仍面临众多不利因素挑战,其中包括英国脱欧和金融市场动荡等,而意大利经济在应对这些挑战时显得过于脆弱,经济复苏未来几年将保持温和,因此政府必须加快其国内结构性预算调整并加速国有企业私有化进程。预计未来一段时间意大利经济仍将保持缓慢增长的势头,但与欧元区平均增速仍有明显差距。

二、产业结构

根据 IMF 2016 年对世界各经济体 GDP 总量的排名,意大利是欧洲第四大、世界第八大经济体,以制造业和中小企业闻名。意大利的中小企业数量占企业总数的95%以上,约占GDP的70%左右,因此又被誉为"中小企业王国"。同时,意大利是欧洲第二大制造国,全球第七大制造国,其制造业从业人员占总就业比例处于欧洲较高位。在二十国集团(G20)中,意大利制造业的贸易顺差排在第五位。

意大利经济体系包括440万家各类企业,其中绝大多数是小型和中型企业(中小型企业)。意大利地区经济发展不平衡,在地理上可以划分成以私营公司为主的北部产业发达地区,以及失业率较高的南部欠发达地区。北部地区工商业发达,都灵、米兰和威尼斯构成的工业区是欧洲最繁荣的工业产区之一,占国民收入的50%之上。而南部地区以农业为主,经济较为落后。

意大利经济主体为服务业,2016年服务业产值约占国内生产总值的74%,该行业同时也是增长最快的行业。旅游业、零售业和金融服务业为该行业的重要组成部分。工业约占国内生产总值的18.5%,其余则来自农业。汽车、时尚及奢侈品、生命科学、航空航天、化工、信息及通信技术、物流、可再生能源以及精密机械是意大利制造领域的重要行业。

意大利拥有141个产业集群,这也是意大利工业体系的一个重要特征。国家和大区立法以及企业平均规模较小这两个因素促成了2003年以来产业集群数量的显著增长,推动了业界在同一供应链和行业内建立起地缘相近企业的有机联合体。意大利的产业集群主要基于位于某个特定区域的中小型企业之间的合作及相互依存,该特点一直是意大利历史上的经济优势之一,对收入和就业的增长以及确保产品的最高质量和独创性有着显著的贡献。

三、投资机遇分析

意大利工业发达,拥有 500 多万家企业,其中95%以上都是中小企业。这些数量众多的中小企业生产的高质量产品覆盖多个行业部门,在国际市场具有极强的竞争力,其中制造业尤为突出,机械、家具制造、皮鞋和纺织都是优势领域。很多意大利企业掌握着世界领先技术并拥有高价值品牌,特别是时装、皮具、纺织、家私、工业设计等领域的百年品牌老店,在全球范围内拥有广大客户群体,是外国企业技术升级和拓展市场的上佳选择,同时这些家族式经营的中小企业独特的管理方法和技术,也具有较强的国际性和核心竞争力。而近年来受宏观经济影响,很多意大利的中小企业都面临较大的资金和运营压力,也有很多家族企业不得不面对代际传承的问题,它们都渴望通过与外部的产业合作来摆脱困境。

另一方面,中国企业经过 40 年的改革开放发展,具备了一定的资金、技术和配套生产能力,目前正处于供给侧改革和产业升级的结构性优化阶段,需要通过产品的技术升级或品牌升级或多元化经营来提高市场核心竞争力。意大利众多中小企业在产品质量、技术方面积累的经验都为当前中国企业的发展需求提供了良好的切入点,中国企业可以通过并购拥有领先的先进技术或高价值品牌的意大利公司,将之与国内庞大的市场需求进行对接,实现收购方与被收购方双赢,同时或可为公司现有产品带来管理、研发、销售等方面的协同效应。

据科尼尔咨询公司数据显示,意大利已成为全球第13大投资目的地,尽管一定程度上会受到政局变动带来的影响,但总体趋于稳定,而之前政府出台的一些政策,如就业法案,都起到了一定的积极作用。如图5-2所示,2008年至2018年1月,中国对意大利的并购交易公告61项,主要涉及行业为工业产品及服务业、休闲业、消费品。中意两国双向投资快速增长,特别是中国在意大利投资金额持续增长、领域更加广泛、模式更趋多元化,截至2016年年底,中国对意大利投资已超过110亿美元。

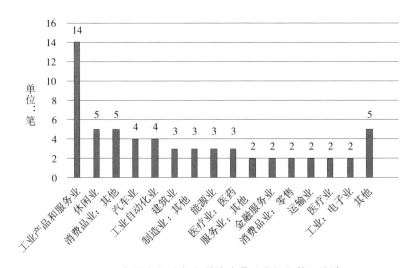

图5-2　中国企业对意大利并购项目分行业数量统计

资料来源:德勤

四、投资风险

巨大的政治不确定性是近些年抑制外资在意大利投资的重大障

碍。意大利政府的频繁变更导致政策连续性差,给外国投资带来很大的不确定性。同时,意大利的法律体系繁冗复杂,税务、劳工、社会保险、环境保护等方面的规定五花八门,办事人员对政策的理解和执行随意性很强;意大利国内审批程序较为繁杂,工作效率较低;行业协会组织力量强大,制定很多旨在保护会员企业的技术性法规,对外来投资造成一定困扰;工会势力强大,对外国企业"落地"和经营也带来了很大困扰。同时,意大利国内赋税较重,企业经营成本高,在一定程度上也影响了外国企业在意大利的投资。

第二节　投资行业分析

家族企业代表了意大利制造的最高水平,其生产的个人消费品在世界范围内占据非常重要的地位。意大利制造的优势产业主要体现为制鞋、服装、珠宝、汽车等行业,大多属于生活类消费品。意式企业使用顶级工艺和材料,将产品的质量和体验做到极致,从而避开同质化低利润的传统制造"红海",进入差异化高利润的体验经济"蓝海",其本质是推动企业产出从提供产品向营造体验转变,从而使制造业从产品经济升级为体验经济。

根据意大利工业家联合会研究机构 CSC 公布的排名,2016 年意大利仍保持世界第七大制造业强国的位置,在欧盟位居第二。这意味着尽管企业贷款增长依然疲软,但意大利工业正在从危机中复苏。

IHS 对欧洲大陆制造业的最新深入调查显示,意大利制造业在

2017 年夏天表现抢眼,经理人采购指数达到六年半来的最高值 56.3,高于预期的 55.3。

一、时尚业①

意大利有着全球最为活跃的时尚和奢侈品行业,2018 年意大利时尚业整体销售额近 900 亿欧元,已经恢复到 2008 年全球金融危机前的水平。② 毋庸置疑,时尚业是对意大利经济具有最重要影响的行业之一。

意大利时装业从 20 世纪 50 年代开始发展,起步比邻国法国稍晚一些。但在短短几十年内,就凭借其卓越的工艺和高档的品质扬名国际。如今米兰是意大利的时尚中心,是许多时尚企业的福地,也是展示时尚业万象的舞台。在整个面料—服装—时尚行业链上,意大利秉承对每个生产环节的精益求精,在全国普遍缺乏生产原料的情况下,将时尚业打造成极其先进的生产行业,创造了意大利时尚工业的奇迹。获得成功和掌握优势的秘诀便是意大利奇妙的创意和先进的工业技术,

---

① 时尚业的内涵非常宽泛,并不是一个独立的产业门类,而是通过各种技艺、创意、传播、消费的因素,对各类传统产业资源要素进行整合、提升、组合后形成的一种较为独特的产品、商品运作模式。在产业层次上,主要表现为以下三个层次:核心层:对人体进行装饰和美化的个人时尚用品,包括时装、鞋帽、皮具、服饰配品、美容美发,乃至珠宝首饰等;扩展层:对人在生活所处的小环境进行装饰和美化的家居时尚用品,包括家居用具、家居装潢、家具寝具等;延伸层:对人生存和发展中相关的事物、情状进行装饰和美化的环境时尚化工程,包括时尚社区、时尚街区,乃至时尚城市的营造。

② 新思界:《2018—2022 年意大利时尚产业市场深度分析报告》,2018 年 9 月 14 日。

打造了独一无二的"意大利制造"纺织、服装、皮革、皮具与鞋业等知名行业。

以拥有超过1.8万名雇员数以及每年五十多亿欧元营业额的意大利制革行业为例,意大利是传统皮革生产国,其生产工艺、生产流程的高技术水平以及由此而来的高档产品质量,都位于世界领先地位。意大利皮革占欧洲皮革总生产量的65%,全球皮革总生产量的20%。意大利皮革生产企业主要分布在维琴察、托斯卡纳、索洛夫拉和米兰四大生产区域,属于国际导向性企业,绝大多数与国外供应商和客户都有着密切的合作关系。欧盟是意大利皮革的主要出口地区,份额超过50%。但若从单个出口国家或地区看,意大利皮革出口到中国的份额最大,约占意大利出口皮革总量的20%。

整体来看,除了几大巨头,如高级时装业的普拉达(Prada)、古驰(Gucci)、阿玛尼(Armani)、卡沃利(Cavalli)、菲拉格慕(Ferragamo)、埃尔梅内吉尔多·杰尼亚(Ermenegildo Zegna)、葆蝶家(Bottega Veneta)等;手表及珠宝业的宝格丽(Bulgari);眼镜业的陆逊梯卡(Luxottica)、霞飞诺(Safilo);以及游艇业的佩里尼(Perini)、阿兹慕(Azimut)、菲尔蒂(Ferretti),掌控着意大利时尚行业以外,大量中小型企业,如位于时装业高端市场的奇顿(Kiton)、卡纳利(Canali)、克莱利亚尼(Corneliani)、布莱奥尼(Brioni);位于家具业高端市场的米诺蒂(Minotti)和B&B,也在各自发挥自身优势,将创造力与制造技术巧妙结合,为"意大利制造"做出卓越贡献。

2008年全球金融危机以来,尽管受政治、经济局势波动的负面影响,意大利时尚产业仍然继续稳步发展,其占意大利整体制造业比例约为 18%。出口约占意大利制造业的四分之一。其中时装业尤为突出，时装年销售额达到 526 亿欧元，占意大利国民生产总值约 3%，占欧盟时装产业比例约为 35%，时装产品的出口额占意大利总出口额约为 8.7%。在欧洲的纺织、服装、皮具、鞋类（以下简称"TLFC"）制造业中，意大利雇员人数最多，占到了整个行业欧洲雇员总数的四分之一。而意大利纺织品的出口量也在欧洲遥遥领先，与比利时、德国、法国、西班牙和英国共同占据了欧洲纺织品出口总额的 80%。意大利还是欧洲第一大鞋类出口国，是全世界 15 大出口国之一。当其他国家，如西班牙和罗马尼亚深受行业危机重创，工作岗位减少 50% 时，意大利和德国这些 TLFC 制造业国家成功将裁员比例控制在 15%。2016 年意大利时尚行业销售额规模排名第一位的是陆逊梯卡（Luxottica），约为 91 亿欧元，是排名第二位普拉达（Prada）（32 亿欧元）的三倍。销售额增幅最大的则为华伦天奴（Valentino），2012—2016 年期间，华伦天奴（Valentino）的销售额增长了 155.6%，接下来是意大利内衣及袜业制造商卡赞尼（Calzedonia），增长了 41.6%。目前意大利的奢侈品购买者中，有 33% 来自中国，比例远高于其他国家。

即便意大利整体经济表现不佳，但其时尚业依然非常健康、现金充足、财务状况良好，并保持了出口导向的状态，盈利状况也相当可观。意大利时尚领域的企业善于通过各种战略将所获利润保留在企业内部，这也是这些企业相较法国同行拥有更好的稳定性和更强的流动性的原因所在。2012 年至 2016 年间，意大利业绩排名前 15 名的时尚企业累计净利润超 100 亿欧元，但累积分配的股息仅为 55 亿欧元（平均股息分配率为 54.6%，低于意大利大型制造业企业的平均值 69.3%）。

另一方面,意大利时尚企业的负债率(22.7%)也远低于法国同行(35.5%),这其中的佼佼者当属基本无金融债务的阿玛尼(Armani)、迪赛(Diesel)母公司 OTB 集团和卡赞尼(Calzedonia)。流动性比率(清偿能力)方面,意大利时尚企业的平均值为 120%,而法国时尚企业则为 51.2%。Max Mara 集团流动资产高达 11 亿欧元,阿玛尼(Armani)则为 8.81 亿欧元,意大利鞋履品牌健乐士(Geox)母公司 LIR 则为 4.28 亿欧元。

意大利时尚产业的稳健发展离不开健全高效的政府管理体系,时尚产业被认作意大利的国民支柱产业,国家政府监督各个大区政府,而各个大区政府又具备自治权和自主权。政府根据不同地方的特点,划定产业集群区域,增加人才的储备,提高时尚产业从业者素质,特别对于创新技术与开发的高精尖人才,政府一律给予大力资助。

意大利时尚产业的优势和卓越更带来了海外投资的重要增长。2000 年至 2014 年,约 150 家意大利时尚奢侈品行业企业引进了外资。与最初几年主要是西方国家投资不同的是,近年来新兴国家对意大利时尚产业也有着浓厚的兴趣,特别是远东地区国家和海湾地区国家。

时尚行业适合开放和自由的环境,设置壁垒或是可能影响自由的情况都会对时尚行业造成影响。虽然目前全球的政治环境并不稳定,并且存在继续恶化的可能性,但意大利时尚行业非常重视多渠道零售,依靠这种多样性,尽管全球的政治大环境并不稳定,意大利时尚行业依然能够保持相对乐观的预期。即使在汇率波动压力下,意大利时尚企业 2017 年的整体业绩依然向好,且由于许多企业选择了减少新增门店从而降低成本的运营战略,未来意大利时尚企业销售额仍将实现一定速度的增长。

二、汽车和汽车零配件制造业

汽车业是意大利制造领域的明星行业,特别是大型汽车制造公司,如法拉利(Ferrari)、阿尔法·罗密欧(Alfa Romeo)、菲亚特等,与其他机动车辆制造商的共存,为中小企业创造了重要的经济纽带。根据意大利汽车工业协会报告,2017 年度意大利汽车销量前五名里,来自菲亚特及旗下品牌的车型就占据了四席,前十名占据六席。菲亚特Panda 以 144505 台的销量,位于 2017 年度销量冠军。

意大利汽车零配件生产历史悠久,特别是轮胎与精密机械、器具机械、齿轮、连接件和模具的生产都处于世界领先地位。目前,该行业从业人员达 19 万人,年产值在 300 亿美元左右,约一半供出口。其中,玛涅蒂马瑞利公司是意大利最大的汽车零配件生产商,2016 年,玛涅蒂马瑞利公司全球整车配套销售额达到 82.32 亿美元,如表 5-2 所示。

表 5-2　意大利汽车零部件主要企业全球整车配套销售额

单位:亿美元

公　司	2016 年	2015 年	2014 年
玛涅蒂马瑞利	82.32	74.25	80.52

资料来源:公开资料整理

意大利汽车零配件的重点企业还包括:(1)布鲁果拉 OEB 工业股份公司(Brugola),成立于 1926 年,是世界上最大的汽车工业固定件生产企业之一;(2)Bitron 公司,成立于 1994 年,经营范围包括汽车、摩托车、机械设备等,公司主要为整车企业提供汽车用电器和电子器具、开关、手柄、按钮、车身零件、刮雨器等产品;(3)Brembo 公司,成立于 1961 年,是意大利生产刹车制动系统的领头企业,也是很多著名汽车厂商产品的第一供货商。

另外,意大利政府对于本土汽车行业的支持可谓无微不至,不仅在政策上提供各种优惠,而且在企业购置土地、建设厂房、购置设备、基础建设、专利申请等很多领域提供资金上的援助。对于汽车配件行业,它按欧盟社会基金设定的标准进行扶助:(1)在目标 1 区域内,中小企业的受援额可达 45%,大型企业可达 35%;(2)在目标 2 区域内,中小型企业可获得 15% 的援助额度,而大型企业可获 8%。

三、家具制造业

意大利家具业①有丰厚的历史渊源,与本国艺术、建筑、工艺和经济的发展有着紧密的联系。从文艺复兴时期至今,意大利家具风格主要为巴洛克、洛可可、罗马和拜占庭,第二次世界大战后来自托斯卡纳、威尼斯和米兰三大家具风格成为意大利家具风格的主要代表。意大利拥有从木材生产、加工、家具配件生产到家具生产、组装、抛光等完整产业链,家具业高度密集,手工技艺历史悠久,产品设计和创新能力较强,融传统制作工艺和现代科技于一体。其家具业生产模式的主要特点是

---

① 本书中家具业指的是从家居产品设计到后续的材料安装直至成品完成的整个产业链。

将数量众多的中小型家族企业聚集在工业园区,从而使得意大利的家具家装企业具有极强的灵活性和市场适应能力,目前意大利共有 16 个家具家装业工业园区。

意大利是欧洲木制家具的最大出口国,出口额约是第二名德国的两倍。2017 年意大利家具行业生产总额达到 269 亿欧元,增长 2.1%。出口方面,意大利家具出口总额达 143 亿欧元。意大利家具在中国市场有高达 38.5%的巨幅增长,总额达 5.18 亿欧元。① 意大利在欧洲的优势在家具产地分布上也较为明显,产量前三位的欧洲地区中有两个在意大利:伦巴第大区和威尼托大区。

意大利家具业的卓越主要体现在两个方面:创新先进的设计和木制家具的制作。原木和设计是意大利家具产业的基石。木材本身具备极高的审美价值,赋予多样的加工技术,让木制家具成为意大利家具行业的支柱,其显著的特色也让大多数国家对意大利家具向来颇为推崇。同时,意大利家具生产商会优先使用产自认证地区的环保材料,对环境的尊重进一步提高了意大利家具的附加值,为"意大利制造"家具在国际上赢得了无法撼动的好口碑。意大利家具获得的 FSC 认证的数量在世界排名第五、欧洲排名第三,该认证标准保证投入生产的木材来自完全采用严格环境、社会及经济标准管理的森林。

意大利家具业在 2008 年全球金融危机后受到了房地产经济泡沫破灭的严重影响,主要合作伙伴如美国、英国、西班牙、葡萄牙和希腊都大幅缩减了对意大利家具的需求。但意大利家具业随即调整了经营策

---

① 《2017 年意大利家具行业生产总额 269 亿欧元》,2018 年 4 月 28 日,见 ht-tp://m.china1 baogao.com/data/20180428/3333768.html。

略,新兴国家带来的新市场开始成为其重要客户,从而保证有足够的应变能力来确保复苏。2012 年出口额开始增加,贸易顺差恢复到正值。其中,老客户的回归对出口增长的贡献较大,特别是美国,投入了大量流动资金以得到最好的产品。未来的意大利家具行业,特别是木制家具业,仍然是意大利经济崛起的重要角色,是经济发展的强力支柱。

随着意大利制造和意大利设计风格被越来越多的中国人了解和认可,以及中国高端消费群体的逐步扩大,很多意大利家具品牌也愈发看重中国市场的消费潜质,开始在中国开店或通过中国合作伙伴进行代理销售。2009 年到 2021 年期间,意大利向中国出口的家具贸易量不断上涨。

四、食品及农副食品业

食品业在意大利制造业中居第二位,其中葡萄酒是意大利的标志产品,约占整个意大利食品工业出口量的 20%。其他特色农副食品还包括:意大利面、蔬菜罐头、橄榄油、大米、甜食糕点、肉食制品(尤其是猪肉制品)和奶制品等。意大利三分之二的农业食品出口集中在德国、法国和英国等欧盟国家。

根据意大利自耕农协会的年度报告显示,2017 年意大利农副食品出口额预计突破 400 亿欧元,比 2016 年增长 6%。其中葡萄酒、猪肉制品和奶酪拉动了农副食品出口增长。数据显示,意大利农副食品出口仍然具有很大的增长空间,目前威内托、伦巴第、艾米利亚—罗马涅和皮埃蒙特四个大区的出口额占全意大利出口额的 60%,而南部地区的出口份额不到 20%。报告强调,非欧盟国家市场 2017 年表现抢眼,占意大利农副食品出口份额的 35%,其中对中国和俄罗斯的出口增长超过了 20%。意大利目前在全球农副食品出口排名中位列第八位,前七名依次是美国、荷兰、德国、智利、巴西、法国和西班牙。

2017 年,意大利葡萄酒出口额创纪录达到 60 亿欧元,同比增长 7%。[①] 尽管受到欧元对美元汇率上涨的影响,2017 年意大利出口美国的葡萄酒同比增长 6%,美国仍是意大利葡萄酒第一大出口国;对德国的出口排名第二位,同比增长 3%;英国同比增长 8%。而在俄罗斯,意大利葡萄酒幸运地没有被列入到进口食品全面禁运的名单中,且同比增长了 47%;对中国,意大利葡萄酒出口同比增长了 25%。

意大利食品行业增长远超 GDP 增幅,对意大利经济增长贡献巨大。食品行业增长的主要原因是加工技术创新,从而生产出更多具有独特风格的产品,丰富了产品类别。同时,加大对海外市场的开拓并取得了较大成功,食品业出口增长迅猛。

在食品安全方面,意大利也位于世界第一位,仅有 0.3% 的农副食品可查出超出限制的化学残留,是欧洲平均值的五分之一,比非欧盟国家的平均值低 26 倍。因为拥有大量有机农业企业和多样化的生物种类,意大利在法定原产地标识(DOP)/法定地理产区标识(IPG)标准产品数量上也领先于其他欧洲国家,这些因素都大大提高了意大利农副食品的附加值,进一步巩固了国际上的认可度。

意大利食品联合会(FEDERALL MENTARE)是意大利食品业的龙

---

① 《2017 年意大利葡萄酒出口额再创新高》,2018 年 1 月 5 日,见 https://www.putaojiu.com/news.201801158957.html。

头机构,下辖 17 个行业协会,拥有 3 万家会员企业,从业人口 35 万人,担负着本国 70%农产品的加工任务。

意大利有数量众多的食品研究实验室与科研中心,并与欧洲其他国家有关机构维持着长期深度合作的关系。目前,中国与意大利在食品安全领域已经逐步建立起了一个从国家到科研院所的多层次合作关系,互相交流、共同研发相关的新技术。

意大利农副食品业吸引了大量的国外投资,特别是 2008 年全球金融危机后的这些年。得益于产品的独特性、土壤的质量、生产加工的技术水平以及意大利美食的广泛认可度,越来越多的外国企业倾向于投资并收购意大利食品企业。2013 年年底,近 2 万名外国农业企业家在意大利工作,2013 年至 2017 年在意大利经营食品行业的外国公司增长了 11%。目前在意大利工作的农业企业家中大多数来自瑞士,其次来自德国和法国。来自新兴国家的投资也在进一步上升中。除了外国企业,意大利本土的新投资也在增加,投资人的年龄约有 60%为 50 岁以下,表明了食品业实际上越来越成为意大利和外国年轻人愿意投资的行业。

食品是中意经贸合作中十分重要的组成部分之一。2017 年意大利的农业食品对中国出口超过 4.6 亿欧元,增长 18%。其中葡萄酒出口达到 1.2 亿欧元,增幅上涨了 21%;橄榄油总出口额超过 4000 万欧元,各类奶酪出口额为 1700 万欧元,二者增长率分别达到 41%和 34%;意大利面在我国销量达到 2300 万欧元,增幅超过 20%,快速上涨的数据显示了中国消费者对于意大利食品日益增长的购买需求。

意大利虽然拥有非常密集的农业产业,但和大工业化背景下的生产不同的是,意大利通过运用先进的工业技术来保证农业产品拥有非常高的质量。同时,意大利还保存了传统和地域特色相结合的独特农业生产方式,在大规模生产中,避免了终端产品同质化的风险,印证了人们常说的意大利农业和食品生产的"多样性和特殊性"。技术、能力和工艺不仅保证了意大利食品的优良品质,也保证了安全性和丰富的口感。

在中意战略合作关系的具体实施步骤上,有三个预定的目标,即产量提升、机械化和食品安全。意大利在农业生产流程机械化、种植控制与管理系统开发和制造、农业生产与市场产品需求结合、农业从业人员培训和农村地区管理与国家管理相结合等方面有稳定的传统优势,可汇集意大利的成功实践经验,意大利企业和中国企业间的合作方向在于,把从种植到收获后处理的整个生产工序上的"意式经验和能力"转移到中国,以便能够在中国取得产品质量的提高,更广泛地说,获得各个生产环节的改善。

第三节 投资案例分析

近年来,越来越多的中国企业选择收购意大利本土企业,进行海外扩张和投资。一方面,中国本土企业通过收购全球知名品牌,提高自己的品牌竞争力和研发、设计能力;另一方面,中国资本的注入为意大利企业的发展提供了坚实的资本基础,为其产品进入新兴市场提供了渠道,最终实现双赢。

一、卧龙电气收购 SIR 公司

2014 年 12 月 10 日,卧龙电气公告与意大利 Barbieri & Tarozzi 公司及卢恰诺·帕索尼(Luciano Passoni)个人签署股份转让协议,收购工业机器人集成应用制造商 SIR 公司 89% 股份,收购价格约 1780 万欧元。

卧龙电气创建于 1998 年,2002 年 6 月在上海证券交易所上市。公司业务集电机与控制、输变电、电源电池三大产品链,产品涵盖各类微特电机及控制、低压电机及控制、高压电机及控制、电源电池及输变设备等 40 大系列 3000 多个品种,主导产品引领国际、国内主流市场并配套诸多国家重点工程项目。生产基地遍布中国上虞、绍兴、杭州等十余个城市,以及奥地利、德国、意大利、英国、塞尔维亚等国家。在中国杭州、日本大阪、荷兰埃因霍温三地建有三个电机及驱动控制技术研究机构。卧龙电气综合实力位居中国电机制造行业榜首。

意大利机器人应用公司 SIR,成立于 1984 年,致力于提供成套工业生产自动化解决方案与工业生产机器人的前端性技术研发和制造。经过三十余年产业耕耘和技术发展,SIR 公司已掌握在处理加工、灵活拾取、视觉识别、焊接或处理等机器人集成系统方面的国际一流技术,成为意大利最大的机器人生产线解决方案提供商和欧洲顶尖的机器人集成应用制造商。其产品被广泛应用于航天航空、汽车制造、冶金铸造、工程机械、家用电器、物流等行业,拥有法拉利(Ferrari)、兰博基尼、奔驰、宝马、ABB 等世界知名优质客户群。2011—2013 年在全球成功配套 3000 个机器人集成应用系统。随着产业技术的广泛应用和企业经营发展的步伐加快,被收购前的 SIR 公司一直在寻求涉足国际市场的契机,尤其是在中国市场开展产品技术推广、销售渠道布局和市场资源整合工作的合作机遇,以期在中国市场占据行业领先地位,但由于长久以来一直未能找到合适的实现路径,其中国市场的业务拓展工作也一直未能实现突破。

卧龙电气的收购初衷是从企业发展的战略角度出发,既是看好机器人的自动化发展前景,又因为机器人的动作实施都是通过大量的电机控制精密动作来实现,由此可以将机器人行业视同为电机驱动控制技术的顶尖应用领域。从这个角度来看,SIR 公司掌握工业自动化控制技术的实现路径与卧龙电气发展电机驱动控制产业的战略意图不谋而合。收购完成后,SIR 公司在持续推进欧洲市场稳步发展的同时,还可以依托卧龙电气现有的销售渠道和市场影响力来积极发展中国乃至亚洲市场的拓展。而卧龙电气则充分利用 SIR 公司在工业机器人自动化领域的先进技术和经验,积极开拓国内外工业机器人自动化装备市场,提高我国高端制造装备国产化水平,加速企业和行业的转型升级。同时,双方还将充分利用企业资源,通过欧洲和中国工厂间高中低端技术和产品的协同配套,提高整体协同生产制造能力,以期实现良好的协同效益。

二、刚泰集团收购布契拉提(Buccellati)公司

2016 年 12 月 24 日,刚泰集团公告将通过香港全资子公司悦隆实

业有限公司以约 1.95 亿欧元(相当于布契拉提(Buccellati)5.5 倍的净资产)收购意大利著名珠宝商布契拉提(Buccellati)85%的股权。收购完成后,布契拉提(Buccellati)原有管理团队与家族成员职务保持不变,继续参与公司治理与运作。同时,针对亚太地区特别是中国市场近年来的消费升级浪潮,刚泰集团与布契拉提(Buccellati)董事会达成了高度共识,根据刚泰集团公告披露,未来计划投资 34 亿元人民币用于布契拉提(Buccellati)营销网络建设项目,包括在亚太、中东、北美地区和欧洲范围内建设 88 家直营店。2017 年 11 月 9 日,布契拉提(Buccellati)的中国首家精品店在上海恒隆广场揭幕。

刚泰集团 1993 年于上海证券交易所上市,原名厦门国贸泰达股份有限公司,历经数次控股股东变动与主营业务变更,2009 年 7 月更名为甘肃刚泰控股(集团)股份有限公司。2012 年公司将原有房地产资产整体出售,收购大冶矿业 100%股权,转型到黄金行业,大力拓展黄金饰品的加工销售业务。目前刚泰集团的主营业务已变更为矿业资源开发利用、贵金属制品设计和销售、勘探技术服务等,其中黄金饰品营业收入占比 80.82%。

布契拉提(Buccellati)成立于 1919 年,凭借其精湛的织纹雕金工艺和文艺复兴色彩的作品,成为世界顶级珠宝艺术设计和制造商。创始人珠宝巨匠马里奥·布契拉提(Mario Buccellati)生于珠宝作坊世家,在此之前,布契拉提(Buccellati)的银器始终是罗马教廷指定的圣器制造商。目前公司仍然保持着家族企业的经营模式。1919 年,Mario Buccellati 在位于米兰大教堂和 Scala 歌剧院之间的 Via Santa Margherita 19 号开设了第一家店,名为 Mario Buccellati。1926 年,在罗马 Via dei Condotti 开设第二家店。1952 年,Mario 成为第一个踏入美国的意大利珠宝商,在纽约第五大道附近开设了第一家海外门店。公司长期入选国际主流展览,其中瑞士巴塞尔钟表展为世界珠宝三大展之一。1981 年意大利总统授予詹马里亚·布契拉提(Gianmaria Buccellati)"巨十字武士"勋章,以表彰他对珠宝艺术做出的突出贡献。2013 年,法国文化部颁发"Chevalier de l'Ordre des Arts et des lettres"(艺术及文学骑士勋章)荣誉以表彰詹马里亚·布契拉提(Gianmaria Buccellati)在珠宝文化领域做出的贡献。近些年,受到全球宏观经济的下行影响以及国际奢侈品行业竞争的日益加剧,布契拉提(Buccellati)在被收购前三年的利润情况并不理想,2014 年亏损额为 697 万欧元,2015 年因为收到了路威酩轩集团(LVMH)的租约补偿金才实现了 353 万欧元的盈利,2016 年 1—9 月在营业收入未有显著增长的情况下,又亏损了 885 万欧元。

　　刚泰集团对布契拉提(Buccellati)的收购,正是借着中国当下消费升级的浪潮,通过引入优质资产,对刚泰黄金珠宝的相关品牌和产品两方面进行升级。珠宝奢侈品品牌的成长需要历史与工艺的积淀,从而形成其独特的品牌文化和生命力。在当前全球珠宝奢侈品的品牌格局下,鲜有新的品牌能够进入奢华级行列,文化和工艺的积淀构筑了行业巨大的安全壁垒。目前高端珠宝行业在中国仍然是欠发展市场,无论是内地还是香港的龙头企业,周大福、周生生、六福珠宝等,均是以入门级和经典级为主。对刚泰集团来说,通过此次并购,公司不仅直接获得全球知名品牌的竞争力,同时对自身的研发和设计能力也带来很大提升,尤其在产品设计和加工、品牌影响力方面,会形成一定的安全壁垒。

三、潍柴集团收购法拉帝(Ferretti)

潍柴集团是山东重工集团旗下最大全资子公司,创建于 1946 年,是目前中国综合实力最强的汽车及装备制造业集团之一。目前集团在全球拥有员工 4 万余人。

法拉帝(Ferretti)是全球最大的豪华游艇制造商,拥有世界最先进的船型开发、动力匹配与内饰设计中心,以及由 160 多家主要零部件制造商组成的全球供应商体系。法拉帝拥有 8 个游艇品牌,在意大利和美国迈阿密有 8 家造船厂,员工近 2000 人。在其游艇品牌中,法拉帝(Ferretti)、丽娃(Riva)、博星(Rershing)和博川(Bertram)四个品牌,位居全球前 10 大豪华游艇品牌之列。作为顶级奢侈品,法拉帝(Ferretti)的消费者都是处于金字塔尖的全球富豪,就连美国前总统克林顿曾感叹:"我有一个梦想,就是能够拥有一艘 RIVA 游艇。"2008 年后,法拉帝(Ferretti)当时的股东由于采用了杠杆收购,过度举债造成公司财务负担过重,加上全球游艇市场受金融危机销售下滑的影响,企业的经营陷入了困境。2008 年法拉帝(Ferretti)的销售额一度超过 9 亿欧元,但随后其经营状况每况愈下,2010 年销售额仅为 5 亿欧元左右。

2012 年 1 月,潍柴集团与法拉帝(Ferretti)主要债权人达成协议,通过参与法拉帝(Ferretti)债务重组程序,收购法拉帝(Ferretti)75% 的控股权,实现绝对控股。根据协议,潍柴集团将通过 1.78 亿欧元的股权投资及 1.96 亿欧元的贷款额度,共计向法拉帝(Ferretti)投资 3.74

亿欧元。

潍柴集团此次收购法拉帝(Ferretti),为法拉帝(Ferretti)的长期发展提供了坚实的资本基础,为其产品进入新兴市场提供了渠道,引入了中国的精细化管理模式,提升了法拉帝(Ferretti)在产品成本、销售渠道、售后服务及财务实力等方面的整体竞争力,实现双赢结局,使法拉帝(Ferretti)继续稳居全球顶尖的游艇企业,巩固现有豪华游艇市场的领先地位。

但收购重组后,潍柴集团在更换法拉帝(Ferretti)新的 CEO 上出现了判断失误,导致交割后一年半的时间内几度出现了运营危机,经过反思、总结、换帅、变革和融合后,2016 年法拉帝(Ferretti)新一届管理团队经营良好,公司业绩扭亏为盈,实现利润总额 1.46 亿元。

四、上海电气收购安萨尔多能源公司

燃气轮机是以连续流动的气体为工质带动叶轮高速旋转,将燃料的能量转变为有用功的内燃式动力机械,是一种旋转叶轮式热力发动机,被誉作"制造业皇冠上的明珠",超大型燃气轮机更被认为是世界上最难造的机械装备之一。中国的燃气轮机研发起步较晚,多年来从新机市场到利润更为丰厚的服务市场,外资主机制造商几乎占据了中国燃机市场所有份额。

2001 年,国家发展和改革委员会发布《燃气轮机产业发展和技术引进工作实施意见》,建议以市场换取技术的方式,进行技术引进,通过上海汽轮机厂、哈尔滨汽轮机厂、东方汽轮机厂和外资企业合作生产燃气轮机。然而,由于燃气轮机设计研发的高精度、高难度及外资企业技术封锁等原因,上述中外合作项目均不涉及燃机设计研发,中国企业只能采用来图加工方式完成制造和销售,无法参与联合研发,十余年的合作并未让中方如愿掌握核心技术,更无法涉足利润更为丰厚的燃机服务环节。

2011年后,受欧洲经济环境影响和自身陷入债务危机带来企业战略发展方向的转变,意大利军工集团芬梅卡尼卡(Finmeccanica)决定出售旗下的民品业务,其中包括安萨尔多能源公司。安萨尔多能源公司是全球第四大燃气轮机制造商,排名位于美国通用、德国西门子和日本三菱之后,此前与西门子也进行过燃机技术合作,后转向自主研发,拥有了独立技术,主打欧洲市场。2014年5月,上海电气(中国装备制造业最大的企业集团之一)击败其他两家竞争对手,以4亿欧元竞得安萨尔多能源公司40%股份,以及三个董事会席位,持股比例仅次于意大利国家战略基金(FSI)。同时双方还达成多项战略合作,包括在重型燃气轮机的技术、制造、销售和服务等方面开展合作。

基于该合作,2014年11月,上海电气与安萨尔多能源公司在上海成立了两家合资公司,一家公司负责整机的研发、工程、生产、技术服务,另一家公司负责燃机高温热部件的生产和维修。最关键的是,中国企业的角色从被动者变为主导者,为中方吸收技术及联合研发开了好头,也解开了之前国产化推进不顺的症结。

值得一提的是,在上海电气收购安萨尔多能源公司之前的十多年,西门子一直是其在燃气轮机领域的合作伙伴。2004年,西门子与上海电气合资5500万欧元(约合3.75亿元人民币),组建上海西门子燃气轮机部件有限公司。上海电气的初衷是凭借西门子转让的技术,生产制造燃烧室和高温透平叶片等燃气轮机的核心部件,从而推进中国燃气轮机的国产化进程。然而10年过后,上海电气并未获得其想要的核心技术,合资公司发挥的作用也不及预期。主要原因在于:根据双方合约,上海电气采用来图加工的方式,完成西门子燃气轮机及零部件的国产化制造。但在燃气轮机的出口和服务方面,上海电气并未获得所允诺的权利。关键的备品备件仍需要由西门子提供,导致主动权仍然掌握在对方手中。

　　与西门子的合作,让上海电气意识到,想通过市场换取技术的方式从外方获得核心的燃气轮机设计技术几乎不可能。收购一家拥有此方面能力的公司完成技术积累,才是摆脱燃气轮机技术依赖的唯一路径。而这家标的公司必须拥有独立的知识产权及设计能力,并能移植到中国。安萨尔多能源公司的技术能力与西门子相比虽然处于劣势,但是其备品备件以及长期协议服务的价格相对其他厂家更为合理,这也是它的主要竞争优势。对安萨尔多能源公司的收购改变了上海电气在燃气轮机市场的角色,使上海电气从被动者转变为主导者,实现了企业转型升级的需求。

　　另一方面,虽然安萨尔多能源公司在产品技术方面处于世界前端,但鉴于欧洲的燃气轮机市场已经饱和,安萨尔多能源公司急需开拓新市场来进一步发展,巨大的亚太地区市场特别是中国市场的需求,对于这家老牌欧洲企业来说,也成为命运的转折点。

　　而在2015年通用对阿尔斯通的收购案中,为获得欧盟监管机构许可,通用又向安萨尔多能源公司出售了阿尔斯通燃气轮机业务部门的核心部分,进一步补全了安萨尔多能源公司的产品线。根据上海电气和安萨尔多能源公司的技术转让协议,此次交易相当于让上海电气又获得了下一代的燃气轮机技术。

通过与安萨尔多能源公司在重型燃气轮机市场的通力合作,上海电气推动了对燃机设计和服务核心技术的吸收掌握,加快实现了燃气轮机业务的自主化进程,并于2016年8月在北京上庄热电厂里安装了双方合作后生产的首台燃气轮机。上庄项目是上海电气和安萨尔多能源公司自合作以来的第一批燃气轮机订单,被上海电气称为"燃机事业的又一新篇章"。同时,上海电气还在利润丰厚的燃气轮机售后服务市场不断发力,于2016年6月份先后与宜兴燃机和上海电力签下长期服务协议。

第四节　对意大利企业并购的特点分析

基于以上分析,我们认为中国企业对意大利企业的并购有政府监管较为宽松、收购性价比高和投后管理不足等特点。在未来的发展过程中,如何建立一支高效、负责任的管理团队,将是中国企业在未来对意大利投资过程中亟待解决的问题。

一、政府监管相对宽松

在美国及欧洲主要国家保护主义抬头的背景下,意大利对中国资本相对友好开放。根据咨询公司Roadium Group统计,2000—2016年,中国企业对意大利的直接投资总额排欧洲第三位,总计 128 亿欧元,落后于英国(236 亿欧元)、德国(188 亿欧元),领先于法国(114 亿欧元)。目前欧美政坛民粹主义思潮汹涌,保护主义加剧,特别是针对有垄断优势的高科技行业或者原材料行业,在规则层面对中资企业加以限制和约束,增大了收购难度。德国明显加强了对中资企业并购德国企业的审查,并叫停了多起中资企业并购德国企业的项目;同时,法国总统马克龙也提出当前的首要任务是吸引法国资本回流本国,而不是吸引外资。相比之下,意大利对中资企业的态度则友好很多。2017 年 5 月,意大利时任总理真格蒂尼出席"一带一路"国际合作高峰论坛,是西欧大国中唯一一名出席的国家元首,其表示意方高度重视发展对华关系,希望同中方加强经济、技术、农业、卫生、教育、文化、旅游、中小企业等领域合作。

究其原因,一方面是意大利人民和国情本性如此,意大利在政治、经济和社会体系历来都比较开放,且意大利政府对中国一直比较友好;另一方面,由于受到金融危机和欧洲债务危机的影响,很多意大利公司运营艰难,陷入了财务困境,公司面临破产,员工面临失业,在这种情势下,无论是企业还是当地政府和舆论都对中国投资者持有相对积极和欢迎的态度。另外,意大利是小政府大协会,商协会帮助企业争取相关权利,效果比政府更好。总之,意大利相对宽松的审查和监管环境无疑为收购的成功提供了天然的良好土壤。

二、企业"小而精",性价比高

近些年,意大利中小企业受金融危机的影响十分巨大。由于工业订单的减少,加之银行连续数年收紧贷款,很多意大利中小企业都因资金链断裂而没有能力应对经济危机。数据显示,2011 年至 2016 年期间,有 26.7 万家公司关门倒闭,平均每天有 122 家企业宣告破产。①另一角度来看,由于意大利企业更多是受外部经济环境影响,而非公司本身运营或者行业的问题才陷入困境,不得已走上出售之路,其中有具有百年技术积淀的老牌企业,其技术和市场正是中国企业求之不得的。且与德国、法国等资本追逐的市场热点相比,意大利的企业估值相对较低,是我国企业海外收购的良好选择标的。

三、投后管理是个难题

意大利很多中小型公司通常是家族拥有并经营,因此很大程度上依赖于股东或所有者的参与。尽管"买断式"的交易并不少见,但被收购企业未来的经营业绩可能仍将很大程度上取决于股东或原所有者的持续参与。而意大利公司的管理相对较差,特别是工会力量特别强大,并购后对于懒怠的员工如何处理,以及裁员成本高都是并购方头疼的难题之一。另外,虽然西方有着上百年的职业经理人历史,但并非所有的职业经理人都能忠于职守。作为投资人,与职业经理人的利益目标有时候并不一致,甚至会出现背道而驰的现象。

对此,我们建议,对意大利企业并购重组后,最关键的就是要建立一个高效、负责任的管理团队,通过在顶层设计和制度体系上创新,实

---

① 《意大利经济危机代价惨重　5 年间 26.7 万家公司倒闭》,2017 年 7 月 4 日,见 https://www.sohu.com/a/154236712_427664。

现股东与职业经理人的共赢。第一,选对首席执行官,组建好与母公司价值观相对统一的管理团队;第二,要建立严格明确的内部和外部监督机制,包括任职合同条款中要有明确的责任追溯约束条件,在机制上有效减少经理人的短期行为;第三,要建立有效的激励机制,根据企业不同发展阶段,合理确定团队薪酬和奖励,包括期权奖励计划,增强归属感,最终实现共赢。

第 六 章

北欧地区[*]

从全球来看,国际资本对北欧地区的并购热情很高,仅 2016 年春季就有 117 笔并购交易,总金额约 150 亿美元。这延续了北欧地区的并购热潮,仅瑞典就有 306 笔并购交易。本章旨在介绍北欧地区政治、经济、环境特点,浅析中国企业对北欧投资热潮及趋势特点。

第一节 北欧地区概况

北欧地区一般指瑞典、芬兰、丹麦、挪威、冰岛五国。伴随经济复苏,全球投资者开始对北欧地区资本市场重新评估,股票及私募市场估

---

* 北欧:本章写作过程中得到安信证券研究中心、德勤和瑞典北欧斯安银行(SEB)的大力协助,特此致谢。

值出现大幅攀升。对于未来北欧地区投资环境的展望,我们总体偏乐观。考虑到经济规模和实用性,本节主要对瑞典、芬兰、丹麦、挪威四国进行简介。

一、宏观经济明显好转

金融危机与欧债危机之后,北欧地区各国经济开始逐步恢复,如表6-1所示。瑞典作为北欧地区的主要经济体,其2017年GDP为5585亿美元,为北欧地区最高。受全球贸易增长加速及能源价格企稳等因素支撑,丹麦、挪威和芬兰经济也在2017年有所改善。丹麦和芬兰政府2017年12月预计2018年GDP增速分别为2%和2.4%,较年初预测值大幅上调。以下从几个维度对北欧地区四国的宏观经济进行简要概述,相关内容主要来源于商务部2017年版《对外投资合作国别(地区)指南》。

表6-1　2012—2017年北欧地区各国经济实际增长率　　单位:%

年份 国家	2012	2013	2014	2015	2016	2017
瑞典	0.0	1.2	2.7	4.3	3.0	2.7
挪威	2.5	1.2	2.1	1.8	1.0	1.9
丹麦	0.2	0.9	1.6	1.6	2.0	2.1
芬兰	-1.4	-0.8	-0.6	0.1	2.1	3.0

注:实际增长率根据本国货币计算。

资料来源:Haver、中投研究院

(一)瑞典

近年来瑞典经济稳步健康发展。2008年和2009年,受全球金融危机影响,瑞典国内生产总值出现负增长。2010 年以来,经济逐步恢复,但受欧债危机和内需减弱影响,增速仍处于低位。

产业结构方面,2016 年瑞典第一、二、三产业占 GDP 的比重分别为 1.7%、34.2%和 64.1%。GDP 构成中,出口(含货物和服务)、投资、消费占 GDP 比重分别为 43.7%、25.3%和 70.8%。

国际评级机构标普对瑞典主权信用评级为 AAA,展望为稳定。

(二)丹麦

丹麦是开放式小国经济,工农业都很发达,由于国土面积较小,原材料和资源匮乏,经济很大程度上依赖于同其他国家的贸易。丹麦外贸连续多年总体保持顺差,主要来源于服务贸易顺差。2017 年,丹麦 GDP 约 2680 亿欧元,较 2016 年增长 2.1 %,通货膨胀水平和失业率持续低位,人均收入在欧盟国家中保持前列。

产业结构方面,2016 年丹麦第一、二、三产业占 GDP 的比例分别为 1.5%、22.8%和 75.7%。GDP 构成中,丹麦消费、投资和净出口占 GDP 的比例分别为 46.8%、20.4%和 6.9%。

丹麦是国际上为数不多的长期保持 3A 信用评级的国家之一,外债不受国际货币基金组织(IMF)等国际组织限制。

(三)芬兰

据芬兰国家统计局公布的数据,2017 年芬兰 GDP 约 1965 亿欧元,较 2016 年增长 3%。

2016 年,芬兰第一、二、三产业分布比重分别为 2.5%、26.9% 和

70.6%。芬兰 GDP 构成比例为:居民消费支出约占 55.1%,政府消费支出约占 24.2%,固定资产投资约占 20.2%。

国际评级机构标普对芬兰主权信用评级为 AA+,展望为稳定。

（四）挪威

2017 年,挪威 GDP 约合 3266 亿欧元,比 2016 年增长 1.9%。

2016 年,挪威消费、投资、净出口占 GDP 的比重分别约为 45%、21%、34%,第一、二、三产业的比例约为 2%、40%、58%。

国际评级机构标普对挪威主权信用评级为 AAA,展望为稳定。

二、北欧地区社会体制

北欧地区四国的社会体制是被公认的福利体制,并以"瑞典模式"为代表。

"瑞典模式"的政治层面由四个要素构成:(1)实行资产阶级的民主制,也即资产阶级议会制、多党制,三权分立;(2)瑞典社会民主党通过选举,赢得议会多数,成为执政党,这是"瑞典模式"存在的前提;(3)以不断"转型"的社会民主主义为基本价值观念;(4)由社会民主党政府主导的国家公共部门、全国总工会同私人企业及其组织全国雇主协会三者间通过协商,维持政治上的平衡。

"瑞典模式"的经济层面:实行混合经济。所谓"混合经济",由四大要素构成:资本私有、市场经济、政府调控、经济民主。具体构架是:(1)基本经济制度是资本主义私有制(据有关专家研究,90%以上的制造业、80%以上的商业为私人资本);(2)通过立法、宏观调控、相关政策对资本剥削进行限制、对私人企业经营进行指导;(3)通过征收高额累进税,集中相当部分国民收入,由政府主导的公共部门投资于社会福利和公共服务部门,实行再分配,进一步缩小收入差距,实现公平分配的目标;(4)经济民主,主要包括两个方面:其一,通过立法保障工人参与企业管理,限制雇主解雇工人的权力,强制雇主改善工人劳动条件等;其二,社会民主党政府支持工会参与企业重大决策,通过立法规定企业的一切重大决策必须听取工会的意见,以限制雇主的权力。

"瑞典模式"的社会层面:建设高福利制度,实行全面的社会保障,即实行覆盖所有人、人生全过程(从出生到死亡)的社会保障体系。

三、北欧地区投资环境

北欧地区各国是适合长期投资发展的沃土,主要优势体现在综合竞争力强、技术水平先进、经济社会稳定、劳动力素质高、政府清廉及法律法规健全等方面,同时对外资进入限制很少。世界经济论坛《2016—2017年全球竞争力报告》显示,瑞典、芬兰、挪威和丹麦在全球最具竞争力的138个国家和地区中分别排第6、10、11和12位。世界银行发布的《2017年营商环境报告》显示,瑞典、芬兰、挪威和丹麦在190个国家和地区中分别排第9、13、6和3位。

随着"走出去"步伐加快,中国对北欧地区投资方式从过去的独资经营为主,向独资、并购、入股等多元化发展,其中不乏成功案例,如吉利并购沃尔沃,腾讯收购 Supercell 等。与此同时,中资企业在北欧地区投资经营也面临一些挑战,主要体现在:文化差异,中资企业国家化程度不高造成双方企业在管理水平和理念的差异,与当地工会和谐相处,劳动力成本和生活成本较高等。为更好帮助投资者了解瑞典投资环境,我们从收购环境、市场特征及法律环境三个方面进行介绍。

(一)投资吸引力强

1. 市场开放,强调公平竞争

由于国内市场小,北欧地区企业自创立之初即面向国际市场,知名跨国企业众多,经济外向型特征突出。因此,北欧地区各国政府始终奉行自由贸易政策,强调公平竞争。在此原则下,北欧地区市场对外资采取开放态度,对不同产权和国籍的资本一视同仁,一般情况下,不会为保护本国行业限制外国企业,也不针对外资实行特别的鼓励优惠政策。北欧地区企业对外资普遍持欢迎态度,无针对外汇流动的特殊管制措施。

2. 市场环境良好

北欧地区市场规范有序,具有开放、现代和友好的商业环境。瑞典企业所得税在欧洲具有竞争优势,税制公开透明,操作简便。此外,北欧地区生活时尚,乐于尝试、易于接受新事物,因此,北欧地区成为众多外国企业产品和新技术的试验场。从企业所得税角度而言,北欧地区四国的企业所得税税率相对较低。2017 北欧地区四国的企业所得税税率大约为22%,低于中国的25%,远低于美国的35%。

3. 创新能力强

北欧地区是全球最具创新能力的国家之一,人均拥有发明专利和专利申请数量位居世界前列。崇尚创新的传统、包容失败的社会氛围、开放式教育及完善的福利制度等形成了北欧地区优越的创新环境。瑞典研发投资约占 GDP 的 4%，以民间资本为主，是全球研发投入最大的国家之一。挪威、瑞典和芬兰三国特别擅长技术升级、技术传播和行业转化，丹麦荣膺"技术转移大国"的首位。这些国家的商界对于新兴商业模式革新和数字技术应用已经有充分的准备。此外，北欧地区的风险资本充足率居世界前列，对创新驱动和行业培育发挥着至关重要作用。根据世界经济论坛《全球竞争力报告》公布的风险资本可得性指标，北欧地区国家的风险资本对创新性企业支持力度大，其中芬兰排在第二位，瑞典第四位，挪威第八位。

总的来说，扁平化的社会阶层结构、长期稳定和平的社会环境以及优良的制度环境（政治清廉、产权保护），让北欧地区人迸发出强烈的创新、创业欲望。

（二）并购市场仍以中小规模企业为主

1. 项目规模趋于小型化

在经历了 2014 年至 2016 年的连续增长后，北欧地区私募市场的平均收购规模首度下降。尽管 2016 年并购市场成交笔数有所上升，但成交总额却下降了，平均单笔成交额更是下跌 33%。一些投资者指出，从整个北欧地区市场上来说，大额交易正在缩减，而中小额交易正在成为北欧地区私募市场的主流。造成该趋势的原因有三点：第一，近年来以瑞典为首的北欧地区 IPO 市场十分火热，导致具备 IPO 条件的大型项目不愿再通过私募市场融资；第二，北欧地区收购市场追捧龙头企业的情绪高涨,导致大型项目的溢价收窄且持有惜售现象加强。此外,随着大型项目的溢价迅速收窄,私募基金开始寻找中小型标的以获取高额的回报。近年来统计数据印证了以上的观点,虽然5000万—2.5亿欧元的大中型项目仍是收购市场的主力,但市值500万—2500万欧元的小型项目成交额正迅速上升,而伴随IPO市场的诱人定价,巨型交易几乎从并购市场消失殆尽。

2. 北欧地区并购项目估值逐年攀升

北欧地区并购市场日趋激烈的竞争推动项目估值倍数逐年攀升。从5亿—10亿欧元项目成交规模的上升可见,在巨型项目缺失的情况下,投资者愿意承担更大的风险以期获取最接近的标的资产。投资者普遍认为,白热化的并购行为还将持续,这将进一步推高北欧地区项目的估值。除了全球并购基金在北欧地区市场竞争日趋激烈外,家族基金等投资人也开始增加其北欧地区市场的敞口。此外,北欧地区各国中央银行所建立的低利率环境以及由此产生的廉价杠杆,支持了该地区的价格增长。2013年之前,北欧地区市场的杠杆率约为4—5倍,近年来已攀升至6倍甚至更高。

3. 退出环境

近年来,随着北欧地区私募及公开市场的火热,北欧地区国家成为卖方市场,项目的退出环境良好。虽然2016年私募市场退出项目笔数为2011年以来最低,但这主要由于市场上行趋势明显,项目持有者惜售导致。从退出规模可见,2016年总退出规模较2015年增加约80亿欧元。一些投资者认为,当前北欧地区私募市场的退出环境正处在历史最好阶段。

四、相关法规政策

北欧地区是传统的高所得税、高福利的国家,居民生活环境安稳舒适。北欧地区国家政治清廉、市场透明、产权保护良好,是创业、创新完美的土壤。由于北欧地区个人所得税和企业所得税较重,企业更容易发展出共享、共担的机制。

北欧地区有良好的政府治理和法律体系,中小企业经营很少受到来自政府的干扰。北欧地区国家对中小企业有较大的税收倾斜,因此,北欧地区全球性的庞大企业很少,却产生了大量让人眼前一亮的中小企业,不难理解诸如 Spotify、Skype 等有较强创新基因的公司产生。

新技术和针对新技术产生的新型商业模式的运用需要较高的门槛,北欧地区国家在此方面具备独特优势。这些门槛包括:教育、宽带基础设施、金融资本的质量和可获得性。

根据驻北欧地区四国大使馆提供的信息,北欧地区国家对外国投资的市场准入规定主要包含以下几个方面。

(一)投资主管部门

北欧地区四国主管境内外投资的政府部门分别是瑞典贸易投资委员会(Business Sweden)、丹麦外交部下属贸易委员会、创新挪威(Innovation Norway)和芬兰贸易协会下属投资局。

（二）投资行业的规定

1. 瑞典

瑞典政府致力于宣传推广其尖端科技和优秀行业,指导内外资进入其信息通信技术、电子、汽车、生命与生物科技、节能环保、新材料和包装等行业。总体来说,瑞典所有行业均对私人资本和外国资本开放,包括铁路、邮政、通信、广播、电视等这些曾为国家垄断经营的行业。在具体操作上仅对一些有关国家战略利益的领域加以限制或严格控制,如军工、航空运输、海上作业、采矿、战略物资、出版、林业、银行及保险等。限制手段主要是以发放许可证和牌照的方式筛选具备实力和资质的企业,只有获得许可才有资格进入这些行业。

2. 丹麦

外国企业或个人在丹麦设立企业,享受与丹麦本国企业同等待遇,除涉及国家安全及国内航空运输外,丹麦对外国投资没有限制。

3. 挪威

外国投资者可以获得挪威企业的股份或成为挪威企业的合作伙伴,并可以100%全资拥有挪威企业。挪威政府总体上对各种投资持欢迎态度,对外国投资者实行国民待遇,没有特别的减免税鼓励政策。一般的投资优惠政策多由地方政府根据地方经济发展的需要自行制定,其形式多为向投资者提供基础设施齐全的廉价工业用地。这种优惠是面向所有投资者。在欠发达地区,当地政府会通过多种非税收措施吸引外来投资。

鼓励行业:由于国家不希望过度依赖石油、天然气工业,所以,在油气领域之外的投资,在特殊条件下可能得到当地政府的鼓励。

4.芬兰

芬兰没有专门的外商投资法,外商投资企业与芬兰企业享受同等的国民待遇。外资政策自由开放,最主要的内容是外国投资者享受"国民待遇",只要内资可进入的领域,外资均可进入。但是,外国投资企业在特定领域,即芬兰政府调控的诸如涉及国家安全、国民身心健康、金融等领域,芬兰《贸易法》第三章规定,须事先获得芬兰政府许可或向有关当局报备。这些领域包括银行保险、核能、矿产、危险化学品、私人保镖服务、旅行、交通运输、捕鱼、餐饮和房地产等业务。另外,芬兰法律还规定,在芬、俄边境区域,外国企业不得进行财产的收购。芬兰的奥兰岛是芬兰瑞典族自治区,其法律不受芬兰法律管辖,该岛不允许外地人拥有当地的产权。

(三)政府和社会资本合作(PPP)模式

北欧地区国家均开放 PPP 项目,以基础设施建设为主。目前中资企业均未参与该地区 PPP 项目。

1.瑞典

瑞典对外资企业开展 PPP 项目没有特殊限制规定,但适用针对国有企业的某些特定条款,如欧盟框架下和瑞典采购法关于采购方面的强制性规则。在瑞典以 PPP 方式开展的项目相对较少,如新卡拉林斯卡医院、阿兰达机场快线、建设桥梁及公路等基础设施项目,主要由当地企业和欧洲其他国家企业完成。目前尚无中资企业在瑞典开展 PPP 项目。

2. 丹麦

丹麦没有专门适用于 PPP 项目的法律,对外资在其国内开展 PPP 项目也没有特殊规定,特许经营年限可通过协商在合同中确定。

多年来,丹麦的 PPP 项目较为有限,近年来关注度有所提高。主要 PPP 项目包含学校、停车场、档案馆和法院办公楼项目及高速公路等。目前在丹麦开展 PPP 项目的外资企业主要来自欧盟国家,尚无中资企业在当地开展 PPP 项目。

3. 挪威

挪威也开放了 PPP 项目,如城市学校建设和国家相关部门公路建设的 PPP 项目是以特许权为基础的。授予投标人 25 年期的特许权用以建设并运营道路。

2004 年至 2009 年间,挪威完成了三条 PPP 公路合同,标的价值在 13 亿到 34 亿挪威克朗之间。项目完成后已被原业主出售给养老金和基础设施基金。

预计未来挪威政府将实施更多的 PPP 公路项目。现有和即将开展的挪威 PPP 道路项目皆为设计、建造、运营和融资的 PPP 项目,其特许经营期皆为 25 年,向议会提交的白皮书提到了前期预支计划以降低融资费用,该 PPP 项目将不用承担市场风险。收费站则由道路主管部门运营。目前尚无中资企业在挪威开展 PPP 项目。

4. 芬兰

在芬兰,PPP 项目常被称为"全生命周期"项目(lifecycle project)。芬兰 PPP 项目较少,已有的 PPP 项目主要为高速公路和学校项目,包括赫尔辛基—拉赫蒂 E4 高速公路、欧盟 TEN-T 核心网络高速公路以及"北欧地区三角"高速公路。

由于芬兰本国能够承担重大基础设施建设的公司并不多,而且其国内资金量有限,因此几乎目前所有的大型 PPP 项目都有外资企业参与。外资企业在芬兰参与 PPP 项目须具有所有芬兰法律规定的相关资质并遵守芬兰相关法规。目前在芬兰参与 PPP 项目建设的公司主要包括英国的约翰莱茵集团(John Laing)、法国资产管理和投资公司 Meridiam 等。目前尚无中资企业在芬兰开展 PPP 项目。

五、北欧地区对中国投资持欢迎态度

北欧地区四国均欢迎和鼓励外商投资,外资享有与本地资金同等的权利和义务,还与中国签署了双边投资保护协议、避免双重征税协定等一系列保护政策。相关内容主要参考商务部 2017 年版《对外投资合作国别(地区)指南》。

(一)瑞典

1. 双边贸易协定

瑞典是第一个与中国建立外交关系的西方国家(1950 年 5 月建交)。在中国各个发展阶段,中、瑞一直保持着良好的经贸合作关系,瑞典企业率先在中国设立代表处,组建合资企业、独资企业和研发中心。近年来,双边贸易、技术合作和双向投资更是取得了长足发展。

2. 双边经贸

据中国海关统计,2016 年双边贸易额为 124.6 亿美元,同比下降

7.8%。其中,中国对瑞典出口 63.1 亿美元,下降 11.1%;中国自瑞典进口 61.5 亿美元,下降 4.2%。中国是瑞典第 11 大出口市场和第 7 大进口市场,是瑞典在亚洲最大的贸易伙伴。中国主要出口服装、箱包、鞋类、塑料制品、纺织品、焦炭、罐头、玩具、家具和通信产品;主要进口通信产品、精密机电、建筑及采矿机械、特种钢材和铁矿砂等。

3. 双向投资

2016 年瑞典在华新增投资项目 56 个,实际投资额 7.5 亿美元。截至 2016 年年底,瑞典在华投资项目累计达 1413 个,实际投资额累计 43.5 亿美元,位列北欧地区国家之首。据中国商务部统计,2016 年中国对瑞典直接投资 1.28 亿美元。截至 2016 年年底,中国对瑞典直接投资存量 35.54 亿美元。

(二)丹麦

1. 双边贸易协定

早在 1974 年,中丹双方签署了《海运协定》。1979 年丹麦女王玛格丽特二世访华期间,双方签署了《经济技术合作协定》。1980 年起中丹两国建立经贸联委会制度。1985 年签订《关于鼓励和相互保护投资的协定》。1994 年签署《关于农业和农产品加工合作协议》。2010 年 5 月,双方签署《中华人民共和国商务部和丹麦王国外交部关于在中丹经贸联委会框架下建立双边投资促进工作组的谅解备忘录》。2012 年 6 月,双方签署《中华人民共和国商务部和丹麦王国外交部关于在中丹联委会框架下设立贸易与投资领域能源、环境和可持续城市化工作组的谅解备忘录》《中国医药保健品进出口商会与丹麦贸易委员会关于开展医药贸易与投资合作的谅解备忘录》。

2.双边贸易

中丹两国保持了良好的经贸合作关系,尤其是改革开放以来,中丹货物贸易迅猛增长。据中国海关统计,2016年双边贸易额 96.4 亿美元,其中,中国对丹麦出口 54 亿美元;中国自丹麦进口 42.4 亿美元,同比增长 3.4%。在欧洲经济整体不景气的大环境下,丹麦产品在中国的市场增长潜力巨大。

3.双向投资

丹麦对中国投资始于 1982 年。根据中国商务部的统计数据,截至 2016 年年底,丹麦在中国投资企业共 935 个,实际投入 32.2 亿美元。2016 年丹麦在中国投资项目 37 个,实际投资金额 1.6 亿美元。丹麦在华投资主要集中在医药、制造业领域,主要投资地区为东部地区,主要项目包括诺和诺德(中国)制药有限公司、维斯塔斯风力技术(中国)有限公司、西藏拉萨啤酒有限公司、常州安凯特电缆有限公司、丹佛斯(天津)有限公司和马士基(中国)有限公司。

中国对丹麦投资规模不大,企业数量不多,但近年来呈现积极发展态势,民营企业主动参与,投资领域进一步拓宽,投资方式呈现多样化。据中国商务部统计,2016 年当年中国对丹麦直接投资流量 1.26 亿美元。截至 2016 年年底,中国对丹麦直接投资存量 2.26 亿美元。

(三)芬兰

1.双边贸易协定

芬兰是首个与中国签订政府贸易协定的欧洲国家(1953 年)。20

世纪 50 年代抗美援朝期间,在西方对华封锁禁运时,芬兰坚持向中国出口紫铜、油货轮等战略物资。芬兰是中国在北欧地区的第二大贸易伙伴、第二大技术转让方和第三大投资来源地。目前仍在实施的主要双边经贸协定包括 1995 年修订的《中芬避免双重征税协定》、2004 年新版《中芬投资保护协定》、2005 年新版《中芬经济、工业和技术合作协定》、2007 年《关于环境合作的谅解备忘录》、2009 年《关于生态园区合作的谅解备忘录》和《关于进一步推动中芬高技术领域合作的谅解备忘录》、2010 年 3 月签署的《关于建立经贸领域节能环保工作组的谅解备忘录》和《关于推动设立中芬创新中心的谅解备忘录》、2014 年 11 月签署的《关于共同支持建立中芬北京生态创新园的谅解备忘录》。2017 年中芬签署了《关于成立中芬创新企业合作委员会的联合声明》。

2. 双边贸易

据中国海关统计,2016 年中国和芬兰双边贸易为 63.3 亿美元,同比下降 9.9%。其中,中方出口 28.8 亿美元,同比下降 18.8%;中方进口 34.5 亿美元,同比下降 0.9%。

3. 对芬兰投资

据中国商务部统计,2016 年,中国对芬兰直接投资流量 3667 万美元;截至 2016 年年底,中国对芬兰直接投资存量 2.12 亿美元。2017 年中国在芬兰投资合作的企业有约 27 家,主要分布在信息和通信技术、清洁技术、航运、采矿、批发零售、服务业等领域,经营状况总体良好。

（四）挪威

1. 双边贸易

据中国商务部统计，20 世纪 50 年代两国年均贸易额才 200 万美元，到了 80 年代达到 1 亿美元，至 2000 年已增长到 11 亿美元。近年来，由于中挪两国贸易互补性明显，即使在金融危机中也没有受到影响，中挪双边贸易保持快速增长。

据中国商务部统计，2016 年中挪双边贸易总额为 58.3 亿美元，同比下降 16.8%。其中，中国对挪威出口 26 亿美元，同比减少 9%；自挪威进口 32.3 亿美元，同比下降 22.1%；中国对挪威贸易逆差 6.3 亿美元。双边贸易保持快速增长。

中国是挪威在亚洲最大的贸易伙伴，是挪威第三大进口来源国、第九大出口对象国、第六大大陆经济出口对象国。

从产品结构上看，挪威从中国进口的商品主要包括：通信设备、办公设备、服装及配件、电子机械等。挪威对中国出口的商品主要包括：化工产品、海产品、一般工业机械及设备、专业及科研仪器等。贸易结构互补性较强。

2. 双向投资

挪威对华直接投资始于 1983 年，挪威投资的项目主要集中于石油化工、冶金、医药、船舶设备、造纸、发电设备、渔业等优势行业，基本上与中国的行业政策和鼓励外商投资领域相一致。对华直接投资主要分布在中国东部沿海经济发达省市，如江苏、广东、浙江、上海、山东、辽宁、天津；内陆省区的湖北、吉林、黑龙江、四川、陕西、宁夏、内蒙古等也有挪威企业投资。挪威国家石油公司、DNV、海德鲁公司、佐敦公司、斯考根集团、埃肯公司、康斯伯格公司、挪威森林纸业公司等知名公司均在中国设立工厂或办事处。

从中国企业在挪威的情况看,投资合作呈现以下特点:一是合作方式日益丰富。对外投资手段从以往的以绿地投资(又称"创建投资",指跨国公司在东道国境内设立国际独资企业和国际合资企业的投资形式)为主,逐步发展到收购、兼并、合作经营等多种形式;二是投资领域更加多元,实施跨国并购成为常态。投资领域除海上油气平台、IT行业、商贸服务、批发零售等传统行业外,挪威的高科技造船、节能环保、生物科技、高端旅游度假村等行业都成为中国企业并购的对象;三是注重依托当地管理团队实施管理经营。许多中资企业在挪威收购企业后都直接委托挪威专业团队管理,不派中方人员,或只是派驻少量财务主管人员,日常经营管理完全由挪威原来的经营管理团队负责,这也是由于挪威语言偏难、企业文化差异和成本高等因素制约的结果。

第二节　北欧地区优势行业

北欧地区国家在科学研究领域颇有成就,科技发展水平较高,是能源问题解决得最好的地区之一,但由于国家小,人口少,经济规模不大,产业门类不全,因此,北欧地区科技优势也多集中于其较为发达的领域中,在信息通信、生命科学、清洁能源、环保、汽车、渔业、游戏等领域具有优势地位。

一、信息通信行业

（一）行业概况：通信行业的领头羊

北欧地区各国在信息通信行业上具有相当的优势，该地区移动通信普及率达到较高的水平，也在移动通信技术发展史中占据重要地位。其中，全球两大移动通信设备商爱立信和诺基亚分别位于瑞典和芬兰，是北欧地区通信业的两大标杆，二者对世界移动通信事业的发展做出了很大贡献。其优势还体现在人才优势。比较不同国家的软件开发中心的人力成本，可以看到北欧地区四国中的三国人力成本较低，其中芬兰的成本约为美国的三分之二。

1.民用移动通信行业先行者

在第一代（1G）移动通信系统中，各国模拟通信网络各不相同，因此无法实现互通。1982 年，瑞典、丹麦、芬兰和挪威向当时的欧洲邮电行政大会提交了建议书，建议在欧洲建立统一的移动通信标准。大会同意了该项提案，并成立了 GSM（group special mobile，移动特别小组）。在 1985 年，多国决定制定数字移动通信标准。1988 年，GSM 标准，即泛欧数字蜂窝网通信标准，正式颁布实施。1990 年，GSM 900M 频段的标准制定完成。GSM 也更名为全球移动通信系统（global system for mobile communication），紧接着 1800M 频段规范也制定完成。1992 年 GSM 正式商用，成为在全球范围内被广泛使用的 2G 标准，与美国的 CDMA 抗衡，北欧地区多国在 1G—2G 的发展中做出了巨大的贡献。

北欧地区多国移动电话普及程度在全球处于领先地位。在北欧地区五国中,若按照每人持有移动电话数、平均每部移动电话年通话时间、平均每次通话时长、每部手机年发送信息数、每部手机移动网数据传送量衡量,芬兰在平均每人持有移动电话数、平均每部移动电话年通话时间及平均每次通话时长上处于北欧地区领先地位,丹麦在平均每部手机年发送信息数上领先其他北欧地区国家,而瑞典则在平均每部手机移动网数据传送量上高于其他四国,如图6-1、图6-2所示。

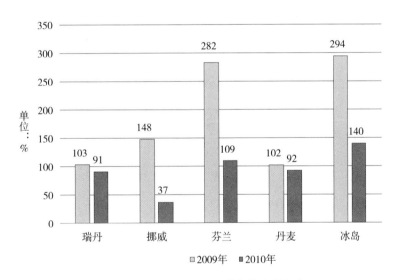

图 6-1 北欧地区移动网数据传输增长率

资料来源:安信证券研究中心

北欧地区的通信行业标杆为芬兰和瑞典,人口不过是千万级,但却始终对通信行业深度投入,分别培养出世界级的通信企业——诺基亚和爱立信。世界经济论坛组织的评选中,芬兰被评为欧洲地区企业经营环境最佳的国家,瑞典则排名第二。由于支持外国科技投资的行业政策运用得当,两个国家在信息通信技术(ICT)领域都有独特建树。

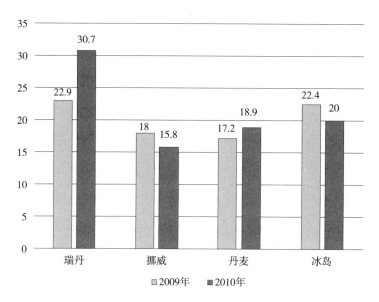

图 6-2　北欧地区平均每部宽带手机移动网数据传送量（Gbyte/年）
资料来源：安信证券研究中心

从整体经济表现来看，在欧盟多国当中，芬兰和瑞典是少有的、长期保持经济增长的国家。

2. 信息通信普及率名列前茅

由于人口基数大，起点低，目前中国信息通信普及率仍有差距。IDI 指数（信息与通信技术发展指数）是衡量各国家和地区 ICT 发展水平的综合评价指标。国际电信联盟（ITU）每年发布的《衡量信息社会报告》，其中的 IDI 指数反映了该年全球 167 个国家和地区 ICT 发展情况。

从 2007 年开始，在该报告中，北欧地区五国一直活跃在榜单的前 20 位，而中国排名则一直处于 80 位左右。相比而言，在信息通信普及上，北欧地区各国仍然远远领先于中国。中国目前拥有全球基数最大的移动用户人口、全球最大的运营商和设备商,但其领先地位都是建立在庞大的人口基数上面。中国的信息通信普及率在稳步上升,但在绝对的 IDI 指数数值上,中国刚刚超过全球平均水平,仍旧落后北欧地区各国较多。

3. 人口密度低、气候环境适宜

北欧地区本身自然、人口条件有利于通信行业优先发展。除丹麦外,北欧地区其他四国人口密度均远低于中国,地广人稀、日照时间短,因此户外时间受到限制,自然限制了人与人之间日常接触的时间。另外,严寒的冬天、发达的渔业都需要性能优异的移动通信技术,因此,北欧地区国家在移动通信领域发展起步更早。

北欧地区国家由于户内时间较多,网速一直领先全球。美国著名网速测试公司 Ookla 在 2017 年 12 月发布的全球网速测试指数显示,挪威移动宽带网速全球最快,下载速度达到每秒 61.2 兆比特,远远高于世界平均水平的每秒 21.25 兆比特。这是挪威移动网速连续 16 个月居世界首位。相比之下,中国人均站点数则还不到挪威的 70%,这在人口特别密集的城区更为严重。

(1)低密度,高收入,通信消费需求旺盛

北欧地区各国的通信基础设施发展与其独特的市场特点密不可分。如前所述,由于北欧地区天然条件对通信基础建设要求更多,因此北欧地区通信基础建设良好。以挪威为例,挪威人口近 530 万,但移动通信站点密度很大,同时每个用户分配到的带宽资源更多,因此网络质量远好于欧洲其他国家。

在较高的通信基础建设起点上,居民支付能力也较强,消费者愿意以较高支出来换取创新型的享受,这激发了 VR、高清视频和移动游戏的发展,诸如《愤怒的小鸟》等现象级的应用层出不穷。根据挪威电信公司 2018 年的最新统计,目前该国移动通信客户中超过 85% 的人拥有智能手机,大约 80% 的人拥有 4G 设备,高于全球平均水平;而 2017 年 12 月,中国移动的 4G 用户数不到总用户的 1/10。北欧地区移动用户较高的每用户平均收入(ARPU)推动了移动网络运营商网络升级改造的热情,加大基础建设投入,形成了良性循环。

(2)北欧地区气候条件优渥

北欧地区是少数地处北极圈附近的发达经济体,寒冷的气候特别适宜数据中心的建设,因为机器设备散热需要,处于一般地区的普通数据中心人工制冷成本高昂,大约占到日常维护支出的 25%—35%。北极圈寒冷的空气则为降低人工降温成本提供了天然条件,北欧地区海域的海水为数据中心提供了额外的温控资源。同时,北欧地区清洁能源行业发达,用电成本较低廉。大量可持续、可再生的清洁能源足以满足数据中心运转过程中的大量能耗需要。例如,丹麦的风力发电在一年的某些时间内可以生产超过其人口电力需求 40% 的电能,甚至可以同时满足挪威和瑞典的电力需求。据 BroadGroup 报告显示,北欧地区国家的电力价格本身也十分低廉,其工业用电价格在欧盟 28 个国家中最低。北欧地区的能源供应商可以提供低至每千瓦小时 0.03 欧元的用电价格,所以瑞典北部和挪威西部地区的数据中心的电力成本最低。

4. 税收优惠推动通信业发展

不仅仅是丰富的自然资源,北欧地区各国还存在着极为优厚的税收优惠,跨国数据中心企业因此也可以受益。例如,瑞典政府为科技公司开出了更为优渥的条件。从 2017 年 1 月起,降低所有现有的或新的数据中心 97% 的电费税率,这将使该国数据中心总电价降低大约40%。为提升丹麦信息技术的竞争力,丹麦外交部则创新性地设置了"数字化大使"职位,作为丹麦数字外交的全球总代表,专门负责同世界重要科技公司的外联事务。

以美国和挪威合作建设的克洛斯数据中心项目为例,挪威政府为克洛斯数据中心项目提供了包括降低税率在内的支持。该数据中心将带动当地经济发展,提供就业机会。预计 2018 年一期项目启动后,数据中心将直接为该地区增加 2000—3000 个就业岗位,间接创造 1 万—1.5 万个就业岗位,推动巴朗恩这个以采矿为主业的城镇向科技城方向转型。

5. 新型通信行业高速发展

(1)物联网行业:欧洲第一增长极

北欧地区是物联网增长的热点地区。北欧地区绿色智慧城市方面发展最快,目前节能减排方面运用最出色。根据瑞典老牌运营商 TeliaSonera 和 理特管理顾问有限公司(Arthur D. Little)的估计,在 2017年,北欧地区平均每人将有 2.6 台联网设备。TeliaSonera 预计,到 2018年,北欧地区物联网市场每年增长率会维持在 23% 左右,达到 91 亿欧元。2016 年 12 月 15 日,TeliaSonera 和华为在挪威奥斯陆发布北欧地区首个 NB-IoT 网络,并发布了全球首个基于 NB-IoT 的智能农业业务。

根据埃森哲的研究,北欧地区国家与美国、瑞士和荷兰同属最适宜物联网发展的国家,排名最后的是巴西、意大利和俄罗斯,而中国、日本和德国排名中列。该项调查运用了 55 个指标,从经济、社会和政治三个视角衡量一个国家发展物联网的有利条件。

2015—2017 年,北欧地区物联网市场的增长速度超过了全球市场的两倍。与之相应的汽车和消费品在北欧地区的增长最为强劲,年增长率分别为 47% 和 42%。芬兰政府预估,至 2023 年,以垂直行业为主的物联网应用,将可为芬兰带来约 120 亿欧元的商机,创造 4.8 万个工作机会。

(2)虚拟现实(VR)热土:以瑞典为中心的北欧地区 VR 行业

据 The Venture Reality Fund 报告显示,欧洲的 VR 经济在全球独树一帜。截至 2017 年上半年,欧洲共产生了 487 家知名的 VR 公司,这些公司遍布欧洲大陆,并开始浮现一些虚拟现实中心。报告显示,其中英国有 46 家 VR 企业,法国有 29 家,瑞典有 19 家,而德国则是 15 家。除此之外全部在北欧地区,可见北欧地区已经逐渐成为欧洲 VR 的行业中心。

根据《瑞典游戏开发者索引》显示,2016 年瑞典游戏行业收入达到 13 亿欧元,与 2010 年相比增长近 1000%,2006—2016 年瑞典游戏行业收入规模的年均复合增长率达到 34%。据瑞典游戏行业机构预测,在全球所有游戏玩家中,平均每 10 人中就有 1 人玩过瑞典制造的游戏。事实上,北欧地区 VR 行业体系主要由瑞典、芬兰的游戏行业带动。

2017 年 12 月,被誉为整个欧洲的科技盛会在芬兰赫尔辛基召开,超过 2600 家初创公司(以芬兰本土公司为主)与 1500 名全球投资机构代表参会。这些新鲜的血液在近年带头开辟 VR、增强现实(AR)领域,逐步生成扩展现实(XR)生态体系。如今芬兰本土的 VR 与 AR 技术公司多数拥有游戏基因,《愤怒的小鸟》代表着芬兰发达的游戏工业积淀。它们多以开发平台类产品为主,涉及 XR 专业知识,在技术上占有绝对优势。这毫无疑问成为北欧地区 VR 行业的一大亮点与独特优势。

据调查显示,芬兰本土 VR 业务的收入由 2015 年的 130 万欧元上升到 2016 年的 613.76 万欧元。芬兰乃至北欧地区的 XR 行业都呈现欣欣向荣的态势。值得一提的是,2017 年 11 月下旬,诺基亚公司开始与芬兰电信商 EliSa 合作,进行 VR 头显测试,推出芬兰智慧坦佩雷城市项目。本次 VR 行业上的合作也表明 5G 技术商用化在北欧地区逐步开始推行。

虽然中国目前 VR 行业正高速发展,但北欧地区 VR 技术的领先优势是中国的 VR 行业短时间内无法追赶上的,目前更多的是从北欧地区引进 VR 技术,亚洲地区提供市场。

（二）主要国家通信行业概览

1. 瑞典:通信行业高度发达、独树一帜

综合来说,瑞典是世界上最重要的技术创新国家之一,在信息通信、生命科学、清洁能源、环保、汽车等领域都有强大的研发实力。根据 2005 年世界各国《专利合作条约》(PCT)专利申请量的统计,瑞典占世界第九位,是世界上人均拥有发明专利和专利申请最多的国家之一。

瑞典的通信行业高度发达、独树一帜。商务部欧洲司 2010 年的调研指出,在 55 个国家的 23 项指标(包括计算普及程度、基础设施、互联网应用和教育水平等)中进行综合评比,瑞典连续五年蝉联第一位,在信息发展程度上成为全球领先的国家。瑞典从事通信行业的企业约

1.7 万家,其中 94% 为 IT 服务业,6% 为电子工业,从业人员 25 万。瑞典出口的通信产品中 75% 是通信设备,中国是瑞典重要信息和通信技术产品出口国,也是业务量增长最快的市场之一。瑞典在通信技术发展方面以无线电、通信软件、汽车电子通信、光电、嵌入式系统芯片为主。

总部坐落于瑞典斯德哥尔摩西北部的希斯塔科学城的爱立信,是瑞典通信行业的代表。爱立信于 1876 年创立,它的历史代表了瑞典通信行业史。在 20 世纪 70 年代,爱立信已成为国际通信行业的重要企业,于 1977 年安装了世界上首台数字电话交换机(AXE)。进入 20 世纪 90 年代后,爱立信专注于移动通信设备及手机产品的研发和生产,在 2G(GSM)、3G(WCDMA 等)和 4G(LTE 及 LTE Advanced/LTE-A)移动通信系统和设备方面拥有大量的主导性专利,并于 1994 年首创短距离无线通信的蓝牙技术,是目前全球移动通信设备的第一大供应商。其总部所在地希斯塔也因此得名"无线谷"(wireless valley)。在 90 年代中后期,爱立信在全球 GSM 手机市场占有率排名第三。

2000 年之后,公司营销策略错误,导致 2001 年亏损 23 亿欧元。2001 年,爱立信集团将手机部门分割,并与日本索尼(Sony)合组"索尼爱立信移动通信",总部设于英国伦敦。2012 年,爱立信集团将持有的索尼爱立信股权全数售予索尼。2012 年公司的市场占有率为 38%,为全球首位,此后被华为取代。目前,爱立信只专注提供无线网络及移动通信设备。

到了 5G 时代,经过了通信行业大浪淘沙,爱立信仍然屹立,是全球仅存的四大通信设备巨头之一。爱立信在全球范围内签署了多项

5G 合作协议,并与多国运营商合作进行 5G 实测。爱立信在 2018 年 1 月末,全球正式发布首个 5G 小基站——5G 无线点系统,以帮助运营商满足日益增长的室内网络连接需求。这种创新的小蜂窝解决方案为现有的无线点系统部署提供了简单的升级路径,添加了 5G 技术功能,其增加频率、容量和技术都十分便捷,并且支持新的 5G 中频频段(3—5GHz),速率更高达 2Gbit/s。

2. 芬兰:信息科技产品销往世界各地

芬兰国家虽小,但科技创新能力在世界范围内具有一定影响力,并且在很多领域掌握尖端产品的独门技术。芬兰信息科技行业高度发达,是国民经济支柱。曾经在 20 世纪 90 年代初,芬兰经济低迷,三年内 GDP 下滑 10%,失业率从 3% 增加到 17%。芬兰很快调整行业战略,在对传统的造纸、金属、机械等行业进行重组的同时,加大了对信息行业的投入和扶持。信息行业(尤其是电子、通信设备制造业)开始飞速发展,芬兰经济很快走上良性发展轨道。到 20 世纪 90 年代末,芬兰已从一个信息科技行业空白的国家跻身到世界信息科技行业最发达的国家之列。

芬兰目前拥有着欧洲最发达的通信市场,早在 20 世纪 80 年代初,芬兰通信服务业就引入竞争机制,竞争促进了价格合理化和服务的高质量。1994 年芬兰通信市场全面放开,从 1997 年颁布实施《通信市场法案》到 2005 年 3 月经过增补修改的最新《通信市场法案》的实施,促进了通信市场的开放。《通信市场法案》的修改,出台了许多有利于中小运营商的举措,打破了大运营商的垄断。目前,芬兰约有 220 家公司从事通信运营服务,从业人员约 4.5 万人。中小运营商众多,成为芬兰通信业竞争上的一大特点。在 4G 时代,在北欧地区中芬兰的数据传输量仅次于瑞典。同时芬兰人手机通话时长也要长于其他北欧地区国家。

芬兰之所以在欧洲独树一帜,得益于其独特的行业政策。芬兰有独特的国家创新体制,包括芬兰国家技术研究院(VTT)、芬兰国家技术创新局(Tekes)以及芬兰创新投资基金(Sitra)。通常情况下,企业从芬兰国家技术研究院购买科研成果,由芬兰国家技术创新局提供部分资金支持,然后三方一起将成果推广到实践中。在很多情况下,包括芬兰创新投资基金在内的一些基金也会对企业有部分股权投资。

芬兰国家技术研究院是芬兰的国家科学院,是芬兰政府完全控股的有限责任公司。其主要职责是研究前沿科技,响应芬兰国家科技政策和战略,培育芬兰的科技创新能力,并将科技成果出售给有市场需求的公司和机构。

芬兰国家技术创新局隶属于芬兰劳动经济部,主要功能是直接提供无偿的政府资金帮助芬兰企业进行创新研究及应用。

芬兰创新投资基金则是芬兰议会设立的国家风险投资基金,主要投资于创新企业,通过企业成长获取回报。

芬兰政府和企业均极其重视研发投入。芬兰国家技术创新局数据显示,芬兰每年的研发投入占 GDP 比例大约在 3.2%,在经合组织国家中居前列。芬兰统计局的数据显示,2017 年芬兰政府用于研发的费用预算为 179.7 亿欧元。按政府部门分,教育文化部获得 62.5% 的预算,就业和经济部获得 23.9% 预算;按机构的类型划分,各大高校和芬兰国家技术创新局获得 50.6% 的投入。

芬兰在世界知识产权组织(WIPO)所做的 2016 年创新指数排名(GII)中排在第五位,高于中国的排名(第 25 位);在 2015 年"创新联盟记分牌"上,芬兰、瑞典、丹麦及德国位居欧盟前四位。

芬兰通信行业的代表企业是诺基亚。诺基亚总部位于芬兰埃斯波,主要从事生产移动通信设备。诺基亚成立于 1865 年,目前以通信基础业务和先进技术研发及授权为主。2015 年 4 月,诺基亚以换股方式斥资 166 亿美元收购阿尔卡特朗讯,成为与中国华为分庭抗礼的设备巨头之一。

商务部欧洲司 2010 年的调研指出,以诺基亚公司为龙头的信息科技行业产值占国内生产总值的比重已从 20 世纪 90 年代初的 4% 增加到逾 10%,其中,诺基亚公司产值占国民生产总值比重近 4%,诺基亚的出口对芬兰总出口的贡献达 20%,相当于芬兰整个造纸工业的出口总值。由于信息科技产品行销世界各地,芬兰高科技产品对外贸易顺差居欧洲国家前列。芬兰的通信业非常发达,尤其是通信运营服务业。

（三）主要企业介绍

1. 爱立信

（1）公司介绍

爱立信成立于 1876 年,总部设在瑞典斯德哥尔摩,是全球领先的通信解决方案和服务供应商。目前,爱立信在斯德哥尔摩证券交易所和美国纳斯达克证券交易所挂牌上市。作为 2G、3G 和 4G 移动通信技术的市场领导者,爱立信支持的网络为全球超过 10 亿用户提供服务。

从主营业务看,2016 年公司网络(networks)业务占比 74.12%,是公司最主要的收入来源;IT& 云(IT&cloud)业务占比 21.53%;媒体(media)业务占比 4.35%,如图 6-3 所示。

近年来,受管理层变更影响,公司业务变化频繁。2016 年 7 月,鲍毅康(Börje Ekholm)取代卫翰思担任爱立信 CEO,对发展战略和业务框架进行重新调整,造成管理混乱。2017 年 4 月,鲍毅康再次对公司业务进行调整。目前,公司主营业务包括网络、数字化服务、管理服务和新兴业务四大类。

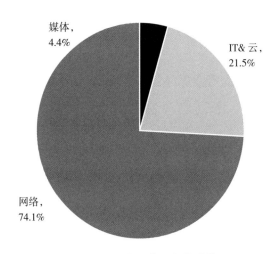

图 6-3　爱立信主营业务构成情况

资料来源:安信证券研究中心

(2)股权结构

公司股权比较分散,公司第一大股东为 Hotchkis & Wiley Capital Management,截至 2017 年 9 月 30 日,其总持股比例为 3.72%。截至 2017 年 12 月,公司的股东类别中,投资顾问(investment advisor)持股占比 93.66%,养老金(pension fund)持股占比 3.51%。

（3）财务表现

营业收入方面：3G 周期期间,公司营业收入呈稳定增长的态势。2004—2008 年,公司积极采取兼并收购的扩张战略,其间收购马可尼（Marconi）、Redback、泰德集团（Tandberg）、LHS 等公司,合并报表后营业收入增长明显。2008—2010 年,受到全球金融危机风波的影响,公司业务增长出现停滞。4G 周期期间,公司业绩增长较为缓慢。2012—2016 年,受公司主营业务市场份额下降的影响,公司业绩呈现相对疲软的发展趋势。2016 年,公司实现营业收入 2226 亿瑞典克朗,同比下降 9.85%。2017 年三季度,公司实现营业收入 1441 亿瑞典克朗,同比下降 8.44%。

盈利能力方面：3G 周期期间,3G 周期前期,公司坚持技术领先的战略规划,表现出较强的盈利能力。其中,公司毛利率达到了 45% 的水平,营业利润率约为 20%。3G 周期后期,受公司业务重组产生大量费用的影响,公司利润率产生大幅下降。4G 周期期间,4G 周期前期,公司受 4G 投资带动、剥离旗下手机业务（索尼爱立信）以及合营项目等影响,盈利能力保持稳定。4G 周期后期,由于华为、中兴的崛起而竞争加剧,公司盈利能力不断下降。

2. 诺基亚

(1) 公司介绍

诺基亚成立于 1865 年,总部设在芬兰埃斯波市,是一家主要从事移动通信设备生产和相关服务的跨国公司。目前,诺基亚在芬兰赫尔辛基交易所和美国纳斯达克证券交易所挂牌上市。主营业务方面,诺基亚拥有两大业务板块,分别为诺基亚网络业务和诺基亚技术业务。

板块细分后由四大部分构成,分别是:(1)超宽带网络;(2)全球服务;(3)基于诺基亚网络业务上的 IP 网络和应用程序;(4)诺基亚技术,如图 6-4 所示。

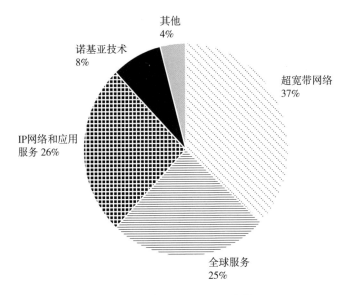

图 6-4　诺基亚主营业务构成情况

资料来源:安信证券研究中心

　　诺基亚自 1996 年起开始成为世界上最大的手机制造商,并在随后 15 年长期占领手机市场份额第一的宝座。但随着 2007 年苹果 iOS 操作系统的推出和 2008 年谷歌 Android 操作系统的推出,智能手机逐步替代传统功能手机,而诺基亚由于市场判断失误逐渐失去市场份额。2008 年以后,诺基亚的股票陆续从伦敦、法兰克福、巴黎等地的证券交易所摘牌退市。2011 年诺基亚宣告破产,2013 年将手机业务以 54.4 亿欧元的价格出售给微软。诺基亚在经历手机业务的失败之后,自 2013 年以来不断进行业务调整和战略转型。2016 年,新诺基亚通过并购阿尔卡特朗讯实现两家公司合体。目前,公司的战略是"向新垂直市场不断拓展,建立强大独立软件业务,实现授权业务价值最大化"。诺基亚2016年与阿尔卡特朗讯合并后,在营业收入规模上,新诺基亚超越爱立信跻身全球第二;在产品组合上,新诺基亚将具备全产品服务能力(诺基亚移动产品、阿尔卡特朗讯数据产品、光通信产品),符合运营商5G时代对供应商的基本要求。如今,诺基亚成功转型成为一家面向运营商市场的端到端的业务解决方案提供商,并在既有的运营商业务之外,全力开拓包括能源、交通、公共事业、互联网、大型企业、广电等非运营商垂直行业市场。

(2)诺基亚业绩

营业收入方面:3G周期期间,公司营业收入先上扬后下降。2006年,诺基亚全球移动终端市场份额大幅增长,带动公司营业收入上扬,2007年达到历史营业收入最高峰。然而自2007年苹果推出iOS操作系统、2008年谷歌推出Android操作系统后,传统功能手机市场受到巨大冲击,诺基亚的塞班系统逐渐无法跟上时代的步伐,公司营业收入逐步走向下坡路。3G周期后期,诺基亚节节败退。4G周期期间,公司营业收入继续下滑,2010年至2015年的六年间,诺基亚营业收入从2010年的424.46亿欧元下滑到2015年的124.99亿欧元。直至2016年,诺基亚以156亿欧元成功收购阿尔卡特朗讯组成新诺基亚,当年实现营业收入236.14亿欧元,营业收入规模几近翻倍,成功超越爱立信排名全球第二。2017年诺基亚营业收入为231.47亿欧元,同比下降2.09%。

盈利能力方面:公司毛利率和营业利润率从2008年起开始持续下滑,2012年到达最低点,分别为27.8%和-1.84%。2012年起公司毛利率和营业利润率触底回升,2015 年营业利润率达到 13.4%,在四大通信设备商中排行第一。诺基亚毛利率和营业净利率变化幅度大的原因是组织裁员与业务频繁出售:2012 年 6 月,裁员 1 万人;10 月出售Vertu 产品;12 月以 1.7 亿欧元出售芬兰总部大楼;2014 年 4 月,微软以 72 亿美元收购诺基亚手机部门,7 月微软裁撤 1.25 万原诺基亚员工;2015 年 8 月,诺基亚将 HERE 地图出售给德国汽车企业;2016 年 4 月,诺基亚启动全球裁员(逾万人)。2016 年诺基亚并购阿尔卡特朗讯后,虽然营业收入增长率高达 88.93%,公司营业利润却同比下滑116%。2016 年公司毛利率和营业利润率同样下滑明显,营业利润率甚至转为亏损。2017 年公司毛利率和营业利润率均有一定程度的提升,分别为 39.48% 和 2.62%。

(3)诺基亚 5G 布局

运营商方面,诺基亚与中国移动、日本 NTT DOCOMO、韩国电信、韩国 SK 电信和德国电信、美国 Verizon 等地区运营商都签订了相关合作协议。诺基亚与日本最大电信运营商签订 5G 协议,获得 5G 基站订单;与西班牙电信(Telefónica)签署合作协议,旨在通过 4.5G、4.5G Pro及 4.9G 技术为西班牙电信等运营商创建高效的 5G 演进路径。并且,诺基亚在 5G - PPP(欧盟标准组织)、3GPP TSG - RAN 等组织以及5G-NORMA、5G-MoNArch 等项目中都担任了举足轻重的角色。

产品方面,诺基亚 2017 年推出了 Air Scale Massive MIMO 自适应天线系统;与中国移动联合演示了 Massive MIMO 3.5GHz 技术及产品,性能与当前所采用的 2.6GHz Massive MIMO 相当;推出了"5G First"解决方案,积极推动电信网络从 4G 平滑演进至 5G;推出了 5G Future X

整体网络架构;推出了 ReefShark 芯片组,大幅提升 5G 网络性能;正式启动 5G-MoNArch(5G 移动网络架构)研究项目以加速第五代移动网络架构概念落地;诺基亚在 5G 领域中频频布局,希望率先抢下 5G 技术高地。但相比于中兴、华为这些全球通信设备商,诺基亚在 5G 投入和进展上还相对滞后。

(四)北欧地区及中国通信行业比较分析

1. 相对优势分析

注重科技研发是北欧地区通信行业拥有独特的禀赋,其研发支出占 GDP 的比例均高于中国,值得借鉴,如图 6-5 所示。挪威、瑞典和芬兰三国在技术升级、技术传播和行业转化方面表现优异。相对而言,中国幅员辽阔,自然气候具有多样性,并没有与北欧地区国家类似的刚性需求。

2. 并购效应分析

北欧地区创新的制度优势强,中国企业可考虑在北欧地区设立孵化中心或投资孵化平台。在通信领域,中国与发达国家的差距越来越小,有一些细分行业达到了领先水平,开始反向输出,但是在人均基础上,我国创业、创新的能力仍然不强。总的来说,北欧地区扁平化的社会阶层结构、长期稳定和平的社会环境以及优良的制度环境(政治清廉、产权保护),让北欧地区人民迸发出强烈的创新、创业欲望。上述北欧地区所具备的因素恰恰是中国所欠缺的。北欧地区国家对中小企业有较大的税收倾斜。中国企业可以在当地设立孵化中心,提高自身的孵化能力。

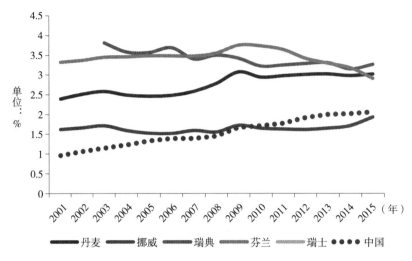

图 6-5　2001—2015 年北欧各国研发支出占 GDP 的比重

资料来源:联合国统计司、安信证券研究中心

　　北欧地区市场是新技术试验场,可以通过并购验证商业模式。北欧地区由于人口基数限制,市场规模可能并不如西欧、美国和中国本土,但北欧地区通信基础建设起点高,居民支付能力也较强,消费者愿意以较高支出来换取创新型的享受,因此北欧地区可以作为新兴消费市场的试验场。中国企业可以通过并购北欧地区企业,率先打入北欧地区市场,在北欧地区验证商业模式。

　　在英、美等国对华并购限制日益增加的背景下,中国企业可以转向关注北欧地区中小企业,密切跟进当地创新成果。在北欧地区,Spotify、Skype 等有较强创新基因的公司大量产生,也产生了诺基亚、爱立信等通信设备的巨头。在中美贸易战升级的背景下,中国企业在英、美、德、日等传统经济大国并购可能面临更多的阻力。因此,中国企业可以转向密切关注北欧地区的“高精尖”企业。北欧地区国家是全球中少有的享有长时间和平稳定政治环境的地区,长期与世无争、人际互信程度高。中国企业在北欧地区投资的政治风险较低。

二、生命科学行业

(一)行业概况:医药技术领先世界,行业集群密布

北欧地区国家拥有超过 1000 家公司活跃在生命科学领域,其生物科技、医学技术、医药、医疗器械、诊断设备在国际上具有重要地位。北欧地区国家中,瑞典拥有影响世界的医学发明,如心脏起搏器、呼吸器、人造肾、超声波、伽马刀、局部麻醉等,此外在系统技术、非扩散测量技术以及生物材料的研究方面也处于世界领先地位;丹麦从一个农业大国转变为一个研究型国家,诞生了众多生物医药公司,拥有极具特色的丹麦"医药谷",其生物医药行业雇员超过 40000 名,欧盟研究资助专项有 151 项。北欧地区著名的生命科学企业包括:阿斯利康、法玛西亚等。

北欧地区生命科学行业集群密集分布于北欧南部地区,行业集群的密布为北欧地区生命科学行业的发展提供了强大动力。瑞典生命科学行业主要集中在三个地区;斯德哥尔摩—乌普萨拉地区,这是欧洲领先的生命科学行业带之一,拥有世界知名大学和研究机构,并聚集了全国 58% 的生命科学企业,如法玛西亚、阿斯利康、通用医疗等知名跨国公司;另外两个行业带主要集中在瑞典南部,一个在哥德堡附近,以药物研发和临床为主,另一个在隆德—马尔默地区,以生物技术为主,拥有全国 17% 的生物技术企业。

北欧地区生物技术产品管线所生产的大部分复合物都来自瑞典和丹麦,2013 年瑞典和丹麦所生产的复合物量占北欧地区总量的 80%,超过一半的复合物处于临床前阶段。就收入而言,制药业在瑞典和丹麦都占据着主导地位,其次是医疗技术和生物技术。政府研发投入、种子基金和风险投资所构成的完善投融资体系,促使瑞典和丹麦都发展出了较为完整的生物制药集群。

(二)主要企业

1. 阿斯利康:全球领先制药公司

阿斯利康是全球领先制药公司,由前瑞典阿斯特拉公司和前英国捷利康公司于 1999 年合并而成,如表 6-2 所示。阿斯利康全球总部位于英国伦敦,研发总部位于瑞典斯德哥尔摩,全球约有 61500 名员工,业务遍布全球 100 多个国家,公司在 17 个国家设立了生产基地。作为一家以创新为驱动的全球性生物制药企业,阿斯利康拥有三大战略研发中心,分别位于英国剑桥、美国马里兰州盖瑟斯堡和瑞典蒙道尔,每年研发投入达到 40 亿美元以上。2016 年,公司实现营业收入 1595.65 亿美元,同比下降 6.9%;实现归母净利润 236.27 亿美元,同比增长 20.57%。

表 6-2　阿斯利康公司历史

年份	事　件
1913	阿斯特拉公司成立于瑞典斯德哥尔摩
20 世纪 50 年代	公司先后在英国、意大利、加拿大、联邦德国、墨西哥以及澳大利亚等国设立了分公司
1955	公司股票在斯德哥尔摩证券交易所上市

续表

年份	事　件
1985	公司在伦敦证券交易所上市
1993	公司进入中国市场
1995	公司在英美相继获得了 Astra Charnwood 和 Astra Arcus USA 两家研究机构
1996	公司成为世界上最大的药品销售商,公司股票在纽约证券交易所上市交易
1998	经捷利康公司及阿斯特拉公司董事会的一致同意,两公司宣布平等合并成立一家新的公司——阿斯利康捷利康公司(AstraZeneca)
2001	阿斯利康投资 1.34 亿美元在无锡成立生产基地
2007	阿斯利康中国创新研发中心正式投入运营
2010	阿斯利康在上海设立亚洲及新兴市场创新医药研发部门
2011	阿斯利康宣布斥资 2.3 亿美元,在江苏省泰州市中国医药城打造全新生产基地,主要供应中国仿制药市场
2016	阿斯利康投资 5000 万美元在无锡新区建造的中国物流中心正式启用

资料来源:安信证券研究中心

收入下滑减缓,战略调整寻求重回增长。随着公司重磅产品专利陆续到期,阿斯利康营业收入在 2010 年达到 2203 亿美元的峰值后,开始出现明显下滑。为了重回增长,阿斯利康于 2013 年 3 月宣布新的发展战略:研发领域聚焦在呼吸/免疫、心血管/内分泌、抗肿瘤三个更具竞争力的领域;增加研发投入,建立更有竞争力的在研产品线。目前来看,公司战略的调整正助力阿斯利康重新焕发出活力。2013 年至 2016年,公司营业总收入下滑态势减缓,归属母公司净利润出现较为明显的增长。同时,近年来公司加大研发投入,围绕肿瘤、呼吸疾病、心血管及代谢疾病三大领域建立起具有竞争力的在研产品管线,公司未来增长不容小觑,如图 6-6、图 6-7 所示。

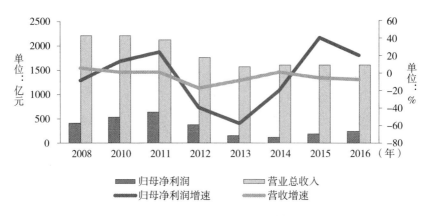

图 6-6　阿斯利康历年公司经营业绩

资料来源：万得、安信证券研究中心

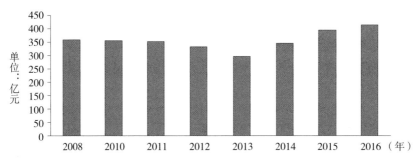

图 6-7　阿斯利康历年研发投入

资料来源：万得、安信证券研究中心

2.法玛西亚：从瑞典走出的世界最大的医药公司

法玛西亚公司世界最大的医药公司之一，公司总部位于美国新泽西，其药物化学业务的范围，除处方药剂外，还包括消费者保健品、动物健康产品、血浆制品以及大规模的药品销售。该公司的重点业务领域包括肿瘤学、新陈代谢紊乱、传染性疾病和神经中枢系统紊乱。公司在诸如遗传基因学、组合化学领域，还和其他拥有尖端技术的公司合作以获得并应用新技术。此外,公司还兼营除药品外的产品,包括名为 Rogaine 的家庭清洁用品系列、治疗脱发的产品、Nicorette 烟草系列等。公司的主要业务分布在美国、瑞典、意大利等,子公司遍布全球超过 60 个国家。

法玛西亚公司自 1911 年创立至今经历了数次的合并和收购。20 世纪 90 年代,法玛西亚生物技术公司(Pharmacia Biotech)与 Kabi Vitrum 合并成立了 Kabi Pharmacia;1995 年,瑞典 Kabi Pharmacia 公司和美国的普强药厂合并为法玛西亚普强(Pharmacia & Upjohn)公司;2000 年 4 月 3 日,法玛西亚普强(Pharmacia & Upjohn)公司再同孟山都公司合并成立了法玛西亚公司(Pharmacia Corp),该公司成为世界上最大的医药公司之一。2002 年,辉瑞公司宣布收购法玛西亚公司。2003 年 4 月 16 日,辉瑞公司和法玛西亚公司开始作为一家统一的公司开展业务。

(三)北欧地区及中国生命科学行业比较分析

1. 相对优势分析

发展历史悠久,行业门类齐全。北欧地区的生命科学行业发达,发展历史已有百年。1911 年和 1913 年分别成立的法玛西亚和阿斯利康两家制药公司,对北欧地区国家现代生物制药的发展影响深远。北欧地区国家已经发展了包括药物研发和生产、医疗技术和器械、诊断技术和设备、生物材料、临床试验、系统解决技术、咨询、风险投资等在内的各种行业。从行业分布来看,药物研制所占比重最大,其次是生物技术、服务和器材。

行业集群密布,生物技术领先世界。北欧地区生命科学行业集群密集分布于北欧南部地区,如斯德哥尔摩—乌普萨拉地区、哥德堡地区等,这些行业集群中的企业和高校、研究所形成了强大的联动效应,并为北欧地区国家生物技术的发展注入了源源不断的活力。其中瑞典是欧洲第四大生物技术国,按人均拥有企业数量和行业占国内生产总值比重统计,瑞典居全球之冠。

融资增长迅猛,生命科学行业高速成长。近年来,北欧地区生命科学领域的投资势头分外引人注目。其中,瑞典生命科学行业的投资额从 2014 年的 15 亿欧元增加到 2015 年的 100 多亿欧元,80%来自国外的大公司,同时新药临床试验的申请数量明显呈上升趋势,每年约有 300 个新药试验。目前,生命科学行业成为瑞典仅次于工业工程行业的第二大出口行业。

2. 并购效应分析

并购海外企业,开拓国外市场。近几年,在国内医药市场竞争日趋激烈的情况下,通过并购北欧地区国家中小型生命医药企业,可以快速开拓海外市场。国内医药企业走出国门后,可以直接争取到所在市场的话语权,有利于产品跨出国门。

我国医药企业可通过并购增强原药研发。中国医药企业在西药领域的原创产品较少,几乎只能生产国外医药企业过了保护期的产品。北欧地区医药企业中经常有一些中小型制造企业能够开发出优秀的新药,以这些优质中小医药企业为并购标的,不仅能够增强国内企业的原药研发能力,还能大力推动国内医药行业的发展。

三、汽车行业

（一）行业概况:传统强国大力开拓电动汽车市场

北欧地区国家拥有众多知名汽车品牌,其汽车制造水平在世界范围内处于领先地位。北欧地区五国中,瑞典拥有强大的汽车制造工业,其汽车制造业以出口为导向,每年生产的商用车中超过 90% 出口,全球市场占有率在 20% 以上;挪威电动汽车占有率名列世界第一位。北欧地区知名汽车制造商包括沃尔沃、斯堪尼亚等。

在地区经济缓慢复苏的背景下,北欧地区国家的汽车总销量回升至 90 万辆左右的水平。2016 年该地区汽车销量同比增长 8.34% 达到 105 万辆,这是 11 年间首次突破 100 万辆大关。北欧地区各国 2016 年的销量同比均超过了 2015 年,并回升至 2007 年左右的销量水平,其中丹麦、挪威、瑞典分别以 26.5 万辆、19.8 万辆、43.1 万辆的销量创各自历史新高。随着全球经济的不断回暖,北欧地区各国汽车销量有望不断增长,如图 6-8 所示。

北欧地区各国环保政策的实施,助推北欧地区电动汽车市场份额进一步扩大,北欧地区电动汽车销量创新高,如图 6-9 所示。2017 年第三季度,北欧地区国家共售出电动汽车 21965 辆,同比增长了 39%。其中,挪威引领着北欧地区电动汽车销量的激增,挪威 2017 年第三季度电动汽车销量稳步增长,为 16061 辆,占北欧地区电动汽车销售份额的 73.1%,瑞典以 21.1% 位居第二。根据国际能源署的统计数据,

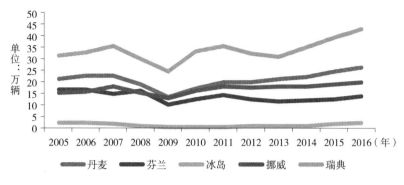

图 6-8　北欧地区国家 2005—2016 年汽车销量

资料来源：世界汽车组织（OICA）

2016 年挪威电动汽车占有率为 **28.76%**，位列全球第一，其绿色变革得益于挪威政府对电动汽车的大力支持——居民购买新能源汽车时享有税费减免及补贴、对公共充电桩的修建提供财政补贴等。

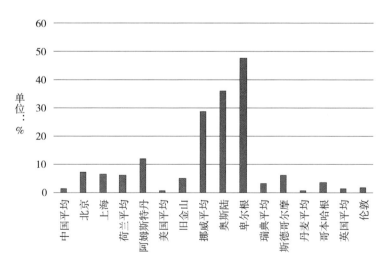

图 6-9　2017 年世界主要电动汽车国家电动汽车市场份额

资料来源：2017 年全球电动汽车市场概览

（二）主要企业

1. 沃尔沃：全球领先商业运输及建筑设备制造商

沃尔沃是一家瑞典的跨国制造公司，总部位于哥德堡，是全球领先的商业运输及建筑设备制造商，主要从事卡车、客车、建筑设备、船舶和工业应用驱动系统和航天及航空设备的生产、流通与销售，旗下拥有沃尔沃卡车、UD 卡车、雷诺卡车、沃尔沃客车、新星客车、佩沃客车、沃尔沃遍达发动机等品牌。此外，沃尔沃还提供金融服务。沃尔沃汽车曾是沃尔沃的乘用车制造部门，1999 年沃尔沃出售了该公司，沃尔沃汽车公司成为完全独立的公司，但仍然共享沃尔沃品牌和合作营运沃尔沃博物馆。目前沃尔沃汽车公司已由吉利控股。

作为瑞典最大的工业企业集团，沃尔沃在全球 20 多个国家和地区设有生产基地，并在 190 多个市场从事经营活动，客户集中分布于欧洲、亚洲和美洲。全球雇员约 11 万人。2016 年沃尔沃营业总收入为 3019 亿瑞典克朗（约 2301 亿元），同比下降 3.39%，净利润达 131 亿瑞典克朗（约 100 亿元）。

从市场分布来看，欧洲地区的净销售额占 2016 年公司总净销售额的 44%，是公司最大的细分市场，其次是北美地区（27%）和亚洲地区（18%）；从业务构成来看，卡车业务占 2016 年公司总净销售额的 66%，是公司的最主要业务，其次是建筑设备业务（17%）。

得益于富有竞争力的产品项目、日臻完备的产品种类和强大的经销商，沃尔沃在全球市场上占据着重要地位。按照销量排名，沃尔沃的重型卡车销量位列全球第二，建筑设备位列第三，重型柴油发动机位列第二。

2. 斯堪尼亚:全球领先的重型卡车和巴士制造商

斯堪尼亚是瑞典的货车及巴士制造厂商之一,总部位于瑞典南泰利耶,在全球重型卡车和巴士制造领域占有重要地位。斯堪尼亚的业务遍及全球100多个国家和地区,生产部门遍及欧洲、南美洲和亚洲。除了提供世界领先的重型卡车、大型巴士、长途客车、工业发动机和船用发动机,斯堪尼亚还提供种类丰富的金融产品和服务。公司全球员工约4.5万人。2016年,斯堪尼亚的净销售额创历史新高,达到1039亿瑞典克朗,运营收入达102亿瑞典克朗。凭借着技术领先的模块化系统,斯堪尼亚成为商用汽车行业盈利能力最强的公司。

公司经营业绩持续增长,公司未来发展可期。2012年至2016年,公司经营业绩增长稳健,公司2016年的净销售额和运营收入均创历史新高。公司2016年的净销售额中,60%来自卡车业务,其次是服务相关的产品(20%)和巴士业务(10%)。

在欧洲市场需求强劲、拉丁美洲市场高速增长的背景之下,公司未来发展值得期待。

(三)北欧地区及中国汽车行业比较分析

1. 相对优势分析

品牌历史悠久,技术实力雄厚。相比于中国汽车品牌,北欧地区汽车品牌大都有着近百年的发展历史,其品牌中积淀了一代又一代造车人的喜爱,无论是汽车设计语言还是操控驾驶细节都具有很强的延续性。历史的积淀让北欧地区的汽车企业积累了丰富的市场经营经验和处于世界领先地位的造车技术。近百年的发展历程中,北欧地区汽车企业发明出了三点式安全带、涡轮增压技术等,这些技术无不深刻影响着世界汽车工业的发展。

政府政策大力支持,电动汽车市场份额迅速扩张。强劲的政策支持和雄心勃勃的脱碳目标推动着北欧地区电动汽车销量的增长,并使北欧地区处于向电动汽车转型的最前沿。通过对能源系统减排承诺、电动汽车部署目标以及政策措施的具体声明,到2017年年底,北欧地区国家拥有约25万辆电动汽车,大约占全世界电动汽车总数的8%。根据国际能源机构《北欧地区电动汽车(EV)展望2018》的报告,北欧地区2030年电动汽车数量预计将达到400万辆,涨幅超过目前流通数量的15倍。电动汽车部署的快速增长,为世界各地快速普及电动汽车提供了宝贵的经验。

注重研发,"工程师文化"造就高质量产品。北欧地区国家拥有明显的"工程师文化"特点,工程师在全社会受到非常高的尊重,在企业中也有着毋庸置疑的主导权。"工程师文化"的一大特点就是"技术导向",持续不断的研发投入推动着北欧地区汽车行业的精进和发展。2013年2月,吉利斥资200亿元联合吉利汽车和沃尔沃汽车在瑞典哥德堡成立欧洲研发中心,该研发中心是全球四大研发中心之一。北欧地区汽车企业对于完美的不断追求造就了其品牌的高精尖品质。

2. 并购效应分析

以并购掌握中高端产品先进技术,快速切入国外汽车市场。国内汽车品牌发展历史不长,大多缺乏中高端汽车技术,技术优势不明显。通过并购北欧地区优质汽车企业,可以为中国汽车企业带来中高端汽车产品发展中所急需的先进技术。同时,在中国成为全球最大汽车消费市场的背景之下,中国汽车品牌可以在国内高端汽车市场上获得更多市场机会,并凭借北欧地区汽车企业的丰富市场运营经验和在国际市场上的知名度,快速切入国外汽车市场。

通过品牌移植提升国内汽车自主品牌价值。经过若干年的发展,国内汽车企业大多进入了品牌发展的瓶颈,难以摆脱其品牌在消费者心中低端制造的形象,而并购北欧地区优质汽车企业正是打破发展瓶颈的最佳选择。通过品牌移植,国内汽车企业可以有效提升自身品牌定位,推动细分市场发展,并把北欧地区汽车设计理念逐步融入其他产品线,提升国内汽车企业的总体设计水平。

四、清洁能源

(一)行业概况:减排进程领先世界,生物质能广泛使用

北欧地区五国是能源结构优化与再生能源技术创新的积极践行者。北欧地区 GDP 增长与高二氧化碳排放量已实现稳步脱钩,减排成效显著,领先世界。根据国际能源署数据,从 1990 年到 2015 年,北欧地区五国 GDP 增长超 60%,同时二氧化碳排放量减少 19.5%,真正实现了经济的可持续增长,如图 6-10 所示。

北欧地区 GDP 增长率与减排率两项指标均优于经合组织欧洲整体水平,在世界二氧化碳排放量仍处于正向增长的情况下,北欧地区率先实现和保持了二氧化碳排放负增长。根据国际能源署在碳中性情景下

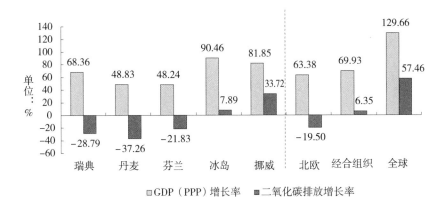

图 6-10 北欧地区五国 GDP 增速与 CO$_2$ 排放量变化

资料来源:国际能源署、安信证券研究中心

的测定,2050 年北欧地区二氧化碳排放量将有望较 1990 年减少 85%。

从每单位 GDP 对应碳排放量来看,2015 年北欧地区国家每单位 GDP 对应碳排放在 0.015kg 以下(除芬兰 0.02kg),中国达到 0.5kg,超过世界平均水平(0.3kg)。就减排成效而言,中国与北欧地区还有很大差距。

北欧地区减排成效主要归功于能源使用结构的优化与能源利用效率的提高。一方面,化石能源在能源终端消费中的比例被清洁能源持续挤出,可再生能源占比远高于欧洲总体水平;另一方面,政府积极投入新能源设备建设与技术研发,提高能源使用效率。

(二)主要企业

1.大瀑布电力公司:力图实现无矿物燃料的未来

瑞典大瀑布电力公司成立于 1909 年,至今仍为 100% 瑞典国有的能源公司。公司目前为欧洲第五大能源公司、最大的电力供暖生产商与销售商之一,公司主要立足欧洲市场,为丹麦、芬兰、荷兰、德国、英国与瑞典超1180万客户提供能源服务,员工规模两万余人,业务覆盖能源领域各层面,包括发电、风能、供暖、配电、整体能源方案。2017年,大瀑布电力公司实现营业收入1352.95亿瑞典克朗,净利润95.71亿瑞典克朗。近年来,公司提出"实现无矿物燃料的未来"的口号,致力于风能、太阳能等清洁能源利用及技术研发。

2. 林雪坪技术工程公司:欧洲最大生物气体生产商

(1)公司介绍

林雪坪技术工程公司成立于1902年,总部设在瑞典林雪坪市,是欧洲最大的生物气体生产商。该公司是一家市属公司,其母公司为Linköpings Stadshus AB,林雪坪市拥有Linköpings Stadshus AB公司的所有权。经过100多年的发展,公司目前已有多家子公司,业务范围遍及能源、宽带网络、电网、电力交易、沼气生产、水处理、废物处理等领域。目前公司拥有员工879人,总资产达91.41亿瑞典克朗(约72.35亿元)。

(2)经营业绩

2010年以来公司营业收入呈下降趋势,但总体降幅较小。2013年,由于年报利润统计口径变化,公司净利润出现大幅下降,2014年之后公司净利润增速稳定。2016年公司营业收入略有回升,实现营业收入48.67亿瑞典克朗,同比增长3.8%;实现净利润2.43亿瑞典克朗,同比增长19.7%,如图6-11所示。

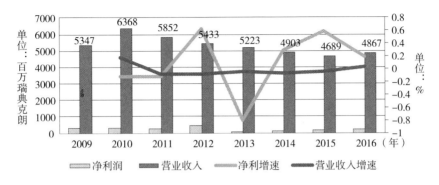

图 6-11　2009—2016 年公司经营业绩

资料来源：林雪坪公司官网、安信证券研究中心

（三）北欧地区及中国清洁能源行业比较分析

1. 相对优势分析

先天资源条件可从供需双面提供行业发展动力。北欧地区国家纬度高，气候寒冷，能源刚性需求大，但国土面积狭小，化石能源先天匮乏，导致能源进口依赖度高。保障能源安全、缓解气候问题的要求从需求面为北欧地区国家清洁环保的可再生能源行业提供了发展动力。北欧地区国家虽缺少化石能源，但森林、地热、风能、潮汐能丰富的资源禀赋结构保障了北欧地区国家有条件实现能源使用结构的清洁化转变。相对北欧地区，国内清洁能源改革的紧迫性略低。

生物质能应用广泛经验丰富。2013 年北欧整体地区发电量的17% 来自生物质能，其中丹麦、芬兰、瑞典生物质能发电比例均高于20%。北欧地区国家已经建立了核能、水能、生物质能"三足鼎立"的热电联产体系。2014 年，在丹麦和芬兰生物质能的供热占比可比肩化石燃料,在挪威与瑞典生物质能供热能力则力压化石燃料。瑞典早在2009年结束能源依赖石油进口的历史,成功使生物质能消费量登顶。而我国在生物质能利用领域仍处于起步阶段,根据《2016年度全国生物质发电监测评价报告》,全国生物质发电量仅占总发电量的1.1%。

生产、供应能力强,标准体系完善。因发展起步早,使用时间长,北欧地区国家的清洁能源生产、供应能力极强。以瑞典为例,国内70家成型燃料生产企业年产量可达300万吨以上,其产品可广泛用于发电、工业供热、蒸汽以及商业、办公和居民采暖。除成型燃料生产能力之外,生物质热电供应能力也极强:生物质供热占瑞典全部供热市场的70%以上,而生物质发电多采用热电联产模式,热效率在80%以上,近年来更依靠采用热电和成型燃料等多项联产方式将综合热效率提升至95%以上。借助极强的生产、供应能力,瑞典在全国范围内建设了生物质供热、燃料销售体系,供热对象覆盖机场、写字楼、工业园区、居民小区、商场等绝大部分热水、蒸汽用户。生物质供热系统具有清洁、高效、便捷的优点,供热站内还设有高度自动化的无人值守系统,以技术替代人力成本。家用成型燃料的销售系统亦十分完善,绝大多数家庭均安装成型燃料专用壁炉代替老式壁炉,成型燃料可在超市购买。而我国由于生物质能源利用时间较短,现有的原料质量较差,燃烧效率低,燃烧排放及烟尘存在超标现象,极大程度阻碍了生物质燃料市场推广;同时由于生产能力有限,市场存在低质价高现象,缺乏统一标准,动摇消费者的使用信心。

完善的研发体系促进技术变革。北欧地区国家具有完备的清洁能源研发体系,研发支出占GDP比例较高,良好的技术研发环境使研发对象遍及全行业链,技术升级与创新主要方向有:(1)提高传统能源使用效率,在同等产出假设下减少传统能源消耗;(2)通过新建可再生能源生产设备和改进生产方式,进一步扩大可再生能源使用规模,充分释放可再生能源产能;(3)增强可再生能源系统灵活性与可控性,如加强对能源储存、智能电表等技术的研发投资,用于改善区域供热调峰能力、搭建电力共乘平台。以生物质为例,瑞典研发了生物质成型燃料生产、燃烧技术与设备,可提高燃烧效率减少污染物排放。而国内清洁能源生产与使用设备均面临很大的技术缺陷,以成型燃料来说,成型设备缺乏环保配置,导致生产尘排、噪音超标;一次成型率低,导致生产经济性差、产品质量不稳定;燃烧过程技术研发不足,导致供热效率低。研发不足已成为国内清洁能源行业发展的一大阻碍。

2. 相对优势分析

通过并购进口生物质能生产、应用技术,弥补研发短板。北欧地区国家虽然一次能源消费结构各异,但均在电热能源使用中广泛采用生物质能。而我国由于生物质能利用较晚,在燃料生产、燃烧及热电供应方面技术较不成熟。通过并购瑞典等先进生物质能利用国的相关公司,我国企业可以引进生物质技术,推动生物质行业迅速升级。

可获取热电供应系统与热电联产经验。北欧地区国家纬度高,气候寒冷,年供暖季长达 7—8 个月,因此多建有完善的电热供应系统,在热电联产、供应上具备丰富的管理经验。此前国内热电供应多依靠化石能源,清洁能源利用经验匮乏,北欧地区清洁能源公司常年积累的建设运营经验的流入可加速我国能源利用结构转变升级。

五、环保行业

(一)行业概况:市场激励推动环保行业加速发展

北欧地区在环境治理方面取得了令世人瞩目的成果,其环保水平在世界范围内处于领先地位,北欧地区环保行业在污水处理、废气排放控制、固体垃圾回收与处理、工业与建筑节能等方面优势显著,著名环保企业包括:阿法拉伐集团(Alfa Laval)、普拉克公司(Purac)、恩华特公司(Envac)等。

相关政策的发展为环保行业发展的重要驱动因素之一,北欧地区国家相关环境政策走在世界前列,对推动北欧地区环保行业发展影响巨大。北欧地区自然资源丰富,同时自然环境也较为敏感,随着工业化持续进行,20世纪50—60年代,源自大型工业源污染的地方性环境问题系统性爆发,引起社会公众强烈关注,随着70年代环保意识的发展,北欧地区国家开始积极开展系统性的环境治理,北欧地区国家环境政策措施的发展可以分为四个发展阶段——强制性政策颁布、市场化机制建立、防止气候变暖和市场化机制进一步成熟、新型市场化政策措施实施。

(二)主要企业

1.恩华特(Envac):固废收集、分拣技术领跑者

(1)封闭式垃圾自动收集系统发明者

恩华特(Envac)成立于1953年,是瑞典环境技术公司的领跑者之

一,是世界封闭式垃圾自动收集系统的发明者,该产品早期主要用于医院的废品自动收集。从 1961 年发明第一套系统至今,恩华特(Envac)在封闭式垃圾自动收集方面已拥有超过 50 年的经验,产品目前已经销往全球 30 个国家,公司在欧洲和亚洲 22 个国家设有 35 个办事处,公司目前为 Stena Sphere 旗下的 Stena Adactum AB 全资子公司。

(2)良好政策环境推动成长

恩华特(Envac)的发展受益于瑞典等北欧地区国家对于垃圾回收的大力支持。根据欧盟统计局的统计,2016 年瑞典城市垃圾回收率达到 48.9%,在北欧地区中仅次于芬兰(55%),高于欧盟平均水平(45.8%),如图 6-12 所示。过去 20 年来,北欧地区国家逐步完善了废物处理行业的法律框架和管理部门结构,限制了填埋场的范围,并将废物转化为能源和再生材料,引导企业和居民从以往"获取、制造、消费、处理"的单向工业经济模式逐渐转变为"再利用、再修复、再制造、再回收"资源的循环经济模式。

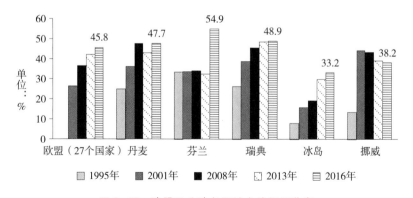

图 6-12　欧盟及北欧各国城市垃圾回收率

资料来源:欧盟统计局、安信证券研究中心

2.普拉克公司(Purac):水处理工程承包商

普拉克公司(Purac)于 1956 年成立于瑞典隆德,主要以 EPC 形式开展工程承包业务,业务领域包括水及废水处理、污泥处理、沼气生产等,特别是在城市污水处理和工业废水处理方面有着丰富的经验,如图 6-13 所示。成立至今,普拉克公司(Purac)已承接了来自欧洲和亚洲 70 个国家的四千多个水和污水处理、生物沼气生产与处理项目,是世界上最大的工艺工程公司之一。

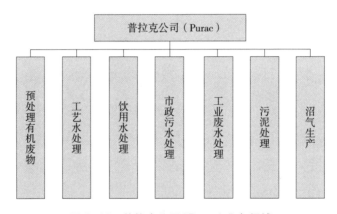

图 6-13　普拉克公司(Purac)业务领域

资料来源:普拉克公司(Purac)官网,安信证券研究中心

2004 年,普拉克公司(Purac)被瑞典洛克比水务集团收购。洛克比水务集团是水及污水处理领域十大公司之一,业务覆盖 100 多个国家和地区,年销售额约 1 亿美元,集团由普拉克工程承包、洛克比产品、洛克比服务三部分组成,其中洛克比产品和洛克比服务分别专注于水厂设备研发制造和水厂运营服务,普拉克工程承包与其在各地的分支机构负责参与国际投标并在全世界执行合同。在执行国际项目时,普拉克公司(Purac)可以得到洛克比水务集团各种资源、全方位的支持。

2008年,瑞典投资公司KFI Kapital通过控股洛克比水务集团成为普拉克公司(Purac)实际控制人。

2015年成为中国北排子公司。2015年10月,北京国投北排水环境投资基金与瑞典洛克比水务集团正式签署《关于普拉克公司股权收购协议》,瑞典洛克比水务集团将占其主要资产和业务的子公司——普拉克公司(Purac)的100%股权出售给北京国投北排水环境投资基金,双方于2015年12月完成了股权交割,普拉克公司(Purac)成为中国北排子公司。

3.阿法拉伐集团(Alfa Laval):三大业务齐头并进的环保龙头

(1)公司简介:百年历史,改制新生

阿法拉伐集团(Alfa Laval)于1883年创立于瑞典,经过100多年的发展扩张和并购,现已成为全球领先的流体处理、离心分离及热交换产品和解决方案供应商,在环境保护、能源优化和粮食生产等领域综合布局,其业务覆盖100多个国家和地区的客户,拥有员工超1.7万人,公司在斯德哥尔摩证券交易所以及伦敦证券交易所上市,2017年,公司实现营业收入353.14亿瑞典克朗,同比下降0.9%;实现净利润29.88亿瑞典克朗,同比增长30.54%。

2016年,汤姆·埃里克松(Tom Erixon)就任阿法拉伐集团(Alfa Laval)主席兼CEO,集团下半年开始进行组织改制,实施以客户为导向的组织战略。截至2017年年底,该计划基本完成,集团取消原有的设备部、加工技术部、海事与柴油机部的组织架构,将旗下业务整合为五大部门:食品与水、能源、海事行业三个业务部门以及运营部(负责公司的全球采购、制造与分销、物流等活动)和全球销售与服务部(负责

管理公司在各地的运营和销售分支）。其中,公司的能源部涉及节能
和环保业务,具体产品涉及水处理、减少碳排放、节水节能,以及相关的
加热、冷却、分离和运输等工艺。

（2）业务发展:三大业务齐头并进,亚洲市场日益壮大

从业务构成来看,2017年公司经过改制后,食品与水、海事、能源三
大业务部门的业绩占比较为均衡,分别占34%、31%和30%,此外温室系
统作为独立的业务也占比5%。具体到产品,流体处理设备、分离设备以
及传热设备仍然是公司的核心业务,占公司总业务量的90%左右,其中
换热器为销量最大的产品,占比达40%以上,如图6-14、图6-15所示。

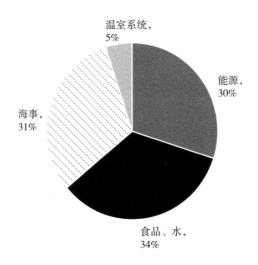

图6-14 2017年阿法拉伐集团(Alfa Laval)业务构成(按部门划分)
资料来源:阿法拉伐集团(Alfa Laval)公告、安信证券研究中心

从地区划分上来看,2017年亚洲地区订单量同比增长29%,地区
业务占公司总量的39%,是公司最大的细分市场,其次是西欧地区
(23%)以及北美洲地区(19%)。公司业务基于欧洲市场,并向亚洲及

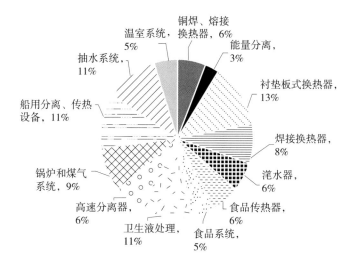

图 6-15　2017 年阿法拉伐集团(Alfa Laval)业务构成(按产品划分)

资料来源:阿法拉伐集团(Alfa Laval)公告、安信证券研究中心

美洲地区积极扩张,特别是亚洲地区,近年来公司在中国、日本、韩国、印度等国家开展的业务取得了较好的发展,2014 年公司在亚洲的业务量首次超过整个欧洲地区。

(三)北欧地区及中国环保行业比较分析

1. 北欧地区环保行业相对优势分析

注重科技研发,技术水平领先。北欧地区五国在环境治理方面取得了举世瞩目的成就,其环保处理技术水平在世界范围内处于领先地位,尤其是污水处理、废气排放控制、固体垃圾回收与处理、工业与建筑节能等方面优势显著。如恩华特(Envac),是世界封闭式垃圾自动收集系统的发明者,已拥有超过 50 年的经验。全球领先的流体处理、离心分离及热交换产品和解决方案供应商阿法拉伐集团(Alfa Laval),已建立 20 个研发中心,雇有 500 余名专业研发人员,2010 年至 2017 年累计研发支出近 60 亿瑞典克朗。在持续研发的投入下,阿法拉伐集团(Alfa Laval)平均每年获得 35—40 项研发成果,保证了公司技术始终保持在行业前沿。

行业成熟度高,市场化机制完善。强制性的政策命令进行的环保管理,环境激励单一,预防污染有限,经济代价巨大,局限性十分明显。北欧地区早期的工业化使得地方性环境问题系统性爆发,引起社会公众的强烈关注。早在 20 世纪 70 年代,北欧地区国家就开始积极开展系统性的环境治理,经过长期的探索与发展,到目前为止已经形成了一套完备的市场化机制。从市场化初期的“押金—返还”制度,鼓励再生资源的发展,到市场化成熟期的碳排放交易权机制,再到如今新市场化阶段的“收费—返还”机制、绿色证书制度等,环保行业的市场化机制不断完善,行业成熟度优势进一步扩大。

国际合作广泛,环保行业外向型发展。北欧地区国家注重环保领域的国际合作,北欧地区中,瑞典、芬兰和丹麦是欧盟的成员国,冰岛和挪威通过《欧洲经济区协议》成为欧盟内部市场的一部分,这极大方便了北欧地区国家与其他欧洲国家在环保领域的合作。同时,通过大量承接世界各地的项目合同,北欧地区与当地的技术资源不断创新整合,多维度的交流使得北欧地区环保行业在国际上认可度颇高。

政府重视度高,政策倾向性明显。北欧地区高福利的社会中,政府注重社会福利和公民个人获得感,环境质量作为个人获得感的重要组成部分受到高度重视。目前,北欧地区所有国家已经实施绿色政府采购计划,在这一计划中,绿色政府采购是中央政府的强制性义务,各级政府是产品与服务的重要购买者,其中一些产品和服务被立法所固定。环保支出的保障使得北欧地区环保绩效引人注目,北欧地区以优质的自然环境闻名于世,这与北欧地区政府保持对环保的稳定投入有一定的关系。据经合组织和瑞典统计局统计,2015年瑞典共有环保企业15904家,雇员71920人,环保行业产值达到2249.42亿瑞典克朗,约占GDP的3%。

国际市场版图广,海外客户资源丰富。北欧地区国家很早就开始资助发展中国家的减排行动,并研究以北欧地区部长理事会或其他平台为媒介推动共同减排行动的方法。以瑞典为例,据经合组织和瑞典统计局统计,瑞典环保行业出口额为383.59亿瑞典克朗,约占出口总额的2.14%。从服务对象看,环境技术出口德国、英国、挪威、丹麦和美国等欧美国家为主,遍布全球。如瑞典洛克比水务集团,业务覆盖100多个国家和地区,年销售额约合1亿美元。公司总分支机构协同,复制项目经验,受益规模效应;同时结合各地市场特色,借力本地公司,充分挖掘项目公司成长性,拓展客户资源。

2. 并购效应分析

整合技术资源,推动企业创新。通过企业的收购,可以使得企业最快地获取先进的技术资源,缩短研发的时间和成本,从而迅速参与市场竞争,获取市场份额。如阿法拉伐集团(Alfa Laval),在水处理、减少碳排放、节水节能,以及相关的加热、冷却、分离和运输等工艺都拥有多项核心技术,多领域的技术可以帮助中国企业整合现有资源,推动企业创新,拓宽市场。对在细分市场上具有突出技术优势的企业进行收购,可以补齐中国企业的技术版图,也便于中国企业迅速成为细分市场的龙头,比如,恩华特(Envac)在封闭式垃圾自动收集系统技术细分领域世界领先。2015年,中国北排对普拉克公司(Purac)实施并购,普拉克北京公司大力向餐厨垃圾处理业务发力,成为中国餐厨垃圾处理龙头。2016年以来,普拉克公司(Purac)在中国餐厨垃圾订单增长明显,项目平均投资额达58万元/吨。

扩大海内外市场规模。中国国内企业的本土化优势,加上北欧地区企业的技术优势方便拓展国际市场。北京排水集团通过收购瑞典普拉克公司(Purac),在国际市场上拓展业务,2016年1月,普拉克公司(Purac)签约斯德哥尔摩Henriksdal污水厂项目,合同金额达到4亿瑞典克朗,是普拉克公司(Purac)历史上获得的最大金额合同。2月,普拉克公司(Purac)承包建造Skogn沼气生产厂,建成后将是斯堪的纳维亚地区规模最大的沼气生产厂。

提高行业知名度,获取品牌效应。由于北欧地区环保企业历史悠久,技术能力强,在国际市场上有较高的知名度和认可度。而环保企业的技术能力、以往项目经验往往是招标方考虑的因素,因此中国环保企业通过收购可以提升企业的专业认可度和客户信任度,从而帮助企业获取订单。

六、渔业

(一)行业概况:渔业历史悠久,水产养殖发展迅速

北欧地区渔业发展历史悠久,商业水产养殖至今已有近50年历

史,其中以挪威最为发达,是欧洲最大的渔业生产国和出口国。根据联合国粮农组织数据,北欧地区渔业年总产量从20世纪70年代开始一直稳居500万吨以上,产量最大的年份是1997年,达到了799万吨。2015年,北欧地区渔业总产量是651万吨,约占全球总产量的3.26%。北欧地区渔业发展水平领先全球,主要得益于其优越的自然环境、发达的研发水平和完整的行业链。第一,北欧地区自然条件得天独厚。水域温度适宜、干净无污染是三文鱼及虹鳟鱼生存繁殖的绝佳环境。以挪威为例,20世纪60年代,挪威开始人工养殖大西洋鲑,规模化养殖让三文鱼产量大增,挪威三文鱼得以出口到世界各国。第二,北欧地区渔业注重技术研发,研究成果注重落地。北欧地区渔业企业与相关研究机构合作紧密。例如,水产养殖企业对三文鱼选育、育种进行深入研究,科学设计了三文鱼和虹鳟鱼的育种程序,历经六代的选育工作,这两类鱼的生长速度已较野生种群大幅提高。第三,行业链完整,行业集群效应明显。北欧地区渔业上游环节,深水网箱配套工业发展迅速,深海网箱养殖自动化管理模式广泛应用;下游加工环节有专业的屠宰、脱水、冷冻、装罐以及相关产品的加工企业和人员,行业集群效应明显。

目前在我国的渔业结构之中,远洋捕捞产品占比不足3%,远远无法满足我国快速增长的对优质海捕水产品的需求。因而未来海外拥有优质渔业资源的公司将成为并购的主要方向,而海捕产量占比逐年升高的挪威,培育了大量契合中国市场消费需求的企业,如图6-16所示。

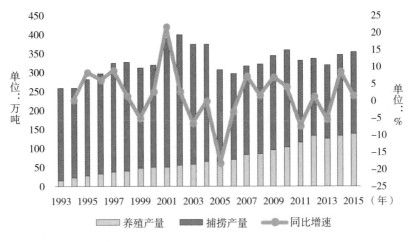

图 6-16　1993—2015 年挪威渔业产出结构

资料来源：天风证券

（二）各国产量与主要品种

在北欧地区五国中，挪威的渔业产量最为发达。根据联合国粮农组织数据，从产量上来看，挪威的渔业产量占整个北欧地区渔业产量的一半以上。2015 年，北欧地区渔业总产量中超过 58% 的渔业产量来自挪威，接下来是冰岛和丹麦，分别为 20.79% 和 13.9%。瑞典和芬兰的产量则相对较少，仅占 3.46% 和 3.04%，如图 6-17 所示。

1.挪威

挪威主产鳕鱼、鲭鱼、鲱鱼、绿鳕、鲑鱼和格陵兰岛比目鱼。根据挪威统计局数据，在挪威渔业 2016 年总产值中，贡献最大的是鳕鱼，达到 35%。其次是鲭鱼和鲱鱼，各占 13%。接下来是绿鳕，占 8%。相对较少的是鲑鱼和格陵兰岛比目鱼，分别占 1% 和 3%，如图 6-18 所示。

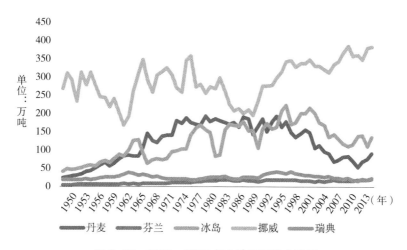

图 6-17　1950—2015 年北欧五国渔业产量

资料来源：FAO、安信证券研究中心

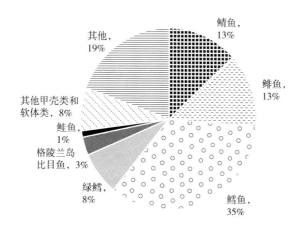

图 6-18　2016 年挪威渔业产值品种分布

资料来源：Statistics Norway、安信证券研究中心

2.冰岛

冰岛主产毛鳞鱼、鳕鱼、蓝鳕、鲭鱼、鲱鱼。根据联合国粮农组织的数据,2015 年冰岛渔业总产量中,占比最大的是毛鳞鱼,占比达到 26%;其次是大西洋鳕鱼,占比为 18%;蓝鳕则占了 16%;大西洋鲭鱼和

鲱鱼的占比分别为 12% 和 8%, 如图 6-19 所示。

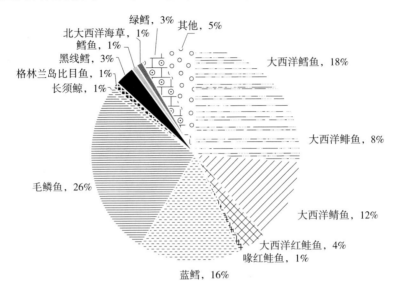

图 6-19　2015 年冰岛渔业产出品种分布

资料来源:FAO、安信证券研究中心

3.丹麦

丹麦主产鲱鱼、玉筋鱼、蓝鳕、蓝蚌、鲭鱼。根据联合国粮农组织的数据,2015 年丹麦渔业总产量中,占比最大的是鲱鱼,占比达到 33%;其次是玉筋鱼,占比为 19%;蓝鳕、大西洋鲭鱼和蓝蚌则各占了 5%,如图 6-20 所示。

4.瑞典

瑞典主产鲱鱼、玉筋鱼、鳕鱼、虹鳟鱼。根据联合国粮农组织的数据,2015 年瑞典渔业总产量中,占比最大的是大西洋鲱鱼,占比达到 43%;其次是大西洋鳕鱼,占比为 23%;玉筋鱼则占了 15%;绿鳕鱼占 4%,如图 6-21 所示。

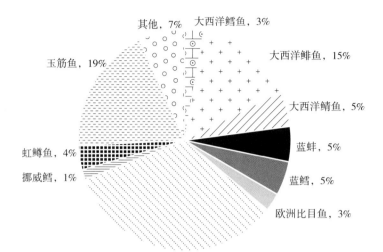

图 6-20　2015 年丹麦渔业产出品种分布

资料来源:FAO、安信证券研究中心

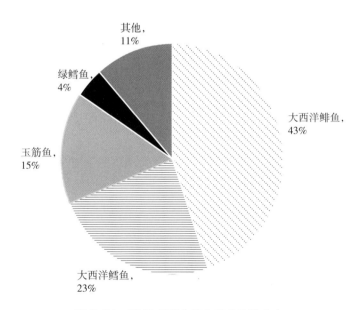

图 6-21　2015 年瑞典渔业产出品种分布

资料来源:FAO、安信证券研究中心

5.芬兰

芬兰主产鲱鱼、虹鳟鱼、鲈鱼、白斑狗鱼。根据联合国粮农组织的数据,2015 年芬兰渔业总产量中,占比最大的是大西洋鲱鱼,占比达到 67%;其次是虹鳟鱼,占比为 7%;欧洲鲈鱼和白斑狗鱼的占比分别为 5% 和 4%,如图 6-22 所示。

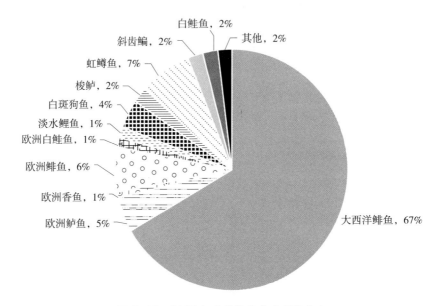

图 6-22 2015 年芬兰渔业产出品种分布

资料来源:FAO、安信证券研究中心

(三)主要企业

1. 美威:全球最大的三文鱼生产商

美威是全球最大的三文鱼生产商,同时拥有 25%—30% 的全球鲑鱼和鳟鱼市场份额,2016 年营业收入达 35.1 亿欧元,净利润达 5.39 亿欧元。目前其业务主要集中在挪威、苏格兰、加拿大、法罗群岛、爱尔兰和智利。2016 年美威总共收获了 38.06 万吨,比 2015 年减少了 3.95 万吨,主要是因为海藻爆发导致智利收获量下降,如图 6-23 所示。

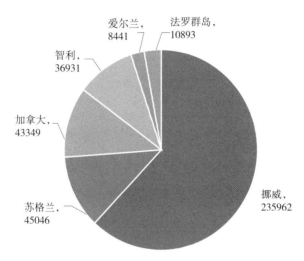

图 6-23 2016 年美威产品原产地及收获量(单位:吨)

资料来源:公司年报、安信证券研究中心

公司将其业务分为饲料、养殖、市场、消费者产品等多个部分,其中养殖部分收入最高,且由于需求旺盛和供应减少等原因导致价格上涨,此部分 2016 年息税前利润为 5.86 亿欧元,比 2015 年增长了 145%,如图 6-24 所示。

2016 年三文鱼产品的销售收入占公司总收入的 89.8%。新鲜整条三文鱼(即初次加工三文鱼)销售收入占总收入的 41.7%,新鲜熏制三文鱼和冷冻精加工三文鱼(即二次加工三文鱼)销售收入合计占总收入的 46.3%。自 2013 年收购 Morpol 以来,公司的销售从整条鲑鱼销售转向精加工鲑鱼产品的销售,所以近几年新鲜精加工三文鱼收入

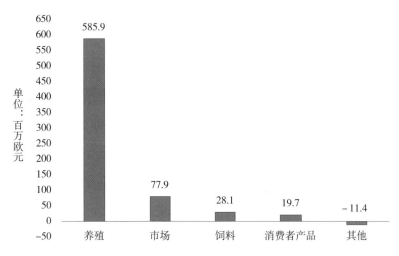

图 6-24　2016 年美威分部门息税前利润

资料来源:公司年报、安信证券研究中心

有了显著的增长,2015 年和 2016 年度增长率分别为 33.28% 和 19.8%,如图 6-25 所示。

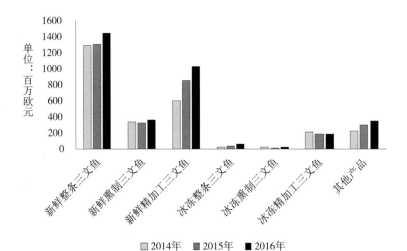

图 6-25　2014—2016 年美威分产品收入对比

资料来源:公司年报、安信证券研究中心

2.赛马克(Cermaq):全球第三大三文鱼生产企业

赛马克(Cermaq)成立于1995年,三文鱼饲料曾是公司最大的营业收入来源(2012年达103亿挪威克朗),但2013年公司出售了该部分业务。2015年,日本三菱集团完成了对赛马克(Cermaq)的收购,赛马克(Cermaq)成为三菱的全资子公司,站在巨人之肩使三菱一跃成为全球第三大三文鱼生产企业,公司也不断扩大了加工和销售方面的能力与竞争力。根据公司年报,2016年其业务约占全球市场份额的7%。

2016财务年度(2016年4月1日至2017年3月31日)公司营业收入为85.29亿挪威克朗,净收入为4.001亿挪威克朗。尽管销量有所下降,但是由于银大马哈鱼等品种全球供应短缺,所有主要市场(美国、欧洲和亚洲)的价格都在上涨,所以营业收入较2015财经年度有所增长。赛马克(Cermaq)在挪威、智利和加拿大均有业务,2015年公司共销售三文鱼20.15万吨,其中在智利销售10.62万吨、挪威销售7.03万吨、加拿大销售25万吨,如图6-26所示。

3.奥斯特福(Austevoll Seafood ASA):主营养殖、捕捞和鱼油生产

奥斯特福(Austevoll Seafood ASA)集中在挪威、智利、秘鲁渔业资源丰富的三地进行深度的行业布局,在挪、智、秘三地共设立58个加工厂,力求在每一地建立完整的行业链。该集团的主要组成部分是五个公司,分别是Lerøy Seafood Group ASA、Austral Group S.A.A-Peru、Food-corp Chile S.A-Chile、Br.Birkeland AS、Pelagia AS,如图6-27所示。

公司主要有三大业务:大西洋鲑鱼和鳟鱼的养殖、白鲑等远洋产品捕捞、鱼粉鱼油生产。在养殖方面,公司年三文鱼产量约18万—19万吨;捕捞方面,年捕捞深海鱼类40万—50万吨;加工能力方面,公司年

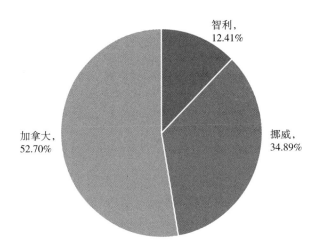

图 6-26　2015 年赛马克（Cermaq）主要销售区域及占比

资料来源：公司年报、安信证券研究中心

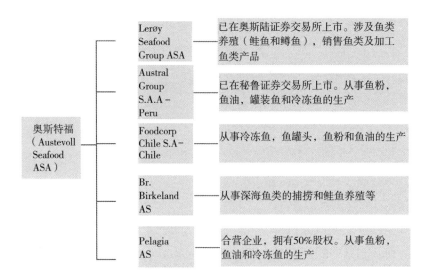

图 6-27　奥斯特福（Austevoll Seafood ASA）组成部分介绍

资料来源：公司年报、安信证券研究中心

加工能力在 160 万吨以上。

2016 年,鲑鱼业务表现良好,推动公司业绩,营业收入为 1.89 亿挪威克朗。其中,三文鱼养殖是主要的营业收入来源,占总营业收入的 75%以上。根据公司年报,其销售收入主要来源于挪威、欧盟、东欧地区、非洲等地,其中欧盟占比最大且近几年一直在增长,从 2013 年的 46.43%增长至 2016 年的 55.69%。

4. Salmar 公司:全球最大的有机三文鱼生产商

公司目前在挪威拥有 100 个大西洋鲑鱼海产品生产许可证,是挪威第三大的大西洋鲑鱼的生产商,世界最大的有机三文鱼生产商。公司业务包括渔业培育、养殖、加工、销售等环节。2016 年公司收获量为 11.56 万吨,总营业收入为 90.3 亿挪威克朗,净利润为 26.51 亿挪威克朗。公司主要销售收入来自美国、亚洲、欧洲等地,其中欧洲(不含挪威)的销售收入占其总收入的 45%以上,如图 6-28 所示。

公司将业务分为加工销售业务线和养殖业务线,加工销售业务线是公司第一大营业收入来源,且近几年该业务一直快速增长,2016 年加工销售业务收入达 88.28 亿挪威克朗,比 2015 年增加 23.17%,而养殖业务收入仅为 2.01 亿挪威克朗,占比约 2%。2016 年加工销售部门共处理约 13 万吨三文鱼和其他鱼类产品,销售主要集中在欧洲、亚洲和美国市场。

作为世界领先的鲑鱼生产商之一,公司近几年增值产品生产量不断增加,根据公司公告,2016 年共生产增值产品 36.9 万吨,同比增长 15.67%,其中鱼片产量为 21.4 万吨,占比 58%。

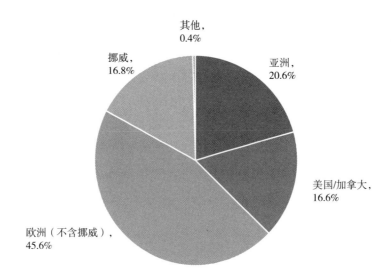

图 6-28　2016 年 Salmar 公司主要销售区域及占比

资料来源:公司年报、安信证券研究中心

(四)优势

1.相对优势分析

北欧地区渔业发展水平领先全球,主要得益于其优越的自然环境、发达的研发水平、完整的行业链和先进的渔业管理水平。

第一,北欧地区自然条件得天独厚。以冰岛为例,冰岛属于寒温带海洋性气候,因受墨西哥湾暖流影响,气温较同纬度其他地区温和,特别是冰岛整个周边海域处于格陵兰东部、冰岛东部寒冷水流与墨西哥湾温暖水流交汇区,为鱼类繁衍生存及海洋渔业提供了良好的自然条件。此外,冰岛内陆水资源十分丰富,据称冰岛人均水拥有量是欧洲大陆的 600 倍,年平均降雨量 2000 毫米,年平均地表流量 1600 毫米;同时由于地球变暖,境内四大冰川逐渐融化,因而境内形成诸多与海洋相连的河流与湖泊,也为内陆淡水鱼类生存造就了良好的条件。

第二,北欧地区渔业注重技术研发,研究成果注重落地。北欧地区渔业企业与相关研究机构合作紧密。例如,挪威国家三文鱼繁育场AquaGen公司具有极强的研发能力和商业化能力。从20世纪70年代至今,已经有800个家系的大西洋鲑鱼鱼种,并且配合整个行业的发展,不断生产新的鱼卵品种,如QTL鱼卵、全雌三倍体鱼卵等。同时,北欧地区各国对渔业资源也会进行控制。冰岛国家海洋研究所是海洋资源科学研究的中心,海洋生物实验室75人,年科研开发经费3.56亿冰岛克朗。研究所每年对渔业资源情况进行分析预测,提出有关受管制种群年度可捕获总量的建议,为国家渔业管理委员会确定捕捞控制提供决策依据。

第三,行业链完整,行业集群效应明显。北欧地区渔业的发展繁荣,离不开整个行业链的均衡发展。北欧地区的渔业从种苗、动保、饲料、养殖、设施设备、加工到市场推广等,每个环节都有强有力的支撑,包括上游养殖环节,北欧地区的深水网箱配套工业发展迅速,深海网箱养殖自动化管理模式广泛应用;中游加工环节有专业的屠宰、脱水、冷冻、装罐和相关产品的加工企业;下游环节有极具国际竞争力的品牌保证市场推广,行业集群效应明显,如图6-29所示。

第四,北欧地区各国渔业管理水平先进。(1)北欧地区各国高度重视渔业管理的立法工作。例如,冰岛政府在1901年开始提出3海里资源保护区,其后逐步扩张其保护范围;1973年就建立了捕虾管理制度;1990年专门成立渔业管理局,加强对渔业的管理;同年颁布了《冰

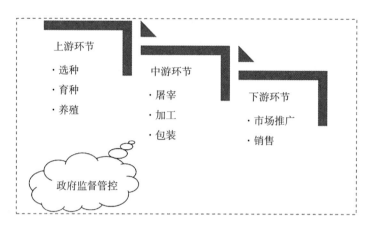

图 6-29 北欧地区渔业产业链

资料来源:安信证券研究中心

岛渔业管理法》。再如挪威,早在 1976 年 12 月 17 日就颁布了《专属经济区法》,并在 1977 年开始正式实施 200 海里专属经济区制度;挪威的渔业法律制度也较为全面,有关水产品质量控制和销售的法律制度就包括《水产品质量控制法》《鲜鱼法》《动物食品法》《兽医法》《药品店经营法》《药品使用法》《鱼病防治法》。(2)北欧地区各国实行渔业捕捞配额制度。上述《冰岛渔业管理法》中就建立了渔业"个人可转让配额"制度,渔业部门根据鱼类品种的总捕捞量来决定捕捞配额,并允许渔船所有者转让或买卖其分得的捕捞配额。政府部门给这些获得捕捞配额的渔船规定了每年捕捞不得少于其 50% 的配额数。对于自然灾害等特殊情况和库存急剧减少,政府采取鼓励措施增加捕捞配额,并允许年度之间、品种之间可以适当调剂,增加当地居民的就业,但不允许随便扔掉渔获物。对超配额指标捕鱼的,其 20% 属于公司所有,另外 80% 数量的产值则归研究机构用于渔业科研。(3)北欧地区的渔业执法监督管理工作也非常全面。芬兰、冰岛对海洋捕捞要求渔船专门填写捕捞日志,并及时交给渔业行政部门。挪威 21 米以上的渔船均装备了 INMARSAT-C 船位监控系统,渔业局能够及时连接到渔船的活动情况,便于进行配额管理。北欧地区渔业管理如图 6-30 所示。

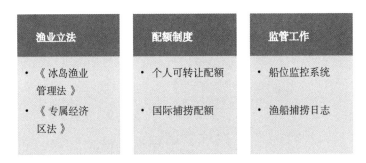

图 6-30　北欧地区渔业管理

资料来源:安信证券研究中心

2.并购产生的协同效应

对于国内企业而言,并购北欧地区的渔业企业不仅可以直接扩大企业规模,提升企业生产能力,还可以与北欧地区渔业企业产生协同效应,形成鱼类品种互补、技术互补、品牌效应等,进一步提升企业产能,打造完整的行业链,提升知名度,走向国际。

第一,充分利用渔业资源优势,优化鱼类品种结构。北欧地区周边海域位于冷暖流交汇处,十分适合海洋生物繁衍生长。我国海域也很辽阔,但海洋捕捞大多位于近海,与北欧地区海洋中的鱼类品种也相差较大。北欧地区各国主要产的鱼类品种有鳕鱼、鲭鱼、鲱鱼、蝶鱼、玉筋鱼、虹鳟鱼等,而我国的海洋捕捞产量中,占比较大的品种是带鱼、鳀鱼、海鳗、小黄鱼等,如图 6-31 所示。随着我国人均收入的逐年提高,人们开始追求生活品质、注重食物营养价值,对高档次水产品的需求增加。因此并购北欧地区的渔业企业可以丰富企业的鱼类品种,满足国内需求,推进企业收入增加。

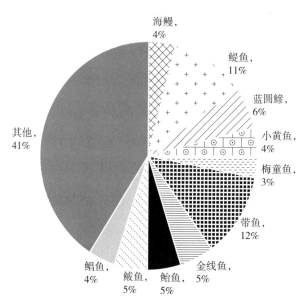

图 6-31 2016 年中国海洋捕捞主要鱼类产量

资料来源:2017 中国渔业统计年鉴、安信证券研究中心

第二,吸纳先进渔业技术,推进企业技术改革。北欧地区的渔业企业在竞争日益激烈的市场大潮中能保持不败的一个重要因素,就是依托高科技不断研发出新技术,并有效地应用于生产当中,使其对水产品的养殖生产、精深加工、增值增效、抢占市场起到了积极的推动作用。挪威的渔业企业在鱼用饲料加工技术、建造玻璃钢船技术、海上网箱养殖技术上较为领先,冰岛的渔业企业在塑料制箱技术、海水制冰技术等水产养殖技术上较为先进,还有水产品精深加工技术、水产品保鲜技术

等。比如丹麦的比隆水产养殖公司在世界范围内 28 个不同的国家,就
25 种不同的海、淡水品种建设了 122 个项目,尤其在循环水养殖项目
设计、建设方面有丰富的经验。若并购北欧地区的渔业公司,可以直接
吸纳其先进的养殖技术应用到国内养殖中。精深加工技术方面,北欧
地区的渔业企业广泛采用全自动流水线加工生产设备:活鱼→电击放
血→自动剖腹及内脏分离→清洗→自动切头→切片→包装,仅需 10 人
左右即可完成整条生产线操作,实现数字化管理和食品安全可追溯体
系。同时,并购相关企业可以方便与北欧地区渔业科研部门进行交流,
共享信息,合作研究,对原有企业技术进行革新。

第三,提升企业知名度,开拓国际市场。首先,近年来,因各国检疫
标准不同而引起的贸易摩擦时有发生,特别是由于国外针对中国产品
的技术壁垒高筑和各国出口企业的竞争激烈,我国水产品出口更加困
难。并购北欧地区的渔业企业,可以加速对水产品质量的把控,提升自
身产品的品质。其次,北欧地区渔业企业的声誉较好,并购其可以利用
其品牌效应,从广告宣传、产品包装到营销策略,全方面树立起国内企
业的国际化品牌形象,不断提高产品的市场竞争力,直接提升企业知名
度,便于企业立足国内市场,开拓国际市场。

七、游戏行业

(一)行业概况:全球最重要的游戏开发地之一

根据游戏市场研究机构 Newzoo 预计,全球游戏行业 2017 年将达

1160 亿美元（2017 年四季度预测），同比增长 10.69%，到 2020 年有望实现 1435 亿美元规模，2016 年到 2020 年的年均复合增长率为 8.2%。移动游戏规模 504 亿美元，占比 43%，处于绝对领先地位，同比增长 23.23%，大幅高于总体增长率；主机游戏以 336.4 亿美元规模占比 29%，同比增长 3.57%；PC 端游戏市场份额持续下降，2017 年预计占比 23%，较 2016 年下降两个百分点且有继续下降趋势。分地区看，预计亚太地区游戏规模有望达 512 亿美元，同比增长 9.2%，占总体规模的 47%，欧洲、中东及非洲地区总体市场规模 262 亿美元，同比增长 8%，占比 24%，北欧地区国家瑞典、丹麦、挪威、芬兰游戏总规模约 12 亿美元，占比 1.1%（2017 年二季度预测）。

北欧地区已发展成为世界上最重要的游戏开发地之一，《瑞典游戏开发者索引》显示 2016 年北欧地区五国丹麦（1.56 亿欧元）、芬兰（25.18 亿欧元）、冰岛（0.76 亿欧元）、挪威（0.38 亿欧元）、瑞典（13.25 亿欧元）游戏总收入达 41 亿欧元，如表 6-3 所示。北欧地区五国间游戏行业竞争小，各国优秀游戏企业吸引国际人才保证该地区劳动力充足且高质量，有效促进各国游戏行业繁荣。与游戏相关的教育、文化及政策支持也是该地区游戏行业发展的重要因素。

表 6-3　北欧地区各国游戏总收入、公司数量及雇员数量

国　家	营业收入（百万欧元）	公司数量（家）	雇员数量（人）
丹麦	156	151	770
芬兰	2518	250	2750
冰岛	76	12	443

续表

国　　家	营业收入（百万欧元）	公司数量（家）	雇员数量（人）
挪威	38	180	599
瑞典	1325	287	4267

资料来源:《瑞典游戏开发者索引》、安信证券研究中心

　　芬兰及瑞典游戏行业在北欧地区国家中处于领先位置。瑞典作为欧洲地区主要游戏国之一,拥有众多世界知名游戏公司,实现全平台游戏覆盖,各平台游戏均处于世界领先位置;芬兰拥有许多实力强劲的游戏开发商及工作室,如 Rovio、Supercell 等大公司,Remedy、Bugbear 等AAA 级工作室以及许多小型游戏开发商,2016 年 Supercell 收入占芬兰游戏总收入的 92%;挪威游戏行业由一家公司丰乐(Funcom)(开发及发行商)主导;冰岛游戏开发商主要为 CCP 公司,旗下游戏 EVE On-line 作为史上最赚钱游戏之一,使 CCP 公司成为冰岛游戏行业的主要收入来源;丹麦游戏行业中值得关注的公司包括 2004 年成立于丹麦的Unity 公司(目前使用 Unity 制作的游戏已拥有 7.7 亿玩家)、手游 *Subway Surfers* 联合开发商 Kiloo 及 Sybo Games 等游戏商。

(二)北欧地区国家游戏精品化开发,受中国厂商青睐

　　相比中国,北欧地区国家面积小,人口少,国内市场较小及人员成本高企,迫使游戏开发商着眼世界市场开发精品游戏在世界市场中竞争,并将非核心环节外包,由此开发出众多精品游戏,如《我的世界》《糖果传奇》等;中国市场较大,游戏市场发展相对较晚,国内厂商开发游戏经验相对欠缺,仍处于摸索阶段,面对国内市场类型多样、数量庞

大的游戏消费群体,国内厂商多选择进行多品类游戏开发,腾讯、网易等大厂商现金流充足,试错能力强,多矩阵布局游戏行业。

北欧地区游戏开发商精品化开发还来源于作为北欧地区传统文化的"詹代法则"(一共十条,特点为否定个人成就,强调团体),对团体文化的强调促使北欧地区国家游戏开发团队紧密合作、资源共享、持续交流,促进游戏精品化。独立游戏开发在北欧地区国家的盛行,并成为文化的一部分,也是精品化开发的重要促进因素,独立游戏作为游戏新领域探索的先锋,良好的开发氛围保证未来游戏行业多元化,Paradox、Simogo、Might & Delight 等知名瑞典工作室选择开发独立游戏,从 20 世纪 80 年代的 Demo 制作热潮到今天,北欧地区开发者一直热衷于挑战硬件和软件的极限。

(三)主要企业

1. Supercell

Supercell 2010 年成立于芬兰,其第一款产品页游 *Gunshine* 在 2011 年夏季达到百万玩家数量,随后公司转型手游,接连推出《卡通农场》《部落冲突》《海岛奇兵》《皇室战争》四款经典手游。Supercell 成立七年时间仅推出四款手游且每款皆取得高口碑与高回报。据市场研究机构 AppAnnie 统计,《皇室战争》和 2012 年首发的《部落冲突》都在 2016 年度手游收入榜的前五名之列,其中《皇室战争》在 2017 年度收入榜继续保持前五名。

2014 年,昆仑万维拿下《海岛奇兵》中国安卓版代理权,标志着公司真正开始在中国发力。2016 年 6 月,腾讯从软银及公司员工手中共收购 84.3% 的公司股权,总对价约为 86 亿美元。收购完成后,公司原管理层及员工保持独立运作,并积极尝试多渠道与玩家互动,包括 10 场电竞比赛(获得 500 万玩家参与)及 YouTube 喜剧 *Clash-A-Rama*!(获得 2 亿人次观看)。2017 年 6 月公司推出新款手游《荒野乱斗》(尚在内测阶段,仅在加拿大地区上架)。

2. King

King 2003 年在瑞典成立,公司以 2012 年推出的 *Candy Crush*(《糖果粉碎传奇》)为代表的一系列三消游戏而享誉全球。2014 年 3 月,King 在纽约证券交易所上市,发行价每股 22.5 美元,是脸书(Facebook)社交平台上最大的游戏开发公司,全球月活峰值曾超过 4.75 亿。2015 年 11 月,视频游戏公司动视暴雪(Activision Blizzard Inc)以 59 亿美元(每股 18 美元)收购 King,随后 King 从纽约证券交易所退市。由于三消类游戏可模仿性较高,且 King 此后作品后劲乏力,致使公司收入连续三年出现下滑。

3. Paradox

Paradox 成立于 1999 年,是一家瑞典游戏发行与开发公司,主打大型电脑及游戏机历史策略游戏,通过 PDS(Paradox Development Studios)自主研发了《十字军之王》《欧陆风云》《钢铁雄心》《维多利亚》等一系列优质作品,同时代理了沙盒动作 RPG 游戏《骑马与砍杀》(*Mount&Blade*)、城市运输游戏《都市天际线》(*Cities Skyline*)、风帆海战游戏《东印度公司》(*East India Company*)等经典之作。无论是自主开发还是代理发行,P 社都避开热门游戏类型而专注于细分领域,在核心玩家圈中享有极高口碑。

2016 年 5 月, Paradox 发布最新太空策略游戏《群星》(*Stellaris*), 上线 24 小时销量突破 20 万套, 首月销量达到 50 万套, 根据其官网公布, 截至 2018 年 2 月 22 日《群星》总销售量为 150 万套。2016 年 5 月, 公司在美国纳斯达克上市, 其中腾讯认购 528 万股, 持有 5% 股权(每股 33 瑞典克朗, 折合 2000 万美元)。2017 年, 公司分别实现营业收入与净利润 8.13 亿瑞典克朗、2.65 亿瑞典克朗, 同比增长 24%、10%。

(四)北欧地区及中国游戏行业比较分析

从游戏厂商规模看, 北欧地区国家游戏厂商规模相对较小。北欧地区最大游戏厂商 Supercell 2016 年营业收入仅 21 亿欧元, 与国内腾讯、网易为代表的中国游戏厂商有一定差距, 腾讯 2017 年前三季度收入 98.25 亿美元, 网易 2017 年全年收入 83.15 亿美元; 从各厂商游戏出品看, 北欧地区国家游戏厂商专注细分领域, 走精品化路线, 研发周期长, 游戏出品少, 游戏生命周期长, 而国内大型厂商全矩阵布局。2017 年, 国家新闻出版广电总局批准出版游戏约 9800 款, 其中国产游戏约 9310 款, 进口游戏约 490 款。在这些国产游戏中, 客户端游戏约占 1.5%, 网页游戏约占 2.3%, 移动游戏约占 96%, 家庭游戏机游戏约占 0.2%。

1. 相对优势分析

信息化程度高、国际化人才众多。由于历史积淀, 以诺基亚为代表的信息行业公司发展较早, 促进北欧地区信息化行业处于世界前列, 芬兰超过 8% 的人口从事信息通信技术行业相关工作, 该比例居世界第一。另外, 北欧地区各国信息化程度的世界地位吸引众多国际人才流入,各国间竞争小,有效实现人才互动,芬兰游戏公司拥有约20%的非芬兰籍员工(远高于其他科技行业),不同地域人员思维间碰撞保证了国际化视野。

政府及教育系统支持力度大、游戏投资基金运作成熟。芬兰政府创业扶持机构——芬兰国家技术创新局(Tekes)自1995年起累计投资芬兰游戏行业超过1亿欧元,为初创公司产品开发阶段及国际化推广阶段提供补贴及低息贷款,并为私人投资提供跟投资金;芬兰大学提供三十多个游戏相关学习项目,推动跨学科教育,为市场培育了大量高质量游戏人才。而国内政府对游戏行业的态度改善时间较短,批准部分高校开设电竞等专业的起步也很晚。

国际化定位保证游戏产品质量。相比中国,北欧国家面积小,人口少,国内市场较小,促使游戏开发商从游戏研发到发行定位始终为全球市场,开发周期较长保证了游戏产品国际市场认可度高,如Supercell成立七年时间仅推出四款手游,且在全球范围内都取得良好的市场反响。而中国本土市场较大且游戏市场发展相对较晚,国内厂商游戏经验相对欠缺,大多处于摸索阶段,面对国内市场类型多样数量庞大的游戏消费群体,国内厂商多选择进行多品类游戏开发,质量参差不齐。

专业化分工节约成本,精细化制作市场竞争力强。北欧地区国家人员成本高企,各游戏厂商为节约成本通常选择将非核心环节外包。以芬兰为例,大多数芬兰游戏开发商仅拥有几名到几十名员工专注游戏研发,而与游戏相关的专业化内容制作公司很多,包括8家动画特效公司(代表公司如Anima Vitae)及11家游戏音效公司(代表公司如Aritunes、E-Studio、Epic North Music),专业化分工促使各环节精细,推出产品往往用户体验较好。而国内大规模厂商由于具备全产业链能力,通常由公司自己完成游戏各环节开发,但面对同质化市场的激烈竞争,为了抢占市场、优先推出产品,在开发过程中分秒必争,往往导致游戏产品体验不佳。

文化氛围促进精品化研发。作为北欧地区传统文化的"詹代法则",对团体文化的强调促使西欧国家游戏开发团队紧密合作、资源共享、持续交流、促进游戏精品化。知名行业组织 Neogames(芬兰游戏行业协会)、IGDA Finland(芬兰国际游戏开发者协会)等为世界活跃游戏界行业组织,在芬兰及欧盟拥有政治影响力,可有效促进从业人员交流、资源共享。反观国内游戏行业,商业氛围浓厚,大厂商面临业绩压力往往选择游戏发行或开发经市场试错认可的商业化游戏,同质化高,创新性低。

2. 并购效应分析

国内游戏厂商由产品出海逐渐转向资本出海。此前海外竞争主要通过研发适合海外市场的游戏产品,自主研发或与当地发行商合作发行获取收益。而当前国内厂商越来越多地参与海外游戏公司并购,腾讯 86 亿美元(约合人民币 566 亿元)收购了芬兰手游巨头 Supercell 84.3% 股份,世纪游轮斥资 305 亿元收购以色列游戏公司 Alpha。此前还有游族网络 5.8 亿元收购德国游戏开发商 Bigpoint100% 股权,掌趣科技 11 亿元收购韩国游戏公司网禅 19.24% 股权等,通过资本输出获取海外资源。

以并购增强研发,保证国内国外市场领先。此前,国内游戏厂商研发专注于市场成熟产品,创新能力弱,而面对同质化日益严重的问题,依靠创新性产品取胜才是长久之道。以《旅行青蛙》《恋与制作人》等系列创新性产品为代表,目前国内市场需求更加多元化,女性市场为未来游戏行业的增长带来了巨大的空间,争夺新增市场是国内厂商必须正视的问题,而北欧地区国家独立游戏的研发氛围、精品游戏的研发传统等都是未来竞争的关键,通过并购可实现海外专业化研发、免遭国内浓厚商业气息影响,为市场竞争储备力量。另外,国内市场巨大,北欧地区国家游戏在引入国内过程中面临包括监管、本地化等许多问题,通过并购实现更加深入的交流可减少本地化面临的不适应。

第三节　中国对北欧地区直接投资

2017 年,中国与北欧地区国家贸易总额接近 430 亿美元,双向直接投资累计超过 210 亿美元。中国与北欧地区国家应进一步深化合作,加强发展理念对接,共同反对单边主义和贸易保护主义;打造立体互联互通格局,促进"一带一路"倡议与"亚欧互联互通战略"对接;搭建多元经贸合作框架,充实现有合作机制内涵;抓住长江经济带建设和长江三角洲区域一体化发展机遇,提升务实合作水平。

一、并购趋势、国别及行业分布

2016 年以来,中国对北欧地区的直接投资显著攀升。其中 2016 年腾讯收购 Supercell 的交易金额高达 86 亿美元,是北欧地区近十年来最大并购交易。除腾讯外,吉利在北欧地区参与并购交易最为频繁,分别于 2010 年并购沃尔沃公司全部股份,以及 2017 年并购丹麦盛宝银行和沃尔沃集团部分股份。

按行业分,由于腾讯收购 Supercell 的交易金额巨大,成为自 2008 年以来 TMT 行业在北欧地区规模最大的并购交易。汽车行业由于近年来中国企业进行了多笔对瑞典汽车、电动车企业进行并购,交易量居次席。按国家分,得益于腾讯收购 Supercell,芬兰是北欧地区交易规模最大的国家,但中国对瑞典企业的并购交易最频繁,交易规模居次席。

二、中资企业并购案例分析

北欧是相当富裕且有前景的地区。这些北欧地区国家在做出政治决策方面具有相当的重量,同时投资环境良好,经济局势稳定,政治环境宽松。中国企业近年来在北欧地区完成许多引人瞩目的收购案。

(一)吉利收购沃尔沃

2010 年 8 月 2 日,吉利收购福特旗下沃尔沃的全部股权。吉利向福特支付 13 亿美元现金和 2 亿美元银行票据。

1. 动机分析

(1)市场动机

在中国成为全球最大的汽车消费市场的背景下,吉利收购沃尔沃可以在国内高端汽车市场上获得更多的市场机会。同时,凭借沃尔沃在国际市场上的知名度,吉利可较快进军国外汽车市场。

（2）技术动机

吉利收购沃尔沃解决了其在利用多品牌战略推进中高端产品的发展中急需先进的技术来支撑其品牌发展的问题。对于吉利来说，借助沃尔沃的技术优势，其在低成本制造的优势将愈发明显，在国内的竞争力也将明显增强。

（3）品牌动机

为摆脱吉利在消费者中的低端制造的形象，吉利收购沃尔沃正是突破品牌发展瓶颈的最有效途径。从吉利的品牌发展战略看，吉利成功收购沃尔沃后，既可以维持沃尔沃的高端品牌形象，又能提升吉利的品牌定位，利用细分的吉利、华普、帝豪、全球鹰、上海英伦、沃尔沃等品牌来划分不同的市场，沃尔沃主打中高端，吉利中低端，此种品牌战略正是吉利在高端发展过程中遇到瓶颈之后的最佳选择。此外，吉利在收购沃尔沃后也能把其汽车设计理念逐步融入其他产品线，并衍生出新的设计理念，提升吉利产品线的总体设计水平。

（4）获得的利益

从品牌价值上看，作为国际知名高端汽车品牌，沃尔沃的品牌价值远远超过萨博。吉利成功收购沃尔沃，将利用沃尔沃的高端品牌形象提升吉利的整体形象，并通过品牌移植来提升吉利的自主品牌价值，最终形成能够参与国内外竞争的高端民族品牌。从技术能力上看，沃尔沃拥有高素质研发人才队伍，具备低碳经济发展能力，在汽车主被动安全领域拥有一系列领先技术，具有生产豪华车型的技术体系能力，这正是吉利所缺乏并孜孜以求的。从广告效应上看，吉利"蛇吞象"般成功收购沃尔沃获得了巨大的广告效应。从未来发展上看，快速成长的中国汽车消费市场以及沃尔沃分布全球的销售和服务网络,为双赢提供了极大可能。从影响效应上看,吉利成功收购沃尔沃除了给企业自身带来利益之外,也必然会给中国汽车行业的发展带来裨益,一是给中国汽车民族品牌以鼓舞效应,二是给中国企业进军国际市场以示范效应。

2. 吉利整合方式的战略选择

(1)品牌及市场战略

沃尔沃被誉为"世界上最安全的汽车"。吉利并购沃尔沃后,首先要维护好沃尔沃80多年积淀的国际知名品牌形象。国际市场上,主要销售市场对沃尔沃产品需求仍较弱。针对吉利运营下的沃尔沃,随着世界经济形势逐渐改善,可采用市场渗透战略。在原有产品和市场的基础上,进一步提高产品质量、加强广告宣传,保持老客户、争取新客户,逐步提高原有产品的市场占有率,摊薄技术研发成本,形成利润。

(2)技术战略

根据资源基础观,技术是企业重要资源。吉利提出了"造最安全、最环保、最节能的好车"的总体战略,技术战略必须同总体战略保持一致。吉利所要解决的问题是如何积累、整合和激活企业独特的资源与能力,从而达到在成本、技术、人才、质量、服务方面的全面领先。在这些要素中,自主创新是关键。并购沃尔沃的最主要的目的在于提高吉利的技术能力和品牌形象。通过对沃尔沃整体并购,可突破以往合资企业的技术壁垒,接触沃尔沃现有车型的所有技术,甚至正在研发的技术。受制于知识产权特别协议,吉利只能获得少量沃尔沃的相关技术。据瑞典媒体报道称,吉利将获得所有沃尔沃独立开发技术的控制权,沃尔沃的一些重要技术来自福特,但吉利不得从沃尔沃获得或拥有来自福特的技术。因此,吉利的技术战略重点应该放在对沃尔沃的专利和特长技术的消化吸收上。通过对这些技术能力的消化和吸收,可以使吉利在产品设计、研发和制造等方面少走弯路。另外,吉利可通过与沃尔沃在中国联合组建研发中心,同时与瑞典的研发实现全球化合作。联合中心的研发团队应由沃尔沃和中国本地的工程师组成,使其更贴近中国市场。吉利在高端车型方面可逐步与沃尔沃共享技术平台、车型共用平台,降低沃尔沃的研发成本,同时提升吉利的技术水平,实现在高端车型方面的技术协同效应。

（3）成本管理战略

吉利主要通过融资借债完成其杠杆并购,但公司将承担高负债的风险。并购沃尔沃之后,其资产负债率肯定会远高于国际惯常的65%这一警戒线。要降低吉利的高资产负债率风险,就要求提高资金回笼速度。保持现金流是资金链的关键,这就要迅速扩大吉利和沃尔沃的销量,以满足这些资本的回报诉求。要扭亏为盈,就需要提升沃尔沃的销量。吉利计划把沃尔沃在中国的销量增加到20万—30万辆,通过拓宽产品线,尽可能释放产能,最终实现盈利。

吉利在成本控制方面具有成功的经验,如通过实施平台战略增加各车型之间共享零部件部分的比率,重组和精简供应商,改良内部控制系统以及有效控制生产成本等措施,保证了企业良好的盈利能力。并购沃尔沃之后,吉利的经验可以在一定程度上帮助沃尔沃降低运营成本。例如,在中国增设配套工厂,增加沃尔沃在中国的采购;通过交易内部化改善现有运营业务的成本,最大限度降低采购成本;逐步提高吉利高端车型与沃尔沃车型零配件和系统的通用性;通过在中国建立研发中心,降低人力和开发成本。

要盘活沃尔沃需降低其运营成本,但不能单靠降低成本来实现,因为要保持沃尔沃的豪华车特性,需要大量的资金来维系,包括研发、经营、管理等费用。要盘活沃尔沃,关键还在于扩大市场份额。时机成熟时,考虑关闭部分海外工厂或者精简员工。沃尔沃作为豪华车品牌有其特定的消费群体,难以具有庞大的市场,不会成为现金牛。但吉利可以通过沃尔沃品牌带来的溢出效应,分享和利用沃尔沃某些专利技术,充分发挥沃尔沃的技术优势,降低本土品牌的研发成本,提升吉利旗下本土品牌的质量和品牌形象,扩大市场份额,实现集团的整体盈利水平。

3. 评价与展望

乐观者认为,吉利抓住了金融危机的机遇,全资控股沃尔沃,实现了我国在自主品牌发展历史上的突破,是实现技术跨越的一个捷径。偏谨慎者认为,吉利不具备经营沃尔沃的能力,但也许当吉利什么都具备的时候,机会就没有了。

2017 年沃尔沃的全球销量从 33.48 万辆增长到了 53.43 万辆,利润也大幅增长。技术层面上,沃尔沃的技术已经开始渗入吉利。比如博越的 1.8T 发动机,跟沃尔沃发动机重合度达 50%,ACC 自适应巡航、近距离雷达探测等技术也是沃尔沃提供的。未来沃尔沃还有更多的技术反哺吉利。除了技术方面的输出之外,沃尔沃方面的人才也不断往吉利方面输出。比如,博越的设计师彼得·霍布里(Peter Horbury)之前曾是沃尔沃的车型设计副总裁。

（二）腾讯收购芬兰手游公司 Supercell

1. 公司介绍及收购背景

腾讯 2016 年 6 月与日本软银（Softbank）达成协议,以 86 亿美元的价格收购软银麾下创作热门游戏《部落冲突》(*Clash of Clans*)的芬兰手机游戏商 Supercell 84.3% 的股份。这是中国互联网公司目前曝出的最大规模的收购案。

腾讯公告称,经与 Supercell 协商后组成及现时由腾讯全资拥有的财团已同意通过买方(财团的全资附属公司)收购 Supercell 的大部分股权。Supercell 的现有管理层将维持独立营运,Supercell 将继续以芬兰为总部。

（1）腾讯

腾讯成立于 1998 年 11 月,是目前中国领先的互联网增值服务提供商之一。2004 年 6 月 16 日,腾讯在香港联合交易所主板公开上市。

腾讯把"连接一切"作为战略目标,提供社交平台与数字内容两项核心服务。通过即时通信工具 QQ、移动社交和通信服务微信(WeChat)、门户网站腾讯网、腾讯游戏、社交网络平台 QQ 空间等中国领先的网络平台,满足互联网用户沟通、资讯、娱乐和金融等方面的需求。

（2）Supercell

Supercell 是一家在芬兰注册成立的私人公司及移动游戏开发商,是进入 21 世纪后最为成功的一家创业游戏公司。Supercell 研发的游戏在使用苹果 iOS 操作系统和谷歌 Android 操作系统的平板计算机和智能手机上运行。自 2010 年成立以来,Supercell 已在市场推出四款主要游戏,分别为《部落冲突》《部落冲突:皇室战争》《海岛奇兵》及《卡通农场》。其中,《部落冲突》作为 2012 年上线的老游戏,至今仍然在该公司的收入构成中占据最大的比例,并且在多个畅销榜中排在第一、第二的位置。从商业价值上看,Supercell 的盈利效率甚至超过了暴雪公司。《部落冲突》之后,2016 年的《皇室战争》再次在横扫全球各大畅销榜,月均收入约 1 亿美元。

(3)软银集团

软银集团是一家总部位于日本的跨国电信及互联网公司,其业务包括宽带业务、固网电信、电子商务、互联网、技术服务、金融、媒体和营销、机械人技术、可再生能源和其他业务。软银联属公司均为软银集团的附属公司,并从事投资活动。

软银集团一度作为 Supercell 的大股东。随着软银于 2013 年因收购美国通信商 Sprint 后出现的巨大泥沼后,资金流出现问题,因此积极需求 SuperCell 的买家。

2. 动机分析

(1)品牌动机

在发展初期,腾讯游戏收益颇丰,但随之而来的负面评价也较多。口碑问题已成为腾讯的一个沉重的包袱,近些年其一直在着力树立正面的品牌形象。因此,像 Supercell 这样品牌形象正面的公司,腾讯将其收购后对于自己的形象有莫大好处。

(2)市场动机

腾讯在游戏行业的战略是走精品化路线,包括内容、发行、渠道在内的行业链各个环节的精品化。一是在核心品类上的精品手游;二是立体化的精细运营;三是扩大外延,发展移动端游戏。

腾讯已成为全球最大的游戏厂商、最大的移动游戏分发平台之一。但对于游戏厂商而言,实现对游戏产品持续的创新能力较为困难。这是由于相比其他互联网产品,游戏设计更多地体现了艺术特性,而非数据特性,它的持续创新能力需要有持续创新能力的团队。而且腾讯在手游领域又稍显逊色,除《王者荣耀》外,缺乏其他顶级作品。正因如此,腾讯需要一个对产品具有持续盈利和创新能力的顶尖团队,而 Supercell 目前的公司架构和价值观理念正好与腾讯的发展方向相契合。

腾讯还是多款世界性电竞比赛游戏运营商,但现在移动电竞领域唯一还算成功的游戏只有《王者荣耀》。当前,《皇室战争》被认为很可能带动起移动电竞的风潮,收购 Supercell 或体现出腾讯对移动电竞的布局思考。

(3)Supercell 出售动机

对于 Supercell 为何愿意把公司卖给腾讯,我们认为主要源于以下两点:第一,孙正义(软银创始人,之前的公司主席)表示,如果 Supercell 能够找到新的合作伙伴,他愿意卖掉软银在 Supercell 的所有股份来支持软银的转型策略。第二,Supercell 看重腾讯的社交能力和用户基础。腾讯的平台覆盖用户量超过 10 亿人。通过腾讯,Supercell 可以把游戏推向更多的人,并探索社交玩法。事实上,Supercell 也表示,为了让游戏玩家获得更好的社交体验,Supercell 可能会在游戏内加入一些和腾讯相关的功能,如微信/QQ 好友关系。

（三）山鹰纸业收购北欧纸业（Nordic Paper）

1. 公司介绍及收购背景

2017年7月21日，山鹰纸业拟出资24亿瑞典克朗，约合19.52亿元人民币收购北欧纸业公司（Nordic Paper）100％股权。

本次收购完成后，山鹰纸业将介入技术壁垒高、盈利能力强的高端特种纸细分市场。北欧地区历来是国际造纸技术和产品研发的前沿，标的公司的防油纸产品在欧洲市场占有率排名第一，为该细分领域的绝对领导者，同时标的公司的牛皮纸是欧洲高端食品、化工、购物商品袋产品的主要供应商之一。本次股权收购对山鹰纸业整体造纸技术的提升和产品结构的改善，以及对山鹰纸业全球化战略协同具有重要的战略意义。

2. 北欧纸业（Nordic Paper）基本情况

北欧纸业（Nordic Paper）旗下共有四家造纸厂，其中三家位于瑞典，一家位于挪威。北欧纸业（Nordic Paper）专注于防油纸和牛皮纸的细分领域，终端产品主要为食品、消费品，以及建筑、化工等行业特殊要求的增长型产品。标的公司一直保持稳定和较高的盈利水平，产品主要聚焦于欧洲和北美地区的高端市场，部分销往东亚地区和澳大利亚。

目前北欧纸业（Nordic Paper）的浆纸年生产能力50万吨。标的公司是欧洲唯一一家浆纸一体化的防油纸生产商，纸浆主要用于内部纸品的生产使用；防油纸主要用于生产餐饮和食品行业的烘焙纸、烘烤杯、油脂食品包裹纸，以及快速食品纸盒容器等食品级用纸。在欧洲防油纸行业的产量和市场占有率均排名第一，是欧洲食品级防油纸市场的绝对领导者。北欧纸业（Nordic Paper）生产的牛皮纸主要关注于高强度的耐重纸袋以及食品、建筑、化工等细分行业的特种纸产品，主要用于生产高强度的工业、食品包装、购物商品纸袋以及不锈钢板夹层纸、绝缘纸、建筑材料等特种纸产品，是欧洲该类产品的主要供应商。

北欧纸业（Nordic Paper）所在区域的电力成本同欧洲许多国家相比处于较低水平，且造纸所需的新鲜水资源和林业资源获取的成本非常低，其相关产品在欧洲市场具备较高的成本竞争力。北欧纸业（Nordic Paper）浆纸一体化的生产配置和纤维原料的自供方式能在质量和产量方面给予充分保障，在运营方面具有明显的成本优势。

3. 并购交易的协同效应

此次收购将帮助山鹰纸业进入高盈利特种纸细分领域，产品将新增防油纸、特种牛皮纸、高强度纸袋纸等新品种，有利于山鹰纸业拓展欧洲和北美地区市场，加快推进山鹰纸业业务国际化战略步伐，并将进一步优化公司全球供应链和销售网络，可为国际化的纸品用户提供优质的纸品和包装解决方案。

同时山鹰纸业将协同北欧纸业（Nordic Paper）开拓中国市场。北欧纸业（Nordic Paper）的产品能有效弥补国内消费升级对部分高端特种纸需求的技术和产品空白，国内潜在的庞大市场需求将为北欧纸业（Nordic Paper）未来的增长创造有利条件。

附　录

以色列[*]

　　地处欧、亚、非三大洲交界处的以色列保持着高于大多数发达经济体的经济增长速度,其创新能力在全球都名列前茅。近年来,随着中以创新全面伙伴关系的建立,越来越多的中国企业家聚焦以色列,使得以色列成为中国跨境投资者的下一个投资"蓝海"。我们从投资环境、优势产业及投资并购分析等角度介绍了以色列的投资环境及其特点和趋势。

第一节　以色列投资环境

　　以色列给人的刻板印象为宗教圣地、战争冲突频发和资源贫乏,但

　　* 以色列:本部分第二节第三小节节水灌溉部分的写作得到了天风证券的大力协助,特此致谢。

事实上,以色列整体投资环境很好,良好的投资环境得益于政府搭台唱戏、社会资本加盟、大学孵化产业三位一体的支持。

一、宏观与投资环境分析

从 1948 年建国至今,在短短半个多世纪的时间里,以色列迅速崛起,实现了政治稳定,创造了经济奇迹,成为国际关系中的重要参与者。以色列紧紧抓住了世界科技革命与西方经济繁荣提供的种种机遇,探索出一条以科技兴国与出口导向为主要战略的经济发展之路,创造出战后经济发展的奇迹。

(一)宏观经济

以色列在建国后经济突飞猛进,被认为是第二次世界大战后世界"经济奇迹"之一,其年经济增长率平均达 10%。现已具备现代化经济基础,并致力于为国民提供高水平的社会服务,被称为"最具经济活力的国家"之一。以色列持续走经济多元化发展道路,以知识和技术密集型产业为主。高新技术是以色列的经济支柱,同时在电子、通信、软件、生物技术、农业技术及航空领域拥有技术优势,在这些领域的产品和技术输出成为以色列重要的收入来源。

1. 经济增速趋稳,汇率波动小

世界银行数据显示,2016 年以色列 GDP 约 3177.4 亿美元,人均 GDP 3.7 万美元。长期来看,从 2008 年以来的十年间,以色列实际 GDP 增速稳定在 3%—3.5%范围内,基本上符合实际 GDP 的潜在增速,如图1所示。以历史情况综合来看,以色列的总体经济无论在长期还是短期,运行状况均较为稳定,符合国家发展需要。

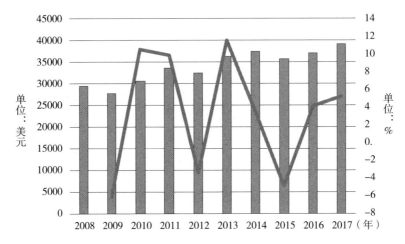

图1　2008—2017年以色列人均GDP总量及增速

资料来源:世界银行、以色列中央统计局

综合CPI在2011年至2018年的表现来看,无论是全年平均值还是每年12月的CPI数据,从2011年到2015年间一直处于下降状态,如图2所示,预计在之后的几年将保持小幅上升状态,居民消费水平趋于稳定。

以色列的流通货币为新谢克尔(NIS),由央行统一发行管理,自2003年起,与美元等国际货币可自由兑换,实行浮动汇率制。近几年间,政治形势较为稳定,汇率总体走势平稳,波动幅度不大。当前以色列金融体系较为稳定,无明显的系统性风险。世界货币基金组织(IMF)认为以色列外汇市场实力雄厚,本国经济与全球融合度高,抵御各类外部风险能力较强,短期内不存在系统性金融风险。以色列的失

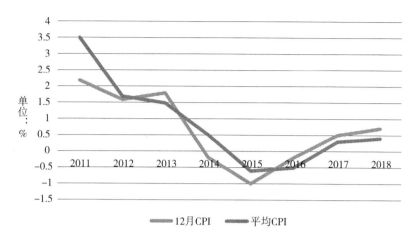

图 2　2011—2018 年平均 CPI 与 12 月 CPI 比较

资料来源:瑞士瑞信银行(Credit Suisse)、以色列中央统计局

业率不断降低,从 2016 年 1 月的 5. 3%降至 12 月的 4. 3%,全年失业率为 4. 8%,为 2011 年以来的最低值。①

2. 出口导向型小规模发达经济体

在总体经济规模上,以色列确实只能被归为一个小型经济实体,既然工业与农业无法大规模展开,卓越的科技技术成为保证国家可持续发展的唯一出路。每年,大量的高新科学技术与产品被输出到世界的各个角落,这些高附加值的产品成为以色列的主要经济来源,同时也造就了以色列以技术出口为导向的经济发展模式。以色列国内的高科技产品在国际市场上极具竞争力,出口对以色列的经济增长具有重要作用,占以色列全年 GDP 的 35%左右,②出口产品以制成品为主,特别是

① 张倩红等:《以色列发展报告(2017)》,社会科学文献出版社 2017 年版。

② 徐绍史:《一带一路国外投资指南》,机械工业出版社 2016 年版。

高科技产品。进口则主要是原材料和投资性商品。

3. 政府偿债能力强,信用评级逐年提升

政府财政实力较强,财政赤字逐年下降,国家财政状况不断改善向好。政府债务水平占 GDP 比重逐年下降,自 2010 年的 70.5% 逐渐降至 2015 年的 64.8%,[①]低于 2008 年金融危机以前的债务水平。在偿债能力方面,近年来以色列加强债务管理,控制短期债务占外债总额的比重维持在 10% 左右的较低水平,债务结构合理。2016 年外债占 GDP 比重为 30.7%,较 2010 年下降了近 16%。多家评级机构近年来提升了对以色列的信用评级等级。当前以色列政治制度稳定,经济走势良好,对未来以色列主权信用评级仍将保持乐观态势。

4. 科技创新驱动经济增长

高科技产业作为以色列经济增长一直以来的主要动力来源,其表现在 2016 年、2017 年持续强劲。2016 年高科技出口的比重占以色列商品出口总额 2000 亿新谢克尔中的 49%,国家研发费用支出占 GDP 的比重常年维持在 4% 以上,是世界范围内在技术产业研发上投入比重最高的国家。综合国家的发展趋势,以及政府的积极态度来看,以科技带动国家经济增长的这一趋势将不会改变。

(二)社会体制

以色列之所以能成为当今世界上最具创新力的国家之一,与其国家实行的独特的社会体制是分不开的。军队文化深入以色列的骨髓之

---

① 中诚信国际:《评定以色列主权信用级别为 Ag,评级展望稳定》,2016 年 10 月 26 日,见 http://www.ccxi.com.cn/Research/info/17043。

中,很多科技创新成果都产生于军事培训与研究的过程中。而成熟完备的教育系统就像以色列的血液,将人才培养并输送至社会的各个部门,使以色列不断壮大。

1. 发展的源动力——教育

教育是以色列的立国之本,也是以色列的民族之魂。以色列连续多年跻身全球教育最发达的十个国家行列,目前位列第二,仅次于加拿大。以色列的教育理念特别强调创新与实践。以色列人认为没有创新的学习只是一种模仿,学习应该是以思考为基础,要敢于怀疑,随时发问,他们从来都无所畏惧创新。科技手段助力教育事业发展,构建新型教育体系。在以色列,传统的 STEM 教育(S 代表科学 science,T 代表技术 technology,E 代表工程 engineering,M 代表数学 mathematics)已经成为融入了很多创新理念与方法的教育体系。以色列教育事业的成功可以归功于教育体系、教育结构的独特性以及家庭、社会和民族文化对教育的重视。除此之外,还有不可忽略的一点就是政府部门的重视。以色列政府的第一大开支是军事,第二大开支在正常情况下就是教育,教育投入一般占到 GDP 的 6%—8%,有时甚至会超过 8%,高于美国等多数发达国家。

2. 人才的摇篮——军队

以色列拥有众多科技人才的关键在于国家投入了大量精力在国防军(Israel defense forces,IDF)的培养与建设上。以色列是强制兵役制,除了对身体的磨炼与精神建设,兵役制度还非常重视基础知识的培养,每年国家都会向军队提供大量的资金支持,用于军事科技的教育与研发。以色列允许大量高精尖技术军用转民用的政策成为培育科技创业者的温床。以色列的军队技术是全球首屈一指的,其中空军和防空技术领域诸多的先进科技和创新成果,最早都萌芽于以色列的军队和国防科研机构当中。其他类似于数码网络等领域的技术,也都脱胎于军用领域,然后再慢慢转化到民用领域。复杂的军事系统自然形成了高深的技术壁垒,但以色列对于军队的技术知识产权保护政策却是相当自由的。从军队退役的士兵们可以自由利用他们在军旅生涯中掌握的技术和方法去创业,许多创业团队的成员本身就是在军营中相识的。以色列在互联网安全、视觉识别、人工智能等高科技领域具有天然的创新创业优势,这与国防军队文化和自由的技术知识产权政策是分不开的。以色列军队中最有名的8200小队,专注于军队科技研发,这个部门产生的百万富翁创业者数量几乎超过了世界上任意一所商学院。

(三)商业环境

在中东地区国家中,以色列政府更迭平稳,政策连续性好,商业发展风险相对较小。2017年世界银行报告显示,以色列商务环境在全球排第52位,是在中东地区开展商务活动的首选之地。虽然巴以关系恶化对以色列社会安全构成了一定的风险,短期内,政府加大国防开支,对财政形成一定压力。但从长期看,以色列政治制度稳定,经济基础雄厚,法律体系完备,国家总体商业风险水平将长期处于可控范围内。以色列强调经济自由化与市场活力,不断降低政府对合理商业活动的影响与干预。同时,以色列的外企融资条件相对宽松,不存在明显的外汇管制。融资渠道方面,外资公司与以色列本土公司享受同等待遇。政府部门大力扶持初创企业发展,创新孵化器功不可没。专业化的孵化器对细分领域进行精准定位,比如有智能硬件孵化器、农业孵化器等。健全的高度透明化税收体系不断减轻企业税收负担,提高商业执行效率。近年来,以色列政府致力于推动多项措施减轻本土企业以及在以色列设厂的境外企业税负,具体措施主要包括设定拨款计划和自动税收优惠计划。另外,以色列对满足条件的外国投资者还提供免除资本所得税的优惠。

二、创新创投的联动:概况与趋势

以色列政府以积极、开放的态度接纳外商投资,投资优惠政策频发,其强大的创新创业能力吸引了来自世界各地的投资者。投资趋势从早期向中后期市场转变。

(一)世界创新创业中心

以色列素有"创新国度"之称,以其强大的创新能力闻名于世。人均专利申请率为 1.0,世界第一,以全球 0.1% 左右的人口申请全球 0.8% 的专利总量;每万名就业者中科学家和工程师的人数超过 140 人,排名全球第一;在美国纳斯达克上市的高科技企业数仅次于美国,超过欧洲国家的总和。科技对 GDP 的贡献率高达 90%,[①] 高科技产业的产值和出口额分别占全国工业总产值和出口总额的一半左右。在生命科学、现代医学、信息技术、新能源、水处理等领域具备强大的研发能

---

① 顾克文、王耀辉:《以色列谷:科技之盾炼就创新的国度》,机械工业出版社2015年版。

力。以色列凭借全球千分之一的人口、极度有限的资源创造出了举世瞩目的科技成果。

在全球各大机构发布的国家创新、创业能力报告及排名中,以色列都跻身世界前列。彭博社发布的《彭博创新指数 2017》报告显示,在全球创新指数排名中,以色列与 2016 年相比上升了 1 位,进入前十行列。根据风险投资机构 SparkLabs 最新报告,在 2017 年全球科技创业生态城市 TOP10 排名中,以色列的特拉维夫位列第三。世界经济论坛最新发布的《2017—2018 年全球竞争力报告》从基础条件、效能提升和创新成熟度 3 个层面的 12 项指标对全球 137 个经济体的竞争力作出指数排名,以色列综合排名第 16 位,比 2016 年上升了 8 个名次,进步非常快;其中最具创新力排名居世界第 3;科技成果转化排名位于全球第 2。

(二)投资市场及参与者

虽然地处最危险和荒蛮的中东地区,自然资源匮乏,但以色列依靠其富有竞争力的高科技行业,吸引了众多外国直接投资的流入,来自全世界的巨头公司和风险投资都朝着这个国家纷至沓来。

1. 外国直接投资概述

据以色列中央统计局发布的外商直接投资数据显示,2015 年全年投资 738.7 亿美元,达到历史高点。而在经历了本次投资热潮后,2016—2017 年 FDI 的表现有所下滑,但综合市场的情绪反馈,FDI 回暖向好趋势明显,预计未来会再迎来一波投资高峰。分析 FDI 的主要来源地区,北美地区占比约 35%,欧洲占比 18%,中南美洲占比 11%。其中,美国仍是以色列最大的海外投资者,占比约 26.5%。在外资投资领域方面,商贸服务业投资约占外商投资总额的 48%,工业制造业约占外商投资总额的 38%。其中,电子计算机、光学产业占总额的 17%;科研投资占外商投资总额的 16%;通信服务领域投资占比 15%。

2. 高密度的风险投资

以色列所拥有的风险投资在总量上虽不及美国,但在密度上已超越美国资本最集中的地区——硅谷,很多人也将以色列称为"以色列谷"。从投资总量上来看,以色列风险资本市场的发达体现在其拥有的风险资本总量现已超过 10 亿美元。① 2016 年《IMD 全球竞争力报告》指出,考虑到以色列的规模,以色列获得风险资本的容易程度在全球排名第三位;而人均风险投资总量则超过世界上大部分国家,是美国的 2.5 倍、欧洲的 30 倍、中国的 80 倍、印度的 350 倍,位居全球第一。规模庞大的风险投资能够使大量的初创企业获得高效的资金支持,企业成长与发展的成功率大大提高,同时灵活的资金加快了市场投入与转化效率,进而降低了新产品与新技术从生产到销售的时间消耗,这可能又会激发一批初创企业的兴起,如此良性循环下来,快速、直接地促进了以色列科技创新产业的发展。

在以色列,风险投资/私募股权投资市场每年的投入约 50 亿美元,平均每个季度都超过了 10 亿美元,有 20% 的项目单轮融资额超过 1000 万美元,有近 10% 的项目超过 2000 万美元。其中 80% 的资本来自外国投资人,中国目前已成为以色列最重要的新进私募资本来源国。2016—2017 年,产生在以色列的 50 个项目中,有 9 个项目都有中国投

---

① 中国建投:《以色列投资环境分析:形势与环境》,2018 年 12 月 4 日,见 http://www.jic.cn/html/insiqhts/Macroeconomics。

资人参与。

2014—2017 年,以色列早期融资的细分领域遍布多个行业,将单轮融资额达 1000 万美元及以上的项目进行汇总,统计出资金总量,可以发现早期投资的资金主要流向的就是高科技交叉领域,像安防、生物科技、金融科技、IT、机器制造等,都是资金流向的主要领域。

3. 活跃的并购市场

2014 年之前,以色列本土大家族企业和集团是私募股权投资和并购的主力(18 个家族控制了以色列所有公司 60%以上的股权价值)。2014 年之后,随着以色列社会、经济状况的逐渐稳定,政府为提高竞争、降低产业集中和垄断、控制物价上涨,推出了新的政策,使得以色列本土大家族和集团私募股权投资和并购呈现断崖式下降,家族企业开始寻求退出并开始系统性地出售资产,这为世界其他国家的投资者提供了大量在以色列进行并购的机会。

2013—2016 年是以色列并购市场出现爆发式增长的时期,市场上涌现出大量并购机会。实际发生的并购交易活动共 250 笔,并购交易总额 840 亿美元;平均每年会发生 60 笔并购交易,每一起并购交易的平均交易额达 3.25 亿美元。涉及的行业和领域非常广泛,占比情况为科技 24%、医疗健康 24%、工业 16%、不动产 16%、能源 7%、通信 4%、金融 4%、消费行业 2%。①

在 IPO 市场中,以色列大大小小的企业在过去五年 IPO 发行规模共 123 亿美元,平均每年有近 24 亿美元,投行业务收入非常可观。

---

① 中国建投:《以色列投资环境分析:形势与环境》,2018 年 12 月 4 日,见 ht-tp://www.jic.cn/html/insiqhts/Macroeconomics。

2007—2015 年间,以总金额维度来衡量,IPO 行业分布集中在科技(28%)、能源(17%)、通信(13%)、工业(11%)、医疗(11%)、不动产(11%)、金融(6%)、消费(3%)等领域。以数量维度来看,行业分布状况为:科技行业(32%)、医疗健康(31%)、通信(9%)、工业(8%)、不动产(8%)、能源(5%)、金融(4%)、消费(3%)。①

在退出机制方面,参考世界银行 2017 年营商指数报告,以色列投资的退出成本在 189 个国家中排名 31 位,较 2016 年下降 1 位,退出成本相对较低。

(三)投资趋势的转变

一直以来,专注早期投资的投资人都是以色列投资市场上的主力军,但是这一趋势正在向中后期市场转变。以色列人运营商业的模式都是以成立一家公司来实现自己的想法为目的,等到想法能够实现并成熟地推向市场,初创人员就会计划将自己的技术和公司卖掉,依靠更大的公司来接手运营这家公司,因而每年都有很多中小公司被收购或是兼并。但是随着以色列市场的开放,很多外国的投资、基金公司将先进的管理方法引进了以色列的本土公司,使得以色列人开始慢慢意识到管理好一家公司的重要性。卓越的运营可以使得公司的价值得到很大提升,创业者能获得更大盈利空间。越来越多的初创企业开始试图延长公司的生命周期,聘请高级管理人才来发展公司,使公司不断向成熟化迈进。

以色列市场上有经验的创业者越来越多。2010 年,成立 2 家及以

---

① 中国建投:《以色列投资环境分析:形势与环境》,2018 年 12 月 4 日,见 http://www.jic.cn/html/insiqhts/Macroeconomics。

上初创公司,并拥有一定管理经验的创业者约占该年创业者总量的16%,而到了2016年,这一数字就增长到了27%。创业者的经验对于一个产业的发展至关重要,经验丰富的创业者可以让公司走得更远、更持久,他们能让公司的存活能力提升,通过融资渠道的扩展来为公司注入源源不断的资金,扩大公司规模,将其培育为更加成熟的公司。同时,也有越来越多的创业者拥有个人基金,这也为打造一个成熟公司增添了更多的可能。伴随而来的,就是在投资领域,处于风险投资阶段的公司数量每年增幅明显回落,发生在私募股权投资阶段的投资案例的规模与数量有了明显的提升。

在2017年,处于成长阶段(中期和晚期)的企业吸引了资本市场里最大的一部分投资份额,达到39亿美元。处于中期阶段的企业在2017年增加了它们的占比达到21亿美元,比2016年的18亿美元有了小幅提升。种子企业和早期企业在2017年全年筹集了13.6亿美元,相较于2016年的14.3亿美元有所下滑。2017年融资交易的数量较2016年减少了8%。造成这一下降的主要原因有两点:一是传统的专注于种子时期的投资者(孵化器、加速器和私人投资者)在2017年参与交易的数量减少了49%。二是风险投资基金避免了单纯的研发公司,这一类公司的投资情况在2012年后持续低迷并在2017年达到最低水平。2017年融资总金额持续增加,但是投资的公司数量却下降了,意味着针对每家公司每轮的平均融资金额有所提升。①

---

① 创业邦:《2017以色列高科技行业年度融资分析》,见 www.cyzone.cn/article/174400.html。

越来越多的企业走向成熟化,也为风险偏好相对较弱或是风险承
受能力不高的投资者带来了进入以色列市场进行投资的机遇。未来,
以色列本土企业不断走向成熟化、规模化发展趋势是必然的,小体量企
业不再能满足以色列创业者的需求,更多的财务管理方面的人才将会
涌向以色列,人才流动也会更加显著。来自像中国这样总体投资经验
不丰富、风险承受能力较低的国家的投资者,将会在以色列发现更多的
机会。以色列或成为中国投资界走向世界的重要平台与窗口。

(四)政策的支持效应

2016年1月,以色列政府对首席科学家办公室进行结构性改革,
成立了国家创新局,其宗旨是"通过创新创造经济繁荣",维持和强化
以色列在创新领域的国际领导力。

以色列政府以积极、开放的态度接纳外商投资,投资优惠政策频
发。政府鼓励外资进入的行业主要是高科技行业和技术创新行业,尤
其鼓励外商投资在以色列境内设立研发中心。以色列政府特别鼓励有
利于提高以色列产品竞争力、创造就业机会、推动工业研发型企业和技
术创新型企业发展的长期投资。早在1959年,以色列就出台过《资本
投资鼓励法》,随后相继出台《工业(税收)鼓励法》(1969年)、《工业
研发鼓励法》(1984年)等法律鼓励投资,支持措施主要包括:对研发
性投资给予经费支持,在基础设施、租赁工厂、培训劳动力等方面给予
支持或费用减免,减免税、设税收假期、允许固定资产高折旧率等。以
色列经济部投资促进中心负责招商引资,鼓励外国资本流入基础设施、
教育培训等领域,并且对固定资产投资者可提供长达10年的税收优惠

政策。2016年8月,以色列的公司税为25%,到2017年年底,该项税收减少了2%。股息税的下降幅度更大,一度从20%下降到了4%,这一系列的措施都极大地减少了投资交易成本。

在鼓励本土企业创新的同时,以色列政府还注重与其他国家间的技术转让与研发成果共享,以此吸引更多境外大型企业的关注。具体有以下几种形式:通过国际跨国企业设立投资机构或基金,可以有选择地进行收购;企业参股或注资以色列风险投资机构,以代理人方式筛选并投资,再通过技术收购或并购的形式实现创新成果的吸收;以色列风险投资机构参与跨境投资活动并与当地企业或政府开展合作,选择合适的企业进行技术转让,设立合资企业或并购,最终实现以色列技术的本地化。

第二节　以色列优势产业

以色列的创业、创新优势主要体现在人工智能、网络安全、自动驾驶技术、智能交通、无人机、生命科学、农业科技等领域。仅2016年,以色列便涌现了1000多家创新科技企业,平均每天诞生3家。

一、科技产业

以色列高新技术产业依靠强大的学术与人才基础、丰富的军事和民事研发经验,以及政府的大力支持,发展领先全球。国家用于科技研发的资金投入占 GDP 的比重仅次于日本和瑞士。① 其中,信息通信产业已成为以色列国民经济重要的支柱产业之一,相关新兴企业数量仅次于美国,居世界第二。高新技术产业产值占全国 GDP 的 20% 以上,出口额占全部出口收入的 70%。以色列在高科技领域不断涌现出许多新兴创业公司,为世界各国投资者在以色列进行风险投资和并购投资提供了诱人的机会。

科技产业投资总额连续五年保持增长,自 2013 年以来一直维持高位增长,并且 2017 年发生了 4 笔单笔金额超过 1 亿美元的投资交易,占总成交额的 12%。平均融资金额也从 2013 年的 360 万美元上升为 2017 年的 850 万美元。从类别来看,拥有较大科技市场的群体产业,以网络安全、自动化、人工智能为代表,总体上在 2017 年继续维持连续五年的增长,如图 3 所示。

科技公司不断走向成熟,规模体量变大。截至 2017 年 1 月,有将近 6650 家高科技公司正在以色列运营,其中有 4750 家是处于风险投资阶段的初创型的公司,约占高科技公司总量的 71.5%。在这些初创型公司中,又有接近 77%,大约 3650 家公司进行过不止一次的外部融资,融资来源包括政府基金、天使投资和风险投资基金。正如之前所述,该产业正在进化与变革之中,一个强有力的指标就是成熟的以色列科技公司近年来出现了一个爆发式增长,处于明显的上升趋势中。有385 家科技公司拥有超过 100 名员工,约占公司总量的 6%,相较于

---

① 任琳:《"一带一路"投资政治风险研究之以色列》,2015 年 4 月 19 日,见 http://opinion.china.com.cn/opinion_44_127544_2.html。

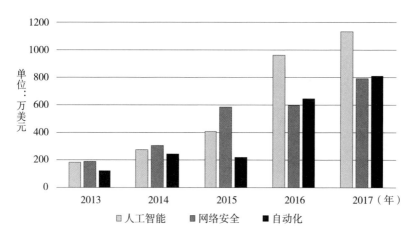

图 3　2013—2017 年以色列三类高科技产业集群募集资本情况

资料来源:IVC 研究报告

2010 年,增长了 29%。①

　　以色列高科技产业的城市集中度较高。促使高科技产业发展的催化剂之一就是公司所处的生态环境与运营的生态系统,是否有比较畅通的投资者进入渠道,是否有充足的人才储备与学术资源都是影响企业发展的重要因素。约有 62% 的科技公司聚集在以色列的十大城市开展业务,在 2016 年吸引了行业内超过 80% 的投资量。无论以公司数量还是投资总额来看,特拉维夫毫无疑问地成为榜首,并且领先第二大城市很多,它所拥有的科技公司总量占全部的 28%,吸引的投资额占42%。在这十大地区中,占据主导地位的科技部门是 IT、企业软件和生命科学等。除了初创的企业,这十大城市所具备的良好的投资环境与

---

　　①　中国建投:《以色列投资环境分析:形势与环境》,2018 年 12 月 4 日,见 http://www.jic.cn/html/insiqhts/Macroeconomics。

高效的运营系统也会吸引更多成熟的公司,例如世界顶级的科技公司会将研发中心主要设立在这十大城市中。

近年来,以色列高科技产业在发展中呈现出三个新的特点。首先,简化产业专利申请的流程,以色列主动契合知识产权管理的国际标准,为高科技产业专利的申请提供了便利化渠道;其次,日益重视与东亚共同体的合作,以色列已与中国、韩国、日本、印度分别达成了各具特色的高科技产业发展的合作渠道,涉及投资、联合研发、企业并购、技术推广等多个合作方向;最后,突出网络安全产业发展的优先地位,以色列政府将网络安全产业确定为国家重点优先发展的高科技产业部门,迅猛发展的以色列网络安全产业已在整个高科技产业体系占有绝对重要的地位,其发展模式兼具以色列高科技产业发展的普遍性与特殊性。以下对高科技领域细分的四大行业进行逐一介绍。

(一)人工智能

人工智能正在进入我们生活中的各个领域,促进社会发生重大转变,这种转变比工业革命发生的速度快 10 倍,规模大 300 倍,影响几乎强 3000 倍。人工智能领域虽然才刚刚起步,但自 2016 年起,其年均复合增长率约 63%,据全球市场研究咨询公司 MarketsandMarkets 预计,人工智能市场将从 2014 年的 4.2 亿美元增长到 2022 年的 160 亿美元,2025 年所有人工智能相关产业则预计会达到 598 亿美元。在投资领域,人工智能或认知技术的全球股权投资数量惊人,2017 年相关投资总额达 70 亿美元,仅 2017 年四季度便达 17 亿美元。人工智能的浪潮已席卷全球,人工智能领域的公司更是不断激增,万亿市场规模的人工智能产业大幕已经拉起。作为公认的世界高科技创新国度,以色列在人工智能这个"未来科技"领域,涌现出众多极具创新的技术公司,并购、上市案例层出不穷。

1. 人工智能在市场中的表现

在以色列的高科技企业中,与人工智能相关的所有公司市场价值约有 310 亿美元,且每年增长高达 64%。预计到 2020 年,将有超过40% 的 IT 支出用于人工智能解决方案。2016 年的一项调查发现,38% 的企业已经在使用人工智能,这一数字到 2018 年将增长到 62%。2014年以来,使用人工智能技术的初创公司数量几乎翻了三倍,基于2014—2017 年的平均增长率,每年有 95 个新的人工智能创业公司在以色列成立。2014 年至今,有近 300 家创业公司成立,占所有以色列人工智能创业公司的 60% 以上。大多数创业公司是业务导向型的,自2014 年以来成立的很大一部分人工智能创业公司,都致力于企业对企业(B2B),据统计,有 85% 被归类为 B2B,15% 是企业对客户(B2C)。在使用的人工智能技术中,57% 使用机器学习技术,15% 使用深度学习技术,7% 使用自然语言处理,4% 使用计算机视觉。①

以色列以人工智能技术为背景的初创企业高度集中在营销、企业、医疗保健和金融科技行业领域,其中以反欺诈和保险为重点的创业公司主导金融科技行业,占金融科技行业总数的 63%。在机器人领域有着诸多显著的成果,Mobileye 就是个典型的例子。希伯来大学发明的自动驾驶系统 Mobileye,被称为世界上最厉害的自动驾驶技术,已被特

① 《430 家以色列人工智能初创公司图谱及十大特征》,见 http://www.sohu.com/a/194279825-798050。

斯拉(Tesla)采用,视为在自动驾驶领域对抗谷歌的武器。Mobileye 通过使用人工智能来安全操控汽车,并且在 2017 年被英特尔以 153 亿美元的价格收购。以色列医疗机器人公司的 Mazor Robotics 则通过开发机器人系统革新了脊柱手术的操作。Intuition Robotics 推出了一款基于人工智能的机器人设备 ElliQ,旨在保证老年人的健康生活。Cortica 使用人工智能图像识别技术,帮助自主驾驶系统识别周围发生的状况。在军事机器人领域领先制造商 RoboTeam 致力于研究家庭助理机器人,并在 2016 年获得了 5000 万美元的资金支持。人工智能技术的应用无所不在,这些创业公司被分为八个类别:技术、行业、工业、汽车、企业、医疗、金融和市场营销。

2. 人工智能对投资的吸引力

2017 年前 9 个月,以色列人工智能创业公司筹集了 8.37 亿美元,超过 2016 年总额,整个 2017 年人工智能领域融资额度,比 2016 年同期增长了 15 倍还多。一半以上的初创公司融资总额达到或少于 50 万美元,平均寿命 2.8 年。①

2016 年,eBay 收购以色列的预测分析初创企业 SalesPredict,旨在通过收购 SalesPredict 来强化自身的"人工智能、机器学习和数据科学等能力";Will.i.am 的 i.am+品牌收购了以色列人工智能公司 Sensiya,用来帮助 i.am+开发适合用户需求的未来移动技术体验;AnyVision 是一家人脸识别技术公司,成立于 2015 年,致力于运用计算机视觉技术对不同环境下的人脸进行准确分析和识别,在 2016 年 2 月被 Top End

---

① 《430 家以色列人工智能初创公司图谱及十大特征》,见 http://www.sohu.com/a/194279825-798050。

Minerals 以 600 万美元价格收购；Percepto 是一家无人机视觉的技术公司，它提供一套完整的硬件、软件解决方案，将计算机视觉技术和开源的开发平台提供给无人机制造公司。2018 年年初，以色列本土的众筹风险投资平台 OurCrowd 宣布启动 1 亿美元的 Cognitiv 基金项目，计划投资人工智能、深度学习、物联网、机器人技术和数字制造领域的早期初创企业。

目前的退出总额已经达到 10 亿美元，平均退出交易规模为 7200 万美元。以色列人工智能创业公司的退出资金总额比其投资额平均高出 8.2 倍，从 2 倍到 20 倍不等。从公司成立到拓展海外市场的平均时间为 5.4 年。有近 5 亿美元的退出金额，也就是总额的一半左右，是在 2015 年、2016 年完成的，而在这之中又有一半的退出发生在营销相关的创业公司。① 像苹果、微软和谷歌这样的巨头，正在积极地争夺人工智能创业公司并吸引最优秀的人才。以色列的人工智能领域一定会持续增长，甚至领先于某些技术领域。

3. 政府对人工智能的态度

人工智能作为目前最炙手可热的科技研究方向，以色列对待人工智能的态度非常积极。其国家领导人对人工智能产业的发展有着超前的意识。2016 年，以色列总理内塔尼亚胡曾表示："正如我们已经成为网络安全的领导者一样，我们还必须推动机器人和自动化行业的发展，以便在该行业的前沿占据一席之地。"以色列前总理佩雷斯即使卸任后，在公开场合讲话中提到最多的技术就是大数据、人工智能等。不仅

---

① 《430 家以色列人工智能初创公司图谱及十大特征》，见 http://www.sohu.com/a/194279825-798050。

如此,以色列政府还在海法、赫兹利亚等地开设高新科技园区,为首席科学家和研究项目提供科研经费,每年还开办很多圆桌会议,吸引外商投资和合作,尤其关注于以人工智能为代表的技术附加值较高的热门科技领域。以色列多个政府部门还亲自到海外给国内企业"拉外援",引进投资机会,非常重视人工智能的发展。

(二)网络安全

网络安全是当今世界上发展最快的行业之一。受到来自私营企业、消费者以及公共部门的对网络安全需求的增加,全球网络安全市场预计将在 2020 年增加到 1016 亿美元,①由于就业机会将持续大于人才供给,网络安全失业率预计将维持在百分之零。针对如此可观的行业增长,众多国家和地方政府正积极寻求发展和吸引网络安全方面的人才和企业,网络安全生态系统开始在全球各地出现,呈现出地区内的"集群"现象,为该行业的发展提供了必要的因素,最具代表性的例子就是以色列的贝尔谢巴、英国的莫尔文、美国的圣安东尼奥。

世界范围内的网络安全大规模产业集群主要分布在英国、美国、德国和以色列。2017 财经年度预算中美国在网络防御方面的支出增加 35%以上,总体支出达 190 亿美元。而以色列是人均网络安全企业最多的国家之一,在 2016 年为 365 家公司筹集了 5.81 亿美元,大约是全球网络安全行业筹集资本总额的 15%。

---

① IDC:《全球网络安全市场 2020 年将达到 1016 亿美元》,2016 年 10 月 14 日,见 https://www.wanganxin.com/index/news-detail/id/88.html。

1. 网络安全生态系统——贝尔谢巴

由于以色列在政治等方面恶劣的外部环境,要求其国内具备一个较完备的网络安全体系,这就对该行业的发展起到了催化促进作用。正如前文所提到的,以色列政府引导建立的"网络安全生态系统"(cybersecurity eco-system),引发了该领域的爆炸式增长。以色列政府早在2011年就率先制定并颁布网络安全空间国家战略,总理作为主要推行者,整合政府组织、军情部门、产业界等优势资源,出台多项政策措施,设计构建多个发展平台,推出系统化的激励政策。2014年,在南部城市贝尔谢巴建立的"网络星火产业园"(cyberspark)是网络安全产业的一个早期集群,在短短两年里,已经具备运转良好的网络安全生态系统,其中包含了:良好的教育体系、注重研发的产业力量、活跃的风险投资、政府的强力支持,有效地将大学、产业、风投、政府这四要素紧密地结合在一起,形成一个正向循环,也是以色列创新生态系统的一个缩影。

目前在贝尔谢巴工作的网络安全专业人员有400人,约18家不同的公司或区域办事处聚集在此。以色列国家政府在发展贝尔谢巴的工业集群方面发挥了很大的作用,2010年就颁布了《国家网络倡议》。贝尔谢巴仍拥有多元化的商业环境,包括大公司、初创公司、联合办公空间和孵化器。到2018年,有几家大公司已经在该地区设立了研发或网络安全单元,这些大公司为小型企业和研究社区提供了所需的资金和机会。该地区的小型企业在建立和独立经营的过程中,也可以利用贝尔谢巴现有的资源。位于贝尔谢巴的本—古里安大学有着以色列第一个网络安全研究生项目和一个国家资助的卓越研究中心。大学还采用了商业友好的技术转让计划,旨在促进大学的创新发现向私营企业输出。

2. 网络安全产业发展计划:从"前进"到"前进 2.0"

以色列 2016 年推出了升级版的促进网络安全产业发展计划——"前进 2.0"(KIDMA 2.0)网络安全产业计划,全力打造网络安全产业强国。"前进"计划是 2013 年以色列国家网络局和首席科学家办公室共同推出的网络安全研发促进计划,旨在资助以色列企业研发网络安全技术解决方案,推进国家网络安全产业发展。在"前进"计划中,以色列政府将发展网络安全产业提升为国家战略,将其视为"国家经济增长的新引擎"。"前进"计划为期两年半,从 2013 年 1 月开始,至 2015 年 6 月结束,总投资起初设定为 1 亿新谢克尔(约为 2700 万美元)。进行期间,这一计划共收到 81 家公司提出的 125 项技术研发资助申请,其中 91 个项目得到批准,资助金额增加到 1.36 亿新谢克尔(约为 3500 万美元)。此外,首席科学家办公室还设立了 11 个网络安全产业孵化器。"前进"计划在以色列触发的网络安全产业超出政府的意料。根据以色列国家网络局统计,在"前进"计划启动后的 2013 年,以色列网络安全相关产品和服务的出口额达到 30 亿美元,占全球网络安全市场的 5%。而到 2015 年 6 月计划结束时,以色列的这一出口额已占到全球网络安全市场的 10%。[①]

以色列首席科学家艾维·哈森感叹"前进"计划是近年来以色列推出的最好、最抢手的产业促进计划。哈森也表示,以色列的网络安全

[①] 冯志文:《以色列推出"前进 2.0"网络安全产业计划:打造地中海边的网络强国》,《科技日报》2015 年 12 月 24 日。

产业快速发展,投资者源源不断,新公司也不断出现,各类资助渴求仍很旺盛,是时候进入到下一个新阶段。要有长远规划,将企业与客户连接起来,将企业与国际市场连接起来。

3. 网络安全领域的创新型企业

以色列在网络安全领域处于全球领先地位,既有 Check Point 和 CyberArk 这样的国际巨头,也有 GuardiCore 和 Fireglass 这样的初创公司。2016 年年初,美国科技媒体 CSO online 统计了全球主要网络安全厂商的数量和分布后,发现以色列目前已成为仅次于美国的世界第二大网络产品和服务出口国,拥有 228 家相关企业和超过 25 家跨国公司设立的网络安全研发科研中心。在以色列的网络安全行业有 30 家新型创业公司在 2013 年至 2016 年就获得总计 30 亿美元的投资,仅在 2016 年就吸引了超过 6.8 亿美元的资金,这相当于全球在网络安全领域募集资金的 15%。对网络安全行业总体而言,2015 年投资总额超过 50 亿美元,年出口总额 35 亿—40 亿美元,是 2014 年的两倍多。以色列已被全球资本市场视为继美国之外的第二大网络安全产业的投资宝地。之所以在网络安全领域发展得如此之好是源自以色列军队和情报部门的支持,特别是著名的 8200 情报部队,在 2016 年一年就出现了 83 家初创企业,2015 年也有 81 家。目前以色列拥有超过 400 家网络安全企业,规模仅次于美国。军用转民用的代表公司 Check Point 在美国纳斯达克上市后,市值高达 178 亿美元。①

据统计,以色列目前拥有 430 家网络安全企业,仅次于美国的 827

① 吴世忠:《以色列网络安全产业的创新及其启示》,见 http://www.sohu.com/a/110945117-470089。

家,排名世界第二,比其后排名的五个国家的数量总和还要多,市场占有率达全球网络安全行业的 20% 左右。值得以色列骄傲的不仅是网络安全产业的规模和企业数量,还有产业结构的完备性,以色列的网络安全企业遍布基础设施保护、云计算、终端保护、威胁情报、应用保护、工控系统、物联网以及智能汽车等多个领域,并运用了很多科技前沿技术,对市场需求变化十分敏感。

微软以大约 1 亿美元价格收购了以色列网络安全公司 Hexadite。Hexadite 成立于 2014 年,侧重于在网络安全事件发生时迅速锁定并解决问题,其技术可以实现连入现有的网络安全检测系统,然后运用人工智能来自动分析网络威胁,帮助内部网络安全团队管理和优先解决多个潜在威胁。它最大的亮点在于能够帮助公司辨别威胁是真实存在的还是虚假的警报,并且自动进行有效的解决。

(三)数字媒体

以色列拥有 800 多家新媒体公司,涵盖媒体行业最具发展潜力的所有前端应用领域,包括网络应用程序和服务、电子商务和市场营销、在线广告、娱乐和视频、搜索、社交网络、大数据分析、人工智能等领域。以色列的众多公司都有业务涉足在广播、数字和有线电视、交互式网络电视(IPTV)和卫星服务领域,且发展历史久远,拥有强大的内容制作、交付和管理实力。在全球市场中,以色列在消费者电子领域的游戏和新界面解决方案市场中拥有无法撼动的市场地位,同时在基于互联网的新一代广告网络体系中处于全球领先地位,代表企业有 Taboola、Outbrain、My6sense 等。

My6sense 公司是以色列数字媒体行业最具代表性的公司之一。该公司所创建的原生广告网络体系能与网站内容匹配,向不同的终端用户推送各自感兴趣的内容,为用户体验带来新价值。My6sense 公司通过大型整合器了解用户的偏好,基于约 6000 万用户的调查资料选择推荐内容,其开放的广告平台可供全球广告网络和广告交易使用。知名的内容推送平台 Taboola,自 2007 年创立以来,收入、流量消耗以及盈利都实现了巨幅增长。公司初期主攻个性视频建议,后来将重心转至编辑和推送内容建议,每月可为超过 5.5 亿名用户推送 2000 多亿条的内容推荐信息。

除了较为早期建立的数字媒体公司,以社交互动平台 Spot.IM 为代表的初创型公司也在推动着以色列甚至世界网络媒体的革新变化。它们改变了由脸书(Facebook)和推特(Twitter)控制整个人际互动的现状,让数字媒体重新实现对社交媒体的控制权,从而对整个在线媒体行业进行整合。公司不断加大研发力度,强化合作网站内部社交参与力度,2016 年仅 A 轮融资就获得了 1300 万美元。Spot.IM 与近 5000 个活跃网站及 25% 的美国数字媒体合作,为 3 亿包月用户实现在线交流互动,合作伙伴包括新闻集团、Meredith Corporation 和时代华纳公司。

(四)视频图像

1. 视频图像行业吸引大量资本注入

2014 年年底,百度以 300 万美元的价格投资了以色列视频捕捉技术公司 Pixellot,成为率先进入以色列视频图像领域的大型科技类公司。Pixellot 开发的无人摄像机系统能够覆盖进行体育比赛的整个运动场馆,并为专业广播公司和业余爱好者自动制作视频。这是百度在以色列进行的第一笔投资,希望借助 Pixellot 的技术彻底改变视频内容制作,令中国互联网用户受益。

以色列交互视频内容平台 Playbuzz 是一家为媒体公司提供测试等交互手段的媒体平台,在 2017 年年底完成了 3500 万美元的 C 轮融资。其用户不需要掌握设计或研发技能,便可创造出引人注目且具有视觉冲击力的编辑内容。许多顶级品牌已利用 Playbuzz 的平台推出了互动内容推广活动,并由 Playbuzz 将作品大规模地传递给该公司搭建的、拥有上万家出版商的既有客户网。此外,其视频平台已与财富 500 强品牌企业合作,为后者提供广告传播和评估服务。

2. 虚拟现实技术(VR)与增强现实技术(AR)引领行业发展方向

2016 年被称为虚拟现实元年,随着 VR 的快速发展与广泛应用,预计它将引爆一个商机巨大的市场。VR 涉及的产业链非常多,在三维视觉显示设备中,需要强大的视屏图像处理技术作支持。就 VR 产业整体发展来看,以色列是世界上仅次于美国的世界第二大 VR 产业强国。

以色列体育影像初创企业 Replay Technologies 于 2011 年创建,至 2016 年就已开发出了多项多维视频影像技术。较为知名的 FreeDimensional Video(FreeDTM)视频技术,允许观众通过来自多个角度的沉浸式摄像头影像观看和体验实施场景。在 Replay Technologies 之前,从没有人能将即时播放的影像转化成 3D 影像格式,而且用的是一般的 2D 摄影机,不是 3D 摄影机,这都归功于藏在镜头内的算法。2016 年 3 月英特尔收购 Replay Technologies,交易规模约 1.75 亿美元。

以色列 Lumus 公司拥有世界上最先进的光学引擎生产技术。在 AR 硬件产业链上,光学引擎是功能最重要、技术难度最大、价格也最高的核心零部件。Lumus 公司在眼部近距离成像的技术开发上独占鳌头,在其专业领域已经获得 30 余项美国发明专利及百余项全球专利,被美国空军 F-16、阿帕奇武装直升机等选用,近年来开始走向民用,是 AR 领域最强并最被看好的技术之一。

阿里巴巴曾向以色列 Infinity AR 公司投资 1800 万美元,成为该公司的最大股东。在 2017 年,阿里巴巴又投资了一家镜头制造公司,足见其对增强现实技术的重视。运用增强现实技术,阿里巴巴可以为用户提供全新的体验,以逼真的视觉效果赢得更多的支持。

3. 视频图像技术跨领域交叉应用

视频图像相关技术应用领域广泛,尤其是在自动驾驶与安防领域,以色列的视频图像处理技术领先于全球,前述的 Mobileye 就是代表企业。在德勤评选出来的 2016 年以色列发展最快科技公司 50 强中,视频公司 Magisto、AnyClip、Taboola、Crossrider 以及 Trax 位居前五。

位列榜首的视频公司 Magisto 开发的人工智能平台可帮助用户优化电脑或手机上传的视频片段,制作出精美专业的视频。在 2012 年至 2015 年间,该公司收入增长了 80 倍。Magisto 的 APP 运用其独创算法,可根据脸部、场景、表情、话题、位置、连续性等相似之处来分析视频片段,整合成为一个独立的片段,同时可调整色彩、聚焦等视频要素。此外,Magisto 还会推荐合适的音乐并将其同步到片段中。AnyClip 则打造出个性化内容导向的视频广告平台。AnyClip 与视频供应商及所有者共同为网站、设备、手机提供所需的视频内容,其搜索引擎几乎能在数千部影片中搜到任意视频片段,为广告商、视频及电影制作人和音乐视频导演等提供符合他们所需的视频片段。Taboola 以开发"你可能感兴趣的"技术所著称。该平台能够帮助网站提升访问量并留住读者。通过其上百项先进的智能判断技术,Taboola 能判断出最有可能吸引读者的内容和链接,从而帮助网站获得更多的点击量。位居第四位的 Crossrider 是提供开发浏览器扩展技术的平台,2012 年至 2015 年其收入增长了 34.93 倍。第五位的图像识别公司 Trax 则开发了可供零售的计算机视觉技术,为公司及零售商提供实时动态分析。

二、生命科学行业

以色列生命科学行业持续发展,全球地位不断提高。每年不仅有越来越多的新企业成立,还有很多企业从种子阶段发展到新阶段,积累了行业经验,变得越来越成熟。以色列企业家善于利用学术研究的优势、广泛的政府扶持以及创新生态系统,造就生命科学领域的成就。

(一)生命科学行业现状

以色列生命科学作为全球公认的世界高科技创造性发展的引领者,已经成为一个在生命科学领域领先的创新解决方案供应商,以色列的医疗支出占 GDP 的 8%。从当地社区诊所到世界知名的创伤中心,以色列都拥有高水平的医疗和大规模的优质资源型基础设施。该国的医学博士占人口比例极高(3.5/1000)。同样创新精神也贯穿了整个医疗领域:许多以色列医生既是新技术的早期尝试者,又是自己拥有的原始技术的开发者,国防领域促进生命科学产业。对发展先进国防技术进行广泛投资的确是先进生命科学技术应用的肥沃土壤。以色列人均生物技术专利量排名世界第四。以色列在该行业拥有诸多著名企业,例如全球最大仿制药公司梯瓦(Teva)等,表1展示了以色列的主要医药公司。

表 1　以色列主要医药公司

企　业	概　况
梯瓦(Teva)	全球最大生物制药企业之一,主打产品是治疗多发硬化病的合成药物 Copaxone,还有治疗帕金森综合征的药物 Agilect 等
Biotechnology General(BTG)	成立于 1980 年,是以色列最早的生物技术制药公司,1995 年被瑞士辉凌医药(Ferring)收购,其核心技术是重组细胞生物治疗技术,主要产品有重组蛋白质、多糖、各种疫苗等
Pharmos	主要研发神经系统的新治疗方法,包括中枢神经系统、精神病、眼科、脑外伤等疾病的治疗方法和药物,其每年在全球市场的销售额超过 10 亿美元
D-Pharm	主要产品是治疗中枢神经系统疾病、癌症和自体免疫缺陷的药品,它还涉足药物传送领域,已研制出基于 RAP 技术(应答分析程序)的药物定靶方法
XTL bio	主要产品有抗肝炎病毒药品 HepeX,此外还有 Trimera 技术,该技术主要用于研发人单克隆抗体,以及构建用于药物临床前试验的人类疾病模型
Serono-InterPharm	瑞士 Serono 制药公司的子公司,也是以色列最大的生物技术制药公司之一,主要生产重组 β 干扰素和其他细胞动素
HAPTO Biotech	主要生产以纤维蛋白原为基础的组织修复和再生药品或制剂,如用于皮肤损伤的智能敷料和改进细胞药物传送的络合多肽
Compugen	主要业务是通过计算机技术分析和解释生物学现象和数据,加速基因组学、蛋白质组学和其他生物学数据的处理,研发针对癌症、免疫缺陷和神经病的生物技术药物、药物靶点和诊断标记
QBI	主要业务是研究引发癌症、纤维化疾病、心血管病、大脑疾患和糖尿病的因素,并用生物信息技术等对其进行治疗分类,同时进行干细胞研究

企　业	概　况
Oramed	美国上市的以色列医药公司,2013 年底口服胰岛素 ORMD-0801 二期临床测试成功,在欧洲获得了专利获批,被允许在欧洲以及承认欧洲药监局条例的主要国家作为一型糖尿病治疗药物使用
ETView	一家上市医疗器械公司,公司已成功地将气道管理与连续直接气道可视化结合起来
URIEL	成立于 1974 年,是以色列领先的制造商之一,并且已成为全球占据领导地位的供应商。主要生产线有:医用矫形绷带、运动绷带、健康支持、足部护理以及急救设备

资料来源:海通证券研究所、驻以色列使馆商务处

在 2008 年至 2017 年间,1307 家生命科学企业在以色列成立,平均每年新成立 131 家企业,目前一半仍处于活跃状态。2018 年,约有 1450 家生命科学企业活跃在以色列,员工超过 85000 人。[①]

1. 以色列生命科学行业分类

以色列生命科学子行业呈现出新发展态势,如图 4 所示。作为该行业传统上最大的子行业,医疗设备份额持续缩减,数字医疗和治疗学子行业继续发展。这一趋势预计将在未来几年继续下去,而最近国家数字医疗推广计划将进一步为此提供动力。该计划允许初创公司访问数字化储存的医疗数据,并基于此类医疗数据开展大数据研究。这对于以色列数字医疗企业来说是一片沃土,也是较之世界上其他企业的一个巨大优势。

---

① 　火石创造:《以色列生命科学产业发展现状分析》,见 https://www.cn-healthcare.com/articlewm/20181121/content-1040512.html。

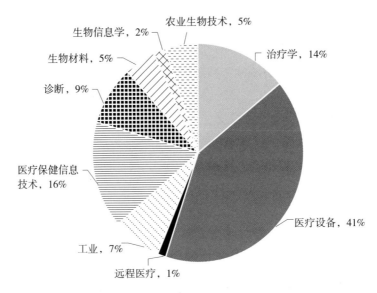

图 4　以色列生命科学行业子行业

资料来源：IATI、IVC-ZAG 高科技融资调查

2.以色列生命科学投资并购情况

2017 年,以色列生命科学行业共融资 12 亿美元,各企业的平均融资大幅增长,约为 886 万美元,是 2008 年至 2016 年平均值的两倍多,略高于高科技企业的平均投资金额。2017 年生命科学企业的投资总额增长 40%,高于 2008 年至 2016 年的平均水平。2014 年至 2016 年,以色列生命科学企业每年融资金额高于收购金额,而在 2017 年,收购金额则远远高于融资金额。①

根据以色列风险投资研究中心,2008 年以来共有 124 家以色列生命科学企业被收购,总价值达到 100 亿美元,最大收购案例是 2017 年 7

① 火石创造:《以色列生命科学产业发展现状分析》,见 https://www.cn-healthcare.com/articlewm/20181121/content-1040512.html。

月帕金森病疗法企业 NeuroDerm 被日本田边三菱以 11 亿美元收购,是 2017 年以色列达成的第二大交易。表 2 展示了 2013 年来中国在以色列医疗行业的投资并购案例。

表 2 中国在以色列医疗行业投资并购案例

投资方	投资案例	行 业	投资金额(美元)	时 间
复星医药	Alma Lasers 95.2%股权	医疗美容器械	2.2 亿	2013 年
海思科	购买 MST 26.66% 的股权,核心产品 AutoLap 在中国 15 年的独家销售代理权	医疗器械	1050 万	2015 年 6 月
海思科	认购 SMI 优先股且成为第一大股东;将获得"ReDS"肺水测量仪在中国 20 年独家销售代理权	非侵入型医疗监测成像设备	1800 万	2015 年 9 月
海思科子公司 HaisThera	NewPace 的 B 序列优先股 535037 股,占其 10%股权	植入式心律转复除颤器	500 万	2015 年 9 月
三胞集团	Natali 100%股权	养老产业	7000 万	2014 年 12 月

资料来源:海通证券研究所、上市公司公告

(二)数字医疗

如前所述,鉴于市场的觉醒以及以色列生命科学企业的优势,以色列政府推出了国家数字医疗推广计划,数字医疗在未来将引领整个行业。一半以上的以色列医疗信息技术和数字医疗企业是在过去六年间成立的,平均每年成立 36 家。2018 年这些企业有 353 家仍处于活跃状态。70%的企业规模较小,员工不超过 10 人,约 25%的企业拥有10—50 个员工,只有约 5%的企业规模较大,员工人数超过 50 人。图 5

显示了数字医疗板块的细分情况,主要集中在分析、专家系统、决策系统以及传感器科技、远程医疗这两个子板块,企业数量约占整个行业的一半。

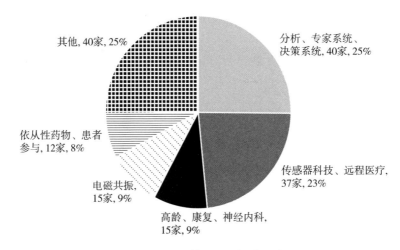

图5 以色列数字医疗板块细分

资料来源:DFJ Tamir Fishman、海通证券研究所

1.国家数字医疗推广计划

以色列特有的公共卫生系统[所有个人医疗历史信息由四个健康维护组织(HMOs)管理],人口密度以及生命科学行业的创新为大数据调查提供了一片沃土。自20世纪90年代以来,医疗数据由以色列健康维护组织数字储存,记录了包含一个患者所有数据的各类医疗信息。这一数据库提供了有关患者一生之内的全面、系统、高质量的数据。允许私营企业使用此类数据改进研发程序,并创造新的、创新性的工具,反过来又会改善医疗系统及向患者提供更好的治疗服务。

2018年3月,以色列政府批准了一项价值2.64亿美元的全国数字医疗计划,旨在发展预防性和个人化医疗。预算主要用于建设医疗研究所需的基础设施,支持以色列医疗保健系统与本地的数字医疗行业初创公司之间的合作。作为本计划的一部分,以色列创新局将开展五个主要项目:

(1)鼓励企业和企业家在数字医疗领域进行研发和试验,与以色列卫生组织展开合作。

(2)"技术创新实验室"是一个新启动的项目,旨在促进创新,加强数字医疗领域的跨国公司和以色列初创企业之间的合作。

(3)促进与企业签订合作协议,支持以色列企业在数字医疗领域的研发和试点试验。

(4)支持创建一个数字医疗领域用户联盟(对先进技术有共同兴趣的企业联盟)。

(5)参照数字医疗领域创建一个计划,将人员转移到数据科学领域。

本计划还包括一项以色列国家基因组临床项目,由以色列创新局主导,旨在对10万名以色列志愿者的基因组进行测序和分析。将基因组序列数据与全面的临床信息结合起来,对大数据进行深入分析,这有助于启动新的医学研究,促进药物研发以及预防性和个人化医疗的发展。事实上,以色列健康维护组织一直在进行大数据和个人化医疗项目(基因组相关),与跨国和初创企业以及学术界展开合作。本计划预计会吸引更多的跨国公司,鼓励它们在以色列创建研发中心。

2.以色列数字医疗创新代表企业

以色列第一个数字医疗保健基金 Veritas 提出数字医疗的三阶段创新进程:第一阶段为远程医学,如 Natali 等企业;第二阶段为健康保健企业软件的解决方案,如 dbMotion、AeroScout、iMDSoft 等;第三阶段为以穿戴式传感器、智能手机为基础的解决方案、大数据的学习科技等,是未来以色列数字医疗的发展方向,产生了一系列代表性初创企业。

(1)BandManage

BandManage 提供各种可穿戴设备的 APP 并整合可穿戴设备的各种大数据(如心率、血氧饱和度、体温等)监控人体健康和各种状态,能自动判断意外跌倒、流感风险、运动脱水风险、心脏病风险等状况,实现提前预警,及时提醒患者和家人。

(2)SporTracker

SporTracker 是可穿戴设备芯片研发企业,一个传感器实现多个参数的监测,比如心率、血氧、呼吸、体温、房颤等。芯片电量的消耗是几个 mA。技术原理是通过 PPG(光电容积脉搏波描记法)得到压力脉冲导致的血流量变化的数据及其他循环数据,呼吸、血容量过低的状况也可在 PPG 中体现。

(3)Nuvo

Nuvo 是一款孕婴监测设备,通过 15 个不同的传感器被动收集妈妈和胎儿的信号,再通过蓝牙等无线方式与手机连接,后台云计算来处理和提取信号。完全被动式监测测量声音等信号,相对传统的胎心监护仪(超声方式)更加安全。另外,即使胎儿的位置移动或者体位发生改变也能很好的监测,而不需要像传统的胎心监护仪再重新定位探头位置。目前 Nuvo 有消费级和医疗级两个版本,消费级可以检测待产妈妈和婴儿的心跳等体征信息;医疗专业版 PregSense 除了检测体征还可以分析识别怀孕期间出现的问题和妊娠并发症早期症状。

（4）6over6

6over6 是一款移动医疗手机应用软件,借助手机摄像头就能取代传统的验光技术,测眼睛瞳距和屈光度等。当前配镜市场镜片和镜架的出厂价到终端售价的价差巨大,制约这个行业在线销售的最主要的瓶颈就在于验光环节。一旦该产品能获得突破,再结合虚拟试戴技术,则行业有可能出现颠覆性改变。目前全球在线眼镜市场是 15 亿美元,占眼镜总市场 3%。6over6 目前有三款应用:iPD 用于测瞳孔间距,精度为 ±0.5mm;Copyglass 可以用手机完成现有镜片的度数测试,精度 ±0.25D;i-prescribe 可以自我进行验光测量,通过显示特定图形测量手机到眼睛距离以计算度数。

三、现代农业

以色列严重缺水,却在荒漠中发展出高度发达的节水农业,其农业科技含量高,以滴灌设备、新品种开发等闻名于世,农产品大量出口欧美,享有欧洲"冬季厨房"的美誉。

（一）节水灌溉市场现状

根据国际灌排委员会的统计,当前全球约有 2.3 亿公顷的土地被用于农业灌溉,其中只有22.69%的土地采取了节水灌溉系统,6%的土地面积采取了效率较高的微灌系统。从灌溉技术应用的分布来看,发达国家超过一半的灌溉土地面积都实现了高效节水灌溉,而发展中国家和欠发达国家这个比例分别只有15.26%和4.58%。灌溉面积排名前十的发展中国家中,除了巴西、俄罗斯外,其他国家节水灌溉面积都不超过20%。假定未来主要发展中国家有望充分普及节水灌溉技术,达到发达国家约为53%的一般水平,仍有7000万公顷的灌溉土地需要升级为喷灌或微灌系统,如表3所示。

表3　不同国家节水灌溉应用情况

国家类型	总灌溉面积(万公顷)	喷灌面积(万公顷)	微灌面积(万公顷)	喷灌微灌总面积(万公顷)	喷灌和微灌面积占比(%)	微灌面积占比(%)
发达国家	4593.2	1960.86	476.57	2437.43	53.07	10.38
发展中国家	18469.9	1854.89	964.07	2818.96	15.26	5.22
欠发达国家	127.5	4.77	0.57	5.84	4.58	0.45
合计	23190.6	3920.52	1441.21	5262.23	22.69	6.21

资料来源:国际灌排委员会(ICID)、天风证券研究所

1.以色列在世界节水领域中的地位

全球来看,节水灌溉市场比较分散,其中以美国和以色列为主导,比较大的节水灌溉企业主要有以色列的Netafim,美国的Hunter Industries、Lindsay、Valmont Industries、TORO和印度的Jain,如表4所示。

表4　世界领先节水灌溉厂商情况对比

公司	国家	类型	主要业务	总营业收入（亿美元）	市值（亿美元）
Netafim	以色列	未上市	节水灌溉系统	8.55	18.9
Jain	印度	上市公司	节水灌溉系统、塑料管材、农产品加工	10.65(节水业务4.92)	16.7
Lindsay	美国	上市公司	节水灌溉系统、交通设施系统、大型喷灌机	5.18	9.26
TORO	美国	上市公司	草皮维护设备、雪地清理设备、节水灌溉系统	25.05(节水业务4.48)	67.18
Valmont Industries	美国	未上市	工程设备、风车、大型喷灌机	25.21	
Hunter Industries	美国	未上市	节水灌溉系统、草皮维护设备	6.56	

资料来源：天风证券研究所

2. 中以两国存在的发展空间

我国灌溉总面积为10.98亿亩,大多数仍采取落后的低压管灌或渠道防渗技术,喷灌和滴灌的普及率仅为13.57%,与发达国家存在较大差距。根据规划,"十三五"规划期间,我国将新增喷灌和滴灌等高效节水灌溉面积1亿亩,较"十二五"规划接近翻倍。目前我国开始在农田节水灌溉领域推行PPP模式,亩均投资约2000—3000元,照此核算,将产生2000亿—3000亿元的市场容量。① 对于拥有前沿技术与丰富经验的以色列来说,中国是一个非常诱人,并且亟待开发的市场。

随着水资源税的扩大以及国家乡村振兴战略的落地,我国高效节

① 《2017年中国节水灌溉行业市场分析预测》,2017年9月2日,见 http://www.chyxx.com/industry/201709/557136.html。

水农业有望进入快速发展期。当前来看,国内的高效节水企业的体量普遍都比较小,比较大的有大禹节水、沐禾节水(已经被京蓝科技收购),但其 2016 年的收入体量也只有 10 亿元,无法与行业内的全球领先企业相比,存在很大的市场发展空间,中以双方可以借此机会深化双边合作与交流,促进优势产业互补。

(二)以色列现代农业领域的并购机会

先进的理念、管理和技术,使以色列利用 2.2% 的农业人口在养活 720 万国民的同时,还成了欧洲主要的冬季蔬菜进口基地。近几年以色列涌现了一批专注于现代智能高效农业系统及相关产品研发的公司与机构。

1. 节水灌溉行业优势

以色列节水灌溉行业之所以能达到全球领先地位,与其国内水资源管理制度、农业生产形态及高水平的农业科研教育是密不可分的。

首先,以色列是缺水国家,政府制定了高度严格的用水管理制度,对于农业用水也采取定额分配制度,且采取阶梯水价计费的方式。2014 年的农业用水的供水平均成本约 9.23 分/立方米,大约是我国水价的 15—20 倍。其次,农业集体化制度,促进节水灌溉基础设施建设。各种各样的合作社是以色列农业生产经营的主体,以合作社为单位的集体经营制度能够促使较大规模的农业基础设施投资得以实现,因而节水灌溉设施能够得到全面统筹建设。最后,高水平和系统化的农业科研教育。对于在农业方面的专业教育,以色列已经形成了一个系统的、多层次的农业教育体系:首先完善的是高等学府教育(以色列的最高学府就是希伯来大学,政府部门为了加大对农业科技的研发,特别设立了农业、食品和环境学院);其次,以色列经常举办农业培训,农学院每年开设十几次的短期农业知识培训班,这些课程是专门针对不同需求的农民开设的,注重的是理论的实用性;最后,以色列的农业部每年也都会要求和指派农业专家对各种形式的农业生产进行指导,对农民进行基础的和专业化的培训。

以色列现代农业得到快速发展的原因除了自然限制与社会体系的优势外,技术优势也在现代农产品领域得到了充分体现与运用。以色列节水灌溉行业的优势具体可以概括为三点:(1)技术,在关键部件的技术优势突出,如以色列的压力补偿式滴灌管和滴头,灌溉的稳定性和精度高,增产效果更加明显。(2)提供高针对性的解决方案能力,其能够针对不同作物、不同使用场景可以提供比较成熟的高针对性的节水灌溉解决方案。(3)管理和运营能力比较突出。以色列节水灌溉产业经过多年的发展,诞生了一批管理和运营能力优秀的企业。

2. 节水灌溉领域的代表公司

以色列在近几年大幅涌现了一批专注于现代智能高效农业系统及相关产品研发的公司与机构。以下对部分以色列本土节水灌溉企业进行了梳理:

(1)Netafim

以色列企业 Netafim 是当今节水灌溉行业的领导者。2016 年节水业务营业收入达到 8.55 亿美元,当前在全球拥有 17 家制造厂,超过 50 家分公司或办事处,在 110 多个国家和地区开展业务,员工超过 4000 人。2017 年 8 月,世界上最大化工企业之一的 Mexichem 以 15 亿美元的价格收购了 Netafim 80% 的股权,成为其第一大股东。在中国,Netafim 分别在北京和广州设有办事处。

Netafim 提供节水灌溉领域全系列的产品和配件,并为顾客提供灌溉解决方案进行相应的施工作业,其灌溉业务囊括了农业、景观和采矿堆浸等领域。同时,Netafim 基于其在农业节水灌溉领域的优势,延伸到温室业务,能够针对不同气候条件下的不同作物的习性与特点,提供适宜的,包括设计和施工在内的一揽子解决方案。

Netafim 的优势主要包括三个方面:第一是其卓越的产品质量。Netafim 的灌溉设备在灌溉精度、节水效果、抗虹吸性、抗堵塞、流量控制、使用寿命等多个技术指标上处于领先地位,每年可以提高 30%—50% 的农作物产量。第二是完善细化的产品体系。根据农业、景观、堆浸三种应用场景,提供了不同的产品组合,使得 Netafim 能够根据具体的应用场景、需求方的经济目的及多项资源进行组合配置,提供最为高效的解决方案。第三是强大的项目设计和施工能力。Netafim 开展节水业务的 40 多年来,为 110 多个国家不同气候条件下的各种农作物提供节水灌溉系统,积累了丰富的项目设计和施工经验,培养了一批高水平的专家,几乎能够应对植物对所有类型的气候、土壤、景观、水源方面的要求。

(2)Rivulis

Rivulis 是世界上最大的节水灌溉企业之一,2016 年营业收入为 2.5 亿美元。其前身是以色列的 Plastro,通过不断并购扩张业务,整合了节水灌溉产业链上的各项技术和设备,并将业务扩展到世界各地,目前在世界各地拥有 18 家工厂,5 个服务设计中心,1700 多名员工,在

95 个国家开展业务。同时在以色列、美国加利福尼亚州和希腊的三个研发中心进行产品创新与培训，提供技术支持，进行 Manna Irrigation 节水灌溉软件的研究与开发。Rivulis 能够提供节水灌溉核心领域的全系列产品，包括各种滴灌带和滴灌头、喷灌头，全面的配套设备，如过滤器、阀门、输水软管等。

（3）Naandan

Naandan 在超过 100 个国家和地区开展业务，拥有 9 家子公司，在以色列、智利、巴西、土耳其、西班牙共建有五个生产基地，2007 年该公司被印度节水公司 Jain 收购，2016 年实现营业收入 1.14 亿美元。Naandan 同样能够提供一套完善的产品体系，包括薄壁和中等厚度的滴灌带，气候调节的微型喷头，多样化的金属和塑料农业喷头等，除了广泛的控制和过滤设备，Naandan 也能够提供一揽子的灌溉解决方案。母公司是印度农业节水领域巨头 Jain，Jain 在 2016 年营业收入达到 10.86 亿美元，在节水灌溉领域拥有 19 个子品牌，同时还开展 PVC 管材制造和农产品加工业务，是世界最大的塑料管材制造商。Jain 的塑料管材能够为 Naandan 提供输水管，Naandan 有望借助 Jain 的产品渠道、品牌优势扩张业务。因而 Naandan 与 Jain 的合并能够获得高水平的协同效应。

（4）Amiad

Amiad 过滤系统公司成立于 1962 年，长期以来在水过滤领域一直处于领导地位，为超过 70 多个国家提供过滤解决方案。Amiad 在以色列总部有产品研究与开发中心、制造车间、仓储以及培训中心等。Amiad 中国在江苏宜兴设有分公司，业务包括农业及景观灌溉水过滤、工业废水处理和市政水处理等。

（5）Bermad

Bermad 专注于阀门及相应的水控制系统的制造生产。为农业、市政供水系统、消防系统提供各种解决方案，使水资源得到充分利用。Bermad 被誉为水阀领域的"隐形冠军"，技术遥遥领先世界。2016 年营业收入达到 0.79 亿美元，分别在美国、墨西哥、巴西、法国、澳大利亚、中国等国设有 12 家子公司，在六个大洲 68 个国家设有分销商。Bermad 提供一系列先进的阀门产品及富有创造力的解决方案，提高了农业、市政供水、消防系统的用水管理水平。Bermad 进入中国市场已超过 20 年，其产品被广泛应用于三峡工程、上海环球金融中心等大型工程项目。目前，该公司在大力开拓农业灌溉水阀在新疆、广西等大范围的农业区的普及与应用。

四、汽车行业

以色列因其工业生产能力和国内市场限制，汽车行业发展受限，但如今该国已在高端汽车技术领域，如智能驾驶及汽车安全占有一席之地。以色列在网络技术和信息技术领域的专业知识，特别是导航自动化和防撞领域开始使其成为全球汽车行业下一阶段，即"智能汽车"的主要参与者。

（一）以色列汽车行业发展历史与现状

以色列汽车行业总体销量不断上升，从 2005 年的 15.6 万辆上升

到 2016 年接近 30 万辆。受 2008 年全球金融危机影响,2009 年以色列
汽车销量出现大幅下跌。2009 年之后,该国汽车销量稳中有进,增长
平稳。以色列千人汽车保有量较好,2011 年为 342 辆/千人,截至 2015
年已增长至 365 辆/千人。

1. 整车市场境况

日、韩系大型车商常年垄断以色列汽车消费市场。大多数中东地
区国家由于自然地理因素限制,畅销车型多为 SUV、轻型皮卡,而以色
列则更倾向于两厢、紧凑、微型等车型。奔驰等一线品牌销量在作为发
达国家的以色列表现平平,占比最高的除去全球表现良好的日系车,就
是韩国现代和起亚品牌的汽车。

中以汽车业贸易顺差明显,但以色列近年来进口中国车辆金额
下滑。表 5 列示了 2015 年至 2017 年中以进出口汽车商品金额,可
以看出,以色列汽车商品进出口存在较大差距,从中国进口汽车金额
远高于向中国出口金额,这也再次论证了以色列地理面积狭小,国内
整车制造业并不发达,需要大量依赖于进口,汽车消费市场常年被他
国垄断。

表 5　2015—2017 年中以进出口汽车商品金额统计表

年　份	中国向以色列出口金额（美元）	中国从以色列进口金额（美元）
2015	319477596	4197630
2016	286265848	5207741
2017	280977294	4203158

资料来源:万得、申万宏源研究所

2. 汽车行业的技术优势

随着汽车行业的发展趋势从以机械工程为主转向打造带轮子的"智能"计算机,以色列领先的科技优势吸引着世界广泛的瞩目。最初让投资者发现以色列技术及其在汽车领域潜力的是以色列人沙伊·阿加西(Shai Agassi)创立的创业公司 Better Place。该公司融合了导航技术和电动汽车充电技术,打造了一个在加油站更换电池的系统,让电动车主无须等待车子充完电。Better Place 曾融资近 10 亿美元,但没能获得大批的客户,最终于 2013 年宣告破产。

自动驾驶成为以色列汽车行业新的风向标。随着汽车智能化浪潮的到来,全球各大汽车巨头纷纷把目光聚集到以色列。目前已有超过550 家自动驾驶相关领域的初创公司在以色列落地生根,让以色列一夜之间成了汽车创新中心。未来,机器视觉、机器学习、网络安全和半导体将成为以色列的核心竞争力所在。同时,受益于先进的军工和计算机、电子、软件等科技,以色列在汽车零配件领域成绩显著。

大量资本进驻智能汽车领域,促进不同领域产业的合作与发展。作为涉足共乘服务和无人驾驶汽车计划的一部分,大众汽车 2016 年 5月向优步(Uber)在以色列的竞争对手 Gett 投资 3 亿美元。宝马也在 7月宣布联手英特尔和在美国纳斯达克上市的以色列无人驾驶技术先锋Mobileye,以推进其在 2021 年前开始生产全自动驾驶汽车的计划。本田也在 2016 年与以色列众筹企业 OurCrowd 合作,在电池技术、材料技术、信息技术以及联网汽车等领域发掘更多的先进技术。2016 年 12月,加拿大汽车零部件供应商麦格纳宣布将与以色列初创公司 Innoviz合作,研发激光雷达遥感技术解决方案。

汽车创新产业集群效应逐渐凸显。以色列中部和沿海城市受益于其拥有汽车电动化、智能化的先进技术,正逐渐形成汽车创新产业集群,具有影响力的汽车供应商与服务公司中心鳞次栉比。

3.汽车行业的发展趋势

随着汽车行业科技的进步、产品的更新换代,智能化和电动化的趋势日趋明显,以色列中部和沿海的高科技地带在世界汽车行业的发展过程中发挥着越来越重要的作用。

绿色税收政策为电动汽车相关领域带来发展机遇。以色列大力实行绿色税收政策,对燃油汽车征收较高购置税。2009 年起,以色列便开始对绿色税收进行改革,凡是购买燃油乘用车的车主需要按 95% 的购置税税率向政府缴税,购买燃油商用车的车主需要按 75% 的购置税税率向政府缴税。2012 年 6 月 1 日,以色列通过了新的税收优惠政策,电动汽车购置税将由 10% 降低到 8%,混合动力汽车购置税将保持30% 不变,税收优惠总额预计达 1.3 亿新谢克尔(约合 3500 万美元)。

世界级汽车生产商纷纷在以色列成立研发中心,致力于推动汽车技术的智能化发展。福特 2016 年 8 月宣布它将收购总部位于特拉维夫的机器学习与计算机视觉公司 SAIPS。通用汽车已经在以色列沿海城市荷兹利亚设立了先进的技术中心,该中心致力于研发“非传统的汽车技术”,包括无人驾驶技术、数据分析、人工智能、机器学习和先进的传感器。上汽集团在 2017 年宣布会在以色列成立创新中心,该中心主要专注于“电力推进、数据网络、汽车共享以及智能自动化推进”领域的开发和风险投资,吉利等中国汽车企业也陆续在以色列开设汽车科技创业和创新中心。

以色列创业公司也开始涉足智能汽车领域,提供各种交通便利出行方案。创业公司 Nexar 致力于打造一个实时汇报路况信息的网络,包括汽车的本身的各项性能及道路状况,目的是预测和防止交通事故的发生,一旦有汽车发生碰撞,Nexar 会提供还原事故经过的报告。另一家创业公司 Via 则开创了以色列独有的大型出租车共乘模式。该模式是指在不同的地方招揽和储备司机,通过手机应用让消费者可以叫固定收费 5 美元的共乘轿车。

(二)以色列汽车行业产业链分布及创新性代表企业

1.产业链分布及竞争格局

上游:创新型企业聚集。由于以色列人口和市场较少,难以体现规模效应,乘用车市场基本被国外品牌占领,因而以色列并没有完整的零部件配套体系。目前,汽车行业上游主要由零配件经销商以及智能驾驶等科技型创新企业组成。以色列规模最大的欧洲汽车进口企业大卫·鲁宾斯基东方汽车公司(David Lubinsky Group)成立于 1936 年,每年产值约占以色列国内生产总值的 11%—13%,在轻型商用车销售方面占据主导地位。此外,大卫·鲁宾斯基东方汽车公司(David Lubinsky Group)拥有中东地区最大的汽车配件公司,其服务车库在以色列率先获得 ISO 9002 认证。

下游:进口汽车垄断市场。如前所述,以色列的乘用车市场完全被国外品牌占领,国内只有一些组装、改装厂。迈尔汽车公司是以色列最大的汽车经销公司。该公司是沃尔沃、捷豹、本田等知名汽车公司在以色列当地的独家经销商,代理赫兹全球汽车租赁公司,并拥有当地最大的客车制造厂。迈尔汽车公司提供汽车进口、生产、销售、金融等一体化服务,拥有 2000 多名员工、20 多家销售中心、40 多家修理厂和售后服务中心。下游企业在以色列的地理位置较分散,可以明显看出以色列在每个区域都有可以独当一面的汽车销售公司,但是大部分销售公司销售的都是国外进口汽车,代理德系车、日系车等。

2. 创新性代表企业

(1) Waze

Waze 公司 2008 年在以色列成立,2013 年 6 月被谷歌以近 10 亿美元收购,但继续保持独立运行。目前已经发展为一家拥有 8000 万用户,进驻全球 190 多个国家的大型导航企业。Waze 的创新在公司经营过程中从未间断,因此被 *Fastcompany* 评为 2017 年以色列十大最具创新企业第二名。

Waze 导航从一出生就带着创新的光环,并且从未停止过创新的步伐。与别的导航软件不同,Waze 采用的是众包模式,发动全球成千上万的用户来编辑地图。当谷歌每年花 10 亿美元用于地图信息测量和更新时,Waze 只需利用众包模式,通过积分鼓励,发动用户及时编辑、更新最新地图。只需打开报告新路模式,Waze 就会把用户的行驶路线记录下来,绘制地图,免费获得实时地图信息,以此来降低直接成本,并使公司成为全球四家拥有自主世界地图的公司之一,还能突破一些国家对 GPS 卫星导航的进入壁垒。这一众包导航模式一方面可以把用户顺利地带到目的地,节省用户的时间;另一方面能优化道路的使用,解决交通拥堵的问题。

此外,Waze 目前已经与各大社交软件实现了无缝对接,可以通过登录这些社交软件发布道路情况、用户位置等实时情况,甚至还可以在堵车的情况下抱怨路况。将导航、社交结合起来增加用户黏性,并将地图编辑、地图应用、广告商等产业链上下游打通,形成了一个良性的闭环生态系统,在这一生态系统的支持下不断自我发展、自我壮大、自我完善。2015 年 7 月,Waze 在特拉维夫测试名为 Ridewith 的拼车应用,在其生态系统中增加了拼车服务。该应用可以将司机每天上下班的路线与类似路线的乘客进行智能匹配,实现高效拼车业务的实现。研发创新隧道导航装置,解决了 GPS 在隧道中没有信号的问题。2016 年 9 月,Waze 开发了一套名为 Waze 信标的无线发射器,可以安装在隧道内部,通过蓝牙向用户的导航设备提供实时的导航数据,成功解决隧道中 GPS 信号不足的问题。

Waze 不仅立足于导航服务,更要做道路公共事业的贡献者。Waze 将司机联系起来,帮助人们创建一个当地交通社区,改善当地的交通拥堵状况。当用户都在带 GPS 的手机上使用 Waze 导航软件时,手机会把使用者的行驶速度发到服务器上,得到道路交通状况,还可以将详细的信息(如事故、施工等)传输、报告给服务器。2016 年 10 月,Waze 宣布通过与政府共享实时交通信息和道路事故数据,使政府能更好地做出道路规划决策,及时解决拥堵问题。这一创举使 Waze 能与政府联手,为市民提供最新道路状况,构建智能交通系统,也使 Waze 真正成为一个为社会、为道路事业的贡献者。

(2)SoftWheel

以色列智能轮椅创新企业 SoftWheel 成立于 2011 年,属于轮椅、车轮制造商。SoftWheel 在汽车轮胎领域的专利技术取代了传统的轮辐式和轮辋式轮毂,采用创新的悬架系统,在刚性轮辋内移动并以轮毂为中心,使用能够自动切换提供刚性或缓冲的"轮内"减震器,降低电动车辆的非悬挂质量,实现了舒适性和超高能源效率的完美结合。

(3)Mobileye

Mobileye 在无人驾驶领域的成就使其名声大噪,但该公司的基础业务是汽车与汽车零部件的制造与生产,专注于机动车零配件与设备领域。Mobileye 于 2014 年 8 月在美国纽约证券交易所上市。具体情况我们将在下文进行介绍。

(三)以色列汽车行业并购机会分析

以色列的传统汽车行业并不具有发展优势,但以色列将科技元素融入汽车行业的各个方面,展现出了多元化的发展方向,依靠自身拥有的独特创新优势,尝试在各个领域进行高度交流与融合。除了本土的科技及汽车工业相关公司,来自世界各国各大汽车制造商也开始在以色列进行汽车相关领域的研制与创新。

1. 智能化、网联化方向

以色列汽车行业在智能化、网联化方面拥有先进的技术经验,云集了海内外优秀人才。以色列特拉维夫市聚集有数百家以高级驾驶辅助系统(ADAS)、互联汽车系统、人工智能技术的碰撞预测等为主要经营业务的初创型科技公司。

(1)以色列 Valens 公司成立于 2006 年,是 HDBaseT 技术的创造者,同时还是一家优秀的半导体产品供应商,根据汽车、消费电子产品等这些目标市场的特定需求,通过单根电缆传输超高清多媒体内容。

Valens 的 HDBaseT 技术是一项全新的数字联网技术,该技术可简化长距离有线连接,能够同时传递多种内容。HDBaseT 汽车解决方案融合了多项目前最先进的技术,打造出简单的综合车联网解决方案,满足互联汽车的各项需求。HDBaseT Automotive 5Play 的多项功能可通过单根非屏蔽双绞线(UTP)电缆融合音频、视频、以太网、USB、控制及供电等功能,同时解决互联网汽车的资讯娱乐、ADAS 及联网需求。

(2)以色列 Brightway Vision(BWV)公司成立于 2011 年,主要生产高级视觉及测距传感器。随着智能驾驶技术的兴起,BWV 也开始涉足汽车及无人驾驶领域,他们所拥有的技术可实现实时增强计算机视觉(ECV)的功能,为驾驶员提供清晰的视野,在驾驶条件不佳时增强驾驶员对周边环境的感知能力。BWV 支持高级驾驶辅助系统功能,可在各种不同的驾驶条件下提供先进的驾驶员辅助系统以及自主计算功能。无论是白天、夜间,还是恶劣天气下,BWV 都能保证卓越的产品性能,是自动驾驶中的关键组成要素,可有效降低事故风险。

(3)Eyesight 公司成立于 2005 年,其嵌入式传感解决方案可大幅提高汽车的用户体验,让我们通过无接触交互控制身边的设备,例如手势识别及手指跟踪等主动交互方案,以及检测用户存在及动作识别等被动传感应用。Eyesight 的计算机视觉及深度学习解决方案可减少认知负载,并在检测到驾驶员疲劳或注意力分散时发出提醒,还可根据驾驶员的偏好和需求调整车内环境,进而有效改善驾驶体验及安全性。Eyesight 有效解决了三大驾驶体验问题:驾驶员意识、资讯娱乐控制和驾驶员识别。

(4)以色列 Argus 公司成立于 2013 年,是全球规模最大的独立汽车网络安全公司,目前与众多大型原始设备制造商、一级制造商、售后市场网络供应商、车队管理方及经销商保持合作,共同保护联网车辆及商用车辆的网络安全。Argus 可为整车生态系统及服务提供网络解决方案,帮助制造商及车队管理方从设计初期开始贯穿车辆使用寿命周期的全程防范网络风险。

(5)Imagry 是一家人工智能研究企业,成立于 2015 年,短短几年就已开发出了一套能够嵌入任何设备的视觉识别引擎。Imagry 将认知心理学与先进的深入学习技术相结合,发明了多项能够提升视觉认知能力且计算需求量较小的技术。其目标是将计算机视觉技术发展成为视觉智能技术的主要构成部分。公司正在构建一个可实时在任何设备上进行本地工作且电池消耗量极低的大型图像及视频理解引擎。公司还推出一项突破性技术,可加速 BIT 技术理念的贯彻实施,将传统深度神经网络的速度提高 16 倍,从而让所有设备都配上一个"大脑"来实时理解视觉信息。

(6)以色列 Arilou 2016 年被一家汽车软件供应商 NNG 收购,目前拥有员工 1000 多人。随着汽车日渐计算机化,目前汽车大多数功能已经交由电子控制单元(ECU)进行控制,甚至还会通过不同的接口与周边环境互联。在提高车辆功能的同时,这些技术也将汽车暴露在网络安全的威胁下。Arilou 可为汽车行业提供全套的网络安全解决方案,产品包括车内网络防护解决方案及后端支持系统。比如其并行入侵预防系统,是市场上首款能够从单点保护整体汽车网络的解决方案。通过拦截被劫持的电子控制单元上发出的假信息,阻止未经授权的电子控制单元发送有授权的信息。整合过程仅需将安全模块移植到现有系统,或直接使用独立的安全电子控制单元即可。

2. 传统汽车零部件方向

由于以色列善于将产品与服务精细化,加之整车市场难以在以色列大力发展,传统汽车零部件的改良与创新将成为以色列汽车行业未来的发展方向,并且能够在世界范围内展现出一定的优势。

(1)以色列初创引擎公司 Aquarius Engines 研制的超高效发动机以多个活塞取代传统发动机。发动机的部件不到 20 个,每个只需完成一种动作,大幅减少了燃料消耗,将每个发动机的成本降低至 100 美元。安装此款发动机的汽车每箱汽油的行驶距离可超过 1600 公里,是其他相同能耗汽车行驶距离两倍以上。德国工程公司 FEV 测试该发动机时发现,它的能效为传统发动机的两倍以上,同时二氧化碳排放量更低,功率重量比是最高的。

(2)以色列圣罗(Solar Zone)、酷思迪(Cold Steel)特种汽车窗膜也是传统汽车零部件革新的代表。该种窗膜是具有隔热、安全双重性能的特种窗膜产品,保护车主人身、财产安全。除了具备传统窗膜的功能之外,该种窗膜更加强调安全防护性能。

3. 清洁排放与电动化方向

电动汽车不仅是中国汽车行业发展的热点话题,更是世界各国关注的焦点,在科技研发方面拥有强劲实力的以色列自然不会错过在新能源领域的创新机会。目前,在清洁排放与充电电池的研究方面,以色列已经取得阶段性成果,走在世界前列。

(1)要想发展电动汽车,首要解决的就是与充电相关的问题。位于以色列特拉维夫的新兴科技公司 StoreDot 致力于解决汽车充电过程耗时过长的问题。该公司生产的 FlashBattery 由多层纳米材料与特有的有机化合物结合而成,不像其他典型的锂电池,这种电池更加环保,生产成本更为便宜。FlashBattery 具有更高的燃烧阈值,因而更加安全。此外,利用该种电池只需要 5 分钟就能充满电,提供最多 300 英里的续航距离。

(2)以色列 Pocelltech 公司专注于燃料电池的前沿研究与发展、超级电容器清洁技术以及汽车工业的高效储能解决方案。其核心产品为低铂燃料电池。

4.飞行汽车等方向

以色列拥有雄厚的军工基础,不少科技型公司巧妙地将汽车与军事相结合,利用军事飞行及航天领域的前沿高端技术,以色列在飞行汽车的研制方面已取得了一些成果。以色列的开发商 Urban Aeronautics 经过 15 年的努力,最终将重达 1.5 吨的载客无人机飞上了天空,并计划在 2020 年将最终的产品投入市场。该载客无人机号称是一种飞行汽车,最大载重 500 千克,每小时可以飞行 185 千米。它可用于危险环境中疏散人群,帮助军事人员安全进入这样的区域。

第三节　投资并购案例分析

面对地缘政治势力涨落,以色列与中国双边贸易发展逐步升温。中以两国经济优势互补,以色列是我国在中东地区主要的经贸合作伙伴之一。2005 年 11 月,以色列正式承认中国完全市场经济地位。中国是以色列在亚洲第一大、全球第三大贸易伙伴。两国现有中以创新合作联委会和中以政府间经济技术合作机制两个合作平台。

一、中以合作概况与对以并购特点

以色列近几年的国际关系网络复杂,跟美国、欧洲等发达国家的关系不断发生重大变化,因而以色列把开拓亚洲市场的举措纳入国策,优先方向是寻求与中国的合作,尤其重视中以科技领域的创新合作。

(一)双边合作取得显著成果

1992 年 1 月,以色列副总理兼外长利维访华,两国正式建立大使级外交关系。建交后双边关系顺利发展,以色列分别在上海、香港、广州、成都设立总领馆,并开始逐步推进互利共赢的双边合作,涉及文化、教育、商业、医疗等方面的合作项目。2017 年 3 月,中国和以色列建立了创新全面伙伴关系,提出 14 个主要创新合作项目,两国政府还签署了科技合作的协议和备忘录。

两国政府一直不遗余力地扩展双边合作交流的平台与渠道,目前,两国在贸易往来、文化交流、民用航空、劳务输出、体育合作、教育合作、旅游合作、工业技术研发等多领域达成合作意向。为了进一步落实贸易便利化政策,两国近年间签署了多项合作协议,主要协议有:《双边投资保护协定》《贸易协定》《海运协定》《农业合作协定》《医疗科技合作协定》等,涉及双边贸易的方方面面。

(二)经贸合作存在增长空间

以色列在技术研发和创新方面很有优势,但没有进行大规模市场化、商品化的条件(缺少市场规模、制造业基础等)。中国人口超过13亿,经济长期保持稳定、快速发展,是以色列理想的重要进出口市场和投资来源地。因而以色列与中国的经贸与商业合作与交流是市场发展的必然趋势,能够实现双方的优势互补、互利共赢,使两国的经济实力都能得到进一步提升。

近年来,中以经贸关系快速发展,中国已经成为以色列在亚洲地区最大的贸易伙伴,也是以色列在全球范围内的第二大贸易伙伴。以色列经济部统计数据显示,2014年以色列从中国的进口额首次超过美国,达到81亿美元。2016年中以进出口总额共计114.2亿美元,同比增幅达5%,其中,中国出口额为86.15亿美元,主要是机电产品、纺织品、服装、鞋类、陶瓷制品等;中国从以色列进口总量达28.04亿美元,主要是钾肥和高科技产品,如机电产品、医疗仪器及器械、通信产品等。

中以贸易结构持续优化,合作领域增加。双边贸易趋势从以食品、钻石、化工等为主的传统产品贸易,不断向高科技、新能源、生物技术、现代医药等方向发展转变,产品结构呈现多样化态势。目前,中以两国在农业、医疗、计算机等领域已经开展了很多大规模的经济贸易合作。以色列外交部经济司以中经贸关系小组组长希拉·英格哈德女士认为,远程医疗、食品安全、水处理,以及智慧城市、人工智能等未来科技,是两国最具潜力的合作领域。①

中国与以色列存在大量优势行业互补空间,未来经贸合作仍将持

---

① 禹洋:《"一带一路"开启中以经贸合作新篇章》,《经济日报》2016年9月26日。

续扩大。一方面,以色列在物联网、人工智能、医疗和工业等领域的技术是领先世界的,因此,从创新角度考虑,中国要把与以色列在这些领域的合作放到头等重要的位置上;另一方面,以色列也将中国视为重要市场与行业互补平台,非常看重中国在移动互联网、移动支付和共享经济等领域的发展和成就,希望能够和中方进行更深入的合作交流。除此之外,中国作为农业大国,能够为自然资源匮乏的以色列提供大量食品、原料与农业产成品等。

(三)中国在以色列的投资趋势

2015 年全球经济高企,贸易投资活动频繁,以色列初创企业的主要资金来源——风险投资资金,有 40% 来自中国;以色列 50% 的投资项目中都有中国企业的身影。① 2016 年以色列超过 20% 的创业公司投资都来源于中国,而这个数字在七年前还是 0。据估计,中国在以色列的投资规模仍有非常大的上升空间。中国的阿里巴巴、百度、奇虎 360 等高科技公司均在以色列设立了风险投资基金。

在经济学人智库发布的《中国 2017 年全球投资指数报告》中,以色列位列排名第 11 位,较 2013 年以来的排名提高近 20 位,为近年来中国对外投资的主要目的地。六大热门投资行业包括:汽车、消费品、能源、金融、医疗以及通信行业,其中医疗及通信行业分别为投资指数排名第 5 位和第 7 位。

---

① 《专访以色列驻华大使:中国企业投资了以色列两成以上初创公司》,2016 年 3 月 12 日,见 https://www.thepaper.cn/newsDetail-forward-1442822。

（四）中国对以色列并购特点

中国对外投资的步伐在近几年逐步加快，但是投资占比在整个中国经济总量中仍然很低，需要开拓新领域、发掘新地区进行深度拓展与布局。简而言之就是以色列有技术，而中国可以提供市场，两者的合作能够打造一个双赢的局面。目前以色列初创公司，尤其是科技类公司"物美价廉"，中国的初创企业估值已经超过硅谷，而硅谷初创企业的估值则超过特拉维夫，眼下就是最佳的投资时机。

从 2008 年到 2018 年 1 月十年的时间里，中国对以色列的并购交易项目公告了 48 项，主要涉及医疗、计算机软件、消费品、化学与材料等行业，如图 6 所示。其中，医疗业是中国在以色列进行并购活动数量最多的行业，共计 8 笔，占比 16.7%。因部分并购事件未披露交易价格，根据可统计的 42 笔交易价值进行测算，统计出了各年的并购数量及金额。逐年来看，2016 年发生并购事件共 15 笔，是 2006 年以来数量最多的年份，总交易金额达到 110.1 亿美元。中国对以色列并购交易从 2014 年开始进入增长高峰期，到 2017 年出现了回落，与 2015 年并购数量相同，共 9 笔，但总金额下降了 8 亿美元左右，如图 7 所示。

二、经典案例分析

下面我们主要分析中以三大投资案例：光明食品收购特努瓦（Tnu-va）、赛领资本投资 Mobileye 及光大控股建立中以合作基金。

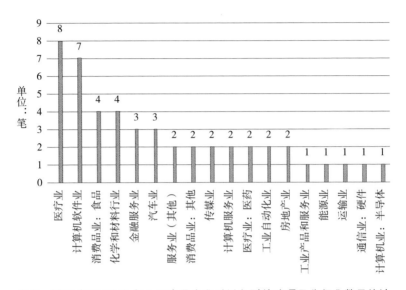

图 6 2008 年至 2018 年 1 月中国企业对以色列并购项目分行业数量统计

资料来源:德勤

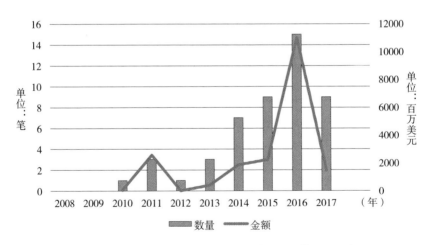

图 7 2008—2017 年中国对以色列并购交易数量及金额

资料来源:德勤

（一）光明食品收购特努瓦（Tnuva）

2015年4月，光明食品完成了对以色列最大食品企业特努瓦（Tnuva）的收购，成为中国乳品行业最大规模的一次海外并购，同时也是以色列食品行业历史上最大的一宗收购案。光明食品对特努瓦（Tnuva）的大部分股权进行收购，包括安佰深集团（Apax）持有的特努瓦（Tnuva）56.7%的股权和Mivtach Shamir持有的特努瓦（Tnuva）21%的股权，共计77.7%，对应特努瓦（Tnuva）当时的市场价值，收购价格达到86亿新谢克尔（约25亿美元）。

1.收购原因

特努瓦（Tnuva）已有超过85年的历史，品牌悠久、产品丰富、市场占有率高，是以色列最大的乳制品企业，在本国市场中占有超过70%的份额，在中东、欧洲和美国地区也占有一定市场份额。真正让光明食品感兴趣的是以色列的技术，光明食品致力于不断完善企业的资源配置，以特努瓦（Tnuva）为渠道，可以汲取以色列高效的现代农业经验，有助于促进光明食品全产业链的精细化发展，提升国际化经营指数和海外销售占比。在收购完成后，光明食品会将特努瓦（Tnuva）的产品和技术推广到海外（亚洲和欧洲）的其他分支机构去，旗下相关企业可以与特努瓦（Tnuva）在技术研发、市场营销、渠道通路等方面形成协同效应。

光明食品计划借助特努瓦（Tnuva）的技术发展酸奶奶酪、黄油等新品类开发，这一类产品在中国本土市场上大量空缺，多依靠进口，因而打开奶酪市场能够对光明食品的产品结构形成有效补充，便于拓展欧美以及中国等市场。同时以色列是全球养牛技术最先进的国家,奶牛年单产量超过 12 吨,是国内的 2—3 倍,特努瓦(Tnuva)在上游牧业方面的先进技术和经验也将为光明食品荷斯坦牧业提供长期支持。光明食品将一举形成以色列、新西兰、中国三地业务互动,促进新业务发展。

2. 协同效应

收购完成后,资源得到有效整合,两方企业都因为协同效应而获得了各种所需的利益。

对光明食品来说,目前的中国市场上,包括光明乳业在内的国内乳品企业基本都依靠进口乳清粉作为婴幼儿奶粉的原料,特努瓦(Tnuva)拥有诸多领先的乳制品研发、制造技术,部分高端技术如高浓缩度提取乳清技术是特努瓦(Tnuva)的优势所在,目前全球仅有少数公司掌握。光明乳业及其子公司新莱特乳业(Synlait)作为婴幼儿奶粉生产商,每年都需要采购大量乳清粉,将特努瓦(Tnuva)产品引入中国,能够满足公司对进口原料产品的大量需求。此外,特努瓦(Tnuva)先进的技术和管理经验,也能促使光明乳业进一步提升包括婴幼儿配方奶粉在内的产品品质。将特努瓦(Tnuva)整合并购之后,光明乳业的收入规模将突破 300 亿元大关,年盈利水平能够达到 12 亿元。收购还有助于提升中国在中东地区的影响力,收购有利于光明食品实现品牌国际化,光明乳业通过对以色列产品在研发、管理模式等方面优势的整合,使企业的"软实力"更加与国际接轨,进而提升光明乳业乃至整个中国乳品相关企业的影响力。完成此次对特努瓦(Tnuva)的并购之后,光明乳业未来还要推动特努瓦(Tnuva)的资产证券化,该计划能使得光明食品的国际化经营指数从 2015 年的 13% 迅速提升到 2018 年的 25%。

对特努瓦(Tnuva)而言,光明食品作为中国大型优秀乳品企业代表,以一个长期战略投资者的角色进入以色列,可以为特努瓦(Tnuva)打开更广阔的国际平台,将中国庞大的需求市场介绍给特努瓦(Tnuva),使其优质的产品出现在中国,以及全世界的货架上。在特努瓦(Tnuva)的工业奶粉业务领域,公司每年都需要进口大量工业奶粉来补充奶源淡季的供应,特努瓦(Tnuva)未来可以从光明乳业的子公司新西兰新莱特乳业(Synlait)进口工业奶粉,减少进口成本。

(二)赛领资本投资 Mobileye

出于对无人驾驶领域未来发展前景的强烈看好,2013 年 8 月,赛领资本作为唯一一家中国投资者与多家外国机构共同竞得 Mobileye IPO 前最后一轮 4 亿美元融资。2014 年,Mobileye 公司项目即顺利完成挂牌上市,募资额 8.9 亿美元,创下美国历史上以色列公司 IPO 最高值纪录。2017 年 3 月,英特尔宣布以 153 亿美元收购 Mobileye(NYSE: MBLY),成为以色列高科技公司的最大金额收购案。Mobileye 上市时市值仅 80 亿美元,经过不到三年时间,被英特尔以 153 亿美元收购,溢价高达 31.73%,赛领资本获得逾 10 亿元人民币回报。

赛领资本很早就有计划进入以色列进行投资,之所以选中 Mobileye 作为其投资标的,主要源于以下四个方面的原因:

1. 高增长市场中行业龙头溢价。Mobileye 创办于 1999 年,是全球高级驾驶辅助系统(ADAS)市场份额最高的龙头企业,在全球的渗透率超过90%,有超过1500万辆车使用其技术。Mobileye仅用了五年,收入从4000万美元增长到3.58亿美元,年均复合增长率高达72%。除去高增长率,公司还拥有极高的毛利率和净利率,根据2016年年报,公司毛利率高达75.62%,净利率高达34.91%。

2.芯片和算法协同开发产生的低成本优势。在ADAS前装市场上,Mobileye拥有绝对的成本优势,公司研发的EyeQ芯片售价仅为45美元,原因在于采用了具备明显成本优势的单目摄像头方案,并通过算法和芯片的协同开发提高计算资源的使用效率,降低了硬件要求。在自动驾驶技术方面,Mobileye通过为汽车摄像头内置图像识别、分析和预警芯片来实现自动驾驶的功能,Mobileye在2014年的技术就能够领先同行26个月。

3.与主机厂深度的合作关系。Mobileye从提案阶段开始参与,通常需要1—3年整车才能进入市场,即使有新竞争者进入市场,其产品从设计到大规模的验证通常需要五年以上的时间,因而建立起广泛、深层的客户合作关系就能帮助企业有效的赢得市场。2017年公司与全球27家主机厂建立了深度合作关系,合作车型达到287款,手握5个L3和5个L4汽车企业合作项目。

4.高精度地图布局。Mobileye以摄像头收集来的画面为基础,通过具备深度学习能力的图像识别体系,构建能够优化自动驾驶决策的高精度地图。高精度的作用类似于驾驶者对路况的记忆,是实现无人驾驶的关键技术之一。截止到2016年年底,公司的产品在全球范围内应用于1570万辆车,凭借庞大的装机量,Mobileye以车载摄像头采集全球车道线、路标、交通灯和摄像头等数据作为深度学习的资料。与谷歌无人车在路上行驶收集数据的方式相比,Mobileye 的采集速度更快、成本更加低廉。①

(三)光大控股建立中以合作基金

2014 年,光大控股与以色列本土的 Catalyst 私募股权投资公司共同成立了第一支中以合作基金——"光控 Catalyst 中国以色列基金",专门投资以色列处于成长中后期的科技企业。标的企业需拥有一定的创新技术且已迈入国际市场,同时有意拓展新兴市场,特别是具有以大中华区市场为导向的增长策略。基金重点关注工业、制造业、农业、医疗健康、污水处理、能源、科技、媒体、通信等领域的投资机会。

1. 基金成立背景与原因

以色列拥有出色的创新技术能力,而光大控股覆盖多元化的跨境资产管理业务,与 Catalyst 进行合作,可以把以色列的高端创新技术引进潜力巨大的中国市场,为基金投资者创造价值。光大控股成立于 1997 年,并在香港证券交易所上市多年,背靠母公司光大集团,拥有强大的政府和企业关系网络以及丰富的投资经验,管理着近 680 亿港元的资产。Catalyst 同样也是以色列顶尖的私募基金,团队自 1999 年组建后,管理着超过 2.8 亿美元的资金,主要用于支持以色列中小企业市场的资产增值和长期发展。两大顶级公司的合作,能够共享双方拥有的资源,分享各自的投资经验,在各自所擅长的投资领域中发挥优势。

---

① Mobileye, " Annual and Transition Report for Foreign Private Issuers 201612-31".

2.基金投资标的介绍

（1）精密仪器制造商——Lamina

光控 Catalyst 中国以色列基金投资的第一家公司 Lamina 是一家由以色列人创立，以瑞士为生产基地的精密金属切割工具制造商，专攻行业内最先进的亚微米等级 PVD 涂层铣削和车削专用刀片。Lamina 的独特技术优势及中国对该类产品的市场需求，非常契合基金的投资策略。基金向这家科技公司共投资 4200 万美元，自投资以来，基金管理人与 Lamina 的管理层致力透过紧密高效的合作，拓展 Lamina 在中国的业务。Lamina 未来发展最大的机会与市场都在中国，募资的很大一部分用于在中国开设新厂房，有助于其扩大中国境内的业务规模与范围。公司的定位与中国目前的宏观经济形势和产业升级的需求相匹配，中国市场为该公司的发展提供了非常广阔的空间。

（2）3D 打印公司——XJET

光控 Catalyst 中国以色列基金的第二个投资项目是一家拥有尖端技术的 3D 打印公司——XJET，于 2016 年 1 月完成交易，共投资 1000 万美元。XJET 拥有世界首家 3D 金属直喷系统，申请专利数超过 50 项，使用专利纳米金属喷射技术制作的金属部件，占据了全球 3D 金属打印市场的绝大多数份额，处于行业领导地位。该行业准入门槛高，研发周期长，预计 XJET 未来在市场中还将保持很长一段时间的优势地位。通过收购，XJET 能够逐步进入中国工业和生产市场，完成后续产品开发，进一步向全球推广自己的产品。据估算，3D 金属打印机有着价值数十亿美元的市场，鉴于中国制造业庞大的体量，中国市场一定是 XJET 战略布局中的重要一站。

（3）卫星通信设备供应商——SatixFy

同样在 2016 年,光控 Catalyst 中国以色列基金又完成了一项对以色列卫星通信技术公司 SatixFy 2500 万美元的领投。SatixFy 为全球领先的卫星及准卫星通信设备供应商,通过对其专有的硅晶片进行商业化开发,SatixFy 从根本上降低了用户终端机的生产成本,缩减了设备的重量、体积、功耗以及卫星通信的通话成本。与光大控股的合作除了将募集资金用于研发和后续产品开发,SatixFy 还试图进行进一步海外扩张,拓展在中国市场上的规划与布局。

（4）全球最大的内容推荐平台——Taboola

Taboola 是一家来自以色列的全球最大的内容推荐平台,在视频推荐领域,排名世界第一,拥有丰富的产品线,通过全球主流创新性媒体网站向受众群体提供站内及站外的内容推送,为出版商实现增加用户访问量的目标,并提供网站货币化服务。每月约有 14 亿人（将近全球网民人数的一半）都在使用 Taboola 的内容推荐服务,Taboola 的推荐链接每月可收获超过 10 亿次点击。2017 年,Taboola 与全球 50 多个市场及多家机构展开紧密合作。[①]

（5）基因类疾病药物研发企业——Eloxx

2017 年,光控 Catalyst 中国以色列基金联合其他投资基金与私人投资者将目光锁定在了一家基因类疾病药物研发企业 Eloxx 身上,投资金额共 2400 万美元。Eloxx 成立于 2013 年,为基因类疾病药物研发企业,致力于治疗囊胞性纤维症、胱氨酸病等罕见基因类疾病,以推动

---

① CCTIME 飞象网:《内容发现成为品牌市场营销新选择》,见 https://www.cctime.com/html/2018-1-26/1357083.htm。

相关药品商业化为目标,其核心产品 ELX-02 或将成为全球首个采取病性改善疗法治疗罕见基因类疾病的产品。2017 年 5 月,Eloxx 与 Sevion 达成并购协议,完成收购后,Eloxx 将成为 Sevion 的全资子公司,并在美国纳斯达克上市交易。因而 Eloxx 具有较为明确的退出渠道这一点也成为吸引光大控股进行投资的一大亮点。

索 引

公司简称	公司全称
ABB	阿西亚·布朗·勃法瑞有限公司 Asea Brown Boveri Ltd.
6over6	在线视力保健服务提供商 6 Over 6 Vision Ltd.
ADAMA	全球第七大农药生产和经销商 Adama Agricultural Solutions Ltd.
ADP 乳业	澳大利亚乳品工业园有限公司 Australian Diary Park Pty Ltd.
Advanced Composites Group	高级复合材料制造商 Advanced Composites Group Ltd.
AeroScout	资产追踪解决方案提供商 AeroScout Ltd.
AIM Altitude	全球飞机客舱内饰主流供应商 AIM Altitude Ltd.
Alma Lasers	以色列飞顿医疗激光公司 Alma Lasers Ltd.
Alpha	收购 Playtika 的持股平台 Alpha Frontier Limited

Amiad	阿米亚德净水系统 Amiad Water Systems Ltd.
Anima Vitae	北欧一家领先的动画工作室 Anima Vitae Oy
AnyClip	运营内容营销平台 Anyclip Media Ltd.
AnyVision	一家人工智能软件设计开发商 Anyvision Group Ltd.
AquaGen 公司	一家三文鱼籽培育公司 AquaGen AS
Aquarius Engines	以色列发动机研发公司 Aquarius Engines Ltd.
Argus	以色列阿格斯网络安全公司 Argus Cyber Security Ltd.
Arilou	高端汽车网络安全解决方案提供商 Arilou Technologies Ltd.
Aritunes	游戏的音乐和声音设计服务提供商 Aritunes Oy
Arlington Automotive	阿灵顿汽车 Arlington Automotive Ne Limited
B&B	意大利家具品牌 B&B ITALIA S.P.A.
BAE	British Aerospace System，英国宇航系统公司
BandManage	数字医疗可穿戴企业 BandManage Ltd.
Barbieri & Tarozzi	意大利机械制造商 Barbieri & Tarozzi Holding S.p.A.
伯尔梅特（Bermad）	Bermad CS Ltd.
Better Place	以色列电动汽车制造商 Better Place Israel （H.T.）（2009）Ltd.
Bigpoint	德国网页游戏商 Bigpoint GmbH
Biotechnology General（BTG）	以色列通用生物科技有限公司 Bio-Technology General Israel Ltd.

D-Pharm	以色列技术开发生物制药公司 D-Pharm Ltd.
E.on	德国能源集团 E.on
eBay	易贝 eBay Inc.
EEW	德国垃圾能源公司 EEW Energy from Waste GmbH
EliSa	芬兰电子通信公司 Elisa Oyj
Eloxx Pharmaceuticals/Eloxx	以色列罕见基因类疾病制药公司 Eloxx Pharmaceuticals Inc.
E-Studio	芬兰一家专业录音工作室
ETView	以色列 ETView 医疗设备有限公司 E.T. View Medical Ltd.
Evana	Evana 工业自动化及机器人有限公司 Evana Automation
Eyesight	EyeSight 嵌入式计算机视觉和深度学习解决方案供应商 EyeSight Technologies Ltd.
FACC 公司	奥地利菲舍尔未来先进复合材料股份公司（Fischer Advanced Composite Components AG）
Fireglass	以色列网络安全公司 Fireglass Inc.
Gett	以色列网约车公司 Gett, Inc.
Grainger & Worrall	格兰杰 & 沃勒尔公司 Grainger & Worrall Technology Group Limited
GuardiCore	以色列内部数据中心安全和违规检测解决方案供应商 GuardiCore Ltd.
HaisThera	HaisThera Associates Co., Ltd.
HAPTO Biotech	以色列 Hapto 生物科技公司 Hapto Biotech（Israel）Ltd.
Hetras	Hetras Deutschland GmbH，已于 2017 年 11 月 23 日更名为 Shiji Deutschland GmbH

Lamina/Lamina Technologies	先进亚微米精密金属切割工具制造商 Lamina Technologies S.A.
Leyland Trucks	利兰卡车 Leyland Trucks Ltd.
Lindsay	林赛公司 Lindsay Corporation
Logicor	欧洲仓储物流公司 Logicor Ltd.
Lumus	以色列镜头模组研发公司 Lumus Ltd.
Magal	迈高机械制造有限公司 Magal Engineering Ltd
Magisto	以色列云视频编辑创业公司 Magisto Ltd.
MarketsandMarkets	美国市场调查与咨询公司 MarketsandMarkets Research Private Ltd.
Max Mara 集团	意大利时尚集团 Max Mara Fashion Group S.r.l
Mazor Robotics	Mazor 机器人研发公司 Mazor Robotics Ltd.
Mellor	英国大型客车制造商 Mellor Coachcraft Ltd.
Meridiam	专注于公私合营基础设施资产投资的投资公司 Meridiam Infrastructure Finance S.a.r.l.
Mexichem	墨西哥化工公司 Mexichem, S.A.B. de C.V.
MG Motors	莫里斯公司 Morris Garages Motors UK Ltd.
MG 罗孚公司	Morris Garages Rover Group Ltd.
Might & Delight	小游戏制作工作室 Might and Delight AB
MINI	MINI Cooper BMW AG 旗下 mini 车型
Minibus Options	提供轮椅无障碍小型巴士的供应和转换服务 Minibus Options Ltd.
MivtachShamir	以色列投资公司 Mivtach Shamir Holdings Ltd.
Mobileye	以色列汽车技术研发公司 Mobileye N.V.
Morpol	三文鱼养殖公司 Morpol ASA
MST	以色列医疗器械研发公司 MST Medical

478

RoboTeam	美国机器人供应商 Roboteam Ltd.
Rovio	Rovio 娱乐 Rovio Entertainment Oyj
SAIPS	以色列电脑视觉与机器学习创企 SAIPS Ltd.
SalesPredict	以色列预测分析公司 SalesPredict Ltd.
Salmar 公司	挪威第三大三文鱼养殖企业 Salmar ASA
SatixFy	以色列卫星通信技术公司 SatixFy Israel Ltd.
Serono	默克雪兰诺 Merck Serono S.A.
Sevion Therapeutics/Sevion	一家生物制药公司 Sevion Therapeutics, Inc.
Simogo	瑞典游戏开发商 Simogo AB
SIR 公司	意大利 SIR 股份公司 Soluzioni Industriali Robotizzate S.p.A.
Skype	Skype Inc., 一种即时通信软件
SMI	可穿戴式胸液状态监视器开发商 Sensible Medical Innovations Ltd.
SoftWheel	以色列智能轮椅创企 SoftWheel Ltd.
Spot.IM	以色列社交互动平台 Spot.IM Ltd.
Spotify	Spotify AB，正版流媒体音乐服务平台
Stena Sphere	北欧地区规模最大的航运、海工和地产投资集团公司
StoreDot	以色列快速充电电池公司 StoreDot Ltd.
Südzucker	德国砂糖制造商 Südzucker AG
Supercell	Supercell Oy，芬兰移动游戏巨头
Sybo Games	北欧游戏公司 SYBO Games ApS
Taboola	内容推荐平台公司 Taboola, Inc.
TeliaSonera	TeliaSonera AB, 2016 年更名为 Telia Company AB
Timet	钛金属公司 Titanium Metals Corporation

TORO	美国托罗公司 TORO CO
Travelfusion	英国在线廉价航空机票信息集成和直连预定平台 Travelfusion Ltd.
TS	道恩 TechniSat Digital GmbH
TTB	蒂森克虏伯拼焊有限公司 Tailored Blanks Gmbh
Ultra Electronics	英国电子公司 Ultra Electronics Ltd.
Urban Aeronautics	以色列科技公司 Urban Aeronautics Ltd.
URIEL	优利航空投资控股有限公司 Uriel Aviation Holding Ltd.
Valens	以色列半导体公司 Valens Semiconductor Ltd.
Valmont	维蒙特工业公司 Valmont Industries Inc.
Via	以色列共享出行公司 Via Transportation, Inc.
位智(Waze)	Waze Mobile Limited
XJET	以色列增材制造公司 XJet Ltd.
XTL bio	以色列生物制药公司 XTL Inc.
阿迪达斯	Adidas AG
阿尔法·罗密欧（Alfa Romeo）	Alfa Romeo Automobiles SpA
阿尔卡特朗讯	Alcatel-Lucent 一家提供电信软硬件设备及服务的跨国公司,总部设于法国
阿法拉伐(Alfa Laval)	Alfa Laval AB (publ)
阿里巴巴	Alibaba Group Holding Limited
阿斯顿·马丁（Aston Martin）	Aston Martin Lagonda Ltd.
阿斯利康（AstraZeneca）	AstraZeneca PLC
埃肯	Elkem ASA
埃森哲	Accenture
艾德卡	Edeka Group
爱立信	Telefonaktiebolaget LM Ericsson

安佰深集团（Apax）	Apax Partners LLP
安川	株式会社安川电机，Kabushiki-gaisha Yasukawa Denki
安迪苏	Adisseo Group
安谋控股	Arm Holdings
安萨尔多能源公司 （Ansaldo Energia）	安萨尔多能源股份公司
奥迪	Audi AG
奥斯特福 （Austevoll Seafood ASA）	奥斯特福海产控股公司
奥托集团	Otto Group
澳洋顺昌	江苏澳洋顺昌金属材料股份有限公司
澳优乳业	澳优乳业股份有限公司
澳滋（Oz Farm）	Oz Farm Australia
巴斯夫	BASF SE
百得利	Key Safety Systems（KSS）
百度	Baidu，Inc.
百威英博（AB InBev）	Anheuser-Busch InBev SA/NV
柏斯敦（Plaxton）	Plaxton Ltd.
拜耳	Bayer AG
宝马（BMW）	Bayerische Motoren Werke Aktiengesellschaft
保利达	保利达集团（Polytech Group）
保时捷	Porsche AG
北京国投北排水环境投资基金	北京国投北排水环境投资基金（有限合伙）
北京建工/北建工/建工集团	北京建工集团
北控集团	北京控股集团有限公司
北欧纸业（Nordic Paper）	Nordic Paper Holding AB
奔驰	Daimler-Benz AG
本田（Honda）	Honda Motor Company Ltd.

德国电信	德国电信股份公司，Deutsche Telekom AG
德国莱茵集团	RWE Wartungsseite
德国联邦经济部	Federal Ministry for Economic Affairs and Energy（BMWi）
德国联邦统计局	The Federal Statistical Office of Germany
德国联邦外贸与投资署	Germany Trade & Invest（GTAI）
德国铁路公司	Deutsche Bahn
德国邮政国际集团	Deutsche Post AG（DPWN）
德莎	DACHSER Group SE & Co. KG
德迅	Kuehne + Nagel International AG
德意志银行	Deutsche Bank
迪赛（Diesel）	Diesel S.p.A.
蒂森克虏伯	thyssenkrupp AG
动视暴雪（Activision Blizzard Inc）	一家美国游戏开发商、出版发行商和经销商
杜尔	Dürr AG
恩华特公司（Envac）	Envac AB
发那科	FANUC Corporation
法拉帝（Ferretti）	Ferretti Yachts S.p.A.
法拉利（Ferrari）	Ferrari S.p.A.
法玛西亚（Pharmacia）	Pharmacia LLC
飞乐音响	上海飞乐音响股份有限公司
飞利浦	荷兰皇家飞利浦电子公司（Philips）
菲仕乐	Fissler GmbH
菲亚特（Fiat）	Fiat Chrysler Automobiles N.V.
费森尤斯	Fresenius SE
芬兰创新投资基金（Sitra）	芬兰国家研发基金（The Finnish National Fund for Research and Development）
芬兰国家技术研究院（VTT）	芬兰国家技术研究中心（VTT）有限公司
芬梅卡尼卡（Finmeccanica）	现 Leonardo S.p.a.

华为	中国华为技术有限公司(Huawei Technolo-gies Co.)
环球音乐	Universal Music Group
辉凌医药(Ferring)	Ferring Holding SA
辉瑞	Pfizer, Inc,总部位于美国纽约的跨国制药公司
惠普	惠普研发有限合伙公司
霍尼韦尔航空航天	Honeywell Aerospace Inc.
吉凯恩	Guest, Keen & Nettlefolds Ltd.
吉利	吉利控股集团, Zhejiang Geely Holding Group
健乐士(Geox)	Geox S.p.A.
捷豹	Jaguar Cars Limited
捷豹路虎(Jaguar Land Rover)	Jaguar Land Rover Ltd.
金河生物	金河生物科技股份有限公司
京蓝科技	京蓝科技股份有限公司
晶元光电	晶元光电股份有限公司
卡特汉姆(Caterham)	Caterham Cars Group Limited
卡赞尼(Calzedonia)	CALZEDONIA SpA
开发晶	开发晶照明(厦门)有限公司
凯傲	KION Group AG
凯诺斯	Qenos Holding Limited
康明斯(Cummins)	Cummins Inc.
康奈可欧洲	Calsonic Kansei Europe plc.
康斯伯格公司	Kongsberg Gruppen ASA
考斯沃斯	Cosworth
柯蒂斯-莱特公司	Curtiss-Wright Corporation
科巴姆	科巴姆航空(Cobham)
科思创	Covestro AG
克劳斯玛菲	KraussMaffei Group GmbH

487

洛克希德马丁	洛克希德·马丁空间系统公司（Lockheed Martin Space Systems Company，LMT）
绿宝石汽车（Emerald Automotive）	Emerald Automotive Design Ltd.
马可尼（Marconi）	马可尼有限公司
迈尔汽车公司	Mayer's Cars and Trucks Ltd.
迈凯伦	McLaren Automotive Limited
迈凯伦（McLaren Automotive）	McLaren Automotive Ltd.
麦德龙	Metro Group
麦格纳	麦格纳国际（Magna International Inc.）
美的集团	美的集团有限公司
Verizon	Verizon 无线公司，Verizon Wireless
华多（Waldo Farms）	Waldo Farms，Inc.
潘菲尔德	Pennfield Oil Company
普泰克	ProtaTek International，Inc.
美捷特	美捷特集团（Meggitt PLC）
美铝	美国铝业公司（Alcoa）
美威	Marine Harvest ASA
孟山都（Monsanto）	美国的一家跨国农业公司，Monsanto Company
米诺蒂（Minotti）	minotti cucine srl
摩根（Morgan）	Morgan Motor Company Ltd.
默克	Merck Group
木林森	木林森股份有限公司
沐禾节水	京蓝沐禾节水装备有限公司
耐威科技	北京耐威科技股份有限公司
南非米勒（SABMiller）	SABMiller plc
妮维雅	德国 Beiersdorf 公司旗下的 NIVEA 公司
尼桑（Nissan）	Nissan Motor Company Ltd.
挪威国家石油公司	Statoil ASA
挪威森林纸业公司	Norske Skogindustrier ASA

（LäckebyWater Group）	私有企业集团
瑞典贸易投资委员会	曾用名：Swedish Trade Council
（Business Sweden）	
瑞仕格	Swisslog Holding AG
萨基姆（SAGEM）	Sagem S.A.
萨维西亚	法国萨维西亚集团（SAVENCIA FROMAGE & DAIRY）
塞马克（Cermaq）	塞马克水产股份公司（Cermaq ASA）
赛峰集团	Safran S.A.
赛莱克斯（Silex）	Selex ES S.A.
赛领资本	上海赛领资本管理有限公司
三胞集团	三胞集团有限公司
三菱集团	Mitsubishi Group
山鹰纸业	安徽山鹰纸业股份有限公司
上海电气	上海电气集团股份有限公司
舍弗勒	Schaeffler Technologies AG & Co. KG
申万宏源研究所	上海申银万国证券研究所有限公司
盛宝银行	Saxo Bank A/S
施华蔻	Hans Schwarzkopf GmbH
石基信息	北京中长石基信息技术股份有限公司
石墨资管	Graphite Capital Management
世界经济论坛	World Economic Forum
世界银行	World Bank
世界知识产权组织（WIPO）	World Intellectual Property Organization
首尔半导体	Seoul Semiconductor
丝路基金	丝路基金有限责任公司
思爱普	SAP SE（Systems, Applications & Products in Data Processing）
斯德哥尔摩 Henriksdal 污水厂	Henriksdal Wastewater Treatment Plant（WWTP）

有限公司	限公司
潍柴集团	潍柴控股集团有限公司
温特豪德	Winterhalter
沃尔沃集团	Aktiebolaget Volvo，AB Volvo
沃克斯豪尔（Vauxhall）	Vauxhall Motor Ltd.
卧龙电气	卧龙电气集团股份有限公司
武钢国际拼焊公司	WISCO International Tailored Blanks GmbH
武钢集团	武汉钢铁（集团）公司
西班牙电信（Telefónica）	Telefónica，S.A.
西藏拉萨啤酒有限公司	由西藏银河科技发展股份有限公司和嘉士伯国际有限公司、丹麦发展中国家工业基金会三方组成的中外合资企业
西飞	西安飞机工业（集团）有限责任公司
西门子	西门子股份公司，Siemens AG
携程	携程
新莱特乳业（Synlait）	新西兰新莱特乳业公司（Synlait Milk Limited）
新西兰新莱特公司	Synlait Milk Ltd.
亚历山大丹尼士（Alexander Dennis）	Alexander Dennis Ltd.
亚马逊	亚马逊公司（Amazon）
伊顿	Eaton Corporation Plc
伊玛	IMA
以色列创新局	Israel innovation Authority
亿光电子	亿光电子工业股份有限公司
殷拓	殷拓集团（EQT）
印度塔塔	Tata Group
英飞凌	德国半导体公司 Infineon Technologies AG
英菲尼迪（Infiniti）	Infiniti Motor Company Ltd.
英国锰铜/锰铜公司	Manganese Bronze Holdings PLC，MBH

PDS Consultants	Pds Consulting Solutions, Llc
Premier Group	The Premier Group Staffing, Llc
Penso Consulting	Penso Consulting Ltd.
visioneering	Visioneering Inc.
Qioptcq	Qioptiq Photonics Uk Ltd.
Gerterd Dynamics	General Dynamics Corporation
Zodiac Seating UK Ltd	Zodiac Seats Uk Ltd.
Doncasters	英国南约克郡唐克斯特
Nordam Europe Ltd	Nordam Europe Ltd.
contour seating	Contour Premium Aircraft Seating Ltd.
威尔士航空	Air Wales Limited
Arconic	Arconic Inc.
Fine Tubes	Fine Tubes Ltd.
Aero Stanrew	Aero Stanrew Ltd.
Imagination	Imagination Technologies Group Plc
Telit	Telit Communications Plc
Frontier	Frontier Airlines Inc.
Bose	Bose Corporation Ltd.
松下	Panasonic Corporation Ltd.
哈曼卡顿	Harman Kardon Inc.
IQE	Iqe Plc
欧胜微电子	Wolfson Microelectronics Plc
Cirrus Logic	Cirrus Logic Inc.
STMicroelectronics	意法半导体集团
Icera	Icera Inc.
英伟达(Nivida)	Nvidia Corporation Ltd.
Ubiquisys	Ubiquisys Ltd.
思科(Cisco)	Cisco Systems, Inc.
Picochip	Picochip Ltd.
葛兰素史克	Glaxosmithkline Plc

Ebury	Ebury Partners Uk Ltd.
GO Cardless	Gocardless Ltd.
Access Pay	Access Pay Ltd.
Revolut	Revolut Ltd.
Curve	Curve Ltd.
Kantox	Kantox Ltd.
Skrill	Skrill Ltd.
Ringpay	Ringpay Limited
Ravelin	Ravelin Technology Ltd.
Behavox	Behavox Ltd.
Clear Score	Clear Score Technology Limited
Suade	Suade Labs Ltd.
Sybenetix	Sybenetix Ltd.
Qumram	Qumram Uk Ltd.
Duco	Duco Technology Ltd.
Pass Fort	Passfort Limited
Aire	Aire, Inc.
Clearmatics	Clearmatics Technologies Ltd.
Open Gamma	Opengamma Limited
Tandem	Tandems, Limited
Atom	Atom Ltd.
Starling	Starling Ltd.
Oak North	Oaknorth Bank Limited
Monese	Monese Ltd.
Azimo	Azimo Ltd.
Ebury	Ebury Partners Limited
eToro	Etoro Group Limited
Funding Circle	Funding Circle Limited
Iwoca	Iwoca Ltd.
Nutmeg	Nutmeg Limited

英航	British Airways Ltd.英国航空公司
新航	Singapore Airlines Ltd.新加坡航空公司
美国 delta	Delta Air Lines, Inc.达美航空公司
南航	中国南方航空集团公司
东航	中国东方航空集团有限公司
机电公司	重庆机电控股集团
国新国际	国新国际投资有限公司
TAS	Tas Tecnologia Avanzata
吉祥航空	上海吉祥航空股份有限公司
九元航空	九元航空有限公司
Travelfusion	英国在线廉价航空机票信息集成和直连预定平台 Travelfusion Ltd.
艺龙	艺龙旅行网
去哪儿	去哪儿网
自由飞越	自由飞越国际航空技术服务(北京)有限公司
红杉资本	美国风险投资公司 Sequoia Capital
Artenis	项目策划管理软件 Artemis
Baille Gifford	英国投资管理公司 Baille Gifford Ltd.
Khazanah	马来西亚主权财富基金 Khazanah Nasional Berhad
Vitruvian Partners	欧洲私募股权投资公司 Vitruvian Partners
雅虎日本	Yahoo! Japan Corporation
Carbodies	The London Taxi Company
上海华普	上海华普汽车有限公司
Neil	CENTURY 21 The Neil Company Real Estate
汇金公司	中央汇金投资有限责任公司
富士康	台湾富士康科技集团
摩根大通	美国投资银行摩根大通集团 JP Morgan Chase

epower	ePower Solutions，Inc.
均胜安全	宁波均胜安全系统公司
中国蓝星	中国蓝星(集团)股份有限公司
Madison Capital Partners	美国芝加哥投资公司 Madison Capital Partners
天华院	天华化工机械及自动化研究设计院有限公司
先飞达	上海先飞达网络科技有限公司
殷拓	瑞典私募股权投资公司殷拓集团
京泰集团	北京市在海外最大控股集团公司京泰实业(集团)有限公司
北京燃气	北京燃气集团有限公司
威立信葡萄牙水务	法国威立雅集团在葡萄牙的水上运输公司 Veolia Environnement S.A
宝钢集团	中国宝武钢铁集团有限公司
施维英	徐州徐工施维英机械有限公司
宏芯基金	中国福建宏芯基金
爱思强	德国半导体制造商爱思强有限公司 Aixtron SE
法拉基集团	法国拉法基集团
豪瑞	拉法基豪瑞集团
万喜	法国工程承包商万喜集团
布依格	法国布依格集团(Bouygues Group)
中兴	中兴通讯股份有限公司
忠诚保险	葡萄牙最富盛誉保险公司 FIDELIDADE
安踏体育	安踏体育用品有限公司
艾格尔	塑料化工泵制造商意大利艾格尔集团
乐途	意大利运动休闲服装公司 Lotto Sport Italia
卡帕	意大利运动休闲服装公司 Kappa Kappa Kappa，Inc.

IHS	英国数据信息提供商 IHS Markit Ltd.
奇顿(kiton)	意大利奇顿男装公司
卡纳利(canali)	意大利卡纳利男装公司
克莱利亚尼(corneliani)	意大利克莱利亚尼男装公司
布莱奥尼(Brioni)	法国布莱奥尼男装公司
卡赞尼(Calzedonia)	意大利服装品牌 Calzedonia Ltd.
普拉达(Prada)	意大利奢侈品牌 Prada S.p.A.
古驰(Gucci)	意大利奢侈品牌 Gucci Ltd.
阿玛尼(Armani)	意大利奢侈品牌 Giorgio Armani S.p.A
杜嘉班纳(Dolce & Gabbana)	意大利奢侈品牌 Dolce & Gabbana
卡沃利(Cavalli)	意大利时尚品牌 Roberto Cavalli
菲拉格慕(Ferragamo)	意大利奢侈品牌 Salvatore Ferragamo S.p.A.
埃尔梅内吉尔多.杰尼亚 (Ermenegildo Zegna)	意大利男装奢侈品牌 Ermenegildo Zegna Ltd.
葆蝶家(Bottega Veneta)	意大利奢侈品牌 Bottega Veneta
霞飞诺(Safilo)	意大利运动装备公司 Safilo Group S.p.A.
佩里尼(Perini)	美国建筑公司 Tutor Perini Corporation Ltd.
阿兹慕(Azimut)	意大利游艇制造公司 Azimut Yachts
菲尔蒂(Ferretti)	意大利跨国游船制造公司 Ferretti S.p.A.
OTB 集团	意大利潮流品牌 OTB Group
LIR	生物医疗科技公司 Lir, Inc.
周大福	香港周大福集团
周生生	周生生集团国际有限公司
六福珠宝	六福集团有限公司
阿尔斯通	法国阿尔斯通铁路运输公司 Alstom SA
宜兴燃机	国信宜兴燃机工程项目
上海电力	上海电力股份有限公司
Haver	数据公司 Haver Analytics
Financial Times	英文国际日报 Financial Times
Ookla	网络状况测试公司 Ookla, LLC

上汽集团　　　　　　　　上海汽车集团股份有限公司

NNG　　　　　　　　　　汽车操作系统科技公司 NNG Software
　　　　　　　　　　　　Company

FEV　　　　　　　　　　德国 FEV 发动机技术有限公司

后　记

　　中投研究院立足为中投公司战略和内部投资决策提供独立、客观和前瞻的研究支持,并在此基础上为国家提供金融经济改革方面的政策建议,长远目标是要打造具有一定社会和国际影响力的"智库"和为公司及中国金融体系储备和培养人才的"人才库"。"跨境投资导读"系列丛书即是研究院响应党的十九大报告提出的"创新对外投资方式"的重大战略部署,对国内企业跨境并购与投资进行的一次系统梳理和总结,希望为国内产业界和投资界在对外投资的目标和方式选择上提供决策参考。

　　本书聚焦欧洲的跨境投资,覆盖了欧洲的主要六个国家和区域的投资市场(由于以色列在宗教文化和社会经济上和欧洲更近似,所以纳入本书作为附录)。本书由中投研究院几乎整个团队耗时一年而作,其中第一、二章由贾非、李佳执笔;第三章由刘烜执笔;第四章由聂汝执笔;第五章由赵墨盈执笔;第六章由王中阳执笔;附录由盛伟华、张栩、贾非执笔。

从选题到收寻资料,再到企业调研,直至研究报告的完成,本书在自身研究力量的基础上,吸收了境内外跨境投资相关机构的众多智识,在具体章节均有标注,在此不一一列举。本书涉及国家、行业众多,数据图表丰富,要特别感谢中投研究院的实习生们对此的贡献:马鹤圆、李楠茜、王九鸿、王美真、任益聪、李红艳、张小博、杨天伊、欧阳方家、李锦秀和王瑞炫。最后衷心感谢编辑曹春、朱蔚在出版工作中的辛苦付出。本书虽然几经校对,由于时间和水平有限,难免存在疏误之处,欢迎广大读者批评指正!

责任编辑:关　宏

图书在版编目(CIP)数据

中欧跨境投资导读/中国投资有限责任公司研究院 编写. —北京：
　人民出版社,2020.8
ISBN 978－7－01－021406－1

Ⅰ.①中…　Ⅱ.①中…　Ⅲ.①对外投资-直接投资-研究-中国②外商
　投资-直接投资-研究-欧洲　Ⅳ.①F832.6②F835.048

中国版本图书馆 CIP 数据核字(2019)第 220552 号

中欧跨境投资导读

ZHONG OU KUAJING TOUZI DAODU

中国投资有限责任公司研究院　编写

人民出版社 出版发行
(100706　北京市东城区隆福寺街 99 号)

北京盛通印刷股份有限公司印刷　新华书店经销

2020 年 8 月第 1 版　2020 年 8 月北京第 1 次印刷
开本:710 毫米×1000 毫米 1/16　印张:32.25
字数:356 千字

ISBN 978－7－01－021406－1　定价:128.00 元

邮购地址　100706　北京市东城区隆福寺街 99 号
人民东方图书销售中心　电话 (010)65250042　65289539